전진과 인생

마해송 전집 9 수필집
전진과 인생

초판 1쇄 2015년 4월 24일

지은이 마해송
펴낸이 주일우
펴낸곳 ㈜문학과지성사
등록번호 제1993-000098호
주소 121-894 서울 마포구 서교동 잔다리로7길 18(서교동 377-20) 문지빌딩
전화 02)338-7224
팩스 02)323-4180(편집) 02)338-7221(영업)
전자우편 moonji@moonji.com
홈페이지 www.moonji.com

ⓒ 문학과지성사, 2015. Printed in Seoul, Korea

ISBN 978-89-320-2745-6
ISBN 978-89-320-2412-7(세트)

이 책의 판권은 지은이와 ㈜문학과지성사에 있습니다.
양측의 서면 동의 없는 무단 전재 및 복제를 금합니다.

이 도서의 국립중앙도서관 출판예정도서목록(CIP)은 서지정보유통지원시스템 홈페이지
(http://seoji.nl.go.kr)와 국가자료공동목록시스템(http://www.nl.go.kr/kolisnet)에서
이용하실 수 있습니다.(CIP제어번호: CIP2015010557)

마해송 전집 9 수필집

전진과 인생

문학과지성사
2015

서문

마해송 전집을 펴내면서

　마해송 선생이 세상에 태어난 것은 1905년, 우리나라에 개화의 물결이 밀려오기 시작할 무렵이었다. 가부장제의 완고한 가풍 속에서 자라난 그는 불과 열세 살 나이에 부친의 강요로 결혼을 한다. 하지만 안정을 찾지 못하고 방황하던 중, 열다섯 살 때 기차에서 만난 네 살 연상의 초등학교 여교사와 사랑에 빠진다. 그때 마해송은 고향인 개성을 떠나 서울에서 유학 생활을 하고 있었던 것이다. 그러나 부모 몰래 한 사랑이 아름다운 결실을 맺을 수는 없었다. 이 일로 인하여 그는 일본 유학 중 고향에 불려 와 가택 연금까지 당하는 수모를 겪는다. 개화기 신문물에 일찍 눈뜬 조숙한 소년이 불합리한 인습의 굴레에서 벗어나려고 몸부림친 모습을 역력히 볼 수 있다.
　그가 열여덟 어린 나이에 '조선소년단'을 조직(1922년)하여 순회 공연을 다니면서 동화 구연을 하고, 생애 후반기에는 '대한민국어린이헌장'을 기초(1957년)하여 정부로 하여금 반포하게 하는 등 아동 인권 회복 운동에 깊이 간여하게 된 것도 자신이 어린 시절에 겪은 마음의 상처가 너무나 컸기 때문일 것이다. 그는 청년 시절 일본에서 식민지 지식인이라는 약점을 극복하고 유명 잡지의 명편집자로, 그리고 발행인으로 명성을 떨치기도 했다. 그러나 해방 7개월 전 모든 것을 훌훌 털어 버리고 고향인 개성으로 돌아와 1966년 만 61세로 세상을 떠나기까지 오로지 문필에만 전념한 1세대 아동문학가요 수필가였다.

  마해송 선생이 한국 아동문학 개척에 기여한 공로는 참으로 크다. 우리나라의 아동문학이 아직 전래동화 개작 수준에 머물러 있던 1920년대 초반, 그는 작가의 개성과 문학성이 강하게 표출된 새로운 동화를 발표하여 이 땅에 창작동화의 길을 열어 놓았다. 지금도 널리 읽히는 「바위나리와 아기별」「어머님의 선물」이 당시에 발표된 한국 최초의 창작동화로 자리매김되고 있다.
  이후 일제 강점기와 광복, 그리고 6·25전쟁과 4·19혁명으로 이어지는 험난한 시대를 살아오면서 그는 수많은 단편과 중·장편동화, 아동소설을 발표하여 읽을거리가 별로 없던 그 시절 어린이들에게 꿈과 희망을 심어 주었다.
  그의 작품 세계는 워낙 다양하여 한마디로 말할 수 없으나 한 가지 분명한 사실은 언제나 시대와 현실에 맞서 불의와 모순에 저항하는 자세로 창작에 임해 왔다는 것이다. 일제의 침략과 폭정을 고발한 「토끼와 원숭이」가 그렇고, 광복기 강대국들의 횡포와 경제 침탈을 풍자한「떡배 단배」가 그러하며, 자유당 독재 정권의 몰락을 예고한「꽃씨와 눈사람」이 그러하다. 그 밖에, 6·25전쟁 이후의 가난한 사회상을 배경으로 한『모래알 고금』『앙그리께』등 여러 작품에서도 부패한 권력과 부정을 일삼는 무리들에 대해 준엄한 비판을 서슴지 않았다.

　이러한 창작 활동을 통해 그가 독자에게 전하고자 한 메시지는 남의 힘에 의지하지 않고 스스로 주체성을 살려 나갈 때 나라와 사회가 바로 선다는 교훈이었다. 오늘날처럼 세계가 자기 나라의 이익을 위해 치열한 경쟁을 벌이는 시대에 그의 동화가 전하는 교훈은 지금도 되새겨 보아야 할 귀중한 정신이라고 하지 않을 수 없다.

　수필문학에서도 마해송 선생이 남긴 자기 고백과 시대 증언적 기록의 가치는 매우 높다. 그의 수필은 크게 세 부류로 나누어 볼 수 있는데 첫째가 자서전적 수필이요, 둘째가『편편상(片片想)』으로 대변되는 단평 형식의 수필이며, 셋째가 식도락과 고향 산수에 대한 예찬 격의 수필이다.

　그가 여교사 '순'으로부터 받은 사랑의 편지와 일기를 인용하며 애끓는 순애의 심정을 토로한『역군은(亦君恩)』이나, 유·소년기 고향에서의 추억과 가톨릭에 귀의하게 된 사연을 술회한『아름다운 새벽』은 한 인간이 정신적으로 자기완성을 이루어 가는 모습을 보여 주고 있어 흥미롭거니와, 가히 자전적 수필의 전범으로 삼아도 좋을 만큼 내용이 솔직하고 핍진하다. 이들 수필집 속에는 뒷날 동화 창작의 배경이 되는 일화도 들어 있고, 지금은 사라진 1920~30

년대의 무속과 그 시대 사람들의 생활 모습이 자세히 그려져 있어 그의 문학 세계나 당시의 풍습을 이해하는 데에도 큰 도움이 된다.

그의 트레이드 마크가 되다시피 한 『편편상』은 주로 1940년대 후반 『자유신문』에 연재했던 시사 칼럼으로, 선생의 저널리스트적인 시각이 번뜩이는 글이다. 길이는 짤막짤막하지만 이 글들 역시 대한민국 정부 수립 전후 시기 우리 사회의 단면과 당대의 이슈가 무엇이었던가를 살피는 데 좋은 자료가 될 것이다.

그가 고향의 음식과 산수를 그리워하며 쓴 여러 편의 수필과, 국내외 각지의 술 품평을 한 글들은 오늘날 신문이나 방송에서 특집으로 꾸미는 '맛 기행' '내 고장 자랑'과 같은 기사나 프로그램의 원조 격이 되는 글로서, 담백한 문체 속에 동서고금의 지혜와 선생 특유의 풍류와 멋이 녹아들어 있어 읽을수록 뒷맛이 당기는 명편들이다.

이렇듯 마해송 선생이 한국의 아동문학과 수필문학 발전에 기여한 공로가 크건만 그동안 그의 문학에 대한 연구가 제대로 이루어지지 않은 것은 유감스러운 일이 아닐 수 없다. 더구나 세월이 흐르면서 그의 작품집 대부분이 절판되는 바람에 이제는 도서관에나 가야 찾아볼 수 있는 형편이 되었다.

이를 안타깝게 생각한 (주)문학과지성사는 선생의 탄생 100주년이 되는 2005년에 일차로 '마해송문학상'을 제정·시행해 오면서, 그 여력을 몰아 2011년에는 '마해송 전집' 편집위원회를 구성하고 도서관과 옛 신문 잡지를 뒤져 그의 전 작품을 찾아내는 작업을 벌여 왔다. 그 노력이 헛되지 않아 지금은 제목만 전하고 실체를 알수 없던 동화와 수필을 여러 편 발굴하는 실적을 올렸다. 그것을 앞에 놓고 다시 고증과 편집 방향을 논의하는 토론을 수차례 거듭한 끝에 비로소 2년 만에 첫 출간을 보게 되어 편집위원회로서도 감회가 깊다.

이 전집의 특색이라면 첫째, 이제까지 찾아낼 수 있는 모든 작품을 한자리에 모아 독자가 손쉽게 감상할 수 있도록 집대성했다는 점이다. 선생 생전이나 사후에 한 번도 이런 작업이 이루어지지 않았다는 점에서 문학사적으로도 의의가 크다고 하겠다. 둘째, 개별 작품마다 최초 발표 연대와 출처를 밝히고 따로 배경 설명이 필요한 작품에는 각주를 달아 사료적 가치를 높였다는 점이다. 이것은 마해송 문학을 연구하는 후학들에게 작으나마 도움이 될 것이다.

오랜 세월 동안 여러 신문과 잡지에 산재되어 있던 글을 모아 처음으로 체계를 잡다 보니 혹시 이번 전집에 오류가 있거나 미처 찾아내지 못한 작품이 새로 발견되는 경우가 생길지도 모르겠다. 앞으로 판을 거듭하면서 잘못되거나 빠진 부분은 계속 수정·보완해 나갈 것을 약속드리며, 모쪼록 이 전집을 보다 많은 독자와 연구자들이 읽어 한국의 아동문학과 수필문학을 한 단계 끌어올리는 디딤돌로 삼아 주기 바란다.

전집이 햇빛을 보는 데는 많은 분들의 도움이 있었다. 유족인 마종기 시인은 소중히 보관해 오던 부친의 유품과 서지 자료 일체를 국립어린이청소년도서관에 기증해 주셨고, 도서관에서는 편집위원회의 열람과 복사·촬영 등 자료 수집 활동에 아낌없는 편의를 제공해 주었다. 또한 마해송 선생을 생전에 가까이 모셨던 문학평론가 김주연 선생은 수시로 자문에 응해 주셨고, (주)문학과지성사는 제작 일체를 뒷받침해 주셨으며, '문지아이들'의 문지현 씨는 원고 정리와 교정 등 온갖 궂은일을 도맡아 진행했다. 그 밖에, 기초 자료를 제공해 주신 아동문학가 김영훈 선생과 음양으로 도움을 주신 분들께도 이 자리를 빌려 두루 고마운 인사를 드리며, 끝으로 선생의 인품을 한눈에 볼 수 있는 유언을 덧붙이는 것으로 서문을 장식하려고 한다.

공부도 재주도 덕도 부족한 몸으로 외롭단 인생을 외롭지 않게 제법 흐뭇하게 살고 가게 해 주신 여러분께 감사합니다.
아껴 주신 여러분 댁내 만복을 빕니다.

— 마해송

편집위원을 대표하여
조대현
(아동문학 편집위원: 조대현, 이재복, 김영순, 김지은)
(수필집 편집위원: 우찬제, 이광호, 원종국)

차례

서문 마해송 전집을 펴내면서／조대현　4

전진(戰塵)과 인생

잡초(雜草)　17
애정　18
동숙인전(同宿人傳)　22
속·동숙인전(同宿人傳)　24
만월대(滿月臺)　26
재유석굴암(再遊石窟庵)　30
생사(生死)　37
마산정(馬山情)　41
창공박(蒼空泊)　46
기쿠치 칸(菊池寬)과 나　53
나의 연극 청년 시대　57

편편상(片片想)　61
불굴혼(不屈魂)　62
자식의 편(鞭)　64
한 어른과 여러 아이들　66
폭군　68
귀동(貴童)　69
어머니 무릎　71
관과 어린이　73
부대(父代)·자대(子代)　74
참혹한 시간　76
아버지·어머니　80
인생표리(人生表裏)　82
영화「전진(戰塵)」　83
난리와 여자　85

책　86	환도쌍곡(還都双曲)　106
추미인(醜美人)　87	사투리 국어　108
일본에서 온 편지　88	남볼상　109
종군문인(從軍文人)　90	잠꼬대　110
선비　92	건망(健忘)　111
실제 문제　93	주변 없는 관리　112
과세(過歲)　94	문맹 중학생　114
크리스마스　95	운전수와 민주주의　115
다방 문화　96	주석(酒席)　116
날림과 건국　97	정·정　117
유행어　98	HH 클럽　119
몬살겠다 층층(層層)　100	못생긴 주객(酒客)　121
단연(斷煙)한 노인　102	막걸리 대구　122
호사　104	연금(軟禁)　124

부제(父題) 소설집 125	상화(尙火)와 고월(古月)을 읽고 150
P 시인 127	이목우(李沐雨) 저, 『시대풍(時代風)』 151
화신(花信) 130	최정희(崔貞熙) 저, 『사랑의 이력』 152
몸값 132	
가엾은 모기 134	
내가 본 고대생(高大生) 135	
병든 어린이 137	**종군초(從軍抄)** 155
묵묵한 사람들 138	한국은 앞섰다 156
	총력전과 문인 160
어린이날 141	이등병 165
소파(小波)와 나 142	아내에게 보내는 169
욕하지 말고 때리지 말고 부리지 말자 144	나와 헌병 174
	다부원 행 178
서로 사랑하는 소년이 됩시다 146	지리산 행 181
어른들이 반성하자 148	전진기지 종군기 192
	날개의 성지 200
서평(書評) 149	중동부전선 행 211

	후기 219	이 해에 하고픈 것	526
		문교 행정은 어떻게	527
요설록(饒舌錄)		34회 어린이날에 즈음하여	535
		아동들은 무엇을 요구하는가	542
새너토리엄 225		장마에 시달려	548
		나의 기호(嗜好)	551
식도락근처(食道樂近處) 275		동화의 능(陵)	553
		사랑하는 사람에게	557
요설록(饒舌錄) 353		이상로 수필집 『옥석혼화(玉石混和)』 서평	616
미발간 수필		수천호구(數千戶口)의 설움	618
나와 색동회 시대 501		맛있게 먹으면 별미(別味)	620
정기간행물의 위치 507		본 대로 들은 대로	622
좁쌀알을 종지로 세는 궁량 511		생활과 사색	632
어지러운 가운데 515			

해설 간명함의 미학과 산문의 가능성/이광호 642

일러두기

1. 문학과지성사판 『마해송 전집』은 장편동화, 중·단편동화, 동극, 노래가사, 수필 그리고 작가가 발표했으나 단행본으로 발간되지 않은 작품과 미완성작 등을 모두 엮었다.
2. 『마해송 전집』은 작가 생존 시 마지막으로 출판된 단행본을 저본으로 삼았으며, 단행본으로 묶이지 않은 작품은 최초 게재지에 수록된 것을 저본으로 삼았다.
3. 전집의 작품은 장편동화의 경우 최초 발표 연대를, 중·단편동화의 경우 게재지에 처음 발표된 시점을 기준으로 삼아 발표된 순서대로 수록하였으며, 각 작품 말미에 발표 연도와 출처를 밝혀 놓았다.
4. 이 책의 맞춤법은 국립국어연구원의 '한글 맞춤법'에 따르는 것을 원칙으로 하되, 띄어쓰기의 경우 본사의 내부 규정을 따랐다. 단, 작품의 분위기에 영향을 준다고 판단되는 방언이나 구어체 표현·의성어·의태어 등은 작가의 집필 의도를 살려 그대로 두었다(괄호 안: 현행 맞춤법 표기).
    예) ① 의성어·의태어: 허위적허위적(허우적허우적), 꼬기닥거리다(꼬꼬댁거리다)
        ② 형용사·부사: 연해(연달아), 느럭해지다(헐렁해지다), 노랑노랑하다(노릇노릇하다), 움젓(움찟), 거진(거의), 저으기(적이), 그닥(그다지), 콜콜이(시시콜콜히)
        ③ 기타: 배암(뱀), 위죽거리다(뒤룩거리다)
5. 이 책의 외래어 표기는 국립국어연구원의 '외래어 표기법'에 따라 바꾸었다. 단, 작품의 제목이나 중요한 어휘로 등장하는 경우에는 원본을 그대로 살렸다.
    예) ①후라이(프라이), 침판찌(침팬지) ②레지('종업원'으로 순화)
6. 이 책에 쓰인 문장부호의 경우 단편, 논문, 예술 작품(영화, 그림, 음악)은 「 」으로, 단행본 및 잡지, 시리즈 명 등은 『 』으로 표시하였다. 대화나 직접 인용은 큰따옴표(" ")와 줄표(—)로, 강조나 간접 인용의 경우 작은따옴표(' ')로 묶었다.
7. 마해송 작가 연보는 전집 마지막 권에 수록한다. 전집의 편제는 단편집, 중편집, 장편동화, 수필집 등이다.

전진(戰塵)과 인생

천만리 머나먼 길에 고운 님 여의옵고
내 마음 둘 데 없어 냇가에 앉았으니
저 물도 내 안 같아야 울어 밤길 예놋다
　　　　　　　　　　─ 왕방연(王邦衍)

● 원문 출처: 『전진과 인생』(흥국연문협회, 1953)

잡초(雜草)

애정

애들을 데리고 북산(北山) 학원(鶴園)* 댁 놀이에 갔을 때에 그 댁 개를 애들이 데리고 놀고 떨어지지 않았기 때문에, 다음 날 학원은 그 테리어종(terrier種) 어여쁜 강아지를 보내주었다.

애들은 강아지 이름을 무엇이라고 지을까? 하고 의논이 시작되었다. 일본서 낳고 일본서 자라서 고아가 된 영애(英愛)라는 계집아이가 '베스'가 좋다 하여 베스라고 이름 짓게 되었다.

애들은 베스를 좋아하나, 나는 원래 개를 좋아하지 않았다. 애들은 베스를 방에 데려다가 같이 자려고 했으나 그것만은 안 하도록 하였다.

베스는 참 예뻤다. 동내(洞內) 개 중에도 뛰어나게 예뻤다.

서울로 이사할 때에 베스는 트럭을 타고 서울로 왔다.

서울 동내에도 베스만큼 예쁜 개는 보기 어려웠다. 밖에 내보내면 누가 데려갈 것만 같아서 가죽 목도리를 해주고 철쇄도 매어 두고 끌러주지 않았다.

어쩌다 잠시 끌러주면 번개같이 대문 밖으로 뛰어나갔다.

---

* 김익달(金益達, 1916~1985). 출판인. 『학원』『여원』『주부생활』 등을 창간하였고, 한국잡지협회 1, 2회 회장 역임.

암컷을 찾아다녔다.

*

밤새 눈이 오고 그게 녹아서 마당은 질고 날은 흐리고, 게다가 무슨 불쾌한 일이 있어서 잔뜩 찌푸리고 앉아서 조반을 기다릴 때였다.

베스는 눈에 흥겨웠는지 온 마당을 질척거리며 뛰어다니다가 마루 위에 털썩 올라왔다.

나는 뛰어나가서 내리 쫓았다.

베스는 대문 밖으로 뛰어나갔다가 다시 들어와서 밥 달라는 울음을 울고, 또 마루 위에 뛰어올랐다. 이런 일은 하지 않던 짓이라,

"이놈이 미쳤나!"

소리를 지르고 뛰어나가서 내리 쫓았다.

대문 밖으로 뛰어나간 베스는 영영 돌아오지 않았다.

애들은 며칠을 두고 찾아다니고 울고 하였다.

경학원(經學院) 마당에서 암캐와 놀고 있더라는 말을 전해주는 사람도 있었다.

"암컷을 찾아갔지 무얼 그래."

하는 동내 사람도 있었다.

"며칠 있으면 돌아올 걸 그래."

하는 사람도 있었다.

그러나 베스는 영영 돌아오지 않았다.

애들이 베스 이야기를 할 때마다, 나는 말도 못하고 혼자 마음이 아프다. 그때 베스를 내리 쫓을 때의 나의 눈에는 속속들이 미움뿐이고 애정이라고는 티끌만치도 없었을 것을 생각하기 때문이다. 원망하듯이, 주인의 애정을 청하는 듯이 쳐다보던 베스의 두 눈이 지금도 내 눈에 선하다.

*

아버지가 나의 행복을 몽땅 잘라버렸다고 생각하고 집을 나와, 외국에 가서 십여 년 동안 상서(上書) 한 장 안 쓰고 돌아가셨으니, 귀국하라는 전보를 받고도 떠날 생각을 하지 않았었다.
  외국인의 종용으로 겨우 떠나서 머리를 풀고 곡을 해도 눈물이 없었다. 그것이 지극한 편애(偏愛)인 것을 알게 된 것은 여러 해 후였다.

*

백 날도 되기 전 어린것에게 손짓을 하였다. 사람이란 사람들에게 기쁨을 주기 위해서 나온 것이다. 밤새도록 울어서 잠도 못 자게 하고 동내 사람들에게 왜 욕을 먹게 하느냐고.

*

어머니를 붙들고 늘어져 졸라대는 애를 보면 화를 내고 소리를 지른다.

애는 어머니를 붙들고 있던 손을 힘없이 처뜨리고 눈물이 글썽해서 나를 치어다본다.

나는 슬며시 부끄러움을 느낀다.

(『창공』 1952년 3월)

동숙인전(同宿人傳)

1

밤마다 양말을 빨아서 창밖에 걸어놓는 그분은 이른 아침에 세수를 하시고는 반드시 한 대야 물을 받아 이층으로 가지고 와서 나에게 세수를 하라는 것이다. 내가 세수를 하고 나면 또 한 대야 물을 받아다가 간직해 둔다. 그것은 저녁에 탁족(濯足)하실 물이다. 이분이 나와 동숙(同宿)하는 분이다.

2

술이 거나하면 "노래 한마디 하겠습니다" 열 번 스무 번 하고 노래는 영영 부르지 않는, 세상에도 드문 호인(好人) 한 분이 있다.

남이 이야기를 하면 그것이 재미있건 없건 간에 "좋아요오, 좋습니다" 자기가 한마디 하시고는 "쥐길 놈!" 하고 구독점(句讀点)을 찍는다.

이분도 나와 동숙하는 분이다.

3

오늘 아침이다. 세수를 하고 나서 담배를 피워 문 '양말 선생'이 이렇게 말했다.

"어제는 이런 일이 있었습니다. 칠십쯤 된 여인이 남루한 옷에 군대 그릇에, 밥은 그득이 있드군요, 피란민인지 누구를 찾아가는 길인지 기진맥진해서 저 담 밑에 앉아 있는데, 나에게 술 한잔을 사 달래요. 그 손이 벌벌 떨어요. 그래서 막걸리 한 사발을 받아서 그릇에 담아 주었더니 먹지는 않아요. 왜 안 자시냐고 했더니 말을 못해요. 그리고 두어 시간 후입니다. 아이들의 떠드는 소리가 죽었다느니 송장이니 하기에, 벌떡 일어나서 나가 보니 정말 그 노파가 운명을 했어요."

"네?" 하고 '노래 한마디 선생'이 벌떡 일어났다.

"바로 저 담 밑입니다. 아마 지금도 있을 것입니다. 운명을 알고 평생 즐기던 술 한잔을 하려 했는지 죽어가도 술 한잔 따라 줄 사람 없으리라고 생각해서인지……"

'양말 선생'의 눈에는 눈물이 어리고, "그래서 어젯밤에는 거기 가서 명복을 빌었습니다. 나무아미타불……"

다시 누운 '노래 한마디 선생'은 잠꼬대인지 이렇게 중얼거렸다. "쥐기일 놈!"

(『영남일보』 1951년 5월)

속·동숙인전(同宿人傳)

나도 눕고 양말 선생도 누운 후에 '노래 한마디 선생'이 얼근해서 오셨다.

"그저 꼭 자살을 해야겠습니다."

"네?"

'양말 선생'이 벌떡 일어났다.

"십 년 만에 만나는 친구! 죽을 고비를 열 번도 넘어서 월남(越南)해서 찾아온 친구를 만났습니다그려. 길에서 덜컥 만났는데, 그래 막걸리 한잔 사지 못하고, 하룻밤 같이 자자고도 못하고…… 이 주제! 자살하는 게 마땅하지요. 꼴이 아닙니다. 에이, 이 꼴 저 꼴 다 뵈지도 않고 보지도 않고 자살해버리는 게 옳겠지요. 그렇지 않습니까?"

노래 한마디 선생은 벗어놓은 모자를 다시 쓰고,

"이렇게 하고 댕기면 제법 뻐기는 것같이 보이겠지요. 남의 속도 모르고……"

양말 선생이 웃어댔다.

"하하하, 좋습니다."

"좋아요오."

모자를 벗어 걸고 아래위 홀홀 벗고 회색빛이 지난 속바지 하나로 털썩 앉은 노래 한마디 선생은 이렇게 말했다.

"우리도 상업이나 배웠더면 이런 때도 다 괜찮을 것을…… 그렇지만 아이놈들은 장래가 있습니다. 지난번에 가 보니까 자식 놈들이 상업을 하드군요, 상업을. 어머니는 엿 장사를 하구. 길가에 목반(木盤)을 놓고 오고가는 사람에게 엿 장사를 해요. 그래도 한때는 무슨 전문학교 출신이라나, 무슨 기록도 가지고 있다는 여성이……"

"……"

"가족 걱정은 아예 말라는 거야요. 하긴 상업을 하니까요. 당신의 평생 소원인 ○○에 들어갔으니 인젠 가정 생각은 하지 말라는 거야요. 참, 선생의 부인은 다방에 나가신대죠. 어떻게 이렇게 모였습니까? 주변 없는 것들만."

"선생의 부인은?" 하고 양말 선생에게 물었다. 양말 선생은 가장 낮은 목소리로 대답했다.

"저는 상처(喪妻)했습니다."

노래 한마디 선생은 무릎을 치고 소리 질렀다.

"흐! 그것 참!"

"이 꼴 저 꼴 뵈지 않으려고……"

그리고 입 속으로 중얼거렸다. "쥐길 놈!"

(『문화시보』 1951년 7월)

만월대(滿月臺)

홍망이 유수(有數)하니 만월대(滿月臺)도 추초(秋草)로다.
오백 년 왕업(王業)이 목적(牧笛)에 붙였으니
석양에 지나는 객(客)이 눈물겨워 하노라.

원천석(元天錫, 고려 유신)

고려 왕궁지 만월대는 내 고향 개성에 있다.
장안에서 북쪽으로 보이는 뛰어나게 아름다운 송악산(松嶽山)은 언제나 보랏빛이 자욱하고 이 송악산이 병풍같이 둘러싼 곳에 그 궁터가 있다.

*

어려서 원족(遠足)으로 올라갔을 때는 무서운 생각이 들었다.
오십 층이나 되는 만월대 돌이 이리저리 무너져서 올라가기도 어려우려니와 올라가면 운동장같이 넓은 데 멍석만 한 주춧돌들이 들쑥날쑥 드러나 있었다.
세 층짜리 층층대 셋이 나란히 있는 곳을 올라서면 또 그렇게 벌어져 있고, 또 올라서면 또 그렇게 벌어져 있었다.

풀은 길이길이 자랄 대로 자라서 무시무시하고, 까마득한 궁터 끝은 곧 산이어서 송림(松林)이 우거져 상상봉(上上峰)에 이르렀다.

발끝에 채이는 돌은 모두가 무늬도 아름다운 기왓장이 아니면 그릇 깨어진 것들이었다.

"만월대에 가면 돌을 건드려서는 안 된다. 돌을 건드리거나 집어 오면 병이 난다……"

그런 말씀을 들었기 때문에 예쁜 것도 아름다운 무늬의 기왓장도 무서운 생각이 나서 본체만체 하려고 했다.

이런 말로 해서 개성 사람들이 고려궁 터를 오백 년 동안이나 고스란히 간직해오게 된 것이라는 것을 짐작하게 된 것은 여러 해 후였다.

중학교에 다니게 되어서는 여름방학이면 매일같이 만월대에 올라가서 진종일 갈대밭에서 책 읽고 뒹굴고 날을 보냈다.

아침 일찍이 올라간다.

그리고 석양에 산에서 나무 한 짐씩 해 지고 내려오는 초동(樵童)도 다 내려가고 만월대 뒤 광문(廣問)바위나 쌍폭동(双瀑洞)에서 빨래해 가지고 내려가는 여인네도 다 내려가고 농부들이 소를 몰고 돌아간 다음, 이 만월대의 하늘과 땅에 사람이라고는 나 혼자밖에 없다고 생각될 때까지 그의 품에 안기었다가 어둑어둑해져서야 오십여 층 돈대를 내려서 집으로 돌아오는 것이었다.

비 오는 날은 우산 쓰고 나막신 신고 올라가서 한참 동안 배회하는 것이었다.

겨울방학이 되어도 매일같이 올라갔다.

눈 오는 날도 올라갔다.

소년 시절의 독서는 거의 거기서 한 것이었다.

톨스토이, 도스토예프스키, 푸시킨, 괴테, 하이네, 바이런, 와일드, 입센, 휘트먼…… 그런 사람들의 새 책이 떨어지면 으레 들고 올라가는 것은 『투르게네프의 산문시(散文詩)』한 권이었다. 그것을 가장 많이 들고 다녔다.

아리시마 다케오(有島武郞)를 탐독한 것도 이때였다.

일본으로 떠난 것은 크리스마스 전날이었지만, 다녀오겠다고 인사를 하듯이 올라가서 작별을 하고 떠났었다.

돌아와서는 또 매일같이 올라가서 신세를 졌다.

답답할 때도 시원할 때도 기쁠 때도 죽고 싶을 때도 나는 만월대를 찾았다.

봄에는 벚꽃이 굉장하여 사람이 많이 모였다. 그 꽃이 떨어지면 나무 그늘을 찾아서 사람들이 띄엄띄엄 앉아 있었다.

가을이 되어서 낙엽이 날리게 되면 올라오는 사람은 적었다. 책을 끼고 올라오는 낯익은 젊은 남녀가 사오 명 있을 뿐이었다.

겨울이 되어 찬바람 모지게 불게 되면 아주 한 사람도 보기 어려웠다.

눈이 펄펄 날리는 날이면 혹 가다 발자취가 있기도 하였다.

그러나 나는 눈 날리는 만월대보다도, 꽃이 만발한 것보다도, 녹음(綠陰) 우거진 만월대보다도, 낙엽도 다 지고 누렇게 퇴색한 잔디

벌에 앙상한 나뭇가지가 흔들리지도 않고 죽은 듯이 고요한 늦은 가을의 만월대를 그중 좋아하였다.

그 가운데 한참 동안 멍하니 앉아서 푸르른 하늘을 치어다보면 가슴이 시원하게 부풀어 오르고 눈물조차 맺힐 때가 있었다.

천년 묵은 이곳 폐허는 분명히 나의 마음의 고향이었다.
그러던 만월대를 작별한 지 이미 삼사 년이 된다.
제1차 정전회담(停戰會談)이 열린 곳은 만월대에서 동북쪽으로 천 미터쯤 되는 곳이었고, 지금의 판문점(板門店)에서는 삼십 리나 들어가야 한다.
나는 언제나 다시 그의 품에 안길 수 있을 것인가―.

피란살이 고달파 그의 품에 안기고 싶은 적이 한두 번이 아니었건만 찾을 길 바이 없어 대롱박같이 그저 대구 거리를 헤매고 있다.

(『신태양』 1952년 9월호)

재유석굴암(再遊石窟庵)

1924년.

고려청년회(高麗靑年會) 학예부 이사로 물산장려회(物産獎勵會) 상무이사로 일하고 있다가, '이렇게 엄벙뗑하다가는 소위 지방유지(地方有志)라는 당치 않은 존재가 되어버릴 것이니 여기서 정신 차려야 할 것이라'고 여러 날을 두고 곰곰이 생각한 결과, 하루는 청년회관에서 공탁(孔濯) 형에게 흉중(胸中)을 토로했던 것이다.

탁(濯)은 상을 치고 반기며 "그러면 그렇지, 형이 여기서 만족하리라고는 생각지 않았소! 갑시다, 같이 가서 공부합시다. 공부해야 하지요."

그래서 탁 형과 같이 현해탄(玄海灘)을 건너기로 하였다.

"다시 일본 갈 생각은 아예 말고 그저 집에서 놀아라! 보고 싶은 책은 얼마든지 사줄 테고, 너 평생 먹고살 것은 넉넉하니 아무 걱정 말고 그저 집에 있거라."

그런 말씀으로 연금생활(軟禁生活)을 해오던 터이었으니, 이번 길은 두번째 건너는 현해탄이지만, 말하자면 도망가는 길이고 다시 돌아올 기약이 없었다.

탁 역시 그러했다.

그는 더 멀리 뛰기 위한 준비를 하기 위해서 건너는 길이었다.

"이번 가면 또 언제 귀국하게 될는지 모르니 경주를 꼭 보고 갑시다."

그는 이런 말을 했다.

"위대한 우리 조상의 혼과 모습이 거기 있을 것이오. 외국에 가서 고생을 하건 잘되건 우리의 민족혼을 잃지 않기 위해서 반드시 큰 힘이 될 것이오."

이런 말도 했다.

"이삼 일 서울 댕겨 오겠습니다" 하고 떠난 길을, 대구에 내려서 우리들은 경주로 왔다.

그것이 1924년 9월이었다.

경주에는 밤이 이슥해서 닿았다.

여관이 없었다.

사람을 재워준다는 촌가(村家)를 찾아 들어갔다.

마당이 넓어서 보기에 시원하였다.

마루가 널찍하고 안방 건넌방뿐인데, 건넌방에서 잤다.

고단해서 세상모르고 자다가 이상한 아름다운 소리에 놀라 깨었다.

그것은 거문고 소리였다. 스르릉 징둥당……

우리들은 거의 동시에 벌떡 일어나 앉았다. ……둥당 스르릉 징둥당……

벌써 날이 밝고 부슬부슬 안개비가 내리고 있었다.

우리들은 아무도 아무 말 안 하고 우두머니 앉아서 귀를 기울이고 있었다.

아름답고 그윽하게 흘러나오는 거문고 소리는 마치 천년을 흐르는 소리와도 같고 하늘 위를 떠다니는 것 같기도 하였다.
뚝 끊겼다.
우리들은 숨소리도 죽이고 있었다.
발 밖으로 그림자가 어른거렸다.
길게 땋아 내린 머리에 연지 빛 댕기 출렁거리고 상큼 뛰어나가는 처녀는 벌써 싸리문 밖으로 사라져버렸다.
그제사 우리를 황홀하게 한 거문고 소리가 그 처녀의 솜씨임을 알게 하였다.
우리들은 꿈에서 깨인 것같이 말문이 터졌다.
"아아, 예가 신라로구려!"
무릎을 치기도 하였다.

*

이슬비에 젖은 가을 풀을 헤쳐가며 첨성대(瞻星臺)니 분황사탑(芬皇寺塔)이니 장안의 고적(古蹟)을 샅샅이 구경하고 불국사(佛國寺)를 찾았다.
그리고 석굴암(石窟庵)에 올라갔다.
이미 여러 번 사진에서 본 바이었지만 돌을 다루어 쌓아 올려서 둥글한 천장을 이룬 그 구조의 묘에 벌써 놀랐고, 그 가운데 돌로 깎은 연화대(蓮花臺) 위에 모신 석가(釋迦) 석불(石佛)의 원만하고 의젓한 모습과 손가락 하나하나의 주름살까지 또렷또렷하게 나타나 있음을 보고 놀랐다.

둥그런 벽에 양각한 15면 보살(菩薩), 나한(羅漢)은 모두가 살아 있는 것 같아서 방긋이 웃으며 바시시 깁 소리조차 내며 옥보(玉步)를 내어 딛을 것만 같고, 그 아름다운 육체의 미(美)와 흐날리는 깁의 곡선미가 더욱 아름답게 주름을 지을 것만 같았다.

인간이 해낼 수 있는 예술의 극치를 보는 것 같고 온 굴 안에는 향기가 도는 것 같았다.

그 옛날 우리 조상의 아름답고 높고 뛰어난 정신이 내 몸에 이어 흐르는 것 같았다.

석가 좌상 바로 뒤에 있는 관음상(觀音像) 앞에서 떠날 생각을 못했다.

우리 두 사람밖에 없는 이곳에 갑자기 인기척이 있어, 우리들은 굴 밖으로 나왔다.

경관(警官)도 높은 사람 몇이 앞장을 서고 칠팔 인이 올라오는 것이었다. 고관(高官) 일행이라고 하였다.

그들은 굴 안에 들어서자,

"아아, 고레까!"

하고 이내 나와서 터덜럭터덜럭 내려가는 것이었다. 그것은 참으로 일 분도 안 걸렸다.

그 사람들이 멀리 내려가도록 물끄러미 내려다보고 있다가 우리들은 어쩐지 서로 마주 보았다.

하늘은 푸르러 가을 하늘이 틀림없었다.

*

　현해탄을 건너 이십오 년.
　경주 객사(客舍)의 가을비 내리는 새벽과 석굴암의 모습을 잊지 못했다.
　가을이 되어 혹시 맑고 높은 하늘을 보게 되면, 그곳에서 보기 어려운 그런 하늘을 석굴암의 하늘, 만월대의 하늘, 고국의 하늘로 생각했던 것이다.

*

　대구 피란살이 일 년 팔 개월. 포항 갈 때, 강릉 갈 때, 경주를 지나기는 했지만 차를 내려서 여기저기 찾아볼 겨를은 없었다.
　"경주를 가 보아야지!"
　그것은 몇 달을 두고 내 입버릇같이 되었었다.
　다행히 좋은 친구 두 분이 내 입버릇을 귀담아 들었던지 지난 달 나는 그 소원을 풀게 되었다.
　"갑시다!"
하는 바람에 두 말 않고 선듯 일어선 나는 세수 수건 하나 안 가진 가뜬한 몸차림이었다.
　그러나 친구가 찾아들어 간 경주의 주인은 대접이 극진하여, 해장에 조반에 곁두리에 점심에 석양배(夕陽盃)에 저녁상에 밤참을 주니, 대구 살이 조반석주(朝飯夕酒)로 지내던 몸이 견디어 낼 도리가 없었다.

먹고 자고 먹고 눕고, 닷새를 지낸 후에 생각난 것이 백령(白領)이었다.

백령의 객실에는 객이 콩나물같이 앉아 있었지만, 뛰어나와 반가이 맞아주었다.

"어서 올라, 어서 올라! 별장을 지어놓았으니 이리루 어서어서……."

일행은 뒤를 따랐다.

뒤, 참외밭 한가운데 큼직하고 높다란 원두막이 있었다. 초연장(超然莊)이라고 하였다.

현기증이 날 만큼 높은 사다리를 올라가니 화문석 두 장이 가운데 보였다.

"언제 왔소? 원 그럴 수가 있소! 그럼 불국사도 가구? ……삼십 년 전? 그게 될 말이오. 가 보아야지…… 내일은 우선 불국사를 가기로 하구……."

주인은 경주 구경시켜줄 플랜을 세우며 첫째로 불국사와 석굴암을 갔다 와야 한다는 것이었다.

이튿날 우리들은 불국사를 구경하고 석굴암을 찾아 올라갔다.

삼십 년 만에 다시 보는 굴 안의 모든 것은 삼십 년 전과 조금도 다름이 없었다.

이상한 흥분과 희망과 향기를 느끼면서 조금도 들뜨지 않고 오히려 마음 고요해지는 것이었다.

참으로 이 아름다운 것은 영원히 멸하지 않으리라고 생각하였다.

아름다운 것 참된 것 바른 것이 패배할 때는 없으리라고 생각하였다.

아무리 천년 조상의 것이라 해도, 이것을 지니고 이 예술미를 알고 아끼고 가까이 하는 사람에게 실망이란 있을 수 없으리라고 생각했다.

밖으로 나오니 이번에는 동해바다도 불쑥 눈앞에 터져 있었다.

*

경주에 돌아오니 장안에는 경주예술학교의 미술 전람회가 있었다.

동양화, 유화, 조각이 장내에 그득하였다. 가난을 가릴 바 없어 서폭(書幅)과 채색(彩色)과 틀이 들쑥날쑥하였으나 여기 천년의 흐름을 이어 받아, 때가 오면 한번 활짝 피어보려는 봉오리들이 싹트고 있음을 알게 하였다.

역경에 처할수록 희망을 잃지 않고 정진하는 이 나라 젊은이들의 감뛴 모습에는 석굴암 돌부처들의 아름다움과 힘이 맥맥(脈脈)이 스며 있으리라고 생각하였다.

(『신태양』 1952년 10월)

생사(生死) — 조난기(遭難記)

　　8월 7일 한 시에 K 소령과 C 문관과 나, 3인은 전(全) 운전수의 지프차로 대구를 출발하여 부산으로 향하였다.
　　세 사람은 점심을 하였고, 나는 못한 채 떠났다.
　　경산, 청도를 지나 밀양까지 오니 시장기가 나서 식당에 들어가서 빵 두 개를 먹었다.
　　다른 사람들은 시원한 것을 마시었다. 나는 오늘 처음 만나는 전 운전수에게 '럭키' 한 갑을 사 주었다.
　　K 소령이 담배를 피울 때마다 불을 붙여 운전수에게 주는 것을 생각하였고, 오늘 하루 이 여행이 무사하기를 기원하는 마음이었다.
　　출발하여 삼랑진 철교를 건너서 한참 간 급굴곡(急屈曲)에서 좌향(左向)하려 할 때에 우(右) 쪽 낭떠러지로 차는 전락(轉落)하였다. 한 번 두 번은 몰랐다. 세 번 굴렀다. 머리 위에 있는 호로와 호로 사이로 돈짝만 한 하늘이 뚜렷이 보였다. '이놈이 내 몸뚱이로 떨어질 때에 나는 차체에 깔리게 되는구나!' 하는 순간 참으로 여러 가지 생각이 한꺼번에 왕래하였다. 첫째, 아내에게 미안하다는 생각이었다. "당신이 오래 살면 얼마나 오래 살겠다고 대구, 마산, 이렇게 떨어져서 고생을 각기 해야 하겠소. 기왕 마산서 다방에까지 나섰으니 대구에 간들 이만 벌이야 없겠소?" 하고 대구에 와서 같이 살기를 애원하는 것을, 그저 기왕 마산에서 자리가 잡혀 아이들도 학교에 댕기고 두 끼 먹기에는 걱정이 없으니 그대로 견디어주구려, 설마 몇 달 걸리겠수, 하고 떼밀어버린 것이 벌써 한 달이나 된 것. 바로 대구를 떠날 때에 받은 큰애의 편지에 "나의 온 힘을 빼어 한 번 힘껏 마음껏 쳐보겠으니 아버지도 사무를 보면서라도 나의 앞길을 좌우하는 입학시험에 합격되도록 빌어주세요" 하고 쓴 구절과 꼬부랑 글씨까지 눈앞에 뚜렷이 어른거렸다.

서울서 헤어진 지 석 달 만에 마산에 거처한다는 소식을 듣고 찾아갔을 때에, 첫번에는 여덟 살 된 딸애가 뛰어올라 와서 미닫이를 열고 "아버지!" 부르고는 그냥 마루에 주저앉아 '엉' 하고 울고, 또 둘쨋 놈, 또 한참 있다가 큰애가 똑같은 시늉을 하던 일이 생각났다. 아버지라면 못난 복숭아뼈까지 어루만지고 좋아하는 이 애들이, 이 산더미 같은 차체의 밑에 깔려 으스러지면 마침내 거적때기에 씌워서 놓여 있거나 다른 곳에 옮기어 있거나, 그것을 대할 때의 아이들이 가엾다는 생각, 그리고 반문(反問)이 나왔다.

일본만 갔더면 이런 일도 없고 가족도 남부럽지 않게 잘살 수 있지 않았느냐? 무엇이 잘났다고 세 번 네 번 갈 기회를 포기하고 애국한답시고 스스로 택한 길이 겨우 이 꼴이냐? 그러나 대답은 간단하였다. 그것은 지기 싫은 성격으로 나온 것이지만, '좋지! 후회 없다.' 그것이었다. 좋지! 또 한 번 굴러라! 나는 아직 죽지 않을 터인데! 하는 자신이 있었다. 차는 굴렀다. 덜컥! 완만한 회전은 정지하였다.

또 한 번 재주를 넘은 것이었다. 삐딱이 우익(右翼)을 논두렁에 박고 정지한 차체 위에 나는 앉아 있었다. "이게 무어야?" 하고 나는 소리 질렀다. 스피드를 내면 소리 지르고 진동이 세면 소리 지르고, 그저 고이고이 가자는 신호를 연발하던 나의 분개였다.

그러나 다음 시간, 나의 왼편 다리는 C 문관의 몸뚱이가 점령한 바 되어 있고 왼편 논두렁에서는 K 소령이 물속에서 엉기어 나오는 것을 보게 되었다.

C 문관은 K 소령을 부축하러 갔다.

K 소령은 "명수, 명수……" 하고 운전수를 불렀다. 대답이 없으니까 K 소령은 더욱 비창(悲愴)하게 그 이름을 불렀다.

엉기어 올라온 몸을 잔디밭에 던지면서 K 소령은 더 급하게 부르짖었다.

"C 선생님…… 명수를 보아주세요……"

C 문관은 엉기어서 사라졌다.

"아이구 얼굴이…… 골이…… 이게 웬일이요…… 절명입니다."

멍하니 정신없이 서 있던 나는 그 소리에 그 방향을 보았다.

차체 저쪽에 피투성이 되어 누워 있는 운전수와 그 위에 엉거주춤 서 있는 C 문관의 피투성이 된 손팔을 보았다.

여기 한 생명이 갔다는 엄숙한 생각이 떠올랐다. 후회가 없느냐? 반성이 없느냐? 없다! 하였다. 논두렁 잔디밭에는 K 소령이 맥 못 쓰는 양 자빠져 있고 C 문관마저 주저앉았다. 차체 이쪽에 있는 나는 넉넉히 건너뛸 수 있는 논두렁을 도저히 건너뛸 수 없어서 역시 주저앉았다. 온몸에 동통(疼痛)을 느끼었다. 정강이에는 피가 흘렀다. 내의 속 여기저기서 피가 흐를 것만 같았다.

하늘은 맑게 개고 멀리 보이는 몇 집 농가는 그림 같고, 물이 그득한 이곳 수전(水田)은 풍양(豊穰)을 기약하는 것 같았다. 지나가는 사람도 차도 없다.

두 사람이 누워 있고 한 사람이 피투성이로 절명하고.

나도 몸을 내어던졌다. 하늘이 온 안계(眼界)를 점령하였다.

아까 차가 다시 한 번 뒤집히기 직전에 왜 내 생각이 나의 가족에 대한 것뿐이었을까? 하고 슬그머니 부끄러운 생각이 떠올랐다.

애국한다는 대장부의 최후 순간의 상념이 이다지도 졸렬할 수가 있을까? 하는 원망스러운 마음까지 떠올랐다.

그러나 대답은 간단하였다. '좋지, 좋아.'

후회함이 없었다. 졸장부의 이름을 받기를 부끄럽지 않다 하였다.

8월 14일 동래(東萊)서

(『국제신보』 1951년 8월)

마산정(馬山情)

"운전수가 즉사하였다니 적어도 다리가 부러지거나 병신은 되었을 줄 생각하였소."

지프차 전락(轉落) 사고의 소문이 전해지자 급거(急據) 대구에서 내려온 구상(具常) 시인은 동래(東萊)로 나를 찾아오자마자 손을 잡고 이렇게 말하였다.

사실 운전수는 끽소리 한마디 없이 즉사하였는데, 세 사람은 모두 경상(輕傷)이었고, 그중에도 나는 정강이에 미안하다는 듯이 두 점 핏집을 내고는 두 궁뎅이와 어깨에 퍼렇게 멍이 들었을 뿐이었다.

그 멍은 연금생활 같은 동래온천 이 주일에 완치되었다.

마산에서 소문만 듣고 대구로 부산으로 실정을 알아보려고 애쓰는 가족을 찾아보려고 25일에 부산을 떠났다.

가족 5인이 마산으로 온 지 팔 개월이지만 한곳에 질정하고 있지 못하는지라, 한두 달 만에 찾아오면 먼저 만나는 친지에게 알아보아야 하는 것이었다.

이번에는 동행이 좋아서 동행과 같이 들어간 곳에 복(卜) 여사가 앉아 있었다.

"아이구, 그러면 그렇지!"

하고 반가이 맞아주었다.

아직 죽을 때가 아니라는 것인지, 그렇게 쉽게 죽을 팔자가 아니라는 의미인지는 알 바가 없다. 나는 물었다.

"내 가족이 어디 있습니까?"

신마산(新馬山)은 신마산이지만 수일 전에 옮긴 방이었다.

다다미에 껍데기가 없어서 탈이지, 앞으로는 바다가 뒷창으로는 산이 내다보이는 고대광실이 틀림없었다.

새벽도 밤중도 없이 덥기만 한 대구를 생각하면 이곳은 별천지 같았다.

3월 이래 네번째, 그러나 통틀어 열흘도 못 되는 마산이지만, 마산에 정이 들었다.

바다래야 호수라기보다도 연못같이 고요한 바다에, 섬은 큰 섬 작은 섬이 첩첩이 둘려싸 말 등이나 소 잔등같이 민듯이 민듯이 에워싸여 있어 터진 곳이 없고, 뒷산 역시 나무 한 그루 없는 산이 민듯하여 그림 한 폭 그려볼 생각 나지 않게 멋없는 산천에 꼬박 정들었다.

인정이 산천에 정들게 하고 산천이 인간을 정 있는 인간 되게 하고 정 있는 인간이 정들게 하는 것을 알게 한다.

공기 좋고 바람 시원하고 좋은 물 흔하고 술 좋고 생선 흔하고 아담하고 오붓하고 조용하고 인정 있고…… 게다가 외군(外軍)은 많되 다른 지방과는 판이하게 알력 전연 없고 인인애(隣人愛)를 가지고 있는 것 같다.

길에 깔린 것이 외군인(外軍人)이되 밤 아홉 시만 되면 산듯이 없어진다.

다방 음식점을 기웃거리며 잔류부대를 귀영시키기에 바쁜 MP 두 사람씩의 순찰이 있으면 그것은 곧 아홉 시 직전인 것이다.

아홉 시만 지나면 그 사람의 그림자도 없고 오발(誤發) 소리 공포(空砲) 소리도 들을 수 없는 평화촌이다. 그러나 한번 화재가 나면 이곳 소방대와 외군 소방대가 불 끄러 가기에 앞을 다툰다.

'전원(田園)'이란 다방이 있다. 문화인의 연락처요 안식처요 신세 지는 곳이라 한다.

의자 좋고 유성기 좋고 음반 많고 음식맛 좋고 아담하고 오붓한, 단정하고 깨끗하게 하고 들어가야 할, 야인(野人)의 숨통을 터주지 않는 다방이 있다.

그곳에서 역시 야인의 숨통을 터주지 않는 화가 김인승(金仁承) 화백을 만났다.

"마산이 어떻더냐? 모지더냐? 둥글더냐?"

하면 나는 서슴지 않고 '전원'을 가보라고 할 것이다.

"불이야!"

소리와 아이들의 뛰어가는 것을 보고 우리도 뛰어나갔다.

연기는 근처다.

부산서 와서 고성으로 가는 버스에서 불이 났다는 것이었다.

차가 지나갔다.

"서장이다. 서장이 먼저 왔다."

아이들의 속삭임이다. 손뼉을 치는 아이도 있었다.

"아이다아."

하는 아이도 있었다.

MP 차가 뒤따라 달려왔다.

사망자 열 명, 중경상 열일곱 명이란 대사고(大事故)다. 마산 차고에 정차하고 만원객이 있는 채 차내에 있는 휘발유 주입구로 휘발유를 주입하려 할 때 마침 장님 한 분이 더듬더듬 올라오다가 휘발유통을 쏟고, 계원이 '불조심해주십시오' 하고 비명을 수차 했음에도 불구하고 젊은 하이칼라가 담배에 불을 붙이고 성냥을 내어던졌다는 것이다. 설마는 없다. 휘발유의 정확한 성능은 젊은 하이칼라의 '엄펭이끔'을 용서하지 않았다.

눈 깜빡할 새 없이 불은 차내뿐만 아니라 차외까지 퍼졌다. 맡은 조카아이만은 구하려고 창밖으로 팽개치고 순사(殉死)한 삼촌, 아이 둘을 껴안고 죽은 성모(聖母), 문명과 무지의 상충이 빚어낸 비극의 군상은 미군인(美軍人)이 손수 끄집어내어 군중의 눈을 피해가며 병원으로 급송하였다.

도대체 대형 버스차가 차내에 휘발유 주입구를 가지고 있는 것이 큰 사고요, 차내에 휘발유 주입구가 있는 초구식차(超舊式車)라면 차고에 들어갔을 때에,

"손님들, 잠깐 내려주십시오. 식사도 하시고 소변도 보시고 몇십분 동안은 쉬어 가겠습니다."

하면 객도 고마워할 것이요, 그 사이에 휘발유를 주입하건 기계를 정비하건 조절하건 얼마든지 할 수 있을 것이다.

지프차는 전락하고, 트럭은 여기저기 떨어져 있고, 기차는 충돌하고, 버스마저 불을 내고……

과학은 다룰 수 있는 사람에게 힘이 된다. 그러나 무지한 사람에

게는 화가 될 뿐이다.

　홍(洪) 중령이 우거(寓居)를 찾아주었다.

　"이것! 아주 못 볼 줄 알았더니 어디를 다쳤단 말요?"

　"다 나았습니다."

　"저승에 갔다가 퇴자를 만난 게지! 하하하, 한잔합시다."

　청주(淸酒) 좋고 엽주(爗酎) 좋고 막걸리도 좋고 물맛도 좋고 고시라기회 더욱 좋고…… (마산에서)

(『평화신문』 1951년 10월)

창공박(蒼空泊)

봄에는 창밖의 꽃이 아름답고 여름에는 창의 유리도 미닫이도 없는 이층 넓은 방이라 바람이 시원하고 모기조차 적어서 '창공박(蒼空泊)'은 칠팔 인이 되는 날도 있었다.

부산서 올라온 문인도 이곳에 머물러 가고 서울서 부산 가는 문인도 이곳에서 쉬어가고 ― 그야 낮에야 대구로 피란 온 문인뿐 아니라 화가, 음악가, 연극인도 이곳에 오고, 오면 반가운 사람을 만날 수 있었고, 초면 인사를 하는 경우에도 일면여구(一面如舊), 반가울 수 있는 그런 '창공박'이었다.

밤이 깊으면 막걸리를 사는 사람도 있고 과실을 사는 사람도 있고 과자를 사는 이도 있고 매일 밤 양말을 빨아서 창밖 추녀 끝에 널어놓기 때문에 '양말 선생'이라고 부르게 된 양말 선생은 구수하게 이야기도 잘하고, 거나하면 으레 "노래 한마디 하겠습니다" 하기에 '노래 한마디 선생'이라고 부르게 된 노래 한마디 선생은 밤마다 노래를 부르시어 날 가는 줄 모르게 즐거운 날을 보냈다.

여름은 가고 가을이 왔다.

가을 바람이 불기 시작하자 하나씩 둘씩 안 들어오기 시작했다.

대구의 가을은 낮에는 덥고 밤이면 겨울같이 추웠다.

창도 없고 미닫이도 없는 이층 넓은 방은 한데와 같았다.

K 대위는 차라리 사무실의 테이블 위에서 자는 것이 낫다고 나가버렸다.

C 중위는 통근하기 곤란하지만 십 리 밖 친척의 집에서 자기로 하겠다고 나가버렸다.

R 소위는 이렇게 추워서는 겨울도 오기 전에 얼어 죽겠다고 어디론지 나가버렸다.

양말 선생은 부산에 잠깐 다녀오겠다고 떠나신 후 부산서 만났다는 사람이 있는가 하면 뒤이어 서울서 만났다는 사람도 있었다. 춥고 쌀쌀한 대구에 아주 정이 떨어졌는지 부산, 서울을 왕래하시면서 한번도 들르는 일이 없었다. 아침마다 창밖 추녀 끝에 펄럭거리던 양말도 이제는 자취를 감추고 말았다.

어느 날 밤이었다.

"하나님의 자손야! 한 장만 가지고 살라고…… 한 장만 가지고 가……"

우렁찬 이런 소리에 나는 놀라 깨었다.

노래 한마디 선생이 담요 한 장을 들고 서 있는 것이었다. 깔고 덮는 두 장 담요 중에 한 장이 행방불명이 된 것이었다.

"내가 사치를 했지요…… 사치를 했습니다. 네에, 한 장도 못 가진 사람이 있는데……"

그건 눈물이 글썽해서 우는 소리와도 같았다.

이튿날 밤 노래 한마디 선생은 들어오지 않았다.

사실 담요 한 장만으로는 견디기 어렵도록 밤은 쌀쌀했다.

그러자 며칠 안 가서 이등병 지원의 R 군은, 내일은 소원성취 입대하게 되었다고 좋아하였다. 새벽같이 일어나서 인사하고 나가는 그는 그의 이불을 나에게 덧덮어주고 이렇게 말했다.

"추우실 텐데 제 이불 더 덮으셔요."

그가 절반해서 깔고 덮고 자던 단 한 장 이불이었다.

그날부터 나는 혼자 자게 되었다.

전에는 없던 쥐가 나와서 온 방 안을 마라톤하고 머리 위 이불 위로 희롱하였다.

아침에 일어나서 세숫물을 떠다 줄 사람이 없는 것을 새삼스레 느꼈다. K 대위, C 중위가 가끔 귀찮다고 세수를 하지 않고 나가던 것이 생각났다.

하루는 밤중에 곤드레로 취한 R 시인이 찾아왔다. 엎디어 절하고 일어나지 않았다. 한참 만에 통곡이 시작되었다. 나는 깜짝 놀라 일어나서 그를 전송(餞送)하였다.

P 시인이 가끔 들렀다. 그는 지나는 길이었다. C 시인, C 소설가도 자주 들렀다. 그러면 또 HH 클럽으로 가기도 하였다.

하루는 K 시인 C 시인, C 소설가와 석류나무집에서 다시 HH 클럽으로 가는 길이었다.

창공박에 전등이 환하였다. 우리들은 우르르 올라갔다.

아래층에 합숙하는 여대원들이 호화로운 이불을 꾸미고 있고 대머리 훨씬 벗어진 미지인(未知人)이 앉아 있었다.

"미안합니다. 무슨 박사…… 우리들의 무슨…… 여기에 며칠 주무시게……"

여대원의 잘 들리지 않는 설명이었다.

"여기가 공동 숙박소인 줄 아느냐? 어디 잘 데가 없어서…… 에잇 못난 놈!"

대머리도 굽실하고 무어라고 말하는데, 그런 소리가 들릴 리가 없었다.

"에이, 주변 없는 놈 같으니…… 자거라 자! 며칠이건 자거라!"

그리고 우리들은 내려왔다. 이층에서는 즐거운 웃음소리가 들려왔다.

이튿날 아침, 대머리는 나의 세숫물을 떠다 주었다.

그가 ○과의 권위로 우리나라의 국보적 존재인 S 박사라는 것을 알게 된 것은 이십여 일 후였다. 밤늦게 들어와서 자고 새벽같이 일어나 세숫물 한 대야를 떠놓고 나가는 그와 이야기를 주고받을 여가도 없으려니와 필요도 느끼지 않았기 때문이었다.

"종이를 좀 가져오십쇼. 신문지라도 넉넉히 가져오시면 유리창도 바르고 떨어진 미닫이도 주워 모아 어떻게든지 바람 안 들어오도록 해놓을 테니……"

어느 날 S 박사는 이렇게 말했다. 나의 사무실에는 종이는 있었다. 두꺼운 종이도 쓰려면 얻을 수 있었다. 그러나 일단 사무실에 나오면 창공박은 완전히 잊어버리고 또 창공박에 들어갈 때는 차마 제 정신으로 들어가기는 너무나 참담하여 항시 얼근해서 들어가는 습관이 되어 있기 때문에 S 박사가 여러 번 종용하는데도 그것을 이행하지 못했다.

그러나 하루는 들어가니 층계에 판때기 문짝이 고리 걸려 있고, 유리창은 모두 종이로 바르고, 미닫이 틈에는 기둥 판때기 막대기를 가로 세로 못질하고 누덕누덕 종이를 바르고, 드나드는 미닫이조차 든든하게 되어 있었다. 방 안은 제법 훈훈하였다.

자리를 깔고 누울 때 S 박사는 큰 약병 하나를 들고 올라왔다.

"대단히 춥습니다. 이걸 넣으셔요."

큰 약병에는 끓는 물이 담겨 있고 나사 마개로 잘 닫혀 있었다.

"그걸로 아침에 세수하고 탁족(濯足)도 하셔요. 더운 물에 탁족하는 것이 몸 녹이는 첩경입니다."

종이를 바르고 사흘 되는 날은 영하 15도 되는 날이었다.

며칠 주무신다던 대머리가 이게 언제까지 이러고 있을 셈인가 하고 생각해본 일도 있기는 있었다. 그러나 이렇게 되고 보니 인제는 그가 나갈까 봐 슬그머니 겁이 나는 것이었다.

이러구러 겨울도 갔다.

창밖의 찔레꽃 덩굴이 파릇파릇해지자 앞산 골짜기에 남았던 눈까지 흔적이 없어지고 이내 매화나무에 봉오리가 터지기 시작했다.

밤새 비가 오고 활짝 개인 아침, 나는 창을 열고 늘어지게 기지개를 펴고 S 박사를 불렀다. S 박사는 그것을 내다보고,

"에에, 인젠 살았습니다."

나도 똑같이 외쳤다.

"에에, 인젠 살았다!"

그리고 누덕누덕 거지 누더기같이 얼키설키 발라놓은 미닫이를 부욱 찢었다. 단번에 살만 남았다. 살마저 와락 걷어챘다. 와르르 무너졌다.

*

매화가 지고 찔레꽃이 피려 할 때였다.

아래층에 있던 세 합숙이 모두 이사 가고 텅 비었다.

다음 날은 목수가 들어와서 뚝딱거리고 마루 창을 뜯어 젖혔다. 댄스홀이 된다는 것이었다.

여대원 두 사람이 올라왔다.

"갑자기 방을 내놓으라니 어디로 가요? 구락부는 무슨 놈의 구락부를 만든다고. 우리들이 갈 데가 있어야죠. 이 방도 내놓게 된다죠. 이 방은 바둑판과 마작하는 방이 된대!"

이십삼 일 후에는 여대원 두 사람도 나가고 방이 비어 있었다.

S 박사는 서울에 볼일이 있어 수일 다녀오겠다고 떠나버렸다.

오래간만에 노래 한마디 선생이 사무실로 오신 날이었다. K 시인과 같이 HH 클럽에를 가자고 나섰다.

창공박을 지날 때, 아침에 나올 때도 지나온 깨어진 정문에 블록으로 담을 쌓아놓은 것을 보고 놀랐다.

지나쳐서 터진 길로 들어가니 현관문에는 넓은 판때기 두 장을 어슷비슷 못질해서 못 들어가게 해놓았다.

여대원 있던 쪽으로 사층 사닥다리가 있었다. 그것을 타고 낭하(廊下)로 들어가서 이층으로 올라가는 층계로 가려니 거기는 시멘트로 벽을 쌓아놓았다.

다시 밖으로 나와서 현관문으로 안을 들여다보니 마루청을 뜯어 젖혀서 발을 들여놓을 수가 없었다.

"야, 이놈아! 어디로 올라가란 말야! 원숭이가 되란 말이냐!"
호령을 했다.

밖에서 기다리던 노래 한마디 선생과 K 시인이 쫓아 들어왔다.

두루 살펴본 다음, 노래 한마디 선생은 나를 잡아당기면서 이렇게 말했다.

"깟 놈들! 호령을 하면 무얼 합니까? 가십시다. 가자우요. 어디 가면 잘 데 없겠소! 하나님이 우리들을 보내실 때……"

HH 클럽에 들어가서 한잔을 켰다. 잔을 높이 들고 멍하니 보고 있던 노래 한마디 선생은 이윽고 한숨에 켜고 탁 놓고 이렇게 중얼거렸다.

"쥐길 놈!"

*

셋이서 하룻밤을 지내고 이튿날 사무실에 나가니 양말 선생에게서 편지가 와 있었다. 서울서였다.

봄은 창공박에도 왔겠지요. 마음 괴로울 때 신산할 때면 멀리 창공박을 그려봅니다. 처참한 환경 가운데 항상 즐거움과 마음의 안식을 얻고 지낸 창공박을 잊을 수 없습니다. 일간 기어이 틈을 내어 창공박을 찾으려 합니다. 제현(諸賢)과 더불어 화주 수배(花酒 數盃)를 나눌까 하오니 부디 문을 열고 기다려주소서.

여불비백(餘不備白)

기쿠치 칸(菊池寬)과 나

내 나이 열여섯부터 니혼 대학(日本大學)에서 그의 강의를 듣고 열아홉 때부터 내내 그의 문하에서 신세지고 일하고 배워온 은사(恩師) 기쿠치 칸(菊池寬)* 씨와 헤어진 것은 1945년 1월 29일이었다.

일본의 패전이 점점 뚜렷해졌고 27일 백주(白晝)에 감행된 B-29 수십 기의 동경 공습을 겪고 나서는 동경에 더 머물러 있을 맛이 없었다.

번화한 긴자(銀座) 거리는 불바다가 되고 니혼바시(日本橋), 교바시(京橋)의 복판 전신주에, 혹은 벽에 상반신 하반신이 따로따로 튀어서 핏덩어리가 되어 있는 것을 보았던 것이다.

팔층 빌딩 지하실에 시여(時餘)들 대피하는 동안 천지가 진동하는 폭음에 육층 이상은 정녕 날라간 줄로만 생각했던 것이다.

동명(東溟) 형이 떠납시다, 하는 바람에 나도 떠나기로 하였다.

29일에 작별하고 30일 아침에는 동경을 떠났다.

그러고는 편지 한 장 쓴 일이 없었다. 원래의 게으른 탓도 있었다.

---

* 기쿠치 칸(1888~1948): 일본의 극작가·소설가. 1923년 종합지 『문예춘추』를 창간하였고, 아쿠타가와 상·나오키 상 등을 설정했다. 주요 작품으로 『무명작가의 일기』 『다다나오 경 행장기』 『진주부인』 등이 있다.

1947년 1월 말에 은사의 수제자요 나의 친구인 요코미츠(橫光)가 서거하였다는 소식을 2월 말경에 굴러댕기는 신문지에서 보고 처음으로 한 장 엽서를 썼다.

　　요코미츠가 작고하여 얼마나 쓸쓸하오. 나도 재회하면 옛날이야기를 주고받을 수 있는 한 친구를 잃어서 섭섭하오.

그런 의미의 짧은 엽서였다.
그러나 그것을 은사가 받아 읽지는 못했을 것이다.

*

그해 3월 7일이었다.
아마 일요일이었을 것이다.
그때 나는 개성에 우거(寓居)하였는데, 토요일이나 일요일이면 서울서 친구들이 많이 찾아주었고, 그러면 개성 친구들이 원래(遠來)의 내 친구를 대접해주는 것이 예사였다.
그날은 여러 친구가 서울서 내려왔었다. 내가 동경에 있을 때에 항시 내 집에 드나들던 구우(舊友)들이었다.
대여섯 명이 같이 한증(汗蒸)을 갔다. 한증을 한탕하고는 C 군 댁에서 저녁을 같이 하기로 되어 있었다.
그러나 나는 또 내 집에서 만나기로 한 친구가 있었기 때문에 한증 일행은 C 군이 자택으로 인도하고 나는 내 집으로 갔다.

집의 손을 치르고 부랴부랴 C 군 댁에 들어갔을 때는 여덟 시가 지났다. 친구들은 이미 술이 거나해서 식사를 시작하려고 하던 차였다.

내가 들어가니 다시 술이 들어왔다.

한 순배 돌았다.

누가 틀었는지 라디오가 '삑삑' 하더니 '에헤라 노아라……' 하고 서울 방송이 요란하게 들려왔다.

그것이 '찌르륵삑 찌르륵삑' 하더니 난데없는 일본 말이 튀어나왔다.

엊저녁 아홉 시에 협심증으로 급서(急逝)하신 기쿠치 칸 씨에 대해서 요시카와 에이지(吉川英治) 씨는 이렇게 말씀……

게까지 분명히 동경 방송이 들리고, 다시 '삑삑 찌르륵' 하더니 요란한 장구 소리.

서울 방송이 계속되었다가 그것마저 들리지 않아졌다.

아무리 기다려도 서울서도 동경서도 말이 없었다.

방 안은 쥐 죽은 듯 고요해졌다. 모두가 나와 기쿠치 칸의 관계를 잘 아는 사람들이기에 아무도 아무 말을 안 했다.

나는 소름이 쭉 끼치고 그것이 전신에 퍼졌다가 사라지는 데 시간이 걸렸다. 귀신 도깨비장난 같기도 하고 하늘이 나에게 전해주는 말 같기도 하였다.

내가 한중 일행과 시종 행동을 같이했다면 그 시간에 라디오를 틀지 않았을는지도 모른다.

그 시간에 내가 내 집에 있었다면……

또 설혹 라디오를 틀었다 해도 삑삑거리지 않는 내 라디오는 동경 방송을 혼선시키지도 않았으리라 생각하니, 인생 이십오 년의 인연이란 결코 허무한 것이 아니요 인위적인 것만도 아닌 것같이 생각되었다.

나의 심정을 살펴서 벙어리가 된 원래(遠來)의 친구들에게 나는 술잔을 내밀어 한잔 따라달라고 하였다.

(『신태양』 1952년 8월)

나의 연극 청년 시대

내가 처음 일본에 간 것은 1921년이었다.

1922년 봄에 니혼 대학(日本大學)에는 예술과를 야학으로 두게 되어 나는 그 야학에도 입학을 하였다.

예술과에서의 내 전공은 극문학이었다.

기쿠치 칸(菊池寬) 씨를 처음 본 것이 그곳이었고, 그의 극문학 강의는 간명(簡明) 직절(直截)하여 지금도 기억에 남는 몇 구절이 있다.

그해 여름에 유학생 단체 '동우회(同友會)'에서는 연극단을 조직하여 고국 각 도시를 순회 공연할 계획을 세웠다.

와세다 대학(早稻田大學) 영문학부에서 극문학을 전공하고 있던 지금은 고인이 된 김우진(金祐鎭)이 연출 감독을 맡고, 지금은 어디 있는지 홍해성(洪海星)이 장치, 소련으로 갔다는 조명희(趙明熙)와 고인이 된 홍난파(洪蘭坡)가 각본을 쓰기로 하고, 유춘섭(柳春燮; 유엽[柳葉]) 등 연기진에 나도 한몫 끼었었다.

포석(砲石) 조명희(趙明熙)의 「김영일(金英一)의 사(死)」, 난파(蘭破) 홍영후(洪永厚)의 「사랑」, 아일랜드[愛蘭] 던세이니(L. Dunsany)의 「찬란한 문」, 그리고 후에 김우진(金祐鎭)과 정사(情死)한 윤심덕(尹心悳) 양의 독창을 넣기로 하였다.

간다(神田) YMCA에서 연습을 할 때에는 일본 배우 토모다 교스케(友田恭助)가 와서 보아준 일도 있었다.

7월에 부산에 상륙하여 미증유(未曾有)의 대환영리에 부산, 마산, 진주, 대구, 광주, 목포를 거쳐 서울에서는 단성사에서 삼 일 속연(續演)을 굉장한 인기 가운데 끝마치었다.

이것이 우리나라 신극운동(新劇運動)의 효시라고 연극사(演劇史)에 기록되어 있는 것을 본 일이 있다.

1924년에 다시 도일(渡日)할 때에도 나의 목적은 연극 연구에 있었다.

쓰키지 소극장(築地小劇場)으로 오사나이 가오루(小山內薰) 교수를 찾아가서 연출 연구를 하고 싶다고 청하였던 것이다.

그때에 홍해성은 벌써 그 극장에 있었고 장치를 연구한다고 하였다.

그러나 일 개월에 3~4원의 수당밖에 못 내는 형편이라 생계가 서지 않을 터이니 먼저 직장을 정하고 극장에는 무상출입(無常出入)하여 마음대로 연구하라는 것이었다.

급기야 직장은 기쿠치 칸 씨가 시작한 문예춘추사(文藝春秋社)에 입사하게 되었고, 대학에 이름을 걸어놓고 극장 출입을 자주 하기로 하였다.

쓰키지 소극장에서는 공연 때마다 초대권을 보내주었다.

그러나 그때에 기쿠치 칸 씨의 문예춘추사와 오사나이 가오루, 히지가타 요시(土方與志) 씨의 쓰키지 소극장과는 사이가 좋지 못하여 쓰키지 소극장의 매 공연을 악평 혹 묵살하는 잡지의 사원으로서 그 극장의 연구생을 칭하기는 곤란하였다.

그러나 잡지의 주장(主張)인 '일본의 신극운동을 자칭하고 연극의 실험실을 자부하는 쓰키지라면 일본 작가의 극을 상연해야지 하필 번역물만 해야 할 이유가 어디 있느냐?'라는 것보다는, 일본 작가의 극보다 외국 작가의 극을 더 보고 싶고 그것을 공부로 생각하는 나는 직장인 사(社)에서 미워하지 않을까 두려워하면서도 매 공연을 거르지 않고 아니 가 볼 수 없었다.

내가 연극을 좋아하고 구경을 열심으로 다닌다는 것을 알자 사(社)에서는 사로든 사장 개인에게든 보내오는 초대권이란 거의 내 몫이 되었다.

와세다(早稻田) 소극장, 미타(三田; 게이오[慶應]) 소극장, 가네히라 쿤노스케(金平軍之功)의 근대극장, 하다나카(畑中蔘坡)의 극단, 사와다쇼지로(擇田正二郞)의 신국단(新國團), 출몰하는 소극단(小劇團), 소가노야(曾我迺家) 두패 가부키(歌舞技), 시대극(時代劇) 신파(新派), 각파심좌(各派心座), 미술좌(美術座), 무슨 극장 무슨 극단이고 또 지역적으로 와세다(早稻田)건 시나가와(品川)건 후카가와(深川)건 가나가와(新奈川)건 새 연극이란 빼놓지 않고 보러 다녔다.

사(社)에 앉아 있을 때도, 하숙에서도, 도서관에 가서도, 일어로 번역된 희곡이란 닥치는 대로 읽었다.

그런 생활은 1929년까지 계속되었다.

그동안에 감명한 것은 쓰키지의 연기에 새로운 무대와 장치, 억양, 기합적(氣合的)인 대사.

「해전(海戰)」「아침부터 밤중까지」「벌레의 생활」「밤 주막」「어둠의 힘」과 '체홉의 저작' 등…… 그런 것들의 이야기는 그 당시 『조선일보』에 연속적으로 소개한 일이 있었다.

영화로 프랑스의 「면영(面影)」이란 것도 잊을 수 없는 것이었다.

일본 작품의 것은 기쿠치 칸이 신작을 발표하면 곧 사와다쇼지로가 상연하는데, 그것은 어떤 의미로 보든지 대단히 흥미 있는 일이었다. 그것을 또 오노에 기쿠고로(尾上菊伍郎)가 상연하면 맛은 전연 달라진다.

사와다쇼지로의 협객극(俠客劇)은 일본에서도 신경지(新境地)를 개척한 것이니 협객(俠客) 쿠니사다 츄지(國定忠治)가 부하의 실수로 싸움이 벌어지게 되어 비장한 각오로 자리를 일어서자 장면은 바뀌어 대숲에 나타난 사와다가 번개같이 간첩 한 놈을 발견하여 한칼에 죽이고 그 칼을 물에 씻고 졸개가 닦아주고 번쩍 들어 달빛에 비추어 보면서 한마디 하고 칼집에 넣는 단 이 분 동안의 시원하고도 멋쟁이 연기와 무대는 지금도 눈에 선하다.

기시다 쿠니오(岸田國士)의 「지로두의 가을」, 마사무네 하쿠초(正宗白鳥)의 「인생의 행복」, 무샤노코지 사네아쓰(武者小路實篤)의 「애욕(愛慾)」 등을 구경했을 때의 놀라움을 잊을 수 없다.

(『연예사동』 1951년 12월)

편편상(片片想)

불굴혼(不屈魂)

『평화신문』은 서울서 발행하고 나는 대구에서 '편편상(片片想)'을 써서 기차 편으로 보낸다. 게재지(揭載紙)를 구하기 위해서는 가두판매하는 아이에게 사야 한다. 아이는 낯이 익어서 내 사무실로 『평화신문』을 가지고 온다.

나는 내 '편편상'이 실려 있을 때만 산다. 하루는 내가 외출한 사이에 신문을 두고 갔는데, 그 신문에는 컷이 '편편상'과 비슷하지만 실려 있지 않은 것이었다.

오후에 그 아이가 왔을 때에 나는, "이건 아니야" 했다.

그 아이는 선뜻, "그래요, 그럼 주세요" 하고 도로 가지고 나가는 것이었다. 아주 어린아이다.

헛수고해준 것이 안된 것 같아서 나는 책상 서랍에 있는 백 원 두 장을 꺼내 주었다.

"아냐, 싫어요" 하는 것을 굳이 주어 보냈다.

그러고는 그 아이는 영영 신문을 가지고 오지 않는다.

나는 꼭 구해 두어야 할 게재지를 구할 도리가 없어졌다.

십여 일이 지나서야 내가 실수한 것을 깨닫고 놀래는 것이었다.

'신문을 팔고 댕길지언정 거지는 아니다. 돈을 그저 받으라는 것은 거지로 생각하는 것이 아니냐?'

그런 생각으로 영영 발을 끊은 것만 같다. 열 살짜리 어린이에게 이 불굴의 민족혼이 있음을 깨닫고 놀래는 것이었다.

(『평화신문』 1952년 4월)

자식의 편(鞭)

　그동안 몸 건강히 안녕하십니까? 우리 집안 식구도 어머니와 더불어 잘 있습니다. 나는 며칠 전 1월달 공납금과 나무 값 합쳐서 35,000원, 어머니는 피땀을 흘려가면서 돈을 벌어주시고, 종훈이와 주해도 학교 집 짓는다고 10,000원씩 갖다 주었습니다. 학교는 돈이 많이 드는 곳입니다.
　그러나 아버지, 18일부터 4일간 1학기말 시험이 있었는데 나는 우수한 성적으로 다 쳤습니다.
　아버지! 이 추운 겨울날, 추운 그곳에서 어찌 지내십니까?
　그러나 아버지! 낙심 마시고 꿋꿋이 살아주세요. 고생 끝에는 행복이 있는 것입니다. 있는 것은 동정도 하고 없는 것은 참아 가면서 살아야 할 것입니다.
　아버지! 그립고 그리운 아버지!
　추운 겨울날 추운 방에서 언제나 생각에 잠기시는 아버지! 낙심 마시고 일심 단결하여 나라에 이바지 될 일을 해주시기 바랍니다.
　양력설에는 꼭 와주세요. 가난하고 아무것도 없지만 가정의 안락한 품 안에 쉬어가 주세요.

*

중학 1학년생의 편지다. 이 편지를 받아야 할 아버지는 나뿐이 아닐 것이다.

(『평화신문』 1952년 1월)

한 어른과 여러 아이들

　내가 지금 사무실로 쓰고 있는 대구 모(某) 신문사 앞 큰길에는 오정(午正) 때부터 가두판매할 신문을 받으러 온 아이들 백여 명이 신문 나오기를 기다리고 있다.
　양갈보가 여기를 지나갈 때는 큰 봉변을 한다.
　웬만한 의복이나 화장이면 아무도 아무래지 않지만 지나치게 꾸민 것이 지나가면 백여 명 아이들이 일제히 "와아—" 소리를 지르고 뒤에서는 작은 돌멩이를 던지기도 한다. 맞아서 쓰러진 여자도 있고 대개는 뺑소니를 친다.
　오늘 또 굉장히 떠들기에 나가 보았다.
　오늘은 색다른 것이었다.
　요새 갑자기 쏟아져 들어온 박래(舶來) 자전거 번쩍번쩍하는 것을 타고 온 사람이 갑자기 바퀴가 돌지 않는다.
　아이들은 그것을 보고 "그 자전거 조오타!" 한마디 하고는 백여 명의 "와아—" 소리가 양갈보를 놀릴 때보다 한층 더하였다.
　자전거 임자는 노기(怒氣)가 머리끝까지 올라 홍도(紅桃)같이 된 얼굴로 '어느 놈을 때려줄까' 하는 눈치를 보니 아이들의 고함은 더욱 높아만 갔다. 이리 몰리고 저리 몰리고, 고함은 높아가고, 파리떼 개미떼 같은 이것들을 어찌할 도리가 없었다.

거대한 체구의 신사는 번쩍번쩍하는 화려한 '박래 자전거'를 질
질 끌고 가는 것이었다.

폭군

절망적인 비명을 울리면서 폭군(暴君)을 피하여 뛰어나오는 어린이와 그 뒤를 회초리, 장작개비, 고무신짝, 집히는 대로 들고 쫓아 나와서 닥치는 대로 후려 때리는 어머니나 아버지를 가끔 본다.

나는 언제나 걸음을 멈추고 어머니나 아버지에게 애원한다.

그러나 미친 폭군은 언제나 "내 새끼 내가 가르치는데 무슨 챙견이야" 하고 오히려 욕한다. 그리고 일러서 알아들을 놈이 못 되니 맞아서 반죽음이 되어야만 한다고 내외(內外)에 고함지른다.

나는 그 폭거를 더 볼 수 없어 발을 옮긴다. 비명이 따라온다. 그럴 때마다 나는 생각한다. 저 어머니의 꿈에 내가 나타나서 저 손목을 뼈가 으스러지게 움켜쥐어 다시는 회초리를 들어볼 힘이 없어지게 해주리라고.

귀동(貴童)

 그 여관에는 고만고만한 어린이가 자그마치 다섯이 있었다.
 넷은 여주인의 조카아이요, 그중 못생긴 어린 남아가 여주인의 단 하나인 귀한 아들이다.
 귀동(貴童)은 신성불가침의 존재였다. 그의 말 한마디는 곧 법이었다. 행해졌다.
 객실이고 낭하고 아무데서나 똥도 누고 오줌은 장난삼아 누었다.
 지배인도 말이 되고 개가 되고, 심부름하는 남녀 모두 그러하였다. 뺨도 맞고 막대기로도 맞고……
 다른 아이들이 먹을 것을 가지고 있으면 무엇이건 빼앗았다. 먹기 싫으면 마당에 내던져도 빼앗았다.
 새벽에 일어나서부터 밤늦어서 잘 때까지 군것질이었다. 그러나 원숭이같이 빼빼 마르기만 하였다.
 다른 네 아이는 모두 예쁘게도 생겼거니와 발육이 좋아서 토실토실 귀염성이 있었다. 그러나 아무도 네 아이를 데리고 놀 생각은 아니 하였다. 그중 누구 하나라도 데리고 놀면, 곧 삐삐 마른 귀동이 불이 붙은 것같이 울거나, 쫓아와서 그 애건 어른이건 때리기 때문이었다.
 그러니까 자연 심심하면 빼빼 마른 귀동이를 놀리게 되었다.

주위의 사람들 때문에 그 버릇은 점점 조장되어만 가는 것 같았다.
"저렇게 자라서 무엇이 될꾸?"
"애 버렸어!"
그런 말들은 모두 하면서 그것을 어떻게 할 생각들은 아니 하였다. 그만 그렇게 지내는 것으로 만성이 되어 있는 것 같았다. 그러나 그 사람들도 다른 네 아이가 귀염성 있는 아이라고는 생각하고 있는 것 같았다.

어머니 무릎

"공납금(公納金) 안 가져온 학생은 집에 돌아가서 가져오라."

 교문은 나섰으나 집에 가도 돈이 없는 줄을 뻔히 알기 때문에 집에 갈 생각도 없고, 담배 파는 동무와 종일을 같이 댕겼다. 이튿날도 학교에 가는 체하고 나서서 또 그랬다.

 아버지는 공부는 해야 한다고 등쌀이고, 어머니는 쌀이 없다고 쩔쩔거리고.

 동무의 소개와 보증으로 담배 장사를 시작했다.

 갑 속에 열 갑을 넣어 가지고 그것을 감추어 가지고 다방 음식점에 들어가서 뚜껑 탁 젖히고 "담배 사이소." 또 뚜껑 탁 닫고 나와서 감추어 가지고 댕겨야 하는 것을 어름어름하는 동안에 전기선대 같은 것이 솔개같이 채가고 말았다.

 다른 애들은 물론 날쌔게 흩어져버리고 하나도 보이지 않았다.

 어이가 없었다. 2천 원 남기려다가 1만 6천 원을 물어놓아야 하게 되었다.

 종일 싸돌아 댕겼다.

 어둑어둑해지니 더욱 슬펐다. 길바닥에 털썩 주저앉아서 참고 있던 설움을 터뜨렸다.

 지나가던 사람이 물어도 대답을 안 했다. 2천 원을 던져 주고, "어서 집에 가라"고 했다. 설움이 더 복받쳐 올랐다.

얼근한 신사 둘이 왔다. 한 사람이 물었다. 한 사람은 "그까이 건 물어봐 무얼 해! 돈을 잃어버렸다든지 뺏겼다구 하는 거야! 요새 그런 놈들이 많아!" 그리고 삐딱거리고 지나갔다.

울음은 그쳤다. 눈물도 그쳤다. 말똥말똥해졌다. 손에 든 2천 원마저 별라졌다.

매를 맞건 욕을 하건 어머니 무릎에 가서 실컷 울려고 밤길을 줄달음쳤다.

(『평화신문』 1952년 2월)

관과 어린이

지게꾼이 커단 관(棺)을 짊어지고 지나간다. 어린아이가 뛰어나왔다.
"아이갸! 아저씨야! 거 무어꼬?"
아저씨는 힐끗 돌아다보고 툭 쏘았다.
"니 알 거 아이다."

*

오빠는 마당에 떨어진 새파란 감을 주워서 한입 먹었다. 어린 동생이 그것을 보았다.
"오빠! 거 무어꼬?"
오빠는 돌아서며 말했다.
"니 알 거 아이다."

*

니 알 거 아이다.

(『영남일보』 1951년 9월)

부대(父代)·자대(子代)

 중학 입학지원자 면접일이라 해서 입학원서와 세금 내었다는 증명서와 국채(國債) 샀다는 증명서를 가지고 등교하였는데, 입학원서만 받고 두 가지는 내일 또 가지고 오라고 하였다.
 고사 성적이 월등하여 문제없다, 놀러 가자는 바람에 그대로 해수욕을 갔다 돌아오니 두 증명서를 잃어버렸다는 것이었다.
 "내일 아침 아홉 시에 또 간다는데 그 시간까지 다시 받을 수 없겠지요?"
 어머니는 걱정스레 보고하였다. 동회(洞會)에서 도장 받고 시청에 가서 받아 내오는 데 속(速)해도 이틀은 걸릴 것이라 했다.
 그 애가 그 자리에 있었더면 한바탕 야단이 났을 것이다. 손도 올라가고 욕도 퍼부었을 것이다.
 그 애는 없었다.
 들어오기만 하면 '첫날부터 그런 것을 잃어버린 것은 중학에 댕기지 말라는 말인 것이다' 하고 야단을 하려고 했다.
 밤이 늦어도 애는 돌아오지 않았다. 걱정이 되었다.
 "어데를 갔어?"
 여러 번 물었다. 열 시가 되니 그때에야 어머니가 말했다.
 "극장에 갔는데……"

"무어!"

"하도 졸르기에 보냈는데……"

역시 걱정스러운 대답이었다.

잠이 들어서야 애는 돌아왔다.

"아버지!" 하고.

증명서 잃어버린 사실을 일일이 보고하고 이렇게 말했다. "경찰서장에게 가서 두 장을 찾아달라고 했더니 서장이 한참 생각하더니, 없어도 괜찮을 것이다, 그리고 무슨 문제가 되면 교장에게 말해주마고 그랬으니 걱정하지 마세요."

나는 할 말이 없었다.

그렇게 해놓고 늦게 들어온 것은, 역시 내가 잔소리 큰소리 할 것을 생각하고 그것을 피하기 위한 행동일 것이라 생각하게 되니, 그 애가 생각하는 아버지란 내가 내 아버지에 대한 생각과 그다지 거리가 없는 것같이 생각되어서 섭섭하였다.

꾸중을 기다리고 서 있는 애에게 말했다.

"어서 자아."

*

어린이는 선성(善性)의 새싹이다. 기성인이 때리고 욕하고 간섭하여 악성(惡性)을 만드는 일이 오히려 많다.

(『영남일보』 1951년 9월)

참혹한 시간

보고 싶은 아버지! 장남 종기는 종훈이와 더불어 8월 7일 오후 한 시에 마산을 떠났습니다. 아버지가 보고 싶어서 대구로 떠났습니다. 중학 입학고사는 힘껏 쳤습니다. 그러나 활자가 흐려서 보이지 않는 두 가지를 할 수가 없었습니다. 그러나 걱정 없습니다. 14일이 발표입니다.

종훈이도 방학이 되었습니다. 아버지가 보고 싶어서 대구에 갔다 오겠다고 어머님을 졸랐습니다. 어머님은 처음에는 안 된다고 했지만 할 수 없어서 H 씨에게 부탁해주었습니다.

H 씨하고 우리들은 오후 한 시에 트럭을 탔습니다. 트럭이 고장이 나서 내려서 기다리다가 지나가는 다른 트럭에 또 탔습니다. 높은 산을 올라갈 때 아래를 내려다보면 참 무서웠습니다. 그렇지만 아버지를 만나게 된다는 생각으로 즐거웠습니다. 밤이 되었습니다. 트럭은 정거하고 내일 간다고 합니다.

우리들도 하는 수 없이 내려서 자기로 했습니다. 이곳은 현풍이라고 합니다. 깜깜한 방에서 하룻밤을 잤습니다.

아침 일찍이 일어나서 산보를 했습니다. 기분이 좋았습니다.

트럭을 타고 떠났습니다. 대구는 참 크드군요. 열두 시쯤 되어서 우리들은 사무실을 찾아갔습니다.

조그만 방에는 군인 한 사람이 앉아서, 아버지는 어제 부산으로 출장을 갔다고 합니다. 그만 눈물이 나왔습니다.

H 씨도 아무 말도 안 하고, 가자고 했습니다.

H 씨의 누님 집으로 갔습니다. 깨끗한 집입니다. 누님은 분칠을 잘한 아름다운 여자입니다. 친절하게 해주었습니다. 반찬도 많고 밥도 맛이 있었습니다.

H 씨는 참 친절하게 해주었습니다. 사람 좋은 사람입니다. 놀러 나가자고, 극장 구경을 시켜주었습니다. 극장이 참 크드군요.

예쁜 방에서 하룻밤을 잤습니다. 보고 싶은 아버지는 시방은 부산에서 주무시겠지, 하고 생각했습니다. 대구까지 와서 아버지하고 자지 못하는 것이 어쩐지 이상한 생각이 들었습니다.

종훈이는 쿨쿨 잘 잤습니다.

나는 마음속으로, '아버지, 안녕히 주무십시오' 하고 누웠습니다. 그러나 잠은 오지 않았습니다.

다음 날 우리들은 H 씨와 더불어 트럭을 타고 마산으로 돌아왔습니다. 비가 바람과 더불어 말할 수 없이 쏟아졌습니다. 가마니로 앞을 가렸지만 빗방울에 눈을 뜰 수가 없었습니다. 우리들은 참 고생했습니다.

H 씨도 우리들 때문에 고생하셨습니다. 만나시면 고맙다고 인사하시고 술이라도 같이 대접해주시기 바랍니다.

14일에 발표가 있습니다. 어떻게 되었는지 걱정이 됩니다. 아버지도 바쁘신 중에도 합격이 되도록 빌어주셔요. 그리고 한번 마산 오시기를 바랍니다.

8월 9일
장남 종기 올림

제2신

아버지!

아버지가 부산으로 출장을 가시다가 지프차가 굴러떨어져서 다리가 부러졌다는 말이 정말입니까? 피가 나고 아프셨겠지요. 지금 어디 계십니까? 가르쳐주시기 바랍니다.

편지 해주시면 어머니와 더불어 가겠습니다. 바빠서 그만 씁니다.

장남 종기가 아우 종훈이와 더불어 나를 만나려 마산으로 떠난 그 시간은 내가 대구를 떠난 시간이었다. 그들이 현풍 주막에서 잔 그 밤은 내가 김해 제민의원에서 밤새도록 끙끙거리던 밤이었다. 그들의 트럭이 고장으로 하차하게 된 그 시간은 혹 우리들이 탄 지프차가 삼랑진 철교를 지난 3킬로미터 지점에서 전락(轉落) 3회전한 네 시 십오 분이었을지도 알 수 없는 일이다.

*

차페크(K. Capek)의 「벌레의 생활」에 이런 장면이 있다.

부유(하루살이)가 마침내 눈을 떠서 춤춘다.

"아아, 세상이란 황홀하구나! 화려한 세상! 아아, 나는 행복하다."

그것을 보고 지나가던 날벌레가 하루살이에게 말했다.

"하루살이 군! 그렇게도 세상이 좋은가? 그럼 또 내일 만나자!"

하루살이는 춤을 멈추고 대답한다.

"내일? 내일이라니? 나는 내일이라는 것을 몰라!"

그리고 다시 춤춘다.

아버지·어머니

아들은 어머니의 것이요, 딸은 아버지의 것이다. 역사적으로 그러하고 통계적으로 그러하다.

동물적 본능으로서인지도 모른다.

나도 무조건애(無條件愛)의 어머니만 좋아하고 엄친(嚴親)은 절대로 기피하였다. 지극한 애정을 모르는 바는 아니나, 엄격하고 무섭다는 생각이 항상 앞섰기 때문이다.

만혼(晩婚) 만득(晩得)한 오자(吾子)에게 나는 내 아버지와 같이 엄격한 아버지가 되지 않고 정다운 아버지가 되려고 하였다.

그러나 원래 성미가 급해서 욕도 나오고 혹 때리기까지 하였다. 그러고는 항상 후회하였다.

12월 남하(南下) 이래 이미 팔 개월을 가족과 별거하고 있으니 한창 자랄 무렵에 장난도 심할 터인데, 그것을 보지 않고 있으니 욕도 하지 않을 수 있고, 때리는 일도 없고, 서로 정만 두터워갈 것이 고맙게 생각되었다.

혹가다 가족을 찾아가면 그들이 좋아하는 양은 나를 만족하게 하였다.

그러나 그것은 하루이틀이다.

딸은 어머니 모르게 나에게 돈 백 원을 달라고도 하지만 두 아이놈들은 그저 어머니만 따라다니며 쏘군거린다.
 연필 살 돈, 공책 살 돈, 빵떡을 사겠느니 구경을 가겠느니 한다.
 견디다 못해서 어머니가 돈을 내주고는 나에게 보고를 한다.
 나는 "건 왜 주어……" 소리가 먼저 나온다.
 필요성을 부인하거나 비판을 한다기보다, 먼저 질투를 느끼는 까닭일 것이다.
 그러나 그 말을 아이들이 들었다면 역시 싫은 아버지일 것이다.

인생표리(人生表裏)

그 기자의 집은 시내에서 십오 리나 떨어져 있는 칠성동이었다. 아침저녁 양갈보촌을 지나다닌다.

밤새도록 먹어 대취한 그는 년여를 두고 무관심하고 전연 딴 세상으로만 생각하던 그 동리(洞里) 불 밝은 집에 발을 들여놓았다.

어리둥절하던 여자는 차차 반가워하며 아주 사람 아닌 것같이 모두들 거들떠보지도 않는데 사람대접을 해주니 고맙다 하고, "무엇이 좋으리까? 동포 동족이 좋지!" 하고 감격하는 바람에 젊은 기자도 감격하고 딴 족속같이 생각하던 과거를 뉘우치는 마음조차 있어서 헤어질 때에 "오늘 밤에 또 오지" 하니, 오늘 밤은 좀 상치되는 일이 있으니 내일 만나자 하기에, 문득 오늘 밤에 무엇이 벌어지나 정찰을 해볼 생각이 났다.

친구들과 밤중까지 먹고 자정이 가까워 그 하꼬방 앞까지 온 그 기자는, 기웃하자 전신(全身) 전율(戰慄)을 느끼고 소스라쳤다.

밤, 대추 늘어놓고 메 한 그릇 떠놓고 소복(素服)한 그 여자가 엎드려 일어날 줄 모르고 흐느껴 울고 있더라는 것이다.

영화 「전진(戰塵)」[*]

흑인 MP는 소년을 좋아하였다. 한 소년을 데리고 폐허 위에 올라갔다. 노래 부르고 놀다가 졸려서 잠이 들었다. "잠들면 구두 벗겨 가는 사람이 있다우" 한 소년은 정말 구두를 벗겨 갔다. 육 개월 후 그 흑인은 또 거리에서 한 소년을 지프차에 태우고 노래 부르며 가다가 문득 보니 소년의 의복이 군복이었다. 벗기니 내의도 군복이다. 그것마저 벗기니 소년은 달아난다. 생각하니 추울 것 같아서 불러 세우고 도로 입혀준다.

입히면서 보니 구두를 벗겨 간 소년이었다. "내 구두를 내라" 하니 서슴지 않고 집으로 가자고 한다.

전재민(戰災民) 하꼬방촌도 끝, 토굴에서 구두를 가지고 나오는데 그것은 자기 것이 아니었다. "또 여러 개 있는 게로구나…… 가보자!" 바라보아도 의지할 곳도 없는, 아무것도 없는 데였다.

"아버지는? 어머니는?"

"폭격으로 다 죽었지."

MP는 들고 있던 구두를 소년에게 주고 돌아서서 지프차를 타고

---

[*] 로셀리니(R. Rossellini) 감독의 영화 「Paisà」(1946). 「전화(戰火)의 저편」이라는 제목으로 알려져 있다.

뺑소니친다.

*

 이것은 2차대전 후 이탈리아 영화작품으로 세계에 이름을 날린 「전진(戰塵)」. 일본서도 「전화(戰火)의 피안(彼岸)」이라고 역(譯)하여 최고의 평과 인기를 끌었다는 영화의 한토막이다. 연락(連絡) 없는 여섯 개의 이야기를 영화화한 것이다.
 세계적으로 이름을 날리고 감격을 주었다는 그것을 보고 우리들은 감격을 느끼지 못했다. 우리들에게 그런 세계는 항다반사(恒茶飯事)라기보다도 그런 세계 가운데 우리들이 생활하고 있기 때문일 것이다.
 문제는 그런 것이, 그보다도 더 심각한 것이, 우리들의 주위에 있으면서도 널리 알릴 수 있는 작품으로 되어 나오지 않는 데 있을 것이다.

난리와 여자

"우리 여편네가 어제는 팔천 원을 벌어왔습니다."

어떤 장교의 이야기다. 시장에 나가면 아는 사람이 물건을—스웨터든지 양복이든지를—맡기고 얼마 이상으로 팔라고 하는데, 그 값 이상 받는 것이 곧 수입이 된다는 것이었다.

수일 후에 그분은 또 이렇게 말했다.

"인제야 아주 살게 되었습니다. 일수 만 원을 벌게 되었어요. 여편네가 스웨터를 뜨는데, 하루에 만 원 수입이 된답니다."

시장에서 떨고 종일 서 있는 것보다 잘되었다는 것이었다.

피란살이에 남자는 무능한 편이 많다. 아내의 생활력에 의존하는 편이 많다. 바느질품, 재봉 일, 세탁, 간단한 식사 영업…… 이번 난리통에 아내의 실력을 새삼스레 인식하고 아내를 고맙게 알게 된 사람이 굉장히 많을 것이다.

*

나는 아내에게 편지로 권고했다. 2학년 된 딸에게 음악과 무용만 배우게 할 것이 아니라 틈틈이 바느질과 밥 짓기와 빨래하는 것도 가르치도록 하라고.

책

"이것 보면 안 된다" 하면 더 보고 싶어진다. "이것 열면 안 된다" 하면 더 열어보고 싶어지는 것이 인정(人情)이다.

동래온천 여관 이 방 저 방에 뒹굴고 있는 사람들은 대개 잡지권(雜誌卷)을 들고 있고, 그것은 모두가 일본 잡지였다.

알고 보니 근처에 있는 자유시장에 세책(貰冊) 집이 있는 것이었다.

『리베라두』라는 악취분분(惡臭粉粉)한 작년 치를 잠깐 보았다. 찢어진 데는 세로광으로 부하고 손때와 땀에 절어서 기름을 먹인 것 같았다.

7천 원 맡겨두고 하루 5백 원 세(貰)라고 하였다.

읽기커녕 뒤적거리기도 남부끄럽고 더러운 것 같았다. 이런 것을 그 값을 주고도 읽고 싶은 사람의 심사는 생각해보아야 할 일일 것이다.

일본 음반을 그렇게 걸지 말라고 야단해도 그렇게 굳이 거는 것도 같은 문제다.

독서자(讀書者)의 독서욕(讀書慾)을 만족시킬 수 있는 서적, 호락가(好樂家)의 귀를 즐겁게 해줄 수 있는 음반이 급속히 또 풍부히 나오도록 알선해주고 육성해주고 협력해줌으로써 자연도태를 도모하는 것이 민주주의적인 해결 방법인 것이다.

추미인(醜美人)

"하늘에서 하강했나, 땅에서 솟았나. 성장(盛裝)한 절세미인이 나는 듯이 언덕을 내려오드라나! 갑자기 회오리바람이 불어서 홀떡 보이는 다리가 새까맣드라나!"

부산서 온 사람이 부산에 물이 귀하다는 말을 과장해서 한 말일 것이다. 물이 귀해서 자주 목욕할 수도 없고, 가기도 귀찮고…… 그럴 듯한 말이다.

그 말을 듣고 나니, 부산 거리를 횡행하는 한 개 20만 원짜리 분(粉) 냄새 풍기고 마카오를 거쳐 온 일산능라(日産綾羅) 휘어감은 절세미인들이 댕길심이 없었다.

*

옷 잘 갈아입고 목욕 자주 안 하는 한국인.
목욕 자주 하고 옷 잘 갈아입지 않는 일인(日人).
중국인이야 그건 옷도 목욕도……

일본에서 온 편지

전시(戰時)에 중국을 비롯하여 남양 제도(南洋諸島)에 육 년간을 종군(從軍)하고 종전(終戰) 후 돌아온 일본 신문인에게서 온 편지다.

*

대형(大兄)과 신슈(信州)를 여행했을 때, 기차 중에서 대형과 논쟁한 것이 가끔 생각납니다. 그때 대형이 논하고 통분하시던 말씀을 기억하십니까? 대형 연래(年來)의 숙지(宿志)와 같이 드디어 한국은 독립의 거보(巨步)를 내어놓았습니다. 더욱이 탄생의 진통 속에서 한국 민족은 새 출발을 보이는 큰 호흡과 같이 구곡(舊穀)을 탈피하려는 업화(業火)마저 같이 태워 올리고 있는 것같이 생각합니다.

어떠한 의미로 동경은 과거의 상해(上海)입니다. 아니, 일본 전체가 그런 것이 아닌가, 가끔 반성해보게 됩니다.

어떠한 일이 있든지 우리들은 일본의 상해화(上海化)를 방지하고 새 일본의 재건(再建)에 헌신해야 하겠습니다. 피로한 심신에 채찍질해가며 요새 특히 절박한 사고(思考)에 잠겨 있습니다.

*

차중(車中) 논쟁이란, 내가 한국의 독립을 주장하는 데 대해 그는 대동아(大東亞)의 안정을 위해서는 한국의 독립이 불가하다는 것이었던 것이다.

금일, 한국이 거족(擧族) 반공전쟁(反共戰爭)에 치열할 때, 일본 지식인의 고뇌를 역력히 엿볼 수 있는 문자라고 생각한다.

종군문인(從軍文人)

"어제는 놀라운 일이 있었습니다. 본부에서 고문관(顧問官) 캡틴 깁슨이 전화로 곧 만나자기에 갔더니, 오늘 굉장한 귀빈이 한국을 시찰하러 오니 같이 비행장까지 마중을 나가자는 것이야요.

비행장에 내려서 그게 어떤 사람이냐고 또 물었더니, 그저 '셈 제너럴 시빌리언'이라고만 해요. '장군급 민간인'이란 말이죠. 장군급 민간인이면 어떤 건가, 하고 기다리고 있노라니 곧 비행기가 착륙하고 키는 크지만 텁수룩한 군복에 퍼런 운동모 같은 것을 쓰고 가방 하나를 들고 가까이 오지 않아요.

고문관이 정중히 환영인사를 하고 '미스터 캘손'이라고 소개를 해주드군요.

나도 정중한 인사를 했지요. 보니 'War Correspondent(종군기자)'란 휘장을 달고 있지 않아요. 알고 보니 방송 기자야요."

공군 정훈감(政訓監) 김기완(金基完) 중령의 이야기다.

*

네덜란드 종군기자가 별 두 개(소장)를 달고 왔기 때문에 "당신은 군인이오?" 하니, "아닙니다. 나는 소설가인데 한국 전선에 종군하겠다고 했더니 네덜란드 정부에서 이 별 두 개를 붙여 보내드군요. 오해하지 마십시오" 한 이야기는 이미 여러 번 소개된 일이다. 네덜란드에서 소설을 세 편 쓴 작가라고 하였다.

(『공군순보』 16)

선비

윤백남(尹白南) 씨에게 들은 이야기다.

연전에 이시영(李始榮) 선생을 찾아뵌 일이 있습니다.
오랫동안 찾아 뵈옵지 못했는데 편치 않으시다는 소문을 듣고 병문안 겸사 찾아뵈었더니 곧 들어오라 하시고 누워 계셨던 분이 일어나 앉으셔서 대님을 묶고 계시지 않겠습니까? "원, 선생님 왜 일어나십니까?" 했더니 대님을 다 묶고 앉으셔서 하시는 말씀이 "우리나라 선비를 만나는데 내가 그럴 수가 있소?"

*

선비를 경(敬)할 줄 알아야 한다. 선비를 경할 줄 알아야 나라가 흥한다. 도조 히데키(東條英機)같이 선비를 그저 개 부리듯 부리기만 하려는 게 국사(國事)를 저지른다.

그러나 또 못된 선비놀음이 성하면 왕년의 프랑스같이 무(武)를 망각하여 국토를 찻잔 내놓듯이 내놓게 된다.

현대의 선비란 한문 선생을 말하는 것이 아니다.

실제 문제

지난 8월 추석에 대구의 몇 신문은 휴간하였다.

이번 음력설에도 신문이 휴간할까 하여 기자에게 물어보았다. 기자는 간단히 대답하였다.

"쉬게 될 겝니다. 첫째, 공장 사람들이 안 나올 겝니다. 공장 사람이 나와서 신문을 발행한다 합시다. 신문 파는 아이가 한 놈도 안 나옵니다."

그리고 이렇게 덧붙여 말했다.

"우리들의 상여금도요, 음력으로 나옵니다. 양력 연말로는 수금이 안 되는 모양이라……"

그러면서도 기사로는 '양력과세(陽曆過歲)합시다'를 연발하는 것을 책(責)했더니, 이렇게 대답했다.

"써야지요. 자꾸 써야지요. 자꾸 써서 모든 사람이 그렇게 하게 되면 자연 우리도 하게 되는 것이지요. 하게끔 되어야지요."

과세(過歲)

양력설은 세계 모든 국가가 과세(過歲)하는 설이다.

가장 뒤떨어진 민족이 사는 몇 군데만이 음력으로 과세하니, 거기 한몫 낄 필요는 없으련만 우리나라에서는 아직도 그것을 고치지 못하고 있다.

대구의 8월 추석은 굉장했다. 몇십만 원씩 옷감을 끊는다느니, 고기가 동이 났느니 하는 말을 듣고 '전시(戰時)를 몰각(沒却)하는 대구인'이라고 불쾌하게 생각하고 욕지거리까지 퍼부었다.

그러나 그날 아침에 나와 보니 온 장안이 꽃밭을 이루고, 그것을 이상하게 엿보고 우둑우둑 서 있는 외군인(外軍人)들을 볼 때, 오히려 감격해버렸다.

거시행사(擧市行事)의 가절(佳節), 거기에 민족성과 민족문화의 찬연한 전통을 그들이 보았으리라는 쾌감을 느낄 수 있었기 때문이다.

그러나 과세는 다르다.

(『평화신문』 1952년 1월)

크리스마스

'크리스마스'는 대구도 굉장했다.

거리에 장식도 했고, 교통시간을 해제했기 때문에 밤새도록 찬송가를 합창하며 댕기는 트럭도 그치지 않았다.

이날 성당에서는 각기 우리에게 '통일'을 선물해달라고 기도하고 호소했으리라고 생각하나, 그보다도 세계 모든 민주자유 국민들이 똑같이 같은 시간에 기도하고 축복하였으리라는 것을 생각할 때, 나는 교인은 아니지만 감명이 없을 수 없었다.

세계 모든 인류와 같이 즐길 수 있는 시간…… 그것이 무한히 성스럽게 생각되었다.

(『평화신문』1952년 1월)

다방 문화

여관에 들 때마다 '이렇게 더럽고 지저분할 것이 있나' 하고 뒤떨어진 우리 생활문화를 한탄했다.

다방에 들어갈 때마다 그 호화찬란하고 세련된 취미에 놀란다.

서울은 물론, 부산 대구에 있는 수백 다방은 어느 나라 수부(首府)에 옮겨놓아도 손색이 없을 것을 확신한다.

그러나 세계 모든 사람의 상식적 정견(定見)은 '그 민족의 문화 수준은 여관을 보면 알 수 있고 그 국가가 잘될 수 있느냐는 세관(稅關)을 보면 알 수 있다'고 한다.

'세관'이란 말은 그 나라에 상륙 제일보(第一步)할 때 뇌물로 통관을 시켜주는지 안 시키는지, 즉 관리가 부패했는지 안 했는지를 말하는 것이다.

다방이 고도로 발달한 나라에 대해서 한 말은 들은 일이 없다.

(『평화신문』 1952년 1월)

날림과 건국

연필 한 자루를 살 때에도 U.S.A가 아니면 JAPAN이란 글자 박힌 것을 골라서 사는 사람이 많다. 소학생도 그렇다.

그러나 그것을 나무랄 수는 없는 일이라는 것을 알았다.

"천 원을 주어도 미국 게 오래 써요! 이건 하루도 못 써요" 하고 국산품을 지적한다.

국산품을 써야 애국하는 일인 줄 뻔히 알면서도 그것을 못하는 학생이 가엾기도 하였다.

연필 한 개, 못 한 개, 바늘 한 개라도 국산품을 애용할 수 있게 되어야 하겠고, 국산품을 애용한다는 긍지를 가질 수 있게 되어야 할 것이다.

국산 바늘이 있다는 말을 들어본 일이 없지만, 만들면 날림을 만들지 않고, 많지 않아도 좋으니 진짜를 만들도록 힘써야 할 것이다.

'날림'이란 물건이고 사람이고 건국에는 필요치 않은 것이니, 날림 방지가 건국에 큰 힘이 될 것이다.

(『사정보』 1951년 12월)

유행어

대구라 피란생활. 인정이 그리워, 그저 그리워. 술을 먹으러 오라면 가고, 밥을 먹으러 오라면 가고, 염치없고 주책없는 살림살이다.

*

어느 날 어느 친구 집에서 막걸리를 먹고 있을 때 옆방에서 하는 어린이들의 이야기 소리가 들려왔다.
"아이갸! 언제 오셨습니꺵?"
"정월에 왔습니뎅!"
"얼마나 고생을 하십니꺵?"
"피차 일반임뎅!"
"어데 댕기십니꺵?"
"하는 일 없습니뎅!"
"그만 한잔 드이소."
"아아 쩍쩍, 한잔 드이소."
한참 동안 고개 기울여 엿듣다가 주인의 얼굴을 쳐다보았다.
주인은 조금도 놀랄 것이 없다는 듯이 이렇게 말했다.
"하하하, 아이들의 소꿉질야! 요새 아이들의 유행어라우. 그만 한

잔 드이소."

(『대구신보』 1951년 4월)

몬살겠다 층층(層層)

 옛날 개성은 북부에는 부자가 많이 살고 남부에는 가난한 사람이 많이 살았다.
 결혼도 북부 사람은 북부 사람끼리 하고 남부 사람은 남부 사람끼리 하였다. 남부에 사는 어떤 사람이 돈을 많이 벌었든지 자식을 잘 낳았든지 북부 며느리를 얻었다.
 5월 어느 날, 장에 생선 조기가 들어왔다.
 시아버지는 조기 몇 마리를 사 가지고 돌아와서 마중 나오는 며느리에게 주며 이렇게 말했다.
 "옛다. 국을 끓여라. 국을 맛있게……"
 저녁때가 되어서 집으로 돌아올 때에 북부 부촌(富村)에서 온 며느리가 생선 조깃국을 맛있게 끓였으려니 하고 대문을 들어섰다.
 짚으로 묶은 조기는 이맛돌 위에 그대로 놓여 있었다.
 "이애! 조기를 왜 국을 안 끓였니?" 하고 물으니 며느리는,
 "아이구, 아버님두. 고기를 사 주셔야죠."
 소고기가 있어야만 조깃국이 되는 줄 아는 며느리였다.

내가 자는 합숙방에는 아래층에 사는 ○○의 아버지가 가끔 올라와서 잔다.

새벽녘이었다.

"하느님 아버지시어! 나에게 복을 내려주시옵소서……!"

비명 같은 큰 소리에 놀라 깨어보니 바로 그 사람의 잠꼬대였다.

어느 날은 밤중에 이렇게 긴 잠꼬대를 하는 것을 들었다.

"……겨울은 닥쳐 오구…… 아이구…… 돈 주어……"

그러나 날마다 우리들은 아래층 그 식구가 지지는 소고기 냄새에 질려서 단잠을 깨는 것이었다.

*

"몬산다."

"아이구, 몬살겠다" 하는 사람도 층층이 있다.

물론 우리들이야, 자랑은 아니지만, 거르는 끼니가 더 많다.

(『사정보』 1951년 12월)

단연(斷煙)한 노인

줄담배를 피우는 노인을 여러 해 만에 만나서 우선 궐련 한 개를 권하였다.

"안 피워. 끊었어."

천만의외의 말을 듣고, 하긴 조석(朝夕)도 어려운데 담배를 끊으셨다는 게 무리도 아닐 거야, 생각하였다.

"그렇게 좋아하시던 담배를 용하게 끊으셨습니다."

"용하긴……" 하고 노인은 말하였다.

줄담배 노인은 전차를 기다리는 동안에도 담배를 물고 있었다. "이십 전야. 열 일고여덟 되는 어린놈이 불을 빌려달라는구려! 처음에는 못 들은 체했지. 돌아서니 또 이쪽으로 바짝 다가와서 불 좀 붙입시다, 하는데 어떻게 하겠소! 증손(曾孫)만 한 놈에게 담뱃불 대령을 했구려! 에이, 그놈의 담배 때문에! 그만 팡가치고 끊어버렸어!"

*

'미스터 프레지던트(대통령)', '미스터 투르먼!'이라고 부르는 나라에도 예절은 있다.

악수의 예절은 높은 사람이 먼저 손을 내밀어야 악수할 수 있는 것이다. 남녀의 악수는 여자가 먼저 손을 내밀어야 악수할 수 있는 것이다. 식탁의 예절, 끽연의 예절……

*

최소한도의 예절이나 공손한 태도는 그것이 봉건사상도 아니요 비민주주의도 아니다. '아름다움'인 것이다.

(『영남일보』 1951년 9월)

호사

피란 내려온 젊은 어머니가 여러 아이를 먹여 살리기 위해서는 아침 일찍부터 저녁까지 밖에 나가서 장사를 해야 됐다.

아이들 시중이 문제였다.

장사 터에서 사귄 이곳 시골 사람이 딸을 빌려주었다. "그저 밥이나 먹여주소. 아무 데나 내 보기는 싫고……" 그 애는 아이들 시중과 한 칸 방 살림살이를 다 잘해주었다. 항상 여유가 없어서 정말 밥만 같이 먹었다.

서너 달 후에 설이 되었다. 아무리 생각해도 그대로 넘기기는 염치없는 일이고, 아무리 생각해도 여유가 없었다.

피란 보따리에 꽁꽁 꾸려온 십여 년 전 시집올 때 첫날밤에 입던 노란 양단저고리 분홍 뉴똥치마 해진 것을 내어주고 줄여서 이리저리 해 입으라고 하였다.

그믐날을 제집에서 지낸 그 애는 노란 양단저고리 분홍 뉴똥치마를 제법 해 입고 초하루 아침 일찍이 왔다.

그의 동무들이 와서 데리고 나간 후 돌아오지 않았다. 이튿날은 아침도 점심때도 오지 않았다. 사흘날도 늦어서야 놀러 온 것같이 들어왔다.

젊은 어머니는 사흘 동안 장사도 못 나가고 밥 짓고 시름질하며 불 때며 '아주 안 올 셈인가?' 걱정이 되고 심사가 틀렸다.

　　　　　　　　　　＊

　그 애는 아는 집마다 세배를 다니고 옷 자랑을 하고 주인―젊은 어머니가 인심 좋다는 말과 아이들 칭찬을 하고 다니는 것이었다.
　셋방 든 피란민의 한탄― 더럽게 살면 나가라 할까 겁나고, 깨끗이 살면 탐낼까 겁나고.

(『평화신문』 1952년 4월)

환도쌍곡(還都双曲)

환도(還都)가 가깝다 하니 피란지의 희비쌍곡(喜悲双曲)이 벌어질 것이 눈에 선하다.

정든 사람과의 이별도 있을 것이요, 모처럼 자리 잡힌 장사 터 처치도 문제일 것이요, 학생들의 환경 변화도 문제일 것이다.

*

내가 유숙(留宿)하는 합숙소에서는 하루 세 끼를 천 미터는 떨어져 있는 본부에서 밥을 날라다 먹는다.

중학생 하나가 앞장을 서서 지게꾼을 데리고 가서 밥통과 국통을 지고 온다.

그들의 보수는 밥 한 그릇 듬뿍, 국 한 그릇 듬뿍, 그뿐이지만 아침 일곱 시, 열두 시, 오후 다섯 시를 비가 오건 눈이 오건 틀림없이 저다 주었다.

요새 와서 중학생은 대단히 풀이 죽어 보인다. 환도하게 되면 데리고 가고 싶은 마음은 여러 사람이 가지고 있지만 그것은 임의로 될 일이 아니다.

*

거리의 고아들은 깡통을 놓고 의논이 분분하다.
"물론 올라가야지!"
"다 올라간 담에야 여기는 국물도 없다에."
"사고(事故)야."

(『평화신문』 1952년 2월)

사투리 국어

중학생이 되려는 놈이 한글은 멋쟁이로 쓰는데 한자(漢字)로 성명을 쓰라면 획을 전연 무시하고 이리저리 그려놓는 것이 보기에 가엾을 지경이다.

이것이 중학생이 된다면 또 영어를 배운다고 할 터이니 어린 머리에 부담이 과하리라 했더니, 웬걸 소학생에게도 과중한 부담이 있는 사실을 알았다.

길가에서 시험지를 서로 바꾸어 보는 소학생들의 이야기다.

"이것도 틀렸다, 이것도 틀렸다, 너 이러다가는 낙제한다. '콩나물'이라고 안 해, '콩지름'이라고 써야 한다. '쇠고기'는 '소고기', '원족'은 '언족'…… 선생님이 '원족'이란 말을 못하는데. 그래, 네가 쓴 것은 모두 서울 말야…… 표준말은 서울 가서 쓰기로 하고, 여기선 사투리로 써야 돼……"

대구 부산 마산으로 피란 온 소학생들은 이런 부담을 또 하나 짊어지고 있다. (대구에서)

(『평화신문』 1952년 1월)

남볼상

떠꺼머리같이 머리를 더벅머리 하고 수염을 자라는 대로 내버려 둔, 일견 추하고 게을러 보이는 사장이 있었다.

"무엇이 그리 바쁘다고 이발도 안 하고 그래?" 하고 친구가 핀잔을 주니 사장 왈,

"아, 그누무 이발소란 당초에 불결하고 비위생적이야. 문둥이건 폐병 환자건 닦달하던 것을 소독도 안 하고 그대로 쓱쓱 솔질만 해 가지고 덤벼드니 갈 생각이 나야지! 에잇, 생각만 해도 끔찍해!"

좌중은 폭소하였다.

그럴듯한 말이지만 그보다도 그 사장이 그만큼 깨끗해 보이지는 않았기 때문이다.

깨끗하고 깨끗하지 못하고는 결국 '남볼상'이 위주인 모양이다.

남이 보기에 더러워 보이지 않도록 하는 것이 또한 상식적인 최소한의 예의다.

'남 보고 사나!' 하면, 물론 남도 보고 사는 것이다.

안방 건넌방보다 객실을 더 잘 차리는 것은 동서(東西)도 고금(古今)도 마찬가지다.

(『평화신문』 1952년 2월)

잠꼬대

밤이 되면 이 방 저 방에서 여러 가지 잠꼬대가 들려온다. 인품을 짐작할 수도 있고, 소행이나 성격까지도 알아볼 수 있는 것이었다.
"우우이…… 오랜만…… 한잔 사라께…… 그리 말구 한잔……"
같이 자던 아내가 놀라 깬 모양이다.
"아이, 여보오…… 그게 원 무슨 잠꼬대요? 아이 창피해."

*

이건 상점의 얌전한 점원이 아니면 주인인 모양, 아닌 밤중에 이불 속에서도 웃지 않을 수 없었다.
"고맙습니다. 안녕히 가십시오. 또 오서요……"

*

"오호 호호……"
잠꼬대의 교성(嬌聲)은 소름이 끼치고 요기(妖氣)조차 느낀다.

(동래온천)

건망(健忘)

온천 여관의 밤중이다. 저쪽 끝 방에서 나와 뚜벅뚜벅 낭하(廊下)를 걸어온다. 꾸부러져서 또 걸어온다. 뚜벅뚜벅 이쪽 낭하를 걸어서 또 꾸부러져 왈가닥 문을 열고 변소로 들어갔다. 이 분도 못 돼서 나오는 사람이 슬리퍼를 신은 채 터덜럭 철석 낭하를 걸어간다.

똥도 묻고 오줌쯤이야 질편하게 묻은 변소 슬리퍼를 터덜럭 철석 끌고 낭하를 꾸부러져 또 저쪽 낭하를 걸어간다.

터덜럭 철석 할 때마다 나는 '원 저런……' 소리가 입가에까지 나온다.

터덜럭 철석……

'원 저런…… 원 저런…… 그래도 몰라?' 장자(障子)가 열렸다.

그만 누우신 모양이다.

'원 저럴 수가 있나!'

(『영남일보』 1951년 9월)

주변 없는 관리

경주에 갔을 때였다.

박물관장 진홍섭(秦弘燮) 군을 찾았다. 전에 개성 박물관장으로 있던 분이다.

더 자세히 말하면 동경 유학 시대에 부친을 여의자 당시 곤경에 빠졌던 명덕여학교(明德女學校)에 유산토지(遺産土地) 전부를 기부하여 재단을 확립시키고, 졸업 후 귀국하여서도 재단 이사장은 물론 이사 감투도 쓰기 싫어하고 연구에만 몰두한, 말하자면 소위 개성식(開城式) '곧고 바르고 깨끗하게'만 살아온 선배다.

노(老) 자당(慈堂)과 처자(妻子)를 개성에 둔 채 남하하여 월전(月前)에 부임하였다는 것이었다. 여럿이 같이 관내를 두루 보았다.

경내에 있는 나무가 모두 이름 있는 희귀한 나무들이었다.

그런 나무는 물론 소나무까지도 누렇게 퇴색한 것을 보고 놀라서 어찌된 까닭이냐고 물었다.

"말라요. 자꾸 말라요. 큰일 났어요."

"무슨 도리가 없을까요?"

박 부관장이 이렇게 대답하였다.

"비료를 주어야 한다는데, 정원에 똥오줌을 줄 수는 없구, 비료 세 포대만 있으면 살릴 수 있다고 해서 군청에 가서 청을 했더니,

사정은 딱한 일이나 그런 항목이 없어서 할 수 없다고 하지 않아요."

"박물관 수목(樹木) 비료란 항목은 과연 없겠지……"

일행은 웃어버렸다.

대구에 돌아와서도 말라 죽어가는 희귀한 나무들이 잊히지 않았다.

강비료(强肥料) 세 포대 때문에 신(申) 지사(知事)의 공무 시간을 강요하는 것도 미안한 것 같아서 가까이 있는 출입기자에게 부탁을 해보았다.

몇 시간 후에 기자는 나에게 이런 말을 전했다.

"비료 세 포대죠. ○○과장이 직석(直席)에서 오케이, 벌써 갔을 겝니다."

그리고 이런 말을 하였다.

"군청에서 내주어야 할 것이랍니다. 그렇지만 군청에서 비료 세 포대도 못 얻어 오는 사람이 박물관장……"

그다음 말은 나에게 들리지 않았다.

나는 그에게 꾸중을 들은 것 같아서 무안하였다.

그러나 잠시 후에 나는 내 얼굴이 풀려가는 것을 느꼈다.

'그만큼 주변 없고 변변치 못하기에 고기(古器)를 지키고 책을 뒤지고 늙어가는 것이 아닌가……'

그리고 숙직실에서 자고 한 달 받는 것을 송두리째 갖다 주고 긴긴 해에 겨우 두 끼 얻어먹고 지내는 관장의 얼굴이 뚜렷이 나타났다.

(『경북도정월보』 1952년 11월)

문맹 중학생

가엾은 그 학생은 문패가 있는데도 그 집을 찾지 못했다.

운전수와 민주주의

내가 있는 방 뒷마당에는 매일 지프차가 쉬었다.

하루는 깨끗한 차를 깨끗한 청년이 끌고 들어왔다. 높은 사람의 것이 틀림없었다. 지방에서 왔다는 깨끗한 아내와 이틀을 쉬었다.

사흘 되는 날 깨끗한 청년은 지프차를 끌고 천변에 가서 차체를 깨끗이 해 가지고 돌아왔다.

기분이 좋았든지 창으로 내다보고 있는 나에게 말을 건넸다.

서너 마디 주고받은 후에 나는, "거 누구 차요?" 하고 물었다.

깨끗한 청년은 서슴지 않고 대답하였다.

"내 찹니다."

그 한마디에 정이 떨어졌다. 그 이야기를 친구에게 하니, 친구는 청년을 버릇없는 사람으로 생각하는 내가 그르다는 듯이 이렇게 말했다.

"차 임자는 그 청년인지도 모르지!"

(동래온천)

주석(酒席)

친구를 만나면 한잔 안 하지는 못하는 친구의 이야기다.
전에는 취하면 유쾌했고, 이튿날 아침에 생각해도 유쾌한 기억이 남아 있었는데, 요새는 열에 아홉 번 불쾌하게 헤어지게 되고, 아침이면 회한에 못 이겨 회의(懷疑)하게 된다고. 피란살이의 절박한 경제, 각박한 인심, 그에 따르는 인생을 생각하게 한다.

*

술 한잔 주고받을 때 으레 두 손으로 받고 두 손으로 따르는 것이니, 문란해지기 쉬운 좌석을 문란하지 않도록 하기 위한 주도요 예법이다.
팔뚝 걷고 내던지듯 술잔을 주게 되는 좌석은 피해야 할 것이요, 도대체는 한잔 술이라도 동석하는 친구를 찾아야 할 것이다.
"너 이놈, 어제 내게 이런 말했지" 하고 취여담(醉餘談)을 두고두고 되풀이하는 사람은 아예 삼가야 할 것이고, 주석(酒席)의 담화는 그저 좋은 말만 귀담아 듣도록 해야 할 것이다.

정 · 정

우리들이 '분실(分室)'이라고 칭하는 막걸리 집이 있다. 칠십 노파가 방 한 칸을 얻어서 하는 것이다.

나는 한데 같은 이층에 거처하기 때문에 감기가 풀리지 않고 여러 날 목이 쉬었었다.

그 노파는 나에게 이렇게 말했다.

"한 이틀만 내 방에서 뜻뜻이 주무셔요. 나는 안주인 방에 가서 끼어 잘 테니……"

*

부산 대구로 남하한 사람 중에 정이 들었다는 사람보다는,
"어디 두고 보아라, 환도만 하면!" 하는 사람이 많은 모양이다.

*

내가 개성에 있을 때, 내 방에는 K 변호사가 매일같이 와서 약간 전(錢)으로 소주 한 병을 사다가 땅콩으로 석양배(夕陽杯)를 하는 것이 일과 같았다. 여름 어느 날, 해주 사람이란 오십 객이 헐레

벌떡 찾아왔다. 사무소로 본댁으로 장안을 헤매다가 겨우 찾았다는 것이었다. 사건 이야기니 나는 안으로 피했다. 안마루에서 생각하니 헐레벌떡 찾아온 친구의 객에게 시원한 것이라도 대접했으면 좋겠는데 설탕도 없고, 에라 소주나 한 컵 드려라 하고 슬며시 문으로 들여놓았다.

이삼 일 후다. 변호사는 해주 사람이 우리들을 청한다 하고, 그 집에서도 청첩이 왔다. 쑥스럽다고 가지 않으니 본인이 나타났다. 대청에 화문석 깔고 교자상이 나왔다.

해주 어만두(魚饅頭)라는 것을 이날 처음 먹었다.

이유를 물으니 일전 한 컵 소주가 고마워서 일부러 한상 차렸다는 것이었다.

전설 같은, 신화 같은 이야기는 역설, '원수는 외나무다리에서 만난다'는 말이 실재하듯이 역(亦) 실재한다.

HH 클럽

대구에 'HH 클럽'이란 모임이 생긴 것은 벌써 수개월 전 일이다. 남하(南下)한 문인들이 자주 다니는 막걸리 집이다.

거창한 선언문과 수 개 조의 헌장이 있다.

프랑스의 문인들이 이런 것을 했다면 무전으로 세계를 뺑 돌아서 우리나라에도 보도되었을 것은 의심할 여지가 없다.

헌장 3조에는 "이 모임의 목적은 술에 있지 않고 행복에 있다"고 하였고, 5조에는 "이 모임의 회의는 회원 3인 이상의 동석으로 성립하되 그 주전(酒錢)은 동음자(同飮者) 공동으로 평균 부담한다"고 하였다.

*

고료(稿料) 수입이 있으면 으레 친구와 더불어 그 집에를 갔다. "누가 와 있나?" 하고 들여다보는 친구를 모르는 체할 수는 없다. "와아, 어서 들어와!" 하면 일고여덟 명 되기는 쉬운 일이다. 고료는 그것을 감당하기에는 항상 부족하고, 외상을 혼자 짊어지면 책임완수의 도리가 막연하다. 그렇다고 주전이 없으면 친구를 만날 수 없다고 해서야 정으나 얼싸안고 살아야 할 외롭고 가난한 문인이 살아나갈 도리가 없다. 급기야 된 것이 그것이고, 사실 대구의 문인이 출입하는 주점 다방이 '아담' '석류나무집' '분실' '건넛집' '말대가리집' 등 서너 처(處) 있지만 외상이라고는 전무(全無)다.

*

'문인의 미덕'이라고 하면 그만이지만, 다시 한 번 생각해보면, 문인이란 가장 나쁜 문인도 가장 착하다는 상인보다는 착한 편일는지 모른다.

못생긴 주객(酒客)

W 선생과 둘이서 상 받고 한잔하고 있는데 건너 좌석에서 K 씨가 W 선생을 불렀다.

"잠깐 오서요. 좋은 분을 소개해야지……"

그 좌석에는 예닐곱 명이 있었다.

홀떡 벗고 앉아 있던 W 선생은 대답하고 양말 신고 일어서서 와이셔츠 입고 바지를 입고 있다.

건너 좌석에서도 이것을 보고 일어서서 주섬주섬 와이셔츠 입고 바지 입노라고 모두 일어선다.

K 씨는 당황해서 "아아니, 아아니" 해도 그럴 수가 없다. 으레 그리 해야 할 일이니, 여간 해서는 잠깐 오라고 한 K 씨가 못생겼다고 할 것이다.

그 좌석에서 대여섯 명과 초면 인사를 하고 다음 날 거리에서 알아보지 못하고 인사를 못하면 '자식, 거만하네' 소리를 듣기 쉽고. 이 바닥에서 거만을 부려본댔자 아무 소득이 없음을 잘 알고 있는 일이건만.

막걸리 대구

개성에 살 때에는 소주(燒酒)를 좋아하였다.

친구가 보내주는 소주를 단지에 부어놓고 백삼(白蔘) 서너 뿌리를 담가놓으면 인삼소주가 되고, 그 맛은 술동무들을 좋아하게 할 수 있었다.

소주는 가미(加味)를 해야 좋다. 송순(松筍)도 좋고 구기자도 좋고 오미자도 좋고 급하면 인삼 엑기스나 배[梨]도 좋다.

서울로 이사를 하니 서울은 약주(藥酒)가 좋다고 하였다. 그렇지만 역시 소주가 집에 떨어지지 않았다.

대구에 내려오니 이건 전판 막걸리다.

그 막걸리가 처음부터 입에 맞았다. 청주(淸酒) 생각, 소주 생각, 약주 생각, 도무지 없이 그저 막걸리로 겨울 봄 여름을 지냈다.

부산에 가니 막걸리가 귀하였다. 흔히 청주와 맥주를 먹는 것 같았다. 부둣가에 간판은 없지만 단골들이 이름 지어 '갈매기'라고 부른다는 집에 가서 한번 먹었다.

마산은 청주였다. 여러 가지 이름의 청주가 다 근사하였다. '드라이 진'이라는 향료 친 40도짜리도 좋았다.

그러나 역시 대구 막걸리 생각이 나서 찾아다니다가 선창가에서 발견하여 수일 통근하였다. 막걸리는 역시 대구가 좋은 것 같았다.

여섯 시 반에 대구에 내리니 첫째 막걸리 생각이 간절하였다.

"이애! '분실(分室)'에 가서 누가 있나 보아라."

우리들이 자주 출입하기 때문에 작자 없이 명명된 막걸리 집이다.

정(貞) 형과 목(木) 형이 쫓아오고, 칠순이 넘은 할마시가 따라와서 나는 '분실'로 들어갔다.

칠순 노인이 매일 닦아 금색이 찬란한 유기 주발에 그득이 따라 주는 막걸리는 그저 마음과 몸을 편안히 해준다.

일본 모(某) 잡지에 술 좌담회가 있었는데 한국의 막걸리 이야기가 나고, 아주 보잘 것 없는 것이라고 혹평하였더라는 말을 들은 일이 있다. 분개할 생각보다는 불행한 사람들이라고 생각되었다.

이렇게 술타령을 늘어놓고, 그러면 무엇이 제일 맛이 있느냐 하면, 인정이 흐르는 한갓 안주에 대구 막걸리 한 사발이 제일미(第一味)라.

연금(軟禁)

동래온천 여관에서 십오 일을 지냈다. 지프차 사고로 된 응혈을 헤치기 위해서 탕치(湯治)를 한 것이지만 이토록 장기 체재를 하게 된 것은 대구에서 돈을 보내오지 않았기 때문이다. 말하자면 인질이요 연금이다.

하루 종일 한마디 말도 없고 상대도 없다.

밥상 갖다 주는 여자를 붙들고 말을 건넬 주변은 없다. 종일 누워 있고 목욕하고 밥 먹었다. 밥과 잠으로 사람이 살 수는 없는 것이라고 생각하였다. 마산에 있는 가족을 찾아가서 열흘을 지냈다.

아내와 세 어린아이들과 코를 맞대고 앉아 있어도, 그것만으로 살 수 없는 것이라고 생각하였다.

대구 생각이 나고 그립고 궁금하여 마산을 떠났다.

창공구락부(蒼空俱樂部) 방 13조는 텅 비어 있었다. 창도 없고 미닫이도 없고, 물 얻으러 뛰어가는 계집애는 벌써 겹옷을 입고 손을 찌르고 옹종거리고 간다.

부제(父題) 소설집

조심(彫心) 누골(鏤骨)의 단편 작가 황순원(黃順元) 씨의 단편집 『곡예사(曲藝師)』가 훌륭한 단장으로 상재되었다 하면 신간 소개를 하려는 줄 생각하기 쉬우나, 내가 여기 취재한 것은 그런 것이 아니다.

김환기(金煥基) 장화(裝畵)의 표지를 젖히면 한지 속 겉장에 묵 글씨로 이렇게 씌어 있다.

    황순원 소설집(黃順元 小說集)
        곡예사(曲藝師)
    임진초하(壬辰初夏) 부제(父題)

아들의 소설집에 아버지가 제자(題字)를 써준 것이다. 더욱이 그것은 흡사 인쇄한 것같이 보이지만 한 장 한 장 묵 글씨로 공들여 쓴 것이다.

소설이나 시를 쓰는 자식을 가진 아버지는 대개는 부끄럽게 생각하거나 무시하고 모르는 체하려는 경향이 많다.

"거, 자식 하나 버렸어!"가 아니면,

"깟 놈! 무엇을 하는지 모르지!"

여기 온갖 잡소리 쌍말 모두 섞인 단편집에 아버지가 친히 제자(題字)를 공들여 써주었다는 것은 얼마나 아름다운 일이냐!

우리나라에 처음 있는 이 사실은 단지 황순원을 행복자(幸福者)라고만 해버릴 수 없는 일일 것 같다.

(『영남일보』 1952년 8월)

P 시인

 십 년 동안 '산'만 읊었다. 요사이는 가끔 '바다'를 읊는다. 깨끗한 시인이다. 이 사람도 나 마찬가지로 12월에 대구로 왔다. 서울에 있다가 갑자기 떠나노라고 시골에 계신 노모와 아내와 어린 두 아이를 그대로 두고 왔다.
 그러나 그는 아무에게도 그런 말을 하지 않았기 때문에 아무도 모른다.
 새벽이면 그의 나지막한 소리로 노래 부르는 찬송가 소리에 동숙인(同宿人)이 깨인다. 찬송가를 부른 다음에는 한참 동안 기도를 올린다. 그때는 동숙인은 다시 잠이 들었을 때다.
 이삼 일을 굶어도 아무에게도 굶었다는 말을 아니 하였다. 다만 기도로 일어서고 기도로 자리에 누웠다.
 시 한 편을 쓰면 사례는 대개 5천 원이나 만 원이다. 한 달에 두 편이나 세 편밖에 못 쓰고 산문은 아무리 주문해도 쓰지를 않으니 월수(月收) 3만 원이라 해도 고작 일주일의 하등 식비밖에는 아니 된다.
 그런 생활이 석 달도 지난 어느 날, 시골에 계시던 노모가 두 달 전에 작고하셨다는 기별이 도착되었다.
 그때야 비로소 동숙인들은 그에게 노모와 아내와 두 아이가 있다는 것을 알게 되었다.

그의 새벽 기도에 어머님 소리가 엿들렸다는 사람이 있었다.

한 달이 지났다. 한 달 전에 시골에 있던 어린아이가 죽었다는 기별이 왔다.

친구들이 모여 와서 위로했다.

"부인이 혼자서 어려우셨겠군……"

"가 보셔야겠군!"

그러나 그가 떠날 수 있도록 여비를 마련해줄 수 있는 사람은 없었다.

그는 그저 시를 읊었다. 「하늘」이 나왔다.

또 한 달이 지난 어느 날, 내가 밖에서 사무실로 돌아오니 나의 의자에 젊은 여인 한 분이 앉아 있었다.

이지적인 얼굴, 남루한 의복, 가방, 보퉁이, 시골서 온 사람임을 알 수 있었다. P 부인이다. 도대체 남편이 살아 있는지 어찌 되었는지 궁금해서 일주일 동안을 걸어서 왔는데 숙소를 몰라서 내 사무실로 왔다는 것이었다.

나는 그만 눈물이 나왔다. 눈이 약해서 그렇고, 또 시골서 고생하고 있는 나의 가족을 생각해서 나오는 눈물이었다.

그러나 고약하게도 눈물은 점점 많이 나오기 때문에 돌아앉아서 울었다.

그것이 잘못이었다.

부인은 내 앞으로 뛰어오더니 놀란 얼굴로,

"어떻게 되었어요? 잘못 되지나 않았어요? 바른대로 말씀해주셔요."

나는 놀랐다. 내 눈이 원망스러웠다.

그러나 고약한 눈물이 그치지를 않기 때문에 종이에 그적거려서 보여드렸다.

"P 선생, 고생 많이 하셨습니다. 원망하지 마시란 말씀입니다."

부인은 의자에 앉았다. 그리고 한참 후였다. 이런 소리를 나는 들었다.

"고생야 무어…… 살아 있기만 하면 또 잘 살게 되지요……"

화신(花信)

대구의 봄은 '시나나빠'*가 불러오는 것 같았다. 따뜻했다 쌀쌀했다 하루 걸러 이틀 걸러 인심같이 고약한 날씨에 털 속옷을 벗지 못하고 있는데, 자이 남은 시나나빠를 한 지게 가득 지고 "한 단에 칠백 원! 헐심더! 사 가이소"를 외우는 사람의 주위에는 늙고 젊은 여인들이 떼를 지어 구경하고 만져도 본다. 만져보는 봄!

*

각설. 이때에 척여(尺餘)의 적설(積雪)을 헤치고 4일 삼팔선을 돌파한 9861부대는,
"싸움에 이기는 것만이 승전의 길이 아니다."
"민폐를 끼친 군대로 승전한 예가 없다."
"민폐를 끼침은 패망의 길이다."
"내 배 불리면 민중이 굶주린다."
는 구호를 부대장의 엄격한 통솔하에 말단까지 침투 실천한다는 봄과 같은 소식이 왔다.

---

* '유채꽃'을 부르는 경상도 말.

"그저 질질 끌고 끈기 있게 싸우는 동안에는 내부의 분열, 정치의 피폐, 민생의 불안이 격화하여 자연 붕괴하게 되느니라."

이것이 적색 제국주의자(赤色帝國主義者)들이 항시 가리키는 말이니, 9861부대장의 구호는 참으로 현명한 승전에의 길을 명시하는 것도 같다. 군(軍)은 민(民)을 신뢰하고 얼싸안고 싸워야만 한다.

*

꽃은 아직 벚꽃도 아직, 그러나 봄이 온 것만은 분명하다.

몸값

　HH 클럽의 회원은 모두 열두 명인데 회원 명부는 전부 별명으로 되어 있다.
　'꺼드럽쩝쩝'이니 '청춘청년'이니 '해양청년' '이노찌오' '지다선생(知多先生)' '표류기' '쪼바상' '데쓰 오라이' '비단장사' 등 괴상한 별명뿐인데 나만은 노인 대접한다고 별명이 없었다. 나만 본명을 부르는 것이 안된 것 같아서 "나도 별명이 있어야지" 했더니 '예외공(例外公)'이란 별명이 부여되었다.
　예외란 이런 유래가 있는 것이다.

*

　미국의 생물학자 화학자 수십 명이 종합 연구한 결과 발표된 '인체의 가치'는 단 2달러라고 한다.
　물이 두 말, 지방질은 세탁비누 일곱 개치, 철분은 못 한 개치, 유황은 한 간 방에 뿌릴 DDT, 석회질은 한 간 방에 칠할 분량, 피부는 보따리 한 개치, 모발은 8만 본, 이것이 모두 '2달러'밖에 안 된다는 것이고, 대머리는 '예외'라는 데서 나의 대머리를 말하는 것이었다.

*

  2달러밖에 안 되는 몸뚱이에 70만 원짜리 양복, 100만 원짜리 외투, 10만 원짜리 구두…… 생각해볼 문제다. '인생의 가치'는, 그것은 물론 예외다.

가엾은 모기

처서(處暑)가 되면 입이 붙어버린다는 모기가 백로(白露)가 되어도 아직 있다.

자다가 두 군데를 물렸다. 습관적으로 탁 때릴 것이지만 그럴 생각이 나지 않았다.

늦된 못난이 모기가 내 피를 빨아먹은 몇 분 후면 쌀쌀한 날씨 찬바람에 자진(自盡)해버릴 것이 완연한 까닭이다.

내가 본 고대생(高大生)

S 1호

"산간수(山間水) 맑은 물에 발 담그고, 낚시질해서 회(膾) 치고……정성들여 새로 담근 술은 얼마든지 있다니 우리 한번 갑시다……"

왕학수(王學洙) 교수의 말씀에 조지훈(趙芝薰) 교수와 셋이서 대구를 떠난 것은 복사꽃 한창때였다.

상주서 일박하고 문경 산북을 지나 강만 한 시내를 건너고 무인지경(無人之境) 산 고개를 세 번 넘어섰을 때는 봄비가 부슬부슬 내리는데, 멀리 산 밑에 한 흰점이 움직였다.

점점 커지는 흰점은 옥양목(玉洋木) 두루마기를 입고 우산 세 개를 들고 부리나케 마중 나오는 S 군이었다. 그렇게 바쁘게 나오는데도, 비가 내리는데도, 흰 두루마기를 입고 나오는 것이었다.

S 군 댁의 일박은 순전히 우리 민족생활의 순풍미속(醇風美俗)의 전형을 보는 것 같아서 마음 흡족함을 느꼈다.

왕 교수의 제자였다.

S 2호

"강가로 한잔하러 가입시다."

정수(禎樹), 목우(沐雨), 석호(夕湖) 세 사람이었다. 산격(山格) S 군 댁이었다.

사랑에서 기다린 지 얼마 안 되어 S 군은 안주 그득한 한상을 들고 나왔다. 석호가 성찬(盛饌)에 놀래어 두리번두리번 상을 들여다보더니,

"허허, 닭을 안 잡았구만!"

S 군은 선뜻 대답하였다.

"닭을 잡으렸더니 그놈들이 다 놀러 나가서요……"

좌중은 폭소하였다.

세련된 위트였다.

조 교수의 제자다.

*

고대생은 왈패와 어깨가 많다고 들었으나, 내가 만난 고대생은 이런 좋은 풍속과 세련된 취미를 지닌 신사들뿐이었음은 내 세상이 넓지 못한 점 유감이라 할 것인가.

왈패도 만났으면 한다. 여학생은 더욱 만났으면 한다.

(『고대신문』 1952년 7월)

병든 어린이

폐병에 걸린 어린이를 보는 것은 가장 괴로운 일 중 하나다.

어른의 폐병은 심리적인 원인도 흔하지만 어린이에게는 그런 원인보다는 가장 원시적인 원인이 생각되기 때문이다. 아무도 돌봐주는 사람 없는 병든 어린이들이 길에 범람한다.

나는 발을 멈춘다. 눈물이 뺨에 흐른다. 그를 전송(餞送)한다. 또 그런 아이를 만난다. 새 눈물이 흐른다. 물론 노염도 있다. 그러나 노염을 추구하기보다는 차라리 눈물이 마르지 않기를 나는 원한다.

묵묵한 사람들

농부와 촌파(村婆)는 그저 묵묵히 일만 하고 있다. 밭을 갈고 김을 매고 집에 들어가면 새끼를 꼬고 짚신 삼고 똥을 버므리고……
 우리들이 혹가다 말을 건네도 결코 대답을 해주지 않는다.
 "제가 무얼 압니께."
 일하는 손을 쉬지 않고 이런 대답을 한다.
 천치 같기도 하고 비굴한 것 같기도 하고 정말 아무것도 모르는 것 같기도 하다.
 그러나 그것은 모르는 말이다.
 도회인이나 낯선 사람에게는 그런 태도를 취하지만 그 사람들만이 모일 때에는 이야기하는 품이 굉장하다. 말이 많은 것은 아니다. 밤새도록 이야기해도 그것은 몇 줄 안 되는 분량일는지 모르나 요령은 있는 말이란 말이다.
 "그런 소리 암만 하면 소용 있나! 그 사람을 뽑은 우리들이 잘못이지! 다음에는 누가 좋은가!"
 그들이 선거한 사람에 대한 실망을 말하는 것이요, 다음 선거기(選擧期)를 기대하는 말이니, 이만하면 훌륭한 민주주의 체득자라고 할 수 있을 것이다.
 그리고 그 사람들은 대개가 남편이나 아내, 아들이나 딸, 손자나 조카, 사촌이나 오촌이나를 6·25에 납치·행방불명·참형(慘刑) 당한 사람들이요, 거짓말 토지개혁과 혹독한 현물세(現物稅), 노력동원을 겪은, 말하자면 공산주의자들의 행패를 체험한 사람들이니 공산주의국가를 저주하는 마음이 자나 깨나 없을 수 없는 것이다.

 공산주의도 모르고 민주주의도 모르고, 그저 세상이 어떻게 되어 가는지도 모르고, 알려고도 안 하고 말도 안 하고, 똥만 만지고 일만 하고 있는 줄로 생각하는 사람이 있다면, 그야말로 어리석기 짝이 없는 사람이라 할 것이다.

(『국제뉴스』 1951년 7월)

어린이날

소파(小波)와 나

내가 소파(小波)를 안 것은 기미년(己未年) 다음 해, 1920년이었다. 그때 그는 아직 아동에 대한 관심이 생기기 전이었다.

1921년 일본에 간 후, 아동에 대한 관심은 갑자기 높아갔다.

22년에 그는 동지 손진태(孫晉泰), 조재호(曺在浩), 정병기(丁炳基), 정순철(鄭淳哲), 윤극영(尹克榮), 진장섭(秦長燮), 고한승(高漢承) 등과 아동문제연구단체 '색동회'를 조직하였다. 물론 나도 그 한 사람이다. 색동회는 '어린이'란 말을 지어냈고, 『어린이』잡지를 창간하였다. 소파는 주간으로 서울서 일하게 되었다.

23년에는 5월 1일을 '어린이날'로 정하기로 하였다. 그는 뚱뚱한 몸에 매우 큰 얼굴이었고, 눈은 코끼리같이 작고 가늘어서 어린이가 많이 따랐다.

동화 구연은 천하일품, 어린이고 어른이고 울리고 웃기기 마음대로였다. 수원서 임석 경관(臨席警官)을 엉엉 울린 일까지 있었다. 그는 서른세 살로 외롭게 돌아갔다. 망우리 아차산 상봉(上峰)에 있는 그의 묘에는 동지 우인(友人)들이 보낸 '동심여선(童心如仙)'이라고 조각한 자연석비가 지나가는 사람의 발을 멈추게 하고, 그 몇 걸음 아래에는 그의 사랑하는 제자요 후에 색동회 동인으로 추천된 최영주(崔泳柱)의 묘가 있다. 나는 1945년, 일제에게 짓밟힌 어린이날을 지난 5월 13일에 처음으로 그의 묘를 찾았다. 그를 생각하는 마음은 어린이날뿐이 아니다. 그러나 어린이날이 되면 그를 생각하는 마음은 더욱 간절하다. 그의 구호를 한번 외쳐보자!

"씩씩하고 참된 소년이 됩시다. 그리고 서로 돕고 사랑하는 소년이 됩시다."

(『평화신문』 1951년 5월)

욕하지 말고 때리지 말고 부리지 말자

　1922년에 우리들이 동경에서 아동문제연구단체 '색동회'를 조직할 때에, 첫째로 우리 아동들이 학대 받고 있다는 것과 귀염을 받는 아동은 그것이 또 어른들의 애완물(愛玩物)에 지나지 않는다는 점에서, 우선 그의 인격을 인정하여야 하겠다는 생각으로 '늙은이' '젊은이'와 같이 '어린이'라고 부르게 하자는 것이었다. 지금은 '어린이'란 말이 누구의 귀에도 서투르지 않겠지만, 1922년에 색동회 동인이 지어낸 새로운 말이었다.

　1923년 5월 1일에 비로소 '어린이날'을 설정하였는데, 그때의 구호는 "씩씩하고 참된 소년이 됩시다. 그리고 서로 돕고 사랑하는 소년이 됩시다."

　해방 후 1946년부터는 5월 5일을 '어린이날'로 제정하였고, 그 후에 이런 구호도 불러왔다. "욕하지 말고 때리지 말고 부리지 말자!"

　전쟁은 치열하고 거의 피란생활인 오늘, 그래도 어린이날을 맞이하여 약간의 행사를 하게 됨은 고마운 일이요, 더욱 의의 깊은 일이라 하겠다.

　가난한 피란생활이라 어린이 모두가 신문 장사, 구두 닦는 아이로 화한 이때에 "부리지 말자!"라는 구호가 적당치 않을지 모르나, 역시 혹사(酷使)하지 않도록 용념하여야 할 것이다.

영양 부족, 발육 불완전의 핏기 없는 어린이들을 볼 때에 민족의 차대(次代), 희망의 2세를 걱정하지 않을 수 없는 까닭이다.

어린이들이여!

"씩씩하고 참된 소년이 됩시다. 그리고 서로 돕고 사랑하는 소년이 됩시다."

(『대구신보』 1951년 5월)

서로 사랑하는 소년이 됩시다

'어린이날'은 어느 나라에든지 있는 것이다. 어린이들을 위해서 사회와 학교와 가정에서 잔치를 하고 하루 동안 잘 놀게 해주는 날이니, 그 의의는 국가나 민족의 흥하고 망하는 것이 제2국민인 어린이에게 달려 있다는 것을 재인식하고 과거의 지도방침에 과오가 없었나를 반성하고 더욱 새로운 지도와 보육을 도모하려는 데 있는 것이니, 우리 민족이 1923년부터 '어린이날'을 가졌다는 것은 세계에 훌륭한 자랑거리가 될 수 있는 것이다.

그러나 오늘 우리나라의 차대(次代)요 민족의 희망인 어린이들을 한번 생각해볼 때, 가장 천대받고 있는 존재라는 것을 알 수 있을 것이다. 길거리에서 이리 쫓기고 저리 쫓기며 신문을 파는 아이, 담배 장사, 구두 닦는 아이! 영양 부족에 노랗게 질린 아이! 발육 불완전으로 뼈뼈 말라 주름살 진 아이를 볼 때 "어린이의 인격을 존중하고 개성의 발전을 도모합시다. 어린이에게 경어를 씁시다"라고 한 1923년 제1회 어린이날의 구호는 한 개 웃음거리가 될 수밖에 없는 것 같다. "이누무 새끼들" 하고 욕이나 하지 않았으면, "저리 가라"고 막대기로 때리지나 않았으면…… 하는 구차한 요청을 제시하고 싶을 만치 1951년의 어린이날은 쓸쓸하고 처량하다.

그러나 역시 그들이 우리 민족의 희망이요, 대한의 차대의 주인공이란 것을 모든 사람이 다시 한 번 생각해주면 전쟁 치열한 가운데 피란지에서 맞이하는 어린이날의 의의가 있을 것이다.

대한의 어른들이여! "욕하지 말고 때리지 말고 부리지 말자!"

대한의 어린이들이여! "씩씩하고 참된 소년이 됩시다. 그리고 서로 돕고 사랑하는 소년이 됩시다."

(『영남일보』 1951년 5월)

어른들이 반성하자

1923년 5월 1일에 우리들 색동회 동인이 어린이날을 제정하였을 때는, 구박받는 차대(次代)의 인격을 인정하고 그의 개성을 존중함으로써 어른들의 노리개에서 해방하라는 동시에, 그것을 일제(日帝) 압제하 민족해방운동에 연결시켰던 것이다. 그러므로 여러 가지 표어 중에는 "어린이는 민족의 새싹"이니 "어린이는 새 사람"이니와 같이 "어린이에게 반드시 경어를 쓰십시오"라고 했던 것이다.

그러나 요새와 같이 참담하지는 않았다. 기(旗) 행렬(行列)에는 색동회 마크인 하트 속에 병아리 비둘기를 그린 것에 '어린이날'이라고 인쇄한 것이니, 일본 국기를 들어야만 행렬할 수 있던 그때에는 놀라운 일이었다.

태극기를 휘두르고 마음껏 즐기고 날뛸 수 있는 이때의 어린이는 사실에 있어서 그때의 어린이보다 참담하다 할 것이다. 하루의, 마지못해 하는 행사에 그칠 것이 아니라, '어린이는 민족의 새싹이요 새 사람'이니 민족의 흥망을 위해서 어린이들에게 어떻게 해야 할 것인가를 어른들이 엄숙하게 생각하고 반성하고 행동을 취하는 첫 날이 되도록 하여야 할 것이다.

(『영남일보』 1952년 5월)

서평(書評)

상화(尙火)*와 고월(古月)**을 읽고

편자(編者) 백기만(白基萬) 씨의 회상문(回想文)을 읽으니 상화, 고월 두 고인(故人)이 곧 내 옆에 살아 있는 것 같았다.

춥고 덥고 먼지 많고, 도대체 산수(山水)라고는 보잘 것 없는 대구에 무슨 정기가 숨어 있는지 뛰어난 시인과 문학가를 배출하였고, 또 하고 있다.

상화와 고월의 시를 가졌다는 것은 민족의 자랑이자 대구의 자랑이요, 그들을 아낄 줄 아는 사람이 또 대구에 있다는 것도 자랑이 아닐 수 없다. 이십여 년이 흘러도 광망(光芒) 찬연한 시편을 지니고 태어나고 자라나는 대구의 젊은이들은 행복하다 할 것이다.

오상순(吳相淳) 양주동(梁柱東) 두 분의 단장(斷腸)의 추억문도 후세에 전하고 싶은 것이요, 이런 희귀한 책을 보게 해준 백기만 씨, 이향우(李享雨) 씨에게도 경의를 표하고 싶다.

(『영남일보』 1951년 9월)

---

* 시인 이상화(1901~1943)의 호. '백조' 동인으로, 주요 작품으로 「나의 침실로」「빼앗긴 들에도 봄은 오는가」 등이 있다.
** 시인 이장희(1900~1929)의 호. 주요 작품으로 「봄은 고양이로다」 등이 있다.

이목우(李沐雨) 저, 『시대풍(時代風)』

목우(沐雨)는 생래(生來)의 시인이다. 신문사에서 마감을 앞두고 보이지 않는 불같은 채찍을 받아 가면서 쓰는 글 가운데도 려(麗)가 유(流)하고, 엉뚱한 웃음 가운데 신랄한 풍자, 정의의 화살이 약동한다.

여기 엮은 모두가 원망간(怨忙間)에 씌어지고 시대상을 반영한 것임에 틀림없으나 거개 시요 산문시요 수필에 속하는 것이니, 말하자면 이 한 권은 문학에 소원한 사람에게는 '문학에의 초청'이 될 수 있을 것이다.

(1952년 2월, 서[序])

최정희(崔貞熙)* 저, 『사랑의 이력』

『사랑의 이력(履歷)』이란 연애역정기(戀愛歷程記)는 아니다. 5월을 사랑하고 추일(秋日) 동창(冬窓)을 사랑하고 고독과 향수와 질투조차 사랑하는 어쩔 수 없는 마음의 노래요, 더욱이 어린 딸들을 데리고 황급히 피란 남하할 때에 이부자리커녕 냄비 하나 못 가지고 내려오면서 그래도 십칠팔 년 동안 각지(各紙)에 발표한 수필의 스크랩북만은 간직하고 왔다는 그런 사랑의 보자기다. 문학과 끝내 정사(情死)할 운명을 지니고 있는 여사는 글, 그것이 곧 사랑이요 구원(久遠)의 애인인 것 같기도 하다.

진종일 문우들과 싸돌아다니면서 쪼구락 가죽망태에는 때로는 임금(林檎) 한 개, 과자 부스러기, 밤톨이 들어 있으니 집에서 기다리고 있을 어린 딸들을 잊지 못하는 것이요, 그러면 사철 집을 비우는 그가 살림살이에 범연한가 하면 주붕(酒朋)의 기습을 받을 때 산뜻한 상을 차려 내놓는 품이 알뜰살뜰하고 깨끗하고 민첩하여 취우(醉友)의 눈을 놀라게도 한다.

당장 분전(分錢)이 없어도 유연하고, 어쩌다 돈 만 원 고료가 생

---

* 최정희(1912~1990): 소설가. 호는 담인(淡人), 주요 작품으로 『정당한 스파이』 「흉가」 『풍류 잡히는 마을』 『인간사』 등이 있다.

기면 막걸리 한 되를 사겠다고 친구를 찾고, 그러나 친구와 더불어 일배주(一杯酒)로 흥겨워할 때도 오히려 고독을 느끼고 고고(孤高)의 혼을 저 혼자만이 어루만지는 높은 여성의 숨김없는 오만가지 하소연이 사랑의 문학으로 피어 나온 것이다.

 피란지 대구에서 이것이 결실 상재(上梓)되었음은 피란 문인, 대구 문인의 기쁨에 그치는 것이 아니라, 나라 문화상에도 큰 한 점을 찍을 수 있는 일일 것이다. 김환기(金煥基) 화백의 수준을 뛰어난 장정 또한 금상첨화라 할 것이다.

(『영남일보』 1952년 3월)

종군초(從軍抄)

한국은 앞섰다

6·25로부터 9·28까지 나는 목욕을 못하였다.

국군과 유엔군을 종군(從軍)하여 청천강에 이르렀을 때에—1338년 전 백만 중국군들을 물리친, 유서 깊은 그 강에서—구십 일 만에 목욕을 하였다. 그것은 이미 발표한 일이 있다.

동경 거주 이십오 년, 매일같이 목욕하고 매일같이 내의와 양복까지 갈아입어야만 하던 나로서, 그것은 언어에 절(絶)하는 고통이 아닐 수 없었다.

12월 25일에는 명령으로 서울을 떠나게 되었다.

이곳 대구에서 벌써 여러 달을 지냈다.

군의 명령을 정직하게 지키기 때문에 유치원아 륙색에 세수 도구와 원고용지만 가득 넣어 가지고 떠났다.

수건 한 장 없고, 물론 갈아입을 내의도 없다.

지금 내 몸에는 '이'가 있을는지도 모른다.

그러나 나는 '한인은 불결하고 한국은 불결하다'는 말을 거부한다.

*

일본 주간잡지 『선데이 매일』 9월치에 발표된 「한국전선 종군 외국 기자 좌담회」에서 이런 방언(放言)을 한 사람이 있었다.

"한국은 불결하다. 어디를 가도 똥 냄새가 난다."

"인체에 해충은 무엇이든지 있다. 모기, 벼룩, 이, 빈대, 그 밖에도 우리들이 보지도 듣지도 못한 별별 벌레가 다 있다."

한인은 결코 불결을 즐겨하는 민족은 아니다.

흰 옷을 입기 즐겨하고, 자주 세탁하기를 즐겨하고, 흰 고무신 파란 고무신을 매일같이 깨끗이 닦아서 신고 다니는 것을 보라.

그러나 한국은 지금 전쟁을 하고 있다.

한국의 전역은 곧 참호인 것이다.

참호 속의 불결을, 국가나 민족에 연결하여 평가하여서는 안 될 것이다.

세계는 오히려 그 불결한 한인이 세계에서 가장 앞선 민족이요, 국가라는 사실을 알아야 할 것이다.

*

첫째로 한인은 세계 인류가 반드시 한 번은 겪어야 할 대공산제국주의(對共産帝國主義) 결전(決戰)을 먼저 겪었고, 그 결전에 있어서 이미 백만 이상의 인구를 희생하였다.

둘째로 한국전선은 유엔을 통한 세계민주국가군(世界民主國家群)의 결속을 공고히 하는 계기를 만들었다.

셋째로―이것은 더욱 큰 문제다―한국은 소위 중간파(中間派)라는 존재를 깨끗이 숙청하였다. 그것은 한국이 손을 내려서 한 것은 아니다. 6·25가 그것을 한 것이다.

　6·25 전의 한국은 많은 문화인의 중간파적 존재를 가지고 있었다. 공산주의와 민주주의가 서로 양보하여 연립할 수 있으리라든지, 또 공산주의 국가가 되는 경우라도 뻐젓이 살 수 있고 오히려 대우해주리라고 생각하던 사람이 있었다.

　그러나 6·25에 남침한 북한 공산집단은 이런 사람들을 먼저 처리하였다. 대한민국에도 협력하지 않고, 공산집단에게도 협력하지 않은 문화인을 제일 먼저 처리하기에 바빴다. 6·28에 서울에 들어온 그들은 7월 4일부터 그것을 시작하였다. 납치, 행방불명, 참형(慘刑)으로 대우하였다.

　영리한 문화인들이 자기의 어리석음을 깨달은 것이 7월 4일이었다. 도망하거나 은신하기에 바빴다. 살 수 있는 곳으로 몰려들었다. 죽이려고 하는 집단에 적대하기 위하여 대한민국에 굳게 뭉쳤다. 빨갱이로 갈 사람은 북으로 갔다. 가다가 실망하고 결사적으로 돌아온 사람도 많다.

　자유주의자니 문화주의자니 중간파니, 그들이 잘 살 수 있는 공산제국주의 국가는 아니라는 것을 제일 먼저 집단적으로 깨달은 민족이 한인이다.

　대한민국이 정신적으로 사상적으로 세계 어느 국가보다도 앞섰다는 사실이 여기에 있다.

　다른 국가에는 아직도 중간파라는 존재가 많고, 그들을 '진보적'인 사람이라고 착각하는 경향도 있는 것을 나는 알고 있다.

　그러나 그들이 우리들의 뒤를 따라, 옳게 깨달을 날은 멀지 않아서 반드시 있을 것이다.

우리들은 지금 참호 속에서, 내의도 갈아입지 못하고 목욕도 못하고, 수포(手布) 한 장 없이 그저 싸우고만 있다.

*

맥아더는 말했다. "출생의 존엄성은 모른다. 그러나 죽음의 영광은 안다"고.

모든 한인은 지금 죽음의 영광을 생각하고 있다. 사는 것이 사는 것이 아니다. 옳게 죽음으로써 훌륭하게 살자는 생각을 가지고 있다. 그것은 개인의 자유와 행복과 영광과 존엄을 보장하는 민주주의를 수호하기 위하여서다.

(『교육월보』 1951년)

총력전과 문인

1937년 7월 7일 루거우차오(盧溝橋)에서 중일전쟁이 시작되고, 일군(日軍)이 상하이에 적전(敵前) 상륙하자 일군은 다수 문학가를 동원하여 현지에 파견하였다.

기쿠치 칸(菊池關)은 그 단장으로 '장관' 대우였고, 기여 작가 이십여 명은 '좌(佐)'급이니 우리나라로 치면 영관급(領官級)의 대우였다. 그때 제1급의 호화 항공기를 타고 하네다(羽田) 비행장을 출발하니 환송인은 수천 명에 달하였다. 전선(戰線)에서는 물론 호위병이 따라다녔고, 약간의 원고를 집필하면 그것은 시간을 다투어 동경으로 무전전송(無電電送)되었다.

귀환 후에도 그 신분은 보장되어 '종군작가'의 칭호는 만인 선망의 적(的)이 되었다.

*

빨간 딱지 소집 영장을 받고, 경례 하나 할 줄 모르는 젊은 아이들이 모이면 일본 해군에서는 이렇게 호령했었다.

"특별한 기능이 있다고 생각하는 자는 앞으로 나서라!"

수백 명이 앞으로 나선다.

"너는 무어야?"

"저는 긴자(銀座)에서 돈까스를 하고 있었습니다."

"응, 그럼 너는 취사반으로!"

"다음은?"

"만화가 모모(某某)올시다."

"네가 모모냐! 잘 왔다. 신문반!"

"다음은?"

"예에, 저는 낙어가(落語家) 모모올시다!"

"허허, 자네가 모모야? 허허, 잘 왔네. 연예반!"

어떤 놈은 불쑥 나오더니 땅재주를 너덧 번 뛰어넘었다.

"곡예단이란 말이냐! 연예반!"

이렇게 각인각색, 기능대로 각 반에 편입되었었다.

이것이 총력전(總力戰)이다. 국민의 수에는 한도가 있으나, 제한된 수의 국민이 능률을 올리고 내릴 수 있는 한도는 무한한 것이다.

조금이라도 능한 기능을 발휘할 수 있는 자리에 있게 되면 백 퍼센트의 능률을 발휘할 수도 있는 것이지만, 그 자리가 아니면 국가 전체적으로 보아서 마이너스 되는 일도 없지 않은 것이다.

지휘관은 지휘를 맡아야 하고 작전가는 작전을 맡아 보아야 능률을 올릴 수 있는 것이지, 총궐기 총돌격이라고 날뛰고 덤벼서 작전가가 칼빈 총 한 자루를 들고 나선다면 탄환 한 방이 고작 적병 하나를 죽이는 데 있어서 이등병과 다름이 없는 것은 더 말할 필요도 없을 것이다.

전진과 인생 161

*

 만담가는 총 한 자루를 맡아 들고 나서는 것보다는 사병들의 휴식시간에 푸근히 몸과 마음을 쉴 수 있도록 신경을 근지러주는 것이 전체적으로 보아서 작전상으로 보아서 능률을 상승시킬 수 있는 것이다.

 문사(文士)나 시인은 총 한 자루를 걸머메고 질질 따라다니는 것보다는 사병의 적개심을 앙양하여 총을 겨누고 방아쇠를 당길 때 눈앞에 어머니나 아내의 얼굴이 어른거리지 않도록 해주고, 좋은 노래를 지어서 고산준령(高山峻嶺)을 행군할 때에 괴로움을 잊어버리도록 해주고, 겸하여 후방 국민들의 전의와 군사수호의식을 고조하게 하는 것이 국가적으로 보아서 전체적으로 보아서 훨씬 능률적일 것이다.

*

 이런 논의는 세계적으로는 1차대전 이후의 것이요, 2차대전 시에는 어떤 국가에서도 이미 고도로 실천하였던 것이다.

 우리나라에는 현재 전쟁 수행에 직접 참여할 수 있는 문화인의 TO라는 것은 '보도요원' '종군기자' 외에는 국방부 정훈국(政訓局) 관계에 군속문관(軍屬文官)으로 취직하는 도리밖에는 없는 것 같다. 군속문관이란 조석(朝夕) 하사관에게 기합을 받는 존재다. 사회적 지위가 보장되는 것은 아니다.

*

우리나라에 일본의 기쿠치 칸 급의 문인이 없는 것이 아니다. 그만큼 위해줄 수 있는 기구가 되어 있지 않은 것뿐이다.

세계 문학계에 한국을 대표하여 내어놓을 만한 국문학자나, 세계 역사학회 대회가 있다면 그곳에 한국을 대표하여 파견해야 할 사학가나, 국제 친선을 도모하기 위하여 음악가 교환 초청이 있다면 정부가 파견해야 할 음악가가, 서울서 대구로 오기 위해서 대구서 부산으로 가기 위해서 위병하사에게 추상같은 호령을 받고 영문(營門)을 통과하여 고두수계과증명서(叩頭數係課證明書) 한 장을 받는다든지, 그런 국가적 존재 국보적 존재의 인물이 병사의 외투나 모자를 빌려 써야만 어느 지역을 통과할 수 있다면, 그것은 1951년에 있어서는 우리나라에서밖에 볼 수 없는 실상일 것이다.

국가와 민족을 사랑하는 학자나 문사나 예술가의 애국하는 방식이 이다지 참담할 수는 없을 것이다.

전쟁할 때에 가장 불우한 존재가 문인, 화가, 예술가였었다. 그러나 그들이 불우를 한탄하는 동안 총력전은 못 되는 것이었다.

현대전은 총력전이요, 적의 문화를 격멸하고 우리 문화를 그곳에 침투시키는 것이 현대전의 목적인만큼 문화인의 활동이 가장 활발하여야 할 것이다. 이것을 잊어서는 안 될 것이다.

일등 시인이 이등병으로 나간다는 것을 자랑해서는 우방의 수치거리가 될 것이다. 전쟁할 때일수록 장관급 영관급으로 대우하는 문인, 화가, 예술가의 존재가 있어야 할 것이다. 그러한 기구, 그러한 칭호가 있어야 할 것이다.

문화인 예술가를 존중할 줄 아는 군대가 전승(戰勝)할 수 있다.

전승이란 적의 문화를 격파하고 그곳에 우리 문화를 침투시키고 개화시키는 일이기 때문이다.

(『경향신문』 1951년 1월)

이등병

전선(戰線)에 갔을 때에 "최대의 애국자는 이등병"이라고 말한 장군이 있었다.

나는 그 장군의 얼굴을 다시 한 번 엿보았다. 그때의 얼굴은 엄숙하고 명상(瞑想)하는 것 같았다.

그 말을 가지고 나는 한참 동안 생각해보았다.

전선(前線)을 시찰하고 CP[지휘소]로 돌아오는 길가에 거적으로 덮인 적의 시체 하나가 있었다. 발바닥 두 개가 백랍같이 보였다.

그 길 양단을 이등병의 행렬이 소리 없이 또 끝없이 지나간다. 가정에서는 귀골로 자라난 자제였을 것이요, 처자 있는 병정도 있을 것으로 보았다.

산길을 지나올 때 천야만야(千耶萬耶)한 산골짝 길을 개미같이 기어 올라오는 역시 병정의 일렬종대를 보았다. 애중(愛重) 받는 내 몸을 홍모(鴻毛)와 같이 바치어 나라와 민족을 수호하려는 거룩한 자태다. 남루한 군복, 진창투성이 군화, 시커먼 얼굴이지만 머리 수그러짐을 느끼었다.

최전선(最前線) 참호 속에서는 잔등 위로 릴레이해오는 흙 묻은 주먹밥을 먹고 있는 것이다.

"이등병이 최대의 애국자"란 말이 근사한 말이라고 생각하였다.

(『대구신보 1951년 4월』)

외교관

전선(前線)에 가면 도로 수리를 하는 부대가 상당히 많다.

좁은 길을 넓히는 공사도 있고, 진창길을 사력(砂礫)과 흙으로 메우는 공사도 있고, 갑자기 물이 불어서 건너기 어려운 곳에 벼락같이 가교하는 공사도 있다.

그런 공사는 대부분이 국군과 유엔군이 손잡고 일하는 것이다.

*

손잡고 같이 일하는 동안에 정이 붙기도 하고 정이 떨어지기도 할 것이다.

세계 각국의 수십만 병사들이 국군 병사들과 같이 일하고 같이 싸우고 귀국하게 되면 한국전선(韓國戰線)을 회상하게 될 것이요, 그것은 달갑게도 나올 수 있고 더럽게도 고약하게도 나올 수 있을 것이니, '아아, 내가 또 전장에 나가게 된다면 어느 곳보다도 한국전선에 가서 한국군과 다시 한 번 같이 싸우고 싶다'고 생각하게 할 수도 있고, '한국군과 같이 일하는 것은 질색'이라고 하게 할 수도 있는 것이 일선 병사들의 일일 행동에 달려 있는 점이 많을 것이다.

선발된 외교관의 외교보다도, 일선에서 생사를 걸고 노고를 같이 하는 흙투성이 전우끼리의 외교가 더 크고 넓고 직접적일 것이다.

한국전선에 파병한 국가는 모두 민주주의 국가인 만큼 국민의 의사가 국가 정책에 직접 반영될 것이니, '이왕이면 한국전선으로 가고 싶다'는 국민이 많아지도록 되어야 할 것이다.

그것은 일선 병사의 민족정기와 멸공기백(滅共氣魄)과 전통적 민족성적 미덕으로 이루어질 수 있는 일이니, 여기서도 사병에 대한 '정훈(政訓)'이 긴요함을 느끼게 하였다.

*

이등병은 외교관이다.

이등병은 최대의 애국자요, 겸하여 국민 외교를 맡아 보고 있는 것이다.

(『대구신보』 1951년 4월)

정훈요원

6·28 괴뢰군이 서울에 들어왔을 때 서울 사람들은 흔히 북한 사정을 병정들에게 물었던 것이다. 그러면 병정은 근사한 장광설을 퍼붓고, 그러는 동안에 사람은 많이 모였다. '근사한 장광설'은 어느 병정이든 판에 박은 듯이 똑같은 말이었다고 한다.

열 명이면 열 명, 스무 명이면 스무 명이 똑같은 말을 한다.

열 번 찍어 넘어가지 않는 나무가 없다 듯이 열 번 스무 번 들으면 그럴싸하게 솔깃해질 것은 물론이다.

이것은 괴뢰집단이 병정들에게 가르친 거짓말의 되풀이였다.

*

국군은 삼팔선을 넘어 북한으로 들어갔다.

만일 주민이 국군 병사에게 남한 사정을 묻는다면 거짓말 아닌 소식과 옳은 판단을 이야기해주어야 할 것이다.

대한민국은 민주주의 국가요, 괴뢰집단이나 중공(中共)은 적색 제국주의 국가(赤色帝國主義國家)의 주구(走狗)라는 것, 대한민국을 위해서는 세계 민주주의 국가 54개국이 편들어 원조하고 있고, 소련은 중국과 북한의 인구를 감소시키기 위해서 장비도 없이 전선에 몰아넣고 있다는 사실을 알아듣도록 이야기해주어야 할 것이다. '나는 모르겠소' 하고 대답해서는 안 될 것이요, 더욱이 '저기 정훈공작 대원이 있으니 저분에게 물어보시오' 하고 대답하게 되어서는 유감이 아닐 수 없다.

그렇다면 이등병은 또 하나의 큰일을 하고 있는 것이다. 적병 적치하 주민에게 대한 문화선전(文化宣傳)과 계몽을 무시(無時)로 담당하고 있는 사람이 곧 이등병이요, 국가적으로 보아서 훌륭한 '정훈요원(政訓要員)'인 것이다.

(『대구신보』 1951년 4월)

아내에게 보내는

당신과 헤어진 지 벌써 오늘이 두 달이 됩니다.

12월 8일, 뜻하지 아니한 K 씨의 호들갑으로 집에 뛰어들어 가서, "어서 떠나시오! 어디로든지 떠나시오" 하고, 내어쫓기나 하듯이 당신과 세 아이를 끌어내어 종로4가 모퉁이에서 트럭 오기를 기다리게 하였던 것입니다.

"염려 말고 가보세요. 바쁘다면서……"

차는 오지 않고 사실 사무실에 일은 있고 해서, 나는 당신들이 떠나는 것을 보지 못하고 그만 사무실로 갔던 것입니다.

그때에 당신과 아이들의 초조한 얼굴! 그중에도 억지로 웃음을 보이려는 당신의 얼굴이 지금도 눈에 선합니다.

나는 한 시가 지나서 잠시 외출할 수 있을 때에 다시 종로 그곳에를 가보았던 것입니다.

차가 와서 떠났을까? 차가 오지 않아서 그만 집으로 돌아갔을까?

그곳에 당신들은 없고 담배 파는 어린 남매가 있었습니다.

"이애! 여기에 서 있던 세 아이를 데리고 있던 부인이 트럭을 타고 떠나더냐?"

하고 물었던 것입니다.

그 아이는 "네" 하고 머무적거리더니, 주머니에서 종이 조각을 꺼내 주었습니다.

아아! 명함 반장만 한 쪽지에서 분명 당신의 필적을 볼 수 있었습니다.

'10시 20분 출발 마○○'

나는 그 쪽지를 읽으며 읽으며 되돌아 사무실로 갔던 것입니다.

*

그 후 25일에는 나도 서울을 떠났습니다. 그러나 나는 대구에 있게 되고 당신들은 부산에 있는지 마산에 있는지를 모르고 월여(月餘)를 지내게 되었습니다.

부산으로 찾아가서 당신이 떠날 때에 말한 그 두 군데를 찾아 당신의 거처를 알아보아야 하겠다고, 또 부산에 없으면 마산으로 찾아가서 그곳의 한 분을 찾아서 당신의 거처를 알아보아야 하겠다고, 당신들의 안부를 하루 한시도 생각 아니 한 일이 없지만, 그러나 내가 하고 있는 일 보고 있는 일은 도저히 가족의 안부, 가정의 단락(團樂)을 고려하기에는 상당히 거리를 느끼게 하는 일인 것이 사실입니다.

전투는 치열하고 전국(戰局)은 심상치 않습니다.

세계 민주 우방 44개국이 유엔에서 중공군을 '침략자'로 규정하였다고 해서 쉽사리 무기를 내어던지고 물어갈 적이 아니요, 유엔군이 서울을 탈환하였다고 해서 우리가 승전하였다고 생각하기는 어려울 것입니다.

중공군이 압록강을 건너서 쫓겨 가고 괴뢰군이 전멸 몰사하였다 해도 우리의 적은 버젓이 남아 있다는 사실을 알아야 할 것입니다.

작년 6월 25일에 북한 괴뢰 공산군으로 하여금 대한민국을 침구(侵寇)하게 한 원흉, 그들이 국경선까지 쫓겨 가자 중공군을 대거 압록강으로 몰아넣어 우리들을 남하하게 한 간교한 원흉이 있다는 것을 잊어서는 아니 될 것입니다.

그 간악하고 음흉한 적을 물리칠 때까지 우리의 전투는 결코 쉴 수 있을 리 없다는 것을 알아야 할 것입니다.

그들은 항상 그들의 정치체제 경제체제를 '진보적'이라 하고, 미래의 사회는 반드시 그렇게 된다 하고, 되어야만 한다고 선전하고 있습니다. 우매한 백성들이 흔히 여기에 속아 넘어가는 것입니다.

그리고 그 이념을 거부하거나 '개량'이나 '점진'을 생각하는 사람은 '반역자'라고 해서 살육하고 파괴하여야만 새 사회를 이룰 수 있다는 것이 그들의 철학이요 주장인 것입니다.

문화인이나 예술인은 이용할 수 있는 한 추어주어서 뼈가 빠지도록 이용하고, 차차로 거세 낙오 몰락하게 하는 것이 또한 그들의 상투(常套)인 것입니다.

이런 야만적인, 약탈적인, 비인도적인 것이 소위 '진보적'이라고 할 수는 없을 것입니다. 1900년의 제정(帝政) 러시아에 있어서는 그것이 진보적 사상이었을 것을 능히 이해할 수 있으나, 1950년대 이미 진보된 민주주의 국가의 국민으로서는 절대로 용납할 수 없는 것일 것입니다.

우리들의 진보는 하루도 쉰 일이 없고, 또 쉴 수도 없는 것입니다.

우리는 우리의 자유를 향수(享受)할 수 있고, 우리의 사회 우리의 국가를 고도로 민주주의화할 수 있는 가장 행복된 환경에 있는 것입니다. 그리고 그것은 세계 54개의 우의(友誼)가 공고한 것으로 더욱 보장되어 있다고 볼 수 있는 것입니다.

이 행복된 환경을 침략하고 파괴하고 살육하려는 그 원흉을, 인류의 적을 완전 몰살하기까지 우리의 싸움이 그칠 수는 없는 것입니다.

나도 싸우고 있는 것입니다. 밤을 새우기도 하고 세 끼 못 먹은 날도 있었습니다.

"그러나 보이소에!"(이것은 이곳에서 배운 이곳 사투리요.) 전쟁이 끝날 때까지 우리들이 다시 만날 날이 없다는 것은 아닙니다.

우리들의 길일(吉日)은 반드시 가까이 있을 것입니다.

전투도 휴식이 있어야 능률이 오릅니다.

굶는 날이나 없는지, 무엇으로 밥벌이를 하고 있는지 궁금한 마음 금할 수 없습니다.

그러나 사랑하는 아내여!

참고 견디어주시오! 일선 장병과 유엔군 장병의 노고를 생각할 때 후방의 우리들의 고초는 그것이 곧 한 토막의 싸움인 것입니다.

인핍(因乏)한 가운데 희망을 잃지 말고 괴로운 가운데 건설을 잊어서는 안 될 것입니다.

당신은 세 아이의 어머니라는 긍지를 잃지 말고 귀하고 애중한 우리들의 자식들이 담배 장사를 하건 신문 장사를 하건 희망을 잃지 않고 우리나라의 차대(次代)요 국민학교 학생이라는 긍지만은 잃지 않도록 지도하기를 게을리하지 않기를 바랍니다.

    살림살이 고단하여도 하루에 두 시간 아이들을 공부 시키시고 끈기 있게 굳세게 살아주시오.

    나도 고생, 당신도 고생, 그중에 아이들만은 그래도 씩씩하고 늠름하게 자라도록.

(『국방』 1951년 2월)

나와 헌병

1

작년 11월에 청천강을 건너 영변까지 종군(從軍)하였을 때의 종군기 「토비수행(討匪隨行)」에서 나는 헌병(憲兵)이 제일선(第一線)이란 것을 알았다고 쓴 일이 있다.

순천 개천을 거쳐서 덕천 가창리까지 가는 천야만야(千耶萬耶)하고 굴곡이 심한 고산지대의 도로에서, 또 까마득하게 치어다보이는 곳에 헌병이 여기저기 서 있는 것을 보았을 때의 감상이었다.

그때의 대장, 지금은 고인(故人)이 된 황동연(黃東淵) 중령 부관(副官) 김종화(金鐘和) 중위가 항상 최전선을 치구(馳驅)하는 모습은, 그때에 비로소 헌병은 제일선이라는 것을 인식하게 하였던 것이다.

2

대구에 내려온 후 저녁도 못 먹고 늦도록 일하는 날이 많았다.

겨울 어느 날, 통금시간도 가까운 밤중에 숙소로 돌아가는 길이었다.

역시 저녁을 거른지라 시장하기도 하지만 가게는 모두 문이 닫히었고, 막걸리 파는 하꼬방에 겨우 등불이 어른거리는 것을 보고, 옳다 막걸리나 두어 사발 하리라 하고 쑥 들어섰던 것이다.

주인도 객도 없어 어리둥절하는 동안에 난데없는 헌병 두 사람이 쑥 들어왔다.

"여기 무엇 하러 들어오셨소?"

"막걸리……"

"신분증명서!"

나는 증명서를 내어 보였다. 한참 동안 보고 있던 헌병은 증명서를 돌려주며,

"이런 데 들어오실 분이 아닌데…… 신분 있는 분이 들어오실 곳이 아닙니다. 약주를 자시고 싶으시면 댁에서 받아서 잡수시지요."

"집이라니, 어디 약주를 받아다 먹을 데도 못 되고, 받아다 줄 사람이나 있나요. 여럿이 자는 데 끼어 자니……"

"그래도 규칙입니다. 속히 돌아가시지요."

선 채로 두어 사발 켜려던 막걸리도 못하고, 그만 숙소로 돌아간 일이 있었다.

군복 입은 사람이 술집에서 늑장을 부리고 소리를 높이는 것은 참으로 보기 싫은 일의 하나다.

그러나 식사 대신 두어 사발의 막걸리를 선 채로 들이켜려는 것도 규칙 위반이라면 이건 너무 심한 일일 것이라고 생각했던 것이다.

3

지난 8월 7일, 공군 중령과 C 문관과 나는 지프차로 대구를 출발하여 부산으로 향하는 도중 삼랑진을 지난 급굴곡에서 전락하여 세 번 구르고 네번째에 삐딱이 정지하여 세 사람은 경상을 입고 운전수는 즉사하였다.

정강이에 열상, 둔부 대퇴부와 어깨에 타박감을 느끼는 내가 가장 경상이었다.

나는 지나가는 트럭에 몸을 간신히 싣고 사십 리쯤 전방 되는 김해 헌병 파견대에 고하고 구원을 청하였다.

공군이면 공군 헌병대로 연락해야 한다 하고 전화를 부르는데, 그것은 수영(水營)이었다. 수영은 좀처럼 나오지 않았다.

전화가 통한다 하자, 수영서 차가 곧 떠난다 해도 그동안에는 남은 두 사람마저 어떻게 될는지 나의 마음은 급하고 답답하였다.

신병(身病)으로 이십여 일을 쉬고 있다는 김재홍(金在弘) 이중(二中)은 박동하(朴東夏) 이상(二上)과 의논을 하는 것 같았다.

공군에 연락하지 않았다고 나중에 말썽이 되더라도 시간이 너무 지체되니 그대로 둘 수 없다, 차를 얻어서 헌병을 급송하자는 결론이 나왔던 모양이다.

박 상사는 전화로 헌병 두 명을 부르고, 트럭 한 채를 빌려서 현장으로 보내었다.

김 중사가 돌아올 때까지 누워 있으라고 하여, 나는 숙직실에 그가 깔아준 모포 위에 몸을 던졌다.

밤이 되어 트럭은 돌아왔다. 트럭 위에는 피가 출렁거린다는 것이었다.

헌병들은 중령과 문관을 업어 들였다.

세 사람은 친절한 의원에 나란히 입원을 하였다.

헌병들은 연락부절로 문병을 오고, 보고를 하여주었다.

시체와 서류를 수영 공군 헌병대로 보내어야 하겠다는 말, 출발하였다는 말, 이미 늦어서 식사해줄 곳이 한 집밖에 없으니 곧 주문하도록 하라는 말.

나는 그 고마운 마음씨와 임기응변의 옳으나 고마운 조처에 몇 번이나 눈물이 나왔다.

공군이니 공군 헌병대를 끝내 고집한대도 그 사람을 어떻게 할 도리는 나에게 없는 것이요, 그 사람을 그르다고 할 조목(條目)도 없는 것이다.

그러나 급한 일을 당해서는 돌보아줄 의무가 있는 것이다. 그것은 헌병의 의무라기보다도 인간의 의무요 인인(隣人)의 의무인 것이다.

부하(負荷)된 업무와 규칙에만 충실한 나머지 인간의 선의(善意)를 몰각하여서는 그것은 아무것도 아닌 것이다.

가장 간단명료한 옳은 일을 했지만 규칙을 초월한 이 사람들에게 상이 있어야 하리라고 생각하였다.

(『사정보』 1951년 8월)

다부원 행

　이 땅에 풍년을 주시려는 복비가 부슬부슬 내리는 12일 정오에 대구를 떠나서 만여 명 무명전사의 충성된 혼백이 고요히 잠자는 다부원(多富院)을 찾았다. 삼사 일 동안 대구 장안을 질척거리게 한 비도 모내기에는 부족하여 물도 고이지 않은 수전(水田)이 밭과 같이 흙을 보이고 있고, 좀더 쏟아지기를 기다리는 농부들이 우둑우둑 서 있는 대구 교외를 빠져서 동명(東明)을 지나니 벌써 다부원 고개, 생(生)의 고개라는 고개를 넘게 되었다.
　'생(生)의 고개'라는 이름을 누가 지었는지 그 이름이 그럴 듯한 천연의 요새를 이룬 대구 장안을 생각할 수 있었고, 이 고개만 넘어서면 감히 적이 침범할 수 없는 대구 장안에 들어섰다는 생각을 가지게 하는 것 같았다. 일행은 이곳에서 전사한 충혼의 명복을 길이 빌려는 무명전사비(無名戰士碑)를 세울 묘지를 택하려 떠나고, 나는 가산주재소(架山駐在所) 옆에 있는 조그만 농가에서 쉬었다.
　주인은 막걸리를 걸러 주며 이런 말을 하였다.
　"그저 전쟁에는 비행기가 제일이라요. 이 다부원을 빼앗겼다 뺏었다 여러 날 걸렸습니다. B-29 구십구 기랍니다. 백 기도 아니고 구십구 기가 와서 그저 퍼부어서 그놈들을 물리치지 않았습니께. 그러고는 그저 쭉쭉 올라갔지요. 오십 일 만에 돌아오니 땅에 묻었던 옷가지도 모두 가져가고…… 그놈들은 죽일 놈입니다……"

늙은 여인이 대꾸를 하였다.

"죽일 놈이라께, 죽일 놈야 많지만 어데 죽일 놈이 죽드라구……"
나는 깜짝 놀랐다. 그 말이 무엇을 의미하는 말인지를 알아내기도 전에, "우리도 비행기가 있습니께? 비행기는 모두 미국 것이겠지요?" 하고 묻는 것이었다.

나는 "천만에" 하고 태극 표식을 한 우리 공군이 있다는 것을 증명해주었으나 태극 표식의 비행기가 많지 못한 사실을 아는 나는 스스로 부끄럼을 느끼지 않을 수 없었다. 북한 괴뢰군은 900기를 가지고 있다 하고, 국경에는 1,000기가 대기하고 있다 하고, 중국에서는 북한 괴뢰군을 원조하기 위하여 496기를 헌납하기로 결정했다는 보도를 본 나는 이 늙은 농부의 걱정을 풀어줄 도리가 없었다.

"전쟁에는 비행기가 제일이라요!" 하는 노인의 말은 전쟁을 겪은 사람의 거짓 없는 말이다. 정전(停戰)이 되건 안 되건 우리는 우리의 할 일을 해야 하고, 우리는 훌륭한 군대와 많은 비행기를 가져야 할 것이 분명하다. 그것은 싸우기 위해서가 아니다. 싸움을 걸어오지 못하게 하기 위해서 더욱 필요한 것이다.

돌아오는 길에 골짜구니에 떨어진 해골, 모포에 싼 시체를 보았다. 요새 와서야 겨우 시체 냄새가 없어졌다는 것이다.

가장 격렬한 싸움을 싸운 다부원! 반격의 첫 깃발을 날린 다부원! 가장 많은 대한 남아의 몸이 묻힌 다부원에 비(碑)를 세운다는 일은 거룩한 일이다. 이것은 간 사람을 아끼고 그들의 명복을 비는 동시에 다시는 이곳에 적이 침범하지 못하도록 만반 준비를 다할 것을 맹서하는 일이 되어야 할 것이다.

(『영남일보』 1951년 7월)

지리산 행

지리산 공비토벌작전 지구를 시찰하러 갔다.

종군(從軍)하는 사람들이 가짜가 많고 군폐(軍弊)를 끼치는 일이 많다는 소문을 듣고 있었기 때문에 작년 2월 영월전선에 갔다 온 이후 하지 않던 짓을 이번에는 구상(具常), 박영준(朴榮濬), 동행도 좋고, 군이 아니라 넉넉하지 못한 조건하에 치열한 전투를 계속하고 있는 경찰전투대(警察戰鬪隊)를 위문도 할 겸 출발하였다.

고령 나루터에 오니 탁수(濁水)가 도도했다. 대구는 갠 지 오래지만 안동 물이 여기까지 흘러 내려오는 데 사흘이 걸린다는 것이었다. 삼십여 대가 기다리고 있으니 적어도 이십 시간 이상을 기다려야 할 일이라 진주 길로 돌아가자고 되돌아섰다.

수일 간 수리하였다는 지프차가 현풍서 요지부동이다.

"대구에 가서 수리공을 데리고 와!"

계림부대장(鷄林部隊長)의 지시로 운전수는 지나가는 트럭을 집어 타고 떠났다.

일행 네 사람은 하차하는 수밖에 없었다.

그 앞집은 무슨 양조장이란 간판이 걸려 있었다. 누가 소리 질렀다.

"그 차, 개보다 낫다!"

"기계가 개만 한 것이 희한한 일이지! 한잔합시다."

한잔 또 한잔, 저녁을 먹고 나도 차는 오지 않았다.

열두 시가 지나서야 정보학교장이 보내준 차로 수리공 두 사람을 데리고 왔다.

"고령 나루터로 가서 잠깐 눈 붙이고 첫새벽 나루를 건넙시다."

수리를 끝마치고 고령 나루터로 밤길을 달렸다.

이성우 사령관

악명을 떨쳐서 어마어마한 거창을 지나고 아담한 안의를 지나서 함양에 닿았다. 태백산지구 경찰전투사령부 사령관실로 들어갔다. 사령관 이성우(李成雨) 경무관은 귀족적인 인상을 주는 삼십대의 청년이었다. 불패(不敗)의 기백이 넘치는 일면 아량도 있어 보였다.

전공담(戰功談)은 부하로 하여금 많이 담화하게 하는 것이었다.

이야기 도중에 밥그릇 네 개와 작은 냄비 두 개를 목반(木盤)으로 들여다 테이블 위에 늘어놓았다. 뒤이어 보자기 씌운 알루미늄 반(盤)을 들고 들어오는 사람을 보고 사령관은 눈을 찡그려 내가라 하고 얼굴을 붉혔다.

한참 있다가 기어코 소리가 나왔다.

"에잇 사람들! 무엇들이 오면 이렇지 않드군! 우리나라 손님 대접은 이렇게 해야 하나!"

밥 그릇 네 개가 참모들의 점심이 아니고 우리들에게 주려는 것인 것을 알았다. 우리들은 점심시간은 지났으나 여기서 점심 대접을 받을 생각은 안 했던 터라 점심을 주면 그것으로 만족한 것이었다.

그러나 사령관은 이내 밖으로 나가버렸다.

한참 만에 테이블 위에 상을 벌이고 여러 사람과 같이 점심을 마친 후였다.

결재를 받으려는 서류를 가지고 들어온 사람이 있었다.

사령관은 일별하고 낮은 소리로 화를 냈다.

"글쎄 때리기는 왜 때려? 때려야만 일이 되나! 에잇 사람들! 이따위는 다 옛날 경관야!"

그리고 도장을 꾹 찍었다. 주민을 구타한 경관을 견책하는 서류인 것이다.

전투와 정치

사령관의 부관은 손을 붕대로 감고 떨방으로 메고 있었다. 어제 산에 갔다가 손가락에 총알을 맞았다는 것이었다.

작전참모는 다변(多辯)한 쾌남아였다. 여러 참모도 모여서 이야기를 들었다.

"선무공작대(宣撫工作隊)를 조직해서 순회 연극도 하고 있습니다. 주민의 위안과 정훈(政訓)이 목적인데, 참 좋아합니다. 이런 것은 우리들이 할 일이 아니지만 해주는 데가 없으니……"

일람표를 보았다.

1월부터 시작해서 연 삼십팔 일, 열아홉 부락에서 5만 3천여 명의 관극객이 있었다는 것이다.

어떤 사람은 이런 말도 하였다.

"귀순자가 많습니다. 전에는 손 들면 죽는다고 해서 귀순하는 자가 적었으나, 요새는 귀순자가 죽지 않은 사실과 오히려 우대를 받고 일을 맡아 보게 되니, 그것이 알려져서 매일같이 귀순하는 수가 많아집니다. 토벌, 섬멸, 사살보다 이것이 우리들의 기쁨이요, 성공입니다. 그것도 저것도 후방이 잘되고 좋아져야 합니다."

또 이런 말을 하는 사람도 있었다.

"그렇습니다. 후방이 살기 좋아져야 합니다. 현재 잔비(殘匪)는 간부, 그러니 악질만 이백 명가량 남아 있습니다. 풀이 자라기 전에 이것을 뿌리 뽑을 작정입니다. 풀이 자라면 이백 명이 새끼를 쳐서 도루래미가 됩니다."

"산을 타고 북에서 내려오나요?"

"그 길은 끊어진 지 오래입니다. 산으로 올라가는 것이지요."

*

이번 난리가 전투만으로 결정되는 것이 아니라 '전투 즉 정치 즉 문화 즉 사상'이라는, 이번 전쟁의 성격을 일선 토벌대도 잘 알고 있는 것이었다.

속·전투와 정치

때마침 미국 상원의원 에드윈 C. 존슨이란 사람이 한국 휴전 교섭에 관련하여 한국에 급속 적절한 부흥원조가 긴요하다는 연설을 하였다고 그 전문(全文)이 발표되었다. 평균 식량 일일 2홉 5작이 필요한데 실정은 오 일간에 2홉의 구호미를 배급한다는 예를 들어 말하고 결론이 이러하였다.

한국에 급속 적절한 부흥원조는 긴급을 요한다. 왜냐하면 한국의 전쟁은 사상 이념이 중대한 역할을 하지 아니한 과거의 전쟁과 다른 까닭이다. 최후의 승리는 무력만으로 성취될 것이 아니고 공산주의자를 살해하는 것만으로 승리할 수 있는 것이 아니다. 동시에 인간의 심리포착에 의한 민중의 지지가 요청된다. 민중의 대다수를 포섭하는 자가 최후의 승리를 얻을 것이다.

계림부대

해방 직후 속속 월남한 서북청년, 특히 함경도 출신이 다수 집결하여 국군에 협력하는 조직을 가지게 된 것이 계림부대(鷄林部隊)였다. 1946년 11월 주문진에서 비로소 무장을 갖추고 삼팔선 경비를 담당하였다. 현 정보학교장 최호(崔虎) 중령의 부단의 지원 편달, 현 부대장 서태한(徐泰瀚) 경감의 끈기 있는 통솔로 오늘에 이르렀다.

6·25 이후는 남북 삼천리 아니 간 곳 없이 일선 전투와 탐색을 계속하였다. 그것은 그러나 '무등병(無等兵) 징용자(徵用者) 처우'였다. 피복도 군화도 침대도 모포 한 장 지급받지 못하는 뒤룽박이었다. 잔비 토벌작전이 시작되자 그 총사령관 최치환(崔致煥) 보안과장은 이 뒤룽박을 맡아서 경찰전투대에 한 독립부대로 편입하였다.

부대장은 경감이 되고 각 참모도 중대장도 무궁화를 붙이고 대원도 계급장을 붙이었다.

그러나 지금도 그들은 반합도 수통도 차지 못했다.

이백 명 잔비를 전부 잡아 올 계획으로 일 개월 동안 산에서 살기 위한 미숫가루를 만드는 것이었다.

"그저 산 속이 좋습니다. 하산해서 민폐를 끼칠까 해서 외출 금지요, 나간다 해도 갈 곳이 없습니다. 부모 처자 모두 북에 있으니 내 고향을 찾을 때까지 그저 싸울 뿐입니다."

"우리는 박격포를 몇 개 가지고 있습니다. 물론 노획품이지요. 조준계 없는 것으로 백발백중 정확하게 쏘니 고문관(顧問官)도 어깨를 들먹거리고 놀래지요."

귀순자만으로 편성된 '보아라부대'와 월남 서북청년의 '계림부대'는 공비 토벌부대의 쌍벽이다.

속·계림부대

잔비 토벌은 유격전이요 탐색전이기 때문에 첫째 정보가 속해야 하겠는데 주민의 협력이 부족하여 상당히 곤란하였다는 것이다.

"우리들이 지나간 후에 공비가 또 내려오면 후환이 두려워서 뻔히 지나간 것도 모른다고 하니 그것을 또 어찌할 도리가 없습니다. 정(情)과 의(義)로 친근하는 수밖에 없습니다. 작년 가을 벼 벨 때에는 우리들도 모두 그것을 협력하여 근로봉사했습니다. 어떤 부락에서는 사십 호가 모두 쑥만 끓여 먹는 것을 보고 기가 막혀서 우리들이 점심을 굶기로 하고 쌀을 준 일도 있습니다. 주민들이 왈, 이것이 나라에서 주는 것이라면 참 고맙겠는데 당신들의 먹을 것이니 참 미안하오. 공비는 털어가고 농사도 못하는데 정부에서는 세금이니 공과(公課)니 등쌀이니 살아나갈 도리가 있느냐고 합니다. 소탕된 지구에는 속속 귀향하는데 호미 한 개 없으니 어찌하겠습니까? 대책도 없는 모양이죠."

하고 주민을 위하여 진심 걱정하는 것이었다.

"입산 토벌전이 시작되면 중대나 소대 연락을 십 리건 이십 리건 연락병이 기어가서 합니다. 총성으로 신호하면 적에게 알리게 되어서 불리합니다. 무전기가 있으면 훨씬 능률을 올릴 수가 있는데 참……"

칠 년 동안 싸워 오면서 단 일곱 명의 희생자를 낸 계림부대는 참으로 훌륭한 지휘관과 참모를 가졌다 할 것이다.

부관은 동경고등공업 출신, ○중대장은 오이타(大分) 항공학교 출신, ○중대장은 와카야마(和歌山) 상업 출신 등, 다사제제(多士濟濟)였다.

귀순

귀순한 청년과 여자를 우리 숙소로 보내주었다.

청년은 공비 총사령관 이현상(李鉉相)의 부관이었다 하고, 여자는 선전부(宣傳部) 기술서기(技術書記)라고 하였다.

스물하나, 스물의 앳되고 순직(純直)한 청년이요 여자였다. 더욱이 여자는 예쁘고 깨끗하고 영리해 보였다. 모두 전주에서 적 치하에 등교했었다는 것이다.

"등교하라니까 등교했죠. 심부름을 하라니까 했죠. 후퇴할 때에 같이 가지 않으면 죽인다 하고, 남아 있으면 죽는다기에 따라갔지요. 그러고는 영영 산 속에서 도망질 치기에 아무것두……"

아무것두 한 일도 없이, 산골짝 산골짝으로 도망질만 하고 지냈다는 것이었다.

문득 서울 수복 후 적 치하에 등교한 학생을 일제 출학처분한 모(某) 여학교 생각이 났다. 물론 부산에서 처분을 해제해주었으리라고 생각하지만 만일 아직까지도 그대로 두었다면 그 이십 전 처녀들 수백 명이 어찌 되었고 어떤 생각을 가지고 있을지를 생각해보고 싶었다.

그리고 그런 교육자는 이성우 사령관 예하에 배속시켜서 이삼 개월 토벌대에 참가시키면 더욱 훌륭한 교육자가 되리라고 생각해보았다.

"용하게 귀순할 생각을 했지?"

"산에는 늘 연락이 있어서…… 라이터돌, 휘발유 모두 아래서 올려다 줍니다. 아래서 귀순자나 붙잡은 사람을 어떻게 한다는 것을 모조리 알고 있습니다. 여기에 귀순만 하면 살 수 있다는 것을 잘 알고 있기 때문에 모두 탈출할 기회만 보고 있습니다."
전부를 곧이곧대로 듣지 않더라도 들어둘 만한 말일 것이다.

남원

함양을 떠나서 남원으로 향하였다. 고산이요 굴곡이 심하였다. 잔비가 자주 출몰한다 하였다. 화수교(和水橋)라는 데 어제 사살하였다는 적 909연대장과 여비서의 흘린 피가 닭이나 잡은 자리같이 질펀하였다. 연대장은 깨끗한 군복에 가죽 잠바를 입고 새 장화를 신고 권총을 가지고 있었다고 한다. 해어지고 떨어진 여름옷을 걸치고 머리 수염 자랄 대로 자라고 십 년이나 세수를 하지 않은 것 같은 졸병 공비들과는 달랐다는 것이다.

지리산 지구 경찰전투사령부로 들어갔다. 사령관 신상묵(辛相默) 경무관은 마침 대구 출장 중이라 만나지 못하고, '보아라부대장'도 만나지 못한 것은 유감이었다.

773정훈부대를 방문하였다. 대장 이영치(李榮治) 소령 역시 출장 중이라 만나지 못하였으나, 열혈 근면하고 계획성이 있는 이 대장의 족적은 쉽사리 엿볼 수 있었다.

갑자기 늘어가는 귀순자는 모두 여기서 발행한 귀순증을 지참한다는데, 벽에 붙은 구호를 보아도 넉넉히 짐작할 수 있었다.

"어제의 공비도 돌아오면 내 형제."

"뉘우치면 죄 없다 너도 나도 대한 남아."

내무부나 공보처에서 할 일까지 도맡아 하고 있다. 왈, "세금은 국가의 재정, 기일 내에 바칩시다."

*

서남지구사령부 사령관 윤춘근(尹春根) 대령은 온유한 군자였다. '지전사(智戰司)'에서 안내해준 숙소에서 일박하고 계산을 하려 하니 윤 사령관 명령으로 중위가 와서 이미 계산을 마쳤다는 것이었다. 은근한 정에 다시 한 번 인품을 느끼는 것이었다.

최영욱 박사

광한루(廣寒樓)는 국민학교 교실이 되어 있었다.

누상(樓上)에서 한잔 기울이지 못하는 부족보다 공부하는 소리를 듣는 것이 고맙고 즐거웠다.

남원을 떠나서 순창, 담양을 거쳐 광주로 갔다.

『호남신문(湖南新聞)』 사장으로 있는 노산(鷺山) 이은상(李殷相) 씨가 반가이 맞아 사내를 안내하였다. 식당에 묵판(墨板)을 설비하고 오전 중 삼십 명 학생에게 인쇄기술에 관한 교육을 하고 있는데, 오후의 실습은 머지않아 숙련공의 능률에 이를 것이라고 하였다. 소위 인쇄학교라 할 것이니 외국에는 많이 있는 이 종(種) 학교의 효시라 할 것이다. 노산이 일꾼임을 알게 하였다.

"마침 잘 왔소, 내일 최영욱(崔泳旭) 박사의 제막식이 있는데……"

의학박사요 청렴고결한 인격자요, 6·25 당시 도지사였는데 괴뢰 후퇴 시에 참혹한 학살을 당한 것을 애석하는 72동지가 갹금(醵金)하여 묘전(墓前)에 헌비(獻碑)한다는 것이었다.

다음 날은 일기도 좋았다. 고관 귀빈과 고인의 친지들이 묘전에 그득하였다. 풍금 소리도 성스럽게 간결한 식이 거행되었다.

비(碑) 전면에는 '동지 최영욱 박사 무덤'이라 하였고, 후면에는 노산의 시조 두 수가 있을 뿐이었다.

"박사 죽지 않고 여기 살아 있고 또 차대(次代)에 끼침이 많으리라"는 축사 한마디를 하고 이렇게 생각하였다. 대구에는 상화(尙火)의 시비(詩碑)가 있어서 그러함인지 많은 시인 문인이 있고, 이제 광주에는 이 비로 해서 정객(政客), 더욱이 반공의 투사가 배출되리라고.

(『평화신문』1952년 4월)

전진기지 종군기

기지 행

　우리 공군 전진기지(前進基地)를 찾아서 가난하나마 씩씩하게 싸우고 있는 모습을 직접 내 눈으로 보려고 녹음도 짙어가는 5월 하순 지프차로 대구를 떠났다. 경주를 지나고 포항에 닿으니 푸르른 동해바다가 불쑥 내 이마에 닿을 듯이 부풀어 보였다.
　동해바다를 오른편으로 높은 산을 왼편으로 끼고 비탈길을 굽이굽이 돌아서 아슬아슬한 고개를 여러 번 넘어갔다. 오른편을 내려다보면 천야만야한 낭떠러지 아래 동해바다의 물결도 잔잔하고 바닷가 넓은 모래 바닥에는 게딱지만 한 초가가 띄엄띄엄 보였다.
　평화한 어촌들이었다. 울진에서 하룻밤을 쉬고 이튿날 오후 세 시에 기지에 도착하였다.
　비행장은 넓고, 길게 뻗어 나간 활주로는 철판을 깔고 한끝 언덕 위 백사장에는 퀀셋과 천막이 여러 개 서 있었다.
　본부 퀀셋 앞에서 전대장(戰隊長) 김신(金信) 대령을 만났다. 조종사들도 뛰어나와서 반가이 맞아주었다.

출격

천막으로 된 조종사 식당으로 들어갔다. 미지근한 커피를 마시고 있을 때에 '부르릉 부르릉' 하고 프로펠러 소리가 요란하게 일어났다. 멀리 비행장을 내다보았다. 전대장은,

"출격입니다. 오늘 세번째의 출격입니다" 하였다.

나는 나가서 출발하는 것을 보고 싶었다. 전대장은 곧 지프차를 가지고 왔다.

비행장에는 태극 표식을 그린 F-51이 여러 기 있었다.

○기가 동시에 프로펠러를 돌리고 있는 것이었다.

양익(兩翼) 아래는 내 몸뚱이만 한 폭탄을 여러 개 매달고 있었다. 조종사들은 모여 서서 지도를 가지고 의논하는 것 같았다. 그것은 편대장 윤 소령이 지시를 하는 것이라고 하였다. 조종사들은 쫘악 헤어져서 비행기에 올라탔다. 한 기에 한 사람씩 타는 것이었다. 프로펠러 소리는 더 크고 빠르고 요란해졌다.

비잉 돌아서 흙먼지를 내 전신에 씌워놓고 저쪽 활주로 한끝으로 굴러간다. 또 간다. 또 간다.

한끝에서 더 요란하게 소리를 내더니 쏜살같이 나오면서 내 앞을 지나갈 때는 벌써 발이 떴다. 왼쪽 끝까지 갔을 때는 벌써 공중에 떠서 뒷바퀴와 두 앞바퀴를 오므리고 있었다. 또 지나갔다. 떴다. 또 떴다……

내 머리 위를 하늘 높이 한 바퀴 돌더니 북쪽 하늘로 편대도 아름답게 기러기 떼와 같이 날아갔다.

식당

우리들은 다시 지프차를 타고 본부로 돌아왔다. 식당으로 들어가서 늦은 점심을 하였다.

깨끗한 작은 냄비에는 국이 들어 있고 알루미늄 쟁반에는 밥과 세 가지 찬이 놓여 나왔다. 그것을 맛있게 먹었다. '소[牛] 지나간 개울물'이라는 소금 국물에 밥 한 그릇의 병식(兵食)을 먹어본 나로서, 이것은 상당히 고급 식사라고 생각했다.

그러나 이 식당이 조종사 전용식당이라는 사실을 알게 되고, 또 아침 점심 저녁 세 끼를 이틀을 먹고 나니 이것으로는 영양부족이 될 것같이 생각되었다.

내가 이럴 때에 조종사들의 몸 컨디션이 어떠할까 염려되었다.

이번 한 번 출격하면 백 회 출격이 된다는 '3용사'가 동시에 출격하는 날의 아침식사는 백반과 계란 반숙 한 개, 고사리나물, 다꾸왕 세 조각이었다.

이것을 먹고 비행기를 타고 적진 멀리 출격하여 명령받은 목적지 목표점을 폭격하고 두어 시간 후에 돌아온다면, 초인적 활동이라는 명색은 좋을는지 모르나 자체(自體)를 소모하는 일이 없다고는 말하기 어려울 것이요, 구태여 생명을 소모하는 일이라 아니할 수 없으리라고 생각하였다. 한 사람의 훌륭한 조종사를 얻는다는 것은 그다지 쉬운 일이 아니요, 또 열에 열 사람 될 수도 없는 일이니만치 그들을 아끼는 데 한도가 필요 없으리라고 생각하였다. 비행기를 생산 못하고 조종사의 수효만큼 가지지도 못하는 우리 공군으로서는 더욱 그러하고, 바득바득 조종사 양성에만 전력을 기울여야 할 것이요 훌륭한 조종사를 많이 갖는 것만이 한국 공군이 존재할 수 있는 일이라 생각하면, 한 사람의 조종사라도 몸을 소모하는 일이 없도록 용념하여야 할 것이라고 생각하였다.

치즈, 버터를 많이 섭취할 수 있도록 조미하고 신선한 채소와 과실과 후라이드 치킨 같은 것은 반 마리쯤, 계란쯤은 얼마든지 먹을 수 있게 하여야 할 것이라고 생각하였다.

야구가 시작될 때나 마라톤 선수에게 계란 꾸러미를 주는 것을 상기하면 일 회의 출격이란 그 몇 배의 에너지 소모를 강요당하는 데 비추어 그렇게 생각하였다.

나는 조종사에게 물어보았다. 그는 이렇게 대답하였다.

"후방 국민의 식생활을 생각할 때에 저희들은 과하다고 생각합니다. 저희들보다는 정비사들의 식사를 좀 잘해주었으면 생각합니다. 참 저희들 못지않게 피로하니까요."

대단히 겸손한 말이었다. 그러나 다음에는 이렇게 말했다.

"저희들은 사실 식사를 못합니다. 식욕이 없어요. 대부분이 그렇습니다. 밥이란 한 숟가락 두 숟가락이죠."

여기 분명히 영양실조된 하늘의 용사를 보고 서글픈 마음을 금할 수 없었다.

"일단 비행기에 올라앉으면 에너지 소비는 미국인이나 우리나 같을 것입니다."

다른 한 사람은 이렇게 말했다.

조종사실

　백사장은 반사열로 덥기만 하였다. 천막 앞에는 각기 돌과 잔디떼와 화초를 모아놓고 물 주기를 부지런히 하였다. 문 앞 녹지대는 막사끼리 경쟁이나 하는 것 같았다.
　조종사들은 강아지를 기르고 있었다. 생후 두어 달 되는 강아지 두 마리는 이곳 '펫(pet)'이 되었다.
　조종사실에 들어가보았다.
　문 위에는 사냥한 매 한 마리를 두 날개 활짝 펴고 대가리 세워 붙여놓고 '조종사실'이란 간판을 붙여놓았다. 한발 들여놓으니 도어 위 벽에는 산돼지를 그려 붙이고 '산돼지 소굴'이라고 씌어 있었다.
　하는 것이 모두 아이들 장난같이 무심하고 사기(邪氣)가 없어 보였다. 넓은 방에는 양쪽으로 쭈욱 침대만 늘어놓여 있고 누운 사람도 있었다. 하모니카를 부는 사람도 있고 한끝에서는 바둑을 두고 있었다.
　책장에 끼워놓은 책을 들여다보았다. 한 삼십 권, 너무 빈약하고 참으로 오락이건 교양이건 도움이 될 만한 것이 없음을 느꼈다. 군내(軍內)에서 할 수 없는 일이라면 국민으로서 좀더 좋은 책을 보내주어야겠다고 생각했다. 유성기(留聲機)쯤은 있어야 할 것이 아닌가, 너무 후방에서 무심한 것이 아닌가, 이건 너무도 백사장이 아닌가? 생각되었다.

천막촌 한끝에 큼직한 놈이 하나 있었다.

"우리 극장입니다. 우리들이 남은 판때기 조각으로 얼킷설킷 세운 것입니다. 이름이 좋지요?"

간판에는 '붕익구락부(鵬翼俱樂部)'라고 씌어 있었다. 하꼬방을 세우듯이 진정 남은 판때기로 얼킷설킷 세운 것이었다. 탄환 상자가 의자가 되어 있고 모래 바닥이었다. '부르릉 부르릉' 멀리서 폭음이 들려왔다. 뛰어나갔다. 북쪽 하늘 높이 돌아오는 비행기는 떠날 때와 같이 편대도 아름답게 기러기 떼와 같이 돌아오는 것이었다.

나는 모자를 벗어 흔들고 소리 질렀다. 그것은 물론 들릴 리가 없었다. 무안해서 소리가 쑥 들어갔다. 점점 내려오더니 내 머리 위를 '윙' 하고 '위잉' 하고 지나간다. 그중의 한 비행기가 갑자기 기웃둥 세로 서서 편대를 떨어져 나갔다. 그것은 인제 착륙한다는 신호라고 하였다.

또 둘째 비행기도 그렇게, 셋째 기도 그렇게 하더니 슬그머니 비행장에 차례차례 내려왔다. 양익 아래 잔뜩 싣고 간 폭탄은 하나도 보이지 않았다. 명령 받은 대로 목적지에 가서 폭탄을 퍼붓고 전 기무사히 돌아온 것이었다. 나는 눈물이 핑 돌았다.

행복한 학생들

이번 한 번 출격하면 백 회 출격이 된다는 '3용사'가 한 편대로 출격하는 날이었다.

박재호(朴在浩) 대위, 유치곤(兪致坤) 중위, 손재권(孫在權) 중위 세 사람이었다. 비행장에 나가서 그들을 전송하였다.

마침 일요일이었다. 비행장에는 몇 리나 떨어져 있는 시내에서 피크닉 삼아 모여드는 여학생, 남학생, 부인, 청년들이 와글와글하였고, 꽃가지 꽃다발을 가진 사람이 많아서 여인네의 옷과 더불어 꽃밭을 이룬 것 같았다. 몇 시간 후에 그들이 전 기 무사히 돌아올 때는 박수 소리가 하늘에 울렸다.

정비사들은 언제 준비하였는지 그림 그린 플래카드와 꽃다발을 들고 나오고, 여인들은 화환을 들고 나오고, 여학생들은 손에 손에 들고 온 꽃을 높이 흔들었다.

전대장(戰隊長) 김 대령은 언제나 입고 있는 때 묻은 작업복에 안전모를 쓰고 병정 구두를 신고 이리 왔다 저리 갔다 멀리서 보기에도 대단히 바쁘다. 틀림없는 잔칫집 주인 아버지다.

합창이 일어났다. 우리 조지훈(趙芝薰) 작사의 「조종사의 노래」「은익(銀翼)의 노래」가 우렁차고 아름답게 하늘로 올라간다.

세 하늘의 영웅을 꽃 무더기로 만들어놓고 헹가래를 치고 악수를 하고 선물을 주고 하였다.

나는 그 광경을 멀리서 바라보고 있었다. 떠들썩하던 것도 잠잠해졌을 때였다. 두 사람이 나를 찾아왔다. 이곳 여중 교무주임과 류 선생이었다.

학생이 많이 모였으니 마침 좋은 기회라 잠시 동안 이야기를 해달라는 것이었다.

할 말이 없다고 해도 듣지 않았다. 여학생들은 풀밭에 정렬하고

서 있었다. 나는 둥그렇게 앉으라고 하고 이런 이야기를 했다.

"여러분은 참 행복된 학생들입니다. 여러분은 오늘 이 자리에서 우리 공군 조종사들이 태극 표식을 한 비행기를 타고 여러 분보다도 큰 폭탄을 가지고 출격하는 것을 보았고, 또 전투 임무를 수행하고 전 기 무사히 돌아오는 것을 보았습니다. 그러나 우리 한국 어느 곳에 있는 어떤 학생도 이런 것은 보지 못하고 있는 것입니다.

돌이켜 생각하면 세계 어느 나라 학생이구 비행기에 관심을 가지지 않는 학생이 없고, 소학교 학생들도 모형 비행기로 최신형을 만들기 경쟁이 대단하고, 그것은 진짜 비행기를 만드는 데 도움이 되는 일까지 있는 것입니다……"

(『공군순보』 1952년 6월)

날개의 성지

육로도 좋아

내가 사천에 간 것은 위문대 일행과 동행한 것이었다.

사천만 가보려면 연락기가 매일 있으니 언제든지 비행장에 나가서 기다리고 있으면 갈 수 있는 일이지만, 타자 삼십 분이면 그만 내리게 되어서는 멋이 없다.

발자한 젊은 남녀들이 풍기는 정열과 흥분과 노래 소리를 들으며 달리다가는 쉬어서 소변도 보고 주막이 있으면 한 사발 막걸리를 들이켜 목을 적시기도 하고, 말을 건넬 만한 여인이 있으면 낯선 곳의 인정 풍속도 잠깐 엿보고 점잖은 노인과는 연사(年事)를 걱정도 해보고, 시원한 바람을 쏘이며 새로운 마을 새로운 환경을 맥주(驀走)하는 것이 또한 멋이다.

동행하게 된 김영재(金英哉) 중령 역(亦), "육로는 처음입니다. 늘 비행기만 타고 댕겨서, 오늘은 일부러 좀 태워달라고 했습니다"라고 하여 나의 마음을 더욱 즐겁게 하였다.

일행은 고령 길로 들어섰다.

지난 4월에 계림부대장과 지리산 태백산 전투지구에 갔을 때에 역시 이곳을 지났고, 그때에 부대장은,

"여기가 일전에 그놈들이 나온 뎁니다. ······저기 보이는 트럭이 그놈들이 태우고 간 것입니다."

하고 지적해주어서 무시무시했던 곳이다.

높은 산 고개를 돌돌 돌아갈 때면 어쩐지 무시무시하고 긴장하는 것이었다. 일행도 그것을 짐작하였는지 아무 소리 없이 달리기만 하는 것이었다.

오고 가는 트럭 하나 우차 하나 보이지 않는 길을 두 시간 이상 달리기만 하였다.

합천에서 점심을 하기로 하였다. 국수 한 그릇에 고기가 담뿍 들었고 계란 한 개씩이 얹혀 있었다. 그 값이 대구 국수 값의 반밖에 안 된다고 최 대위가 놀래서 이야기하였다.

"객이 전혀 없는 모양이야요. 그만큼 지나다니는 사람이 없는 게죠."

진주를 거쳐서 사천에 닿으니 마중하는 사람들도 그런 말을 했다.

"위험한 데로 오셨군! 마산 길로 오실걸!"

지내놓고 보니 그것도 아슬아슬한 곳을 지나온 것 같아서 흥겨웠다.

날개의 성지

진주를 지나서 십 리쯤 가니 송림(松林)이 띄엄띄엄 보이는 능선 저쪽으로 몇 대 비행기가 나는 것이 보였다.

가까이 갈수록 크고 작은 여러 가지 비행기가 폭음도 우렁차게 하늘을 덮고 있었다.

문득 일본의 '가스미가우라(かすみがうら)'* 생각이 났다.

대구에서는 보기 드문 태극 표식의 여러 가지 비행기가 여기서는 하늘을 덮고 무수히 날고 있는 것을 보고 가슴이 뭉클해졌다.

우리나라 하늘의 용사가 무수히 탄생하려는 성지(聖地)로구나 생각하였다. 민족의 희망도 대한민국의 희망도 여기에 있구나 생각하였다.

장(張) 준장, 김영환(金英煥) 대령, 김신(金信) 대령이 반가이 맞아 주었다.

인사도 그만그만하고 폭음 소리 나는 곳을 따라 활주로로 나갔다. 지나가는 사병이 정지하고 거수례를 하였다. 또 한다. 나는 당황해서 서투른 거수례를 마주 붙였다.

9·28 직후 영변까지 왕복할 때 이래 지난번 태백산 지리산 지구를 갈 때도 부대장이 뒤에 타고 나를 앞에 태우기 때문에 수많은 보초며 위병이 경례하는 것을, 답례하지 않으면 지나간 후에 섭섭할까 해서 항상 미안한 마음으로 답례를 해오긴 했으나, 그것은 차가 속력을 내어서 달릴 찰나의 일이었다.

지금 내 얼굴과 대머리를 바로 보며 답례를 기다리는 사병은 혹여 사람을 잘못 본 것이나 아닌가 하고 빨리 지나치려 하니 뒤쫓아, "수고하십니다" 하고 미소를 띠고 인사를 하는 것이었다. 지나치는

---

* 일본 이바라키 현(茨城県)에 있는 도시. 해군 항공대가 있었다.

사병마다 경례를 하는데, 그것은 틀림없는 '나'와 '창공구락부 종군 문인'에게 정을 보이는 경례임을 알게 되었다.

장교도 조종사도 소개자 없이 찾아와서 자기 소개를 하는 사람이 있어서 정답고 즐거웠다.

원래가 방대한 지역에 방대한 인원이라 지난 5월에 강릉 갔을 때만은 못한 것 같으나 애정과 융화의 분위기가 공군의 전통을 자랑하는 것 같았다.

홍일점(紅一點) 기상대의 김 소위도 뛰어나와서 애인을 맞이하듯 반가이 맞아주었다.

활주로 앞에 여러 개의 퀸셋이 있었다.

그 앞마당에 의자를 내놓고 수십 명씩 앉아 있었다.

하늘에는 각급 비행기가 잠자리 떼같이 날고, 폭음이 귀를 찢을 듯 가슴조차 울렁대고, 이륙하고 착륙하고, 타러 나간다고 신고하고 돌아왔다고 신고하고, 눈 코 뜰 새가 없었다.

판때기 목걸이

멀리 보이는 건너 쪽에서 참말 잠자리 같은 비행기가 뜨고 내리고 하는 것이 보였다.

그곳은 좀더 조용할 것 같았다. 나는 그곳으로 가보고 싶었다.

장 준장은 차를 가지고 왔다.

몇 개 활주로를 지나갈 때 전후좌우를 조심조심 살피며 건너 쪽으로 건네주었다.

목조건물 앞에 칠판을 세워놓고 역시 수십 명이 의자에 앉아서 교관의 말을 듣고 있었다.

그런 사이에도 잠자리 같은 L-4가 뜨고 내리고 하는 것이었다.

교관 김양욱(金良煜) 대위는 겸손하고 얌전하고 아름다울 정도로 청결한 청년이었다. 우수한 전투 조종사를 많이 양성한 사람이었다.

"여기는 유치원입니다. 조종의 기본교육을 받는 곳입니다. 모두 여기를 한 번은 거쳐야 합니다."

김 대위는 이렇게 설명해주었다.

활주로에서 이쪽으로 뛰어오는 조종하사관의 가슴에는 판때기 하나가 매달려 있어 터덜럭 터덜럭 거렸다.

김 대위 앞에 와서 무어라고 신고하는 그 사람의 가슴을 나는 가까이 가서 들여다보았다.

```
부주의
나는 이것을 하였다
```

판때기에는 이렇게 씌어 있었다. 나는 웃음이 터져 나오는 것을 겨우 참았다.

김 대위는 또 설명해주었다.

"조종할 때 '부주의'했다는 것입니다. 미국에서는 감투를 씌우거나 완장을 둘러주기도 합니다. 이 패를 하루 종일 스물네 시간 잠잘 때도 차고 자게 되어 있습니다. 이 밖에도 여러 가지가 있습니다."

나는 의자에 앉아 있는 생도들의 가슴을 살펴보았다.

과연 패를 차고 있는 사람이 또 있었다.

```
┌─────────────────────┐
│        나는         │
│  시간엄수를 못했다  │
└─────────────────────┘
```

```
┌─────────────────────┐
│      연구부족       │
│   나는 이것을 하였다 │
└─────────────────────┘
```

나는 참다못해서 웃었다. 패를 찬 사람도 웃었다. 교관도 웃었다. 소위 기합이라는 것이나 뺨따귀를 맞고 있는 것을 보는 것보다 보기에 좋았다. 명랑하고 신사적이고 아름다운 것 같기도 하였다.

문득 후방에 몇 가지 판때기를 선사해볼까 생각하였다.

```
┌─────────────────────┐
│    일선에 미안한    │
│     일을 하였다     │
└─────────────────────┘
```

```
┌─────────────────────┐
│  작취미성(昨醉未醒) │
│   나는 이것을 하였다 │
└─────────────────────┘
```

> 사바사바
> 나는 이것을 하였다

즐거운 P. S. T.

잔둥만둥 고단하게 자다가 여관이 폭격을 맞는 것 같은 요란한 폭음에 놀라 깨었다. 여섯 시가 조금 지났고 아직 어둑어둑하였다.
또 요란한 폭음에 집이 울린다. 또 폭음이다. 벌써 연습기가 이륙하기 시작하는 것이었다.
연달아 뜨는 바람에 잠을 잘 수가 없었다. 이곳에 사는 사람들은 아침잠을 자지 못할 것 같았다.
눈이 뜨이지도 않건만 하는 수 없이 세수를 하고 피스토(P.S.T.)로 나갔다.
어제와 같은 사람들이 어제와 같은 자리에 다 모여 앉아 있었다.
반가이 인사를 하고 끌어당기다시피 좋은 의자에 앉히고 이런 이야기를 하였다.
"가끔 좀 오셔요."
"다른 선생님들도 같이 오시죠."
"신문 잡지에 여러분이 우리 공군을 위해서 써주시는 것 보고 있습니다."
"그런 건 좀 많이 모아서 보내주세요."

"더 많이 써주세요."

"후방 국민의 우리 공군에 대한 인식을 높이는 데는, 여러분 창공구락부 선생님들을 믿을 수밖에 없지 않아요."

"일반 국민이라기보다 제2국민에게 더 필요합니다."

"책을 좀 보내주세요. 여기는 읽을 만한 책이 전혀 없습니다. 선생님들이 잡지건 단행본이건 좀 골라서 보내주세요."

"......"

이야기는 끝이 없었다.

마음이 없었음이 아니지만, 그 하나도 해드리지 못했음에 죄를 지은 것만 같았다.

모두가 스물로부터 스물다섯 살까지의 건장한 청년들이었다.

북에 부모 형제를 둔 채 년여 소식을 모르고, 멸적(滅敵)의 의기에만 불타는 젊은 조종사도 여러 사람 있었다.

식사가 부족하다는 사람, 식욕을 잃었다는 사람, 탑승하고 착륙하면 시원한 설탕물이라도 있었으면 하는 사람도 있고, "정비사는 참 중노동인데 식사가 미안하다"는 사람도 있었다.

이야기하는 사이에도 각급 연습기가 착륙하고 이륙하고 쉴 사이 없었다.

여기 앉아서 이야기하며 하늘을 나는 많은 비행기 떼를 보고 있으면 날 가는 줄을 몰랐다.

조종사 기질

사흘째 되는 날은 시내 극장에서 가족위안회(家族慰安會)가 있었다.

해가 지자 물을 뿌려놓은 깨끗한 거리에는 낯익은 공군들이 가족과 같이 삼삼오오 나타났다.

공군 일색, 평화하고 즐거운 거리였다.

이렇게들 즐겁고 좋아하는 일이라면 자주 이런 모임이 있어야만 할 것 같았다.

김성룡(金成龍) 소령이 보였다.

"하하, 오래간만에 가족 서비스! 구경이라구 어디 같이 가본 일이 있나요!"

백 회 출격의 영웅 박재호(朴在浩) 대위, 옥만호(玉滿鎬) 대위도 나왔다.

두 사람은 나를 불렀다. 나는 따라갔다.

두 사람은 미혼이었다. 내가 묵은 여관 바로 건너 집에 비둘기장 같은 작은 방 둘에 있었다.

막걸리가 나왔다. 내가 막걸리 좋아하는 것을 알고, 나를 주려고 내가 온 그날부터 준비하고 기회를 기다렸다는 것이었다.

우물에 담가 두었던 막걸리는 시원하고 맛이 좋았다.

옥 대위는 방에 있는 궤를 열고 지전(紙錢) 한 뭉치를 꺼내 들고 밖으로 나갔다. 토마토와 참외, 수박, 오징어 깡통이 두 바구니 들어왔다.

일행 최 대위도 들어왔다.

극장이 끝나서 사람들이 지나가는 소리가 났다. 최 대위는 뛰어나갔다. 옥 대위도 따라 나갔다. 한참 만에 벅적하더니 앞문 뒷문으로 사람이 밀려들어 왔다. 옥 대위 최 대위가 앞장서서 위문대 일행 십여 명과 공군 장교들이 마당에 그득하게 들어섰다.

옥 대위는 또 방에 있는 궤를 열고 돈 뭉치 두 개를 꺼냈다.

"○○ 갈 돈 다 쓰는 거 아니야?"

어떤 장교가 놀려대니 옥 대위는 "좋아! 다 나간다, 다 나갔어!" 하고 초음속 발음으로 대답하고 박 대위와 같이 밖으로 나갔다.

옥 대위는 ○○에 약혼자가 있는데, 찾아갈 여비 마련해 두었던 것을 다 쓰는 모양이라고 누가 이야기하였다.

주인집에서 그릇을 있는 대로 빌려주어 모두들 막걸리를 퍼서 마시었다.

최 대위는 내 귀에 대고 이런 말을 했다.

"옥 대위가 일행들 여러 날 수고했는데 너무 섭섭하다고 꼭 한잔 대접하겠다고 끌고 들어왔어요. 막걸리가 있다니까 악사(樂士)들은 오케이하고 대만족이에요. 그래도 속은 다 있어서 음악을 해달라고 할까 봐 길거리 상점에 악기를 모두들 맡기더군요."

과연 악사 일고여덟 명 중 한 사람도 악기를 가지고 있지 않았다.

옥 대위, 박 대위는 사환아(使喚兒)에게 한짐 잔뜩 들리고 들어왔다.

여자들은 사이다에 토마토를 먹어 내는데 옥 대위는 방으로 뛰어 들어 가더니 궤를 열고 설탕 배급 봉지 하나를 쟁반에 쏟아놓았다.

여자들은 '와아!' 하고 달려들어 한 쟁반 설탕을 홀딱 닦아버렸다.

옥 대위는 또 방으로 뛰어들어 가더니 또 한 뭉치를 꺼내서 쟁반에 쏟았다.

"다야 다야 다야, 배급 받은 거 다야!"

온 마당에 폭소가 일어났다.

어떤 장교가 내 귀에 대고 이런 말을 했다.

"조종사 기질입니다. 조종사란 모두 이렇게 단순합니다. '놀 때에 밑이 빠지게 놀고, 내일 나가서 훌륭하게 죽으면 되지 않느냐?'는 정신이지요. 사실 항상 일 분 후의 운명을 모르는 사람들이니까요."

그 말에 나는 거나했던 술도 깨는 것 같았다.

이런 훌륭한 사람들을 모독하는 일을 후방에서 하는 사람이 있지나 않은가 생각하였다.

노래 소리가 일어났다. 여성도 나왔다. 어느 틈에 밖에 나가서 맡겨 두었던 악기를 찾아왔는지 밴드가 우렁차고 아름답게 일어났다.

환성이 집을 울렸다. 주인집은 물론 동리(洞里) 사람들도 모여들고 노래와 엉덩이 춤으로 난데없는 훌륭한 파티다.

"아니, 연주는 하기 싫다더니?"

"이런 때에 안 하고 언제 해요?"

얼굴이 붉어진 악사는 갖은 재주를 다 부렸다.

그것은 사실 무대에서 하는 것보다 흥겨워 보였다.

밤 가는 줄을 몰랐다.

(『코메트』 1952년 12월)

중동부전선 행

영월 전선을 시찰할 기회를 얻었다. 2월 21일, 부슬부슬 내리는 비는 봄을 부르는 비라, 대구 시내에서는 그다지 싫지도 않았지만 이것이 전선에서는 격렬한 전투를 강요하는 한 조건이 되어 있었다.

진창길이 미끄러워서 트럭이 이곳저곳에 수없이 떨어져 있고, 교통을 방해하기 위한 것같이 길을 가로막고 있는 차도 있었다.

내가 탄 지프차는 그런 사이를 뚫고 나가기에 사력을 다하는 것 같았다.

군화는 전부가 빠지고 한 발 내디디려면 빠진 구두를 뽑기에 힘이 든다.

다리 없이 얕은 곳으로 건너다니던 강도 물이 불어서 갑자기 다리를 놓게 되는 곳도 있었다. 마을이고 두메가 없다. 모두가 높고 낮은 잿더미의 연속이요 남은 집이란 지붕 없는 집이요 가마솥이 여기저기 흩어져 있다. 내 집을 찾아와서 땅바닥을 치며 우는 여인도 있고 지붕 없는 방에 앓는 남편을 뉘어놓고 시중하는 여인도 보였다. 크고 작은 장독이 장독대 위에 고스란히 놓여 있다.

'이곳에 가정이 있었구나!' 하는 구슬픈 감회를 일으키게 하였다.

밤이 깊어가도 비는 쉬지 않았다. 제천에 다다르니 진창 속에 한 개의 화톳불이 반갑게 보였다.

그곳 사병의 안내로 최영희(崔榮喜) 장군의 숙소로 들어갔다.

한 가닥 촛불을 에워싸고 이야기는 밤 가는 줄도 시장한 것도 모르게 하였다.

"아군의 사기는 왕성하고, 적은 전의를 완전히 상실하였소! 어느 지점을 사수하라고 명령하면 진정 사수해주는 것이오. 임전무퇴(臨戰無退), 두려울 것 없는 우수한 국군이 되었소."

최 장군의 무거운 턱은 더욱 무게를 가하는 것 같았고, 전신은 투지의 불덩어리같이 보였다.

세 시가 지나서 촛불을 껐다.

*

이튿날 22일, 밤새도록 내리던 비는 개었으나 날씨는 흐렸다. 근산(近山) 원산(遠山)에 눈은 쌓여 있고, 그래도 나뭇가지는 물이 올라 보랏빛 아지랑이가 아름답게 몸을 고(告)하는 것 같았다.

최 장군과 네 겸상으로 조반을 일찍이 먹고 그곳을 떠나 김백일(金白一) 장군을 찾았다.

김 장군은 이렇게 말했다.

"삼팔선이란 있을 수 없는 일, 물론 진격해야 하지요. 나는 그렇게 생각합니다. 그러나 국민은 나보다도 그것을 더욱 열렬히 요구하고 있지 않을까요? 여기 있던 적은 완전 격퇴하여 지금 오십 리 전방에 약간의 적이 있습니다. 그러나 적은 전의를 상실하여 삼팔선상에 아군이 도달하는 것도 수일 중일 것입니다.

진격하면, 적은 물론 증원부대가 오겠지요. 오리라고 보는 것이 타당하겠지요. 그러나 그들은 이미 전의를 상실하였을 뿐 아니라, 준비 부족에 질병이 만연하고 강제 동원된 병사가 많습니다. 여자도 있는데, 이것은 중공 놈들에게 제공하기 위한 것이란 말을 포로가 합데다. 참말 야만적이라고 아니할 수 없습니다.

애로(隘路)는 문자 그대로 애로이겠지요. 고산준령을 타고 진격하는 우리 부대인 만큼 길 없는 길을 전진하는 것이 애로입니다."

그곳에서 간단한 점심을 하고 다시 차를 달렸다.

영월 조금 못 미처 천변 저쪽에 '포병의 마을'이라고 쓴 큰 간판이 있었다.

그러나 포병도 포도 집도 없고, 산더미같이 쌓인 탄피가 있을 뿐이었다. 나중에 들은 바에 의하면 이곳이 계속적으로 사천 발의 포탄을 발사한 곳이라는 것이었다. 얼마나 격렬한 전투가 이곳에서 전개되었는지 알기에 족하였다.

영월 고개를 넘어서니 낙락장송이 하늘을 덮고 탄탄대로가 그 사이를 뚫고 나가는 품이 마치 어떤 외국의 공원에나 들어선 것 같았다.

이것이 능림(陵林)이었다. 능림지대를 나와서 하늘이 터지니 왼편 산 위에 단종대왕(端宗大王)의 능이 뚜렷이 우러러 보이고 사육신(死六臣)의 사당(祠堂) 창절서원(彰節書院)이 건재하였다.

건물 가옥은 거의 파괴된 가운데 소방서 금융조합 등 몇 군데가 겨우 형태를 남기고 있고, 자규루(子規樓)가 잿더미 가운데 우뚝 남아 있는 것이 눈에 띄었다.

여기서 유재흥(劉載興) 장군을 만났다. 유 장군의 단아한 모습은 어떤 나라의 황족과 같은 인상을 주었다.

"적 오 개 사(師) 중 이 개 사는 완전 섬멸하였습니다. 일 개 사는 유엔군 지구로 도망갔고 일 개 사는 궤멸되었습니다. 현재 동북방 사십 리에 적이 있습니다.

삼월까지는 삼팔선까지 가겠지요. 그러나 삼팔선까지 가기 전에 이곳에서라도 이북에 있는 적까지 모조리 섬멸하려고 합니다. 지금은 섬멸작전이 있을 뿐입니다."

폐허된 거리에는 그래도 이곳저곳에 벽보 구호가 붙어 있었다.

조국은 부른다!
젊은이들을!
내 형제 흘린 피로
내 살려 하지 말고
내 자신 흘린 피로
내 형제 살리자!

303부대 정훈대의 이름으로 써 붙인 이 구호에 감명을 받았다.

김형일(金炯一) 장군을 찾았다.

김 장군은 과묵 온건하여 연세보다 노성(老成)하여 보이는 단정한 신사였다.

김용배(金容培) 대령이 김 장군을 이렇게 소개하였다.

"지장(智將)이 불여덕장(不如德將)이요, 덕장(德將)이 불여복장(不

如福將)이란 말이 있지요. 우리 김 장군이야말로 덕장이자 복장이십니다. 사병에 이르기까지 김 장군을 위해서는 사지(死地)에 돌입하기를 두려워하지 않으니, 상승부대 상승장군의 칭호가 있는 것이 허사가 아닙니다. 사실 ○사단이라면 적군도 도망하기에 바쁩니다. 따라서 사병의 사기야말로 의기충천입니다."

김 장군은 고소(苦笑)를 씹으며 김 대령의 말을 가로막는 듯이 이렇게 천천히 말했다.

"후방에서는 중공군이나 괴뢰군의 야습을 걱정하고 계시겠지요. 그러나 요사이 우리들은 적의 야습이 시작되기 전에 이편에서 야습 가기에 흥미를 느끼고 그것이 대단히 유행하고 있습니다. 그저께 밤입니다. 적 일 개 사 약 칠팔천 명이 있는 데를 일 대대가 야습을 가서 전멸시킨 일이 있습니다. 새벽에 이십 리 전방까지 가보아도 적은 보이지 않더랍니다."

"참, 특별기사 재료가 있습니다."

박중윤(朴重潤) 대령이 무거운 입을 여니, 김 대령이 이렇게 설명했다.

"강태무(姜太武)가 죽었습니다. 재작년 오월 오일 ○연대 ○대대장으로 있던 소령 강태무가 월북한 사건은 일반 국민의 기억에도 있을 것입니다. 그 강태무가 이번에 총좌(總佐)가 되어서 괴뢰군 이 연대장으로 나왔다가 사살되었습니다. 이월 십팔일, 그것도 같은 부대 같은 대대의 총에 맞았다는 것은 인과(因果)라고 할까요. 통쾌한 일입니다."

"장군을 배반한 자가 마침내 장군 휘하의 부대, 자기의 이전 동료가 아니면 부하의 손에……"

김 중령도 이렇게 말했다.

포성이 은은히 들려온다. 김 장군은 창을 내다보며,

"저것 보시오. 전부 괴뢰군이 판 호(壕)입니다."

앞산 남산에 주름살같이 가로 세로 네 줄의 산길같이 보이는 것이 있었다. 그것은 산봉오리까지 계속되어 있었다. 그 호 속에서 총을 쏘고 그 호 속으로 도망친 것을 알 수가 있었다.

산이란 산에는 모두 주름살 같은 호가 몇 줄씩 있었다.

"전선(前線)에 가보실까?"

김형일 장군은 이렇게 말하고, 곧 차에 올랐다.

두 개의 큰 탄광과 부락이 있었다. 이곳은 파괴를 면한 것 같았다. 마차리(麻瑳里) 길이 커브되고 골짜구니 된 곳을 지날 때에,

"포병의 마을에서 공격한 곳이 여기입니다. 적 시체 이백여 구가 이곳에 있었습니다."

지금도 길가에 엎드린 시체 하나, 천변 바위 위에 자빠진 것 하나가 있었다.

다시 차를 몰아 칠십 리를 달렸다. 대포 소리가 귀를 찢는 것 같았다. 포진지(砲陣地)다. 낮은 곳에 포가 늘어놓였고, 높은 곳에 두 병사가 서 있었다.

한 병사는 전화를 받고 있다. 한 병사는 호령을 한다.

"거리 일곱 다섯 셋, 사각(斜角) 다섯 몇 몇……" 하면 포구(砲口)가 일제히 움직인다. 손을 들고 "하나 둘 셋" 하면 '뺑…' 하고 나가는 소리가 천지를 진동하였다. 장쾌한 광경이었다.

그곳에 움직이는 사람, 호령하는 사람, 모두가 위(尉)도 아닌 병사들이었다. 대통 같은 105밀리 금빛 탄피는 점점 높이 쌓여갔다.

칠십 리 길을 다시 돌아오니 해는 이미 졌는데 건너 집 반괴(半壞)된 가겟집에 주인이 돌아와 있었다.

피란 갔던 여인과 아이들이 집을 치우노라고 부산하였다. 헌병 고(高) 중사는 그 여자들을 불러서 밥을 나누어 주었다. 밤에는 김 장군의 초연(招宴)이 있었다. 그러나 깨끗한 식탁은 지나치게 깨끗하였다. 오징어, 통조림, 가마보꼬라는 통조림이 몇 접시 놓여 있고, 술은 한 주전자를 다 먹고, "술……" 하니 신(辛) 중령이 지극히 간단하게 대답하였다.

"없습니다……"

벽에 붙은 글씨가 좋았다.

    오백유여승세운(五百有餘乘勢運)

    삼천유일총영웅(三千唯一總英雄)

    천금지석산위침(天衾地席山爲枕)

    월촉운병매작준(月燭雲屛梅作樽)

장군이 거처하기에 족한 환경 같았다.

김 중령, 신 중령의 무진장한 좌담으로 포복(抱腹)하고, 세 시가 지나서야 누웠다.

*

이튿날 김 장군은, "청령포(淸泠浦)를 본 일이 있습니까?" 하고 물었다.

나는 영월이 처음이라고 했더니, "안내하지요" 하고 선뜻 차에 올랐다. 서남방 교외로 진창길을 달리다가 김 장군은 문득,

"낙양성십리하(洛陽城十里下)……"

육자박이를 글 읽듯 하기에 바라다보니 앞산이 북망산(北邙山)이었다. 높고 낮은 무덤이 그득하였다.

"저기 별사람이 다 있을 거야요. 나는 전쟁을 하면서도 감상적인 때가 많습니다. 정월 초하루 춘천서 평창으로 내려올 때에 우리를 따라서 집을 나서는 피란민을 볼 때나 어미 소를 잃고 산 위에서 우는 송아지! 아직도 눈에 선합니다."

김 장군의 낮은 목소리는 곧 시를 읊는 것같이 아름답게 들렸다. 십 리쯤 가니 송림(松林) 우거지고 강이 내려다보였다. 강이 동그랗게 감도는 저편에 섬과 같이 송림이 우거져 있었다.

"어린 단종대왕이 귀양 사시던 곳입니다그려!"

송림 사이로 배소(配所) 자리가 보였다.

강물 흐르는 것을 한참 동안 물끄러미 내려다보고 있었다.

다시 차를 타고 돌아올 때에, 김 장군은 무엇을 생각하였는지 문득 이런 말을 하였다.

"최대 애국자는 이등병이야요!"

(『승리일보』 1951년 3월)

후기

박두진(朴斗鎭)

흔히 요새 같은 격심한 역사의 대변전기(大變轉期)를 당하면 사람들은 그런 것이 지나가고 극복된 뒤에 있어 올보다 더 빛나고 크낙한 것에 대한 기대와 희구(希求)를 갖기보다는 그 허물어지고 뒤집혀지고 어두워가는 경향면(傾向面)만을 응시하는 폐단이 있습니다. 그러한 나머지 민족이나 문화 혹은 세계나 인류의 장래에 운명에 대해서 건실하고 밝고 억세고 적극적이기보다는 도리어 회의적이고 부정적이고 소극, 무위, 퇴폐, 무진취(無進取)의 위험에 빠지기가 쉽습니다.

그런데 이 『전진(戰塵)과 인생』의 저자 마 선생은 이제 그 이마가 차츰 더 빛나게 벗어져 가시고 장년기를 지날 고비에 어쩌면 노대인(老大人)으로 자처, 자적(自適)하려 하실 연갑(年甲)이신데도 오히려 새파랗게 젊은 사람들이 무색해질 정도로 왕성한 투지와 불굴의 투혼으로 오직 있어야 할 내일에의 원망(願望)을 신념으로 꾸준하고도 건전, 예리한 필봉을 휘두르며 우리 싸우는 문화진(文化陣)의 한 선두를 가며 있으십니다.

이 저서의 주 내용인 '편편상(片片想)'의 각 편은 멀리 1923년으로부터 시작해 내려온 마 선생의 독특한 스타일로서 이미 간행된 제1집, 제2집에 이어 이미 삼십 년의 연력을 거쳐 연마(鍊磨), 원숙(圓熟)되어

온 작품들입니다.

아무런 과장과 수식이 없는 간명(簡明), 직재(直截)한 세련된 필치로 느닷없이 그 대상을 도려내는 이 몇 줄식(式)의 단시감(短時感)은 어디까지나 리얼하고 평역(平易)하고 단편적이면서도 풍부한 함축성과 예리한 비판과 매움한 풍자미(諷刺味)를 가지고 있습니다.

세태, 풍습, 인정에서 혹은 아동 교육, 사회 후생, 전시 행정, 군사, 문화 또는 정치 문제 등의 광범위한 분야에 그 주제가 미쳐 있는 이 단문(短文)들은 그것이 우리네 일상생활의 주위에서 빚어지는 극히 지엽적이고 범연(凡然)한 문제들 같으면서도 한번 선생의 특유한 센스에 포착(捕捉) 관조(觀照) 묘파(描破)되면 이 지엽과 속성 같은 편편들은 능히 그 대상 관련되는 문제의 본질과 핵심으로 육박하고 근원으로 진동되어 섬뜩섬뜩 읽는 사람의 마음을 찌르고 울리는 동시에 어떤 인간악(人間惡), 사회악(社會惡), 시대악(時代惡)에 대한 의분을 일으키고 뜨거운 정의에의 의지를 고무시켜주기까지 합니다. 뿐만 아니라 이 저자 마 선생이 지닌 따뜻한 인간성과 넘치는 인간미는 도처에서 읽는 이의 마음에 미소를 자아내고 따뜻하고 매운 눈물이 맑은 거울에 흐르듯이 지배(紙背)에 어른거림을 느끼게 합니다.

'잡초(雜草)' '어린이날' '서평(書評)' '종군초(從軍抄)'들과 함께 이 『전진과 인생』의 전 내용은 어느 것이나 다 지금 우리가 겪고 있고 이미 겪어온 심각한 이번 동란(動亂)의 전·후방의 생생한 현실에서 취재, 논거하고 묘파한 것으로서 그 거짓 없는 인간상과 사회상을 보다 더 내면적인 각도에서 보아낸 귀중한 기록이요 창작들입니다. 우리의 오늘날과 같은 신산한 인생의 향배와 전란 혹은 민족과 문화의 장래 문제를 고구(考究) 책정(策定)하는 데에도 많은 시사와 지표와 자료를 주는 커다란 수획(收獲)이라 아니할 수 없습니다.

마침 이 책의 목차를 꾸미시는 옆에서 몇 가지 의견을 말씀드리다가 그것이 계제가 되어 바로 그 목차를 맡아 꾸미기에 하룻밤 한나절에 걸쳐 이 『전진과 인생』의 스크랩 대본 전부를 통독할 기회를 얻은 것과, 평소에 내가 가져온 선생에 대한 경의(敬意)가 원인하여 몇 마디 이렇게 감히 무사(蕪辭)를 덧붙이는 바입니다.

요설록(饒舌錄)

● 원문 출처: 『요설록』(신태양사출판국, 1958)

새너토리엄

해발 3천 척(尺)의 그 역에 닿은 것은 해질 무렵이었다.

그 역에 닿기 한 시간쯤 전부터 기차는 칙칙폭폭 하고 산을 기어올라가는 품이 낑낑 매는 것이었다. 역에 가까우면서부터 희끗희끗 눈이 보였다. 역 주위에는 한 자가량이나 눈이 쌓여 있었다.

타는 사람도 내리는 사람도 없는 산꼭대기 조그만 역에 혼자 내리니 낯익은 원장 M 박사가 기다리고 있었다. 원장은 반가워하며, 그러나 총총히 뒤에 서 있는 사람을 소개했다. 안경을 코끝에 걸치고 염소수염이 있는 시골 중늙은이였다. 사무장이라고 했다. 염소수염과 인사하는 사이에 원장은 기차에 오르고, 기차는 이내 푸푸 떠나버렸다. 원장은 여기서부터 넷째 역인 호수가 있는 소도시에 집이 있어서 돌아가는 길이라고 했다. 원장만 믿고 원장 한 사람밖에 모르는 산꼭대기를 찾아왔는데, 허전하기 짝이 없었다.

그 시골 중늙은이에게 꼭 어울리는 고물 자동차는 발동을 거느라고 한참 동안 푸푸 거렸다. 눈길을 또 산으로 올라갔다.

마주 보이는 이층 콘크리트 집은 국민학교만큼이나 컸다.

그것은 본관이었다.

본관에는 사무실과 의무실, 뢴트겐실, 숙직실, 수술실 따위가 있을 뿐 이층 병실은 텅 비어 있었다.

세로 넓은 낭하(廊下)가 있고, 조금 가면 오른편으로 다다미방이 여러 개 있는 석남(石楠) 병동의 낭하가 가로 퍼져 있고, 좀더 가면 오른편에 간호실, 왼편에 용담(龍膽) 병동이 있었다.

한 방에 예닐곱 명씩 침대에 누워 있는 병실이 두 개 있었다. 다시 세로 곧장 낭하를 걸어가면 층층대가 있어서 층층대를 올라서면 또 가로 딴채 건물이 있었다. 백화(白樺) 병동이라고 했다.

아래층 위층에 독방이 여러 개 있었다.

그 낭하를 또 오른쪽으로 가서 이층 오른편에 있는 유리 장자(障子)를 열었다. 이것은 이 새너토리엄에 단 둘밖에 없는 특별실이라고 했다. 원장이 나를 이 방에 입원시키라고 지시하더라는 것이었다.

부속실을 거쳐서 왼편에 변소와 목욕실이 있고 다섯 평이나 되는 병실에 사첩 반과 삼첩 다다미방이 또 있었다.

방을 깨끗이 소제하고 침대에는 흰 시트와 커버를 씌운 이불이 준비되어 있었다.

고물 사무장 염소수염은 여기까지 연설하다시피 일일이 소개하면서 인도해주었다.

병실에는 창이 하나 있었다. 유리창은 겹창이었다. 그 다음에 도어가, 이건 대문 두 장만 한 것이었다. 그 밖에 병실 넓이만 한 베란다가 있어서 거기까지 침대를 끌고 나갈 수 있게 마련된 것이었다.

염소수염은 우선 고단하실 테니 잠시 누워 있다가 체중도 달아보고 주치의의 진찰도 받으러 의무실로 나오는 것이 어떻겠느냐고 말했다.

그저 창밖만 멀거니 바라보고 있으려니, 그러면 고단하신 모양이니 옷을 벗고 침대에 들라고 말하고 나가는 것이었다. 유리 장지 여닫는 소리가 요란스럽고 층층대를 내려서 낭하를 걸어가는 슬리퍼 소리가 멀어져 갔다.

그저 창밖을 내다보고 있었지만 무엇을 보는 것도 아니고 보이는 것도 아니었다.

어둠이 짙어가는 밖은 하늘과 땅의 분간도 없이 그저 뿌옇기만 했다.

기침 소리 하나 없는 고요한 가운데 텅 빈 방에 혼자 내버려진 몸은 까딱만 하면 이지러지려는 마음을 가다듬고 궁둥이 닿는 대로 소파에 앉았다.

슬리퍼 소리 쿵쿵쿵 층층대 올라오는 소리, 유리 장지 드르륵 여는 소리, 그리고 노크 소리……

간호부와 의사가 들어왔다.

"대단히 고단하신 모양!"

키가 커다란 게 익살맞은 억양으로 능글맞게 말하며 이빨을 보이는 것은, 나는 너를 잘 안다, 환영한다는 뜻이었으리라. 그러나 환자인 나는 그렇게 단순하게만 받지는 못했다. 인젠 내 손아귀에 들어왔어, 꼼짝 말어! 그런데서 나오는 능글맞음 같기도 했다.

이런 시간에 병실까지 의사가 오는 일은 중태(重態)가 아니면 절대로 없는 일이지만, 먼 길에 대단히 고단한 모양이라고 사무장이 전하고, 또 원장이 신신당부한 환자이기에 보러 왔다고 했다.

옷을 벗고 침대에 누웠다. 이불 속에는 발치에 전기 앙까(あんか)*가 있어서 따뜻했다. 의사는 시종 웃는 낯으로 진찰하고 간호부는 상냥하게 빈틈없이 시중을 들었다.

맥은 90이 가까웠을 것이요 열도 38도에 가까웠을 것이지만, 진찰을 마친 의사는 또 싱글싱글하며 말했다.

"한 달…… 넉넉잡고 한 달만 휴양하면 만사 오케이. 문제없어!"

그리고 무슨 일이 있으면 저기 보이는 간호실 간호부들이 있으니 말하라고 일러주고 나가는 것이었다.

겹창 유리창으로 내다보니 오른편으로 한참 아래 간호실이 내려다보였다. 흰 벙거지를 쓰고 흰옷 입은 간호부들과 환자들이 섞여 서 있었다.

휑뎅한 방은 또 텅 비었다.

찬바람이 일지 않음은 소파 뒤에 전기 히터가 있기 때문이었다.

침대 옆에는 보조탁자가 있고 그 위에는 큼직한 유리컵에 맑은 물이 3분의 1쯤 담겨 있고 뚜껑이 덮여 있었다. 이것이 무엇인지는 몰랐다. 유리가 맑고 물이 깨끗하고 뿌연 방 안에서도 빛나는 모가 많아서 유난히 눈에 띄었다.

이십사 세의 봄부터 나는 폐환(肺患)을 앓았다.

소화불량이 잦고 배는 항상 물을 많이 마신 때와 같이 출렁거리고 꿀꿀거리는 것으로 시작했다. 입맛이 없었다. 식사는 시간의 마련이 없고 편식이 심해졌다. 감기가 잦고 변비가 심했다. 오후에는 미열이 계속되었다. 잡지에서 읽은바 일광욕이 좋다는 기억을 더듬

---

* 각로(脚爐). 이불 속에 넣어 발을 덥히는 화로.

어 아침이면 가슴팍을 드러내고 일광욕을 삼십 분씩이나 했다. 무지(無知)하고 위험한 일이었다. 편두통에 시달렸다. 잠이 안 오면 독일제 수면제를 먹었다. 몇 달 동안 소화제와 물약을 주어오던 Y 박사는 '이거 안 되겠는데' 하고 고개를 기울였다. 한두 달 전지(轉地) 요양을 하라는 것이었다.

이 선언은 청천의 벽력이었다. 당시의 월급으로는 전지 요양이란 꿈도 못 꿀 일이요, 더욱이 맡아 보는 일을 쉬고 월급이나마 나올는지조차 모를 일이었다. 그런데 일이 공교롭게 되었다.

스승이 어떤 출판사의 위촉을 받아 오십 권짜리 총서를 편찬하게 되었는데, 또 다른 출판사가 똑같은 계획을 발표하여 대단한 경쟁이 붙게 되었다. 결국 두고 보아라, 값 싸고 내용이 좋으면 제일이 아니겠느냐고, 서로 좋은 것을 만들기에 머리를 싸매게 되었다. 오십 권 책 중의 한 권을 내가 쓰게 되었다. 동화책이었다. 이백 장이 좀 못 되는 원고, 그것도 원문이 있는 것을 쉬운 글로 옮겨 쓰면 되는 일을 하면 500원을 주는 것이었다. 한 달 월급이 40원 때이니 그것은 큰돈이었다. 그뿐 아니었다. 그 원고를 집필하기 위해서 본업을 잠시 쉬고 조용한 곳에 가겠다고 해도 마다할 수 없는 형편이었다.

몸이 나빠졌다는 말과 전지해야 할 것을 말하니 곧 승낙을 주었다. 불문학자 K 군이 자기도 연전에 요양한 일이 있다는 보슈(房州) 나코(那古)라는 해변으로 인도해주었다.

태평양 바다지만 내해(內海)라 잔잔한 물결이 앞마당 잔디밭같이 내다보이는 곳에 자리 잡았다. 거기서 6월, 7월, 두 달을 지내었다.

8월 초에 돌아와서 Y 박사를 찾았다. Y 박사는 신통치 않은 얼굴이었다. 뢴트겐을 들여다보면서 "신통치 않은데" 하였다. 휴양을 제대로 하지 않은 모양이라고 말했다. 웃으면서 "좀더 쉬어야겠는데" 했다.

스승에게 말하니, 가서 할 일이 있다고 하며 선선히 승낙하는 눈치였다.

이번에는 고리짝을 두 개 받았다. 하나는 마필협회(馬匹協會)에서 현상모집한 영화 시나리오 응모 원고였다. 하나는 K 신문이 현상모집한 신문 소설 응모 원고였다.

스승이 심사원이라 대심(代審)을 하라는 것이었다. 이 고리짝 두 개를 싣고 다시 해변으로 갔다. 한 달 걸려 읽으면 되는 일이니 맡은 일이 힘 드는 일은 아니었다. 아침나절에 여남은 권씩 읽으면 되었다.

그러나 생활은 지난 두 달과 다름없었다. 먹고 싶을 때 먹고, 자고 싶을 때 자고, 기분이 좋으면 해안선을 이십 리 길이나 걸어서 다음 소도시에서 양식에 맥주를 마시고 돌아오거나, 그런 생활을 되풀이하니 열이 내릴 리 없었다. 며칠씩 열이 없다가도 다시 미열이 계속되곤 하였다. 앞마당 잔디밭은 해수욕장이 되었다. 채롱 안의 토란같이 남녀가 복작거렸다. 아랫방에도 이층 옆방에도 남녀 학생이 들끓었다. 한 방에 네다섯 명씩 있었다. 나는 넓은 방을 혼자 차지하고 있었지만 잠이 잘 올 리 없었다. 그러면 이슬 내리고 안개 자욱한 바닷가를 늦도록 걷기도 했다. 몸에 좋을 리가 없었다. 시끄럽고 귀찮기도 했지만 8월도 다 갈 무렵 해변에 사람이 드문드문해

지니 쓸쓸하기 이를 데 없었다. 바람이 세어지고 바다가 출렁거리기 시작했다. 바닷가에는 사람의 그림자도 찾아볼 수 없었다. 나 있는 곳에도 도로래미 나 혼자가 되었다. 이를 악물고 외로움을 씹으며 체온계와 눈싸움을 하는 한 달을 지냈다. 가을바람 쌀쌀한 9월 말에 돌아왔다.

잡지의 S 주임의 알선으로 그가 사는 가마쿠라(鎌倉)에 방을 얻고 통근을 하기로 했다. 이것도 몸에 좋지 않았다.

내가 좋아하는 여우(女優)가 불여귀(不如歸)를 하기에 그것을 구경하고 흐르는 눈물을 채 닦지도 않고 나와서 세찬 가을바람을 쏘이며 밤거리를 걷고 숙소로 돌아갔다. 이튿날 아침 자리에서 일어나지를 못했다.

S 주임에게 기별한 모양이었다. 입원해 있었다. 어떻게 실려 왔는지도 몰랐다. 그날 하루도 의식이 없었던 모양이었다. 일주일을 입원 치료하고 퇴원할 때도 침대 인력거를 타고 창틈으로 껌벅 하늘을 쳐다보며 나왔다. 급성 폐렴이었다. 병원 간호부 한 사람을 출장하게 해서 간호를 받고 있었다.

며칠이 지났다.

S 주임이 찾아와서 말하는 것이었다. 이러다가는 큰일 날 테니 M 박사의 새너토리엄에 가서 요양법이라도 익혀 오는 게 어떻겠느냐는 것이었다. 그러나 M 박사는 소생할 가망이 없는 환자는 애초에 새너토리엄에 받지를 않으니, 어쨌든 한번 진찰을 받는 것이 어떠냐고 했다. 그는 매 화요일에만 진찰을 한다고 했다.

화요일을 기다려서 자리에서 일어났다. 진찰을 마친 M 박사는 새너토리엄의 환경을 자랑하고 산상의 호텔에 휴양 가는 셈 치고 두어 달 입원하라고 했다. 귀로에 술은 안 되지만 커피에 과자쯤 먹어도 좋다고까지 말했다. 환자의 마음을 편하게 해주는 심리 신경 요법의 하나였다. 적이 마음이 놓였다. 사(社)에 들러서 인사를 치르고 내일 모레 출발하기로 했다. 여덟 시간 기차를 타려면 하루쯤 더 쉬어야 할 것 같기 때문이었다. M 박사는 두어 달이라고 했지만 한 달 동안 요양법, 요양생활을 견습하고 돌아올 생각이었다. 1928년 11월 16일이었다.

인기척에 눈을 떴다. 잠이 들었던 모양이다. 식은땀이 평 했다. 간호부가 쟁반과 주전자를 들고 서 있었다. 전등이 켜 있었다. 간호부는 두루뭉수리 메줏덩이 같은 얼굴에 한쪽 눈이 찌그러져 있었다. 그렇지만 눈에 웃음을 띠고 있었다. 어머니나 누님같이 인자해 보이는 사람이었다. 간호부장이란 것을 알게 된 것은 여러 날 후였다.
주전자에는 차가, 쟁반에는 죽이 있었다.
식욕은 전혀 없었다. 차를 마시었다. 부장은 주전자와 세숫대야를 사서 써야 할 거라고 가르쳐주었다. 우유를 마시려면 말하라고도 말했다. 혼자 자기가 쓸쓸하지 않겠느냐고도 말했다. 부실(副室) 다다미방이 둘이나 있으니 와서 자줄 사람도 있는 것 같았다. 혼자 자는 건 졸업생이라고 대답했다. 병원에는 식당이 있어서 경증(輕症)은 식당에서 식사를 하고, 중환자는 병실에서 식사해도 좋으나, 병원 간호부가 식사를 배달하지는 않는다고 말했다. 그런 일은 환자의 가족이나 고용 간호부가 하는데, 고용 간호부는 넷째 역이나 여

여덟째 역의 소도시에서 불러온다고 했다. 당신은 처음이고, 또 원장의 손님이라 자기가 들고 왔다는 것이었다.

나갈 때에 주전자를 놓고, 오늘은 빌려줄 테니 차를 마시고 싶을 때 마시라고 했다. "아차, 내일 아침에 맨 처음 나오는 담(痰)을 담컵에 받아 두세요" 하며 황홀하게 빛나는 맑은 유리컵을 가리켰다. 물을 3분의 1 담은 그 컵은 담컵이었다.

얼음이 얼어붙은 유리창은 거울같이 비쳐만 보이는데 위로 4분의 1쯤이 푸르무레했다. 산 너머로 달이 떠오르는지도 몰랐다.

나는 담이 없었다. 없지는 않았겠지만 뱉는 일이 없었기 때문에 이튿날 아침에도 담컵에 담을 뱉지는 못했다. 검온(檢溫)하러 온 간호부는 먼저 담컵을 보고 담을 왜 받지 않았느냐고 했다. 담이 없다고 했다. 그래도 담을 받아서 검사를 해야 한다고 했다.

담검사의 결과는 '-(마이너스)'라고 했다. '+(플러스)'면 담 가운데 균이 있다는 것인데 '++', '+++'라는 환자도 있다고 했다. '-'는 균이 나오지는 않는 것이라고 했다. 한결 듣기에 좋았다. 내 담에는 균이 없고 입김에도 균이 섞여 나오지 않는다는 말은 반가운 일이었다.

해는 머리맡에서 떠올랐다. 머리를 동쪽으로 하고 남창을 내다보며 누워 있는 것이었다.

아침에는 사람들이 움직이는 것이 엿들렸다. 이층 층층대 저편에 일곱 병실이 있는데 몇 방에 환자가 있었다. 그들이 아랫층으로 내려가는 소리, 병실에서 도어를 열어젖히고 침대를 드르륵 베란다로 끌고 나가는 소리도 들렸다.

눈이 쌓인 베란다에서 누운 채 일광욕을 하는 환자인 모양이었다. 넓은 낭하를 닦는 소리도 들렸다. 아랫층에서 낄낄거리는 소리가 쉬지 않았다. 각 병실에서 환자들이 나와서 세수하면서 간호실의 간호부들과 지껄이는 모양이었다.

간호부가 아침식사를 또 갖다 주었다. 벙거지를 쓰지 않고 흰 옷만 입은 앳된 여자는 견습인 모양이었다.

아랫층은 점점 소란해졌다. 모두 베란다에 나와서 일광욕을 하는 모양이었다.

열한 시쯤이었다. 조용해졌다. 조용한 시간이 계속되더니 발자국 소리가 이층으로 올라왔다. 주치의와 간호부 두 사람이 같이 들어왔다. 매일 아침마다의 회진이었다.

다음 원장의 회진일은 더 요란했다. 부원장과 주치의와 간호부장과 간호부가 많이 따라왔다.

내 방에 들어오자 인사부터 시작해서 산에 올라온 감상을 물으며 진찰을 끝내고는 소파에 앉아서 담배를 꺼내니, 수원(隨員)도 모두 자세를 편히 하고 웃음을 띠며 말을 꺼내는 것이었다. 간호부들은 물론 부원장까지도, 근엄하고 깔끔한 원장과 이렇게 화기(和氣)된 시간을 가지는 일이 드문 모양이었다. 원장은 내가 처음으로 진찰을 받으러 갔을 때의 이야기를 우스꽝스럽게 말하며, "혼이 났던 모양이지…… 두어 달만 있어 봐요, 거뜬해질 테니…… 아마 내려가고 싶지 않아지실지도 모르지……" 하며 웃었다.

이런 일은 다른 병실에서는 거의 없는 일인 모양이었다. 모두 자기가 없을 때에도 이 환자에게 친절하게 해주라는 당부인 모양이었다. 원장은 일주일에 한 번 혹 두 번 왔다. 모두가 친절했다.

열흘마다 입원료를 계산하는데, 나는 하루치가 1원 95전이었다. 한 방에 여덟 명이 있는 용담 병동도 하루 2원, 특별실 원(原) 입원료는 20원인 것이었다. 어떤 률(率)의 할인으로 계산된 것인지 20원짜리가 1원 95전이라는 것도 모를 일이었다. 스승의 덕택이었다.

그 후로는 매일 아침 주치의가 회진을 할 때도 가끔 소파에 앉아서 이야기를 하기도 하고, 간호부도 앉아서는 안 되는 규칙이라 하면서 한참씩 이야기를 하고 나갔다. 싫은 일은 아니었다. 간호부는 아침 식전과 열한 시, 네 시, 밤 아홉 시에 검온하러 들어왔다. 겨드랑에 체온기를 찌르고 체온을 잰 다음 맥박을 세어서 기록하는 것이었다. 맥박을 셀 때에 환자가 좋아하는 간호부가 들어와서 맥을 짚으면 맥박이 오르는 환자도 있다는 이야기를 젊은 간호부가 들려주었다.

여러 날 동안 병실에서 움직이지 않았다. 유리 장지 안에서 무슨 일이든지 할 수 있으니 밖에 나갈 필요가 없었다.

진종일 침대에 누워서 유리창으로 밖을 내다보고 있으면 되었다. 누워서 내다보이는 것은 하늘뿐이었다. 일어나 앉으면 내리받이 낭하와 간호실과 석남 병동과 멀리 본관 건물도 볼 수 있었다. 그러나 모두 유리창에 얼음이 얼어붙어 있기 때문에 안이 들여다보이지는 않았다.

사철나무는 낙엽송이었다. 마른 가지에 눈이 얼어붙은 것같이 살결이 흰 앙상한 나무는 백화나무였다. 그런 나무가 덤덤이 있었다. 눈구덩이에서 갸웃이 보이는 키 작은 나무는 석남나무였다. 공중은 언제나 보랏빛이었다. 눈이 있어 그런지 모른다. 고산지대라 자외선이 강한 탓인지 모른다. 하늘은 아침마다 구름이 피어오르고 모여들었다. 뭉게뭉게 피어오르는 하얀 구름은 오후까지 둥둥 떠다니었다. 해질 무렵이 되면 그 많던 구름이 한 점 없이 자취를 감추고 언제나 새파래졌다. 깊은 바다를 보는 것보다도 무섭도록 새파랬고 높았다.

한 달은 누워 있는 사이에 잠깐 지나갔다. 열은 많이 내렸다. 37도 되는 일이 드물었다. 아직 이르다는 것을 굳이 일광욕을 해보겠다고 했다.

등 침대에 요를 깔고 흰 시트를 덮어서 베란다에 내놓았다. 발만 벗고 발등만 오 분 동안을 일광욕하라는 것이었다. 오 분? 그것도 이틀을 오 분씩만 해서 열이 오르지 않아야 다음 날 십 분을 할 수 있다고 했다. 오 분을 해도 열이 오를는지도 모른다고 했다. 열이 오르지는 않았다. 다음 날은 흐려서 등 침대를 내주지 않았다.

눈이 날리기 시작했다.
퍽 퍽 쏟아졌다.
나는 처음으로 유리 장지를 열었다.
하도 간호부들이 좀 놀러 나와 보라는 바람에 아랫층 간호실에를 가보는 것이었다.

간호실에서는 이게 웬일이냐고 서두르며 반겨주었다. 간호부들과 남자 환자와 여자도 한 사람 있었다. 여자가 발딱 일어서며 반갑게 인사를 했다. 키가 작고 통통하고 둥근 얼굴에 환자 같아 보이지 않았다. 아무개를 아실 거라고 했다. 그를 자기는 잘 아는 사람이라고 했다. 아는 사람의 아는 사람의 아는 사람이니 알 만한 사람이라는 말이었다.

모두가 절망 속에서 허우적거리는 외롭고 쓸쓸하고 심심해 못 견디는 이곳 산 위의 사람들의 마음을 짐작할 수 있었다.

타박타박 걸어 들어오는 사람이 있었다. 간호부는 뛰어나가서 어쩌자고 눈보라 치는 밖에를 나갔더냐고 꾸짖었다. 이런 눈을 병실에서 어떻게 보고 있겠느냐고 대답하며 타박타박 들어오는 여자는 머리에 진한 자줏빛 보자기를 쓰고 지우산(紙雨傘)을 들고 있었다. 온몸에 눈을 맞고 있었다. 키가 호리호리 가는 몸매에 좋은 옷을 입고 갸름한 얼굴에 콧날이 서고 살결이 흰 여자였다. 간호실로 들어오려다가 멈칫하고 여자에게만 "언니!" 하고는 타박타박 이층으로 올라갔다. 아는 사람의 아는 사람이란 여자는 "저하고 같이 있어요. 좀 놀러 오세요. 혼자서 무슨 재미야요. 한번 우리가 초대를 하죠" 했다.

다음 날 저녁에 초대를 받았다. 그들의 병실은 내 방 반대쪽 맨 끝 병실이었다. 그 방 뒤에는 비상구 층층대가 한데로 있었다.

병실에는 호화로운 이불이 덮인 침대 두 개가 가지런히 있고, 탁상 전등의 붉고 푸른 쉐도우로 해서 바에나 들어간 것같이 은근하였다. 분 냄새, 향수 냄새도 코에 새로웠다.

병실 다음에 다다미 4첩 반 부실(副室)이 있었다. 가운데 고타츠(炬燵)*를 놓고 무늬 찬란한 이불을 덮고 그 위에 이곳에서는 보기 드문 고급 과자가 준비되어 있었다. 넷째 역 소도시에서 사온 것이었다.

눈 맞으러 나갔던 여자는 그저 수줍어하여 그늘진 곳에서 차 시중을 했다. 홍차를 좋은 찻잔에 따라서 들고 들어온 다음에야 인사를 했다. '수자'라고 했다.

새 옷을 갈아입고 검고 긴 머리를 칭칭 감아 올리고 새 버선을 신고 있었다. 앉을 때나 설 때나 몸가짐이 기생같이 빈틈없는 맵시였다. 아는 사람이란 여자는 '청자(淸子)'라고 했다. 척수(脊髓) 카리에스**라고 했다. 그래서 키가 작아진 거라고 했다. 시를 쓴다고 했다. 청자는 친언니는 아니었다. 입원 후에 알게 된 동무였다.

그 방에 자주 놀러 가게 되었다.

신년 세배라고 찾아오기도 했다. 신년 잔치를 하자고 정월 초이튿날은 그들의 방에서 마작(麻雀)을 했다. 마작이 힘들지는 않았다. 늦게 돌아와서 기침을 하는데, 올라오는 것이 이상했다. 뜻뜻하고 뭉클한 물이 올라온 것 같았다. 담컵에 뱉었다. 큼직한 딸기 같은 놈이 연거푸 세 개 나왔다. 맑은 유리컵에 뜬 새빨간 것은 그지없이 아름다웠다.

기겁을 해서 간호부를 불렀다.

간호부는 놀라는 기색도 없었다. 누우세요, 하고 식염수 한 컵을 마시라고 주었다. 큼직한 주사기로 주사를 놓아주었다.

그래도 나는 마음이 놓이지 않았다. 네가 무엇을 알겠느냐, 주치

---

* 각로(脚爐). 일본의 실내 난방장치의 하나.
** 카리에스(caries): 만성의 골염으로 뼈가 썩어서 파괴되는 질환.

의를 불러라, 내가 죽는 게 아니냐고 호통을 쳤다.

간호부들은 처음에는 웃으며 대답하다가 너무 호통을 지르는 바람에 놀라서 주치의를 부르겠다고 했다. 역전(驛前)에 사는데 사환을 보내겠다고 했다. 주치의가 당황히 들어왔다. 벌써 듣고 들어온 모양이었다. 담컵을 들어서 전등에 비쳐본 다음, "무어 조곰이구만! 문제없어!" 했다.

"각혈이죠?" 하니, "각혈? 각혈은 무서운 모양이로군. 각혈이라면 쪼만한 각혈. 혈담(血痰)이라는 게 좋겠지. 문제없어, 일주일만 절대안정을 해요, 절대안정! 문제없어!" 그리고 나갔다.

절대안정이란 어떻게 하는 거냐고 간호부에게 물었다. 말도 되도록 하지 않는 것이 좋을 것이라고 했다.

"무어! 말을 말라? 그럼 어떡해?"

"그렇지만 가슴속 어딘가가 찢어져서 피가 나왔을 게 아녀요? 그러니까 찢어진 데를 속히 아물도록 해야지 않아요. 말을 많이 하고 큰 소리를 지르면 자꾸 진동이 돼서 더 찢어질는지도 모르지 않아요……"

눕기도 똑바로 누워야 하고 좌우로 돌아눕는 것도 좋지 않다고 했다. 대소변도 침대에서 내려오지 않고 보는 것이 좋다고 했다. 수자의 방에 놀러 가는 것은 물론 그들이 놀러 오는 것도 좋지 않다고 했다.

맥이 뛴다고 했다. 고용 간호부를 부르기로 했다. 밤중이지만 장거리 지급 전화를 걸겠다고 했다.

포도주 같은 물약과 누런 물약을 주었다. 누런 물약은 곧 굳었다.

먹을 때마다 녹여서 먹으라고 했다. 아교였다. 차마 입에 대기 싫은 약이었다. 찢어진 데를 아물리는 약이라고 했다. 싫지만 안 먹을 수 없었다.

돌아눕지도 않고 곱단히 누워 있었다.

새벽차로 전용 간호부가 왔다. 소변은 곱단히 누운 채 볼 수 있었다. 대변은 절대로 할 수 없었다.

유리 장지 밖에 나가서 지키라고 하고 침대에서 내려서 보았다.

몸이 나빠져도 할 수 없다고 생각했다.

회진이 끝난 후였다.

노크하고 들어온 간호부는 간호부가 아니었다.

수자가 간호부의 흰 옷과 흰 벙거지를 쓰고 들어온 것이었다.

자기가 시중을 하겠다는 것이었다. 뒤쫓아 병원 간호부가 들어왔다. 수자는 부실(副室)로 몸을 감추었다. 간호부는 수자를 꾸짖었다.

"수자 씨! 좀 생각해보세요. 오늘 아침 열이 39도 3분 아녀요? 그런 고열이 있으시면서 안정을 하지 않고 이렇게 장난을 하시면 어떻게 해요!"

"장난 아녀요."

수자는 숨어서 나오지 않고 나직이 대답했다.

꼼짝 안 하고 똑바로 누워 있었다. 약도 누워서 마시고 죽도 먹여주는 대로 먹고 소변도 받아내었다. 돌아눕지 않고 똑바로 누워 있는 일은 쉬운 일이 아니었다. 잔등이나 궁둥이가 헐지 않았느냐고 묻기도 했다. 헐어서 아파하는 환자도 많다고 했다. 헐지는 않은 것 같았다.

수자는 날마다 왔다. 날마다라기보다 거의 하루 종일 병실에서 살았다. 간호부가 꾸짖으면 할 수 없이 자기 병실로 가서 한참 동안 누웠다가는 또 왔다.

수자도 폐침윤(肺浸潤) 열이 38도를 늘 오르내리고 있었다. 정 일어나기 어렵도록 열이 높고 두통이 심할 때면 하루에도 두세 번씩 쪽지를 보내 왔다. 청자가 심부름을 하기도 하고 간호부가 기가 막히다는 듯이 "할 수 없군요, 어쩌자는 건지" 하고 전해주기도 했다.

'지금 무얼 하고 계셔요. 조용히 누워 계십시오. 갑갑하다고 일어나시면 안 돼요. 죽에는 건포도를 넣어 자셔요. 홍차를 넣어 보내 드릴까요? 열이 오르지나 않으셨어요? 가 뵈려 했더니 청자 언니가 못 일어나게 해요. 무슨 원수가 졌다고, 원장님께 매수를 당한 모양이죠. 이렇게 누워 있어야만 하다니, 차라리 죽고 싶어요. 그렇지 않아요?' 따위를 한두 줄씩 쓴 쪽지였다. 종이는 닥치는 대로이지만 향수 냄새는 언제나 같고 글씨도 제격의 글씨였다.

그는 넉넉한 집안의 딸이었다. 청자는 여기서 사귄 동무였다. 수자의 집에서는 사환이 자주 왔다. 갈아입을 의복과 맛있는 반찬과 여러 가지 과자, 과실을 가지고 오는 것이었다. 과자와 과실은 내게로 보내오기도 하고 들고 와서 먹여주기도 했다. 집에서 오는 것이 늦으면 넷째 역의 소도시까지 병원 사람을 보내서 사 오게 했다. 건포도는 떨어지는 일이 없었다. 죽을 먹는 동안 거의 건포도를 섞어서 먹었다.

아침나절 일어나지 못해도 오후에는 일어나서 낭하에 아무도 없는 틈을 타서 들어오기도 하고, 주치의의 경고가 엄하고 간호부의 잔소리, 청자의 감시가 심해서 종일을 나오지 못할 때면 밤에라도 한번은 살짝 다녀갔다.

그렇게 와도 별 이야기가 있는 것은 아니었다. 문병이 아니면, 잡지나 책 같은 것을 뒤적거리기도 하고, 편지 온 것을 정리해주기도 하고, 이불을 바로잡아주기도 하고, 보조탁자 위를 깨끗이 해주기도 했다. 편지를 준 사람이 이름 있는 사람이면 이런 사람도 아느냐고 묻고 읽어보기도 했다. S 주임이 꾸중을 해온 편지가 있었다. 한 달만 입원한다더니 이게 웬일이냐, 각혈까지 했다니 요양을 하는 것이 아니라 연애를 하고 있는 모양이로구나, 빨리 완쾌할 생각을 하라는 것이었다. 수자는 읽고 나서, "어마나, 대단한데. 누구야요?" 하고 물었다. 내 주임이라고 대답했다.

겨울이지만 꽃은 떨어지는 일이 없었다. 화분을 온실에서 사다가 갖다 놓은 것이었다. 시쿠라멘을 많이 가져왔는데, 그럴 때면 "이 꽃 이름은 시쿠라멘이 아냐요, 사이쿠라멘이야요" 하고 샐샐거렸다. '시' 음이 '사(死)'에 통한다고 해서 병원에서는 모두 그렇게 부른다고 했다. 탁자 위에 꽉 차게 놓은 다음에는 작은 화분 한 개를 전등 줄에 매달아서 누운 채 똑바로 눈에 띄게 해놓기도 했다. 처음 보는 간호부는 모두 입을 딱딱 벌리고 기가 막히다는 듯이 웃었다. 원장도 그것을 보고 웃으며, "수자의 솜씨로군" 했다. 일주일에 하루 아니면 두 번밖에 안 오면서도 병원 안의 정보는 환한 모양이었다. 수자도 원장의 귀염을 받는 환자였다.

주치의는 일주일만 절대안정하라고 했는데, 나는 그것을 석 달 동안 계속했다. 절대안정이 건강을 회복하는 데 제일 좋은 일이라면 얼마든지 곱단히 누워 있겠다는 생각이었다. 대변보러 변소에 가는 외는 절대안정을 계속했다. 한 달쯤 지나니 남창(南窓)으로 하늘을 바라보며 누워 있는 것이 조금도 괴롭지 않았다. 아침에는 아무 움직임이 없는 하늘에 해가 뜨자부터 어디서 모여드는지 온갖 구름이 모여들어서 가지각색으로 놀고 있다가 해질 무렵이 되면 또 어디로 자취를 감추는지 싹 쓸어버리고 티 한 점 없는 새파란 하늘이 되는 것이었다. 바다를 들여다보는 것보다도 무섭도록 새파랗고 높고 깊은 하늘을 쳐다보고 있으면 차츰 어둠이 짙어갔다. 두 눈에서 눈물이 흘러 베개를 적신 것을 알게 될 때는 아주 어두워졌을 때이기가 일쑤였다. 그 높고 깊고 새파란 하늘에는 꼭 무슨 신이 있는 것만 같았고, 그저 좀더 살게 해달라고 비는 것이었다.

주치의도 원장도 "인젠 좀 기동(起動)을 해보지" 하고 일어나기를 여러 번 권했다. 그러나 일어나지 않았다.

4월도 늦어서 백화(白樺), 낙엽송에 파릇 새눈이 돋고 그것이 파란 아지랑이가 자욱이 낀 것같이 안계(眼界)가 뽀애지니 낭하를 걸어다니는 간호부들도 노래 반(半)으로 한결 발걸음이 가벼워진 것 같았다. 색시 환자들의 웃음소리는 숱한 새소리와 혼성을 이루고 남자 환자들의 킬킬거리는 소리는 끔찍한 짐승의 냄새를 풍기는 것 같았다. 일광욕 침상도 병실 앞 베란다에만 있지는 않았다. 정원 잔디밭 아무 데나 내다 놓고 누워 있는 환자들도 있었다.

주치의가 하루는 "여보소, 제발 좀 일어나 보소. 헤엥, 그래 그래,

이번 일요일에 내가 초대를 하기로 하지" 하고 넷째 역의 소도시까지 같이 가서 영화를 구경하고 점심을 하고 돌아오자고 했다. 호숫가가 경치가 좋다고도 했다.

기차를 사십 분이나 어떻게 타겠느냐고 하니 "문제없어. 절대로. 책임지지" 하는 것이었다.

그것은 즐겁지 않은 일은 아니었다. 몸이 어정쩡하지만 주치의가 그렇게까지 장담을 하니 한번 가보고 싶기도 했다.

간호부들은 물론 환자들도 일요일이면 곧잘 놀러 갔다 온다는 말을 들었다.

일어나서 낭하를 걸어보았다. 밖에 나가서 잔디 위를 슬리퍼째로 걸어보았다. 아무렇지도 않았다.

일요일에 외출하는 사람은 많았다. 모두가 넷째 역 소도시로 가는 사람들이었다.

주치의는 일찍부터 기다리고 있었다. 나는 몇 달 만에 양복을 꺼내서 입고 나섰다. 수자도 청자도 동행이었다. 간호부도 한 사람 동행했다. 정거장까지 자동차를 타고 기차를 사십 분 탔다. 둘째 역에도 셋째 역에도 온천이 있다고 했다. 넷째 역에도 온천이 있다고 했다. 과연 역도 크고, 밖에 인가가 많았다. 상당한 도시였다. 번화한 상가를 여러 달 만에 걸으니 휘황했다. 근사한 다방에 들어가서 차를 마시고 영화관으로 갔다.

나는 물론 평열(平熱)된 지 오래지만 수자는 열이 내리지는 않았다. 그날도 수자는 열이 있으면서 그저 내 시중만 들고 있었다. "괜찮아요? 괜찮죠?" 하며 내 몸 걱정만 했다. "괜찮아. 왜 이래!" 하고 뿌리치듯 하면 손가락이라도 깨물 것같이 쌜쭉해서 딴 길을 걸어가다가, 또 와서 묻곤 했다.

싱거운 외국 영화는 보다 말았다. 나와서는 좀 산보를 하자고 하며 주치의가 앞장서서 걸었다. 기찻길을 넘어서 한참 가니 호수가 보였다. 바다같이 넓지만 오른편으로는 호숫가의 집들이 보였다. 스와 호(諏訪湖)라고 했다. 겨울에는 스켓 경기장으로 이름이 있는 호수였다. 수양버들이 강아지를 달고 출렁거렸다.

온천 호텔은 호화로웠다. 양식 외모도 화려하고 설비도 좋았다. 당구장 탁구장이 있고, 전축에 레코드가 많은 것이 놀라웠다. 어디나 깨끗하고 격이 있었다.

점심만 하겠다니, 호수를 내다보기 좋도록 전면 유리를 드린, 그러나 방 안은 훈훈한 넓은 방으로 인도했다. 가운데의 널찍한 고타츠는 발을 척 늘어뜨리고 의자에 앉듯 앉게 되어 있었다.

수자는 들어서자부터 여주인과 인사하고, 오늘은 무엇이 있느냐, 무엇은 어떻게 하고, 무엇은 어떻게 하고, 무엇과 무엇으로 점심상을 잘 차려달라고 주문하며 샐샐거렸다. 그런 일에 익숙했다.

요리 솜씨가 훌륭하고 시중하는 여자들도 모두 차림새나 미모가 황홀했다. 산에서 여러 달 만에 내려왔기 때문만은 아니었다.

오래간만에 싱싱한 생선과 새우와 장어로 밥을 맛있게 먹고 나니 노곤해졌다.

주치의는 눈치를 채고 좀 누우라고 했다. 청자는 숨이 가빠 씨익씨익 했다. 어깨로 숨을 쉬는 것 같았다. 수자는 뺨이 빨개진 것이 열이 높은 모양이었다. 그래도 혼자 신이 나 했다. 주치의가 회계를 하려고 하니 수자는 "선생님이 무슨 돈이 있으시다고. 찻삯에 극장 입장료 내주신 것만으로 고마워요" 하며 쪼르르 밖으로 나가서 회계를 치루고 들어왔다.

한나절을 쉬고 다시 기차를 탔다. 돌아와서도 다음 날도 아무렇지도 않았다.

수자와 청자는 누워버렸다. 나는 자신이 생겼다. 일광욕을 하겠다고 했다. 오 분, 십 분, 다음 날은 정강이까지 십 분을 이틀, 그다음 날은 정강이까지 십 분 한 다음에 넓적다리를 살짝 드러내어 오 분, 그다음 날은 정강이까지 십 분 한 다음에 넓적다리도 십 분을 하니 이십 분이 된다. 그다음은 앞으로 이십 분, 뒤로 이십 분을 해도 열이 오르지는 않았다. 그러나 다음 차례 배를 내놓는 일광욕은 선선히 허락하지 않았다. 넓적다리까지 삼십 분, 사십 분씩 한 여러 날 후에 배를 내놓고 오 분만 하라고 했다. 아무렇지도 않았다. 그것을 앞뒤로 하기까지도 여러 날이 걸렸다. 자경(紫鏡)을 쓰고 가슴을 그늘지게 하고 또 타월을 여러 겹 덮고 아랫도리 일광욕하기를 두 시간 세 시간 해도 아무렇지도 않았다. 여기까지 순조롭게 계속되는 환자가 드물다고 했다. 타월을 여러 겹 덮은 가슴에는 땀이 많이 나와서 땀띠가 생겼다. "아주 전신 일광욕을 합시다그려" 했더니, 주치의는 "행, 또 딸기를 보고 싶소? 절대로 안 돼요" 하는 것이었다. 그렇다면 새너토리엄에 오기 전에 해변가에 가기 전에 한데서 가슴팍만 드러내고 삼십 분씩이나 일광욕을 했던 것이 얼마나 몸을 상하게 한 일이었을까 하고 생각하는 것이었다. 아침부터 종일토록 하반신의 일광욕을 계속했다. 그런 다음에 가슴을 오 분만 내놓아 보았다. 다음 날은 십 분을 내놓아 보았다. 간호부도 놀라고 환자들도 놀라는 것이었다. 조심조심, 시간을 늘려갔다.

낮에는 아침부터 일광욕을 하노라고 발가벗고 있었기 때문에 수자는 대개 저녁에 놀러 왔다. 고용 간호부가 있을 때와 달라서, 또 밤이기 때문에 청자와 같이 오거나 간호부를 억지로 끌고 들어오기도 했다. 혼자 오는 때면 오래 있지는 않았다. 청자는 같이 와도 그저 한편에서 책을 읽고 있는 때가 많았다. 나이도 서넛 위지만, 척추 셋째 뼈와 요추 한 개가 상해서 신장이 줄어들었고, 항상 고름이 나오고 신경통도 가끔 일으키는 병을 오래 앓아온 여자라, 생각하는 거나 태도가 나이보다 훨씬 어른 티가 있었다. 시나 써 가면서 사는 날까지 살자는 체념이 선 여자 같았다. 수자가 샐샐거리다가 늦어서 돌아가려고 하면, 청자는 책을 읽다 말고 "가?" 하고는 상냥히 인사를 하고 나갔다. 무슨 이야기들을 주고받고 있었는지 나는 모른다, 알 필요도 없다는 태도 같았다.

밤도 춥지 않은 어느 날이었다. 밤도 늦어서 조용해졌을 때, 유리장지를 조심스레 여는 소리가 났다. 가슴이 선뜻했다. 청자였다. "놀라지 않으셔도 좋아요. 지금 마악 수자가 잠이 들어서 잠깐……" 하고 소파에 앉으며 이야기를 꺼내는 것이었다. 수자와 결혼할 약속이 있느냐고 묻고, 없다니까, 할 의사는 있느냐고 재차 묻는 것이었다. 아무하고도 결혼할 생각이 없다고 대답했다. 그러자, "야단났어요. 집에서 부모가 허혼(許婚)해놓은 자리가 있는 모양야요. 문벌(門閥)도 높은 집 외아들이래요. 수자도 만나봤대요. 그런데 갑자기 안 하기로 결심했다는 거예요. 매일같이 부모에게서 편지가 오고 야단이야요. 죽어도 안 가겠다는 거예요. ……수자를 좋아하는 하시죠? 사랑한다는 말씀을 하셨어요? 무어 수자가 그렇게 결심할 만한……” 하고는 눈치를 보려고 하는 것 같았다. 그렇게 결심할 만한 무슨 행동이 있었느냐는 말뜻이었다. 아무 일도 없었다, 그렇게 생각할 리가 없다고 대답했다. 청자는 빤히 내 얼굴을 바라보더니 어설픈 웃음조차 띠며 “저도 그러실 줄 알았어요. 제 짐작이 맞았어요. 그쯤은 저도 짐작이 갔어요” 했다. 오히려 마음이 놓였다는 듯이 말했다. 청자가 아주 웃어버리니, 그것은 마치 수자를 비웃는 것 같아서 이건 또 무슨 뚱딴지같은 수작이냐 마주 웃을 수는 없었다. 그렇지만 수자가 그렇게 생각하고 있다면 그쯤 생각하게 한 책임이 나에게 있지 않겠느냐고 물었다. 그러자 청자는 소파에서 일어서며 “책임은 무슨 책임이 있어요. 걱정 마세요. 제가 같이 있으니 염려 마셔요” 하고, “그럼 안녕히 주무세요” 하며 싱글거리고 나가는 것이었다. 갈피를 잡을 수 없는 일이었다.

 수자 일이 걱정이 되어서 수자가 잠이 들기를 기다려 살짝 찾아왔다는 청자가, 수자와 아무 일이 없다는 말을 듣자 얼굴이 풀리며 웃음조차 보이고 나가는 것이 알 수 없는 노릇이었다. 전등을 끄고 누웠으나 잠은 달아나고, 이 생각 저 생각에 눈만 말똥거려졌다. 수자가 죽으면 어쩌나 하는 생각까지 떠올랐다.

 이튿날은 수면부족이라 일광욕을 쉬기로 하고 일어나지 않았다. 수자와 청자가 놀러 왔다. 그날부터 청자는 꼭 따라왔다. 청자는 까닭 없이 가끔 웃는 얼굴을 보였다. 수자가 모르는 일을 너하고 나하고만 아는 일이 있지, 하는 그런 눈시늉이었다. 난처한 일이었다. 자작시(自作詩)를 보여주기도 했다. 사랑의 노래였다. 고인(古人)의 짙은 사랑의 노래를 적어주며, 알겠느냐고도 했다. 수자는 자기 이야기는 일체 하지 않았다.

  5월 초순이었다. 다 저녁때였다. 낭하가 소란해졌다. 층층대를 오르내리는 남자 여자의 발걸음 소리와 짐을 질질 끌어 오고 끌어 내려가는 소리가 들리더니, 드르륵 유리 장지 여는 소리와 함께 도어를 열고 수자가 들어섰다. 머리는 흐트러져 있지만 외출옷을 입었고, 울었는지 울먹거리고 있는지 분기 없는 얼굴을 푹 숙이고, "그동안 신세 많이 졌어요. 지금 퇴원해요. 어머니가 와서 곧 가야 해요" 했다.

  나는 가슴이 설렁했다. 청자에게 들은 말이 있었지만 이렇게 빨리 올 줄은 몰랐다. "집에 가면 양친(兩親)의 말씀 잘 들어요. 다 수자의 행복을 위해서 걱정해주시는 것이니……" 그런 말을 했다. 수자는 발딱 얼굴을 들었다. 장난꾸러기 같은 웃음을 지으며 "네에" 하고 바라보더니, "기다리고 있겠어요, 빨리 퇴원하고 오세요" 그러면서 도어와 유리 장지를 한꺼번에 닫고 층층대를 통탕통탕 내려가는 것이었다.

  늦게 청자가 와서 전후 사정을 알 수 있었다. 어머니가 사환을 데리고 왔다. 병실에 들어오더니 인사를 받을 생각도 하지 않고 다짜고짜로 이불을 꾸리게 하고 짐을 싸더라는 것이었다.

  짐은 오늘로 부치고, 역전 여관에서 하룻밤을 자고, 내일 첫차로 떠난다고 하더라는 것이었다. 수자는 처음에는 발끈해하더니 어머니가 들은 체를 않으니 어이가 없다는 듯이 어머니 하는 대로 보고

만 있더라는 것이었다.

　노크 소리와 호들갑스런 웃음소리와 같이 도어가 열리고 간호부가 꽃을 한아름 안고 들어왔다. 수자가 여관 사람을 시켜 보내왔다는 것이었다.

　봉오리 많은 글라디올러스 한 묶음과 산에서 꺾어 온 방울꽃이 큰 봉지에 담겨 있었다. 산에서 꺾은 방울꽃의 향기로운 냄새가 온 병실을 휩쓸었다.

　무시로 들어와서 빵끗이 웃는 낯을 보이던 수자가 퇴원하니, 무엇 하나가 없어진 것이 아니라 모두 잃어버린 것같이 허전했다.

　이튿날 저녁, 엽서 한 장을 받았다. 차중(車中)에서 써서 여덟 째 역에서 붙인 것이다.

　　식사하실 때
　　건포도를 넣어
　　자셔요.
　　　　　수자

　일광욕은 가슴과 잔등까지 앞뒤를 오전 중 만은 할 수 있었다. 찾아올 사람 없는 병실 베란다에서 하느니보다 밖에 나가서 하고 싶었다. 정원의 큰 나무 그늘에 등침상을 준비하게 했다. 주전자를 들고 농립모를 쓰고 큰 타월을 어깨에 걸치고 나갔다. 아무도 없는 곳에 준비해놓았다는 것이 벌써 양쪽에 같은 등침상에서 일광욕을 하는 환자가 있었다. 식당에서 식사하게 된 후로 원내의 환자는 거의 알게 되었고, 증세도 대강 짐작하게 되었던 터라 곧 알아볼 수 있었다.

한 사람은 요추 카리에스로 신장(身長)이 줄어들어서 뒤로 자빠지듯이 걸어다니는 수다스런 사람이었고, 또 한 사람은 신장(腎臟) 하나를 도려내고 또 불알 한쪽을 수술한 넙데데한 사람이었다. 불알이라야 부고환(副睾丸)을 수술하는 것이니 겉 볼상은 아무 일이 없다고 했다. 이 사람이 수술할 때의 이야기를 간호부들에게 들은 일이 있었다. 수술대에 눕자 아무 말 없이 눈물을 뚝뚝 흘리더라는 것이었다. 그리고 간호부가 면도로 음모(陰毛)를 깎을 때는 그래도 발기하더라는 것이었다.

그것을 간호부는 손가락 두 개를 모아서 인정사정없이 탁 튀기면 '헤에' 해버리고 환자는 죽는 소리를 하더라는 것이었다. 그렇지만 그것을 보면 모욕을 당하는 것 같아 인정을 쓸 수는 없더라고, 간호부들은 말하는 것이었다. 그런 짓을 세 번이나 하느라고 우스워서 죽을 뻔했다는 이야기를 들은 일이 있었다. 이 환자가 나와 같이 네 시간이나 일광욕을 할 수 있으리라고는 생각할 수가 없었다.

"어서 오세요. 하도 자리가 좋기에 같이 하려고 왔지요" 하고 두 사람은 인사를 하는 것이었다. 수다쟁이는 엎디어서 궁둥이까지 하고 있었다. 넙데데한 사람은, 이건 일광욕이 아니었다. 옷 입고 전신(全身) 그늘에 누워서 발끝만 내놓고 책을 보고 있었다. 나는 얼굴을 그늘지게 자리 잡고 농립모를 얼굴에 덮고 누웠다. 넙데데한 사람은 별로 말이 없었으나 수다쟁이는 입을 다물지 않고 연달아 이것저것을 묻기도 하고 된 소리 안된 소리를 씨부렸다. 주전자의 물을 다 마신 것을 기화로 열두 시가 되기도 전에 그만 병실로 돌아왔다. 재기 불능의 전 병신(全病身)들이 둘레를 에워싸고 집적거리는 것 같아 불쾌했다.

청자가 만면 웃음을 띠고 들어오는 것도 싫었다. 꼽추에 고름 질질 흐르는 몸뚱이가 들여다보이는 것 같았다. 그럴수록에 수자는 깨끗한 사람이었다고 생각하게 되었고, 그가 나보다 신열이 높으면서도 내 몸 걱정만 해주고 무시로 와주었던 일을 고맙게 생각하는 것이었다. 절대안정을 삼 개월 동안 계속할 수 있었다는 일은 수자 없이는 생각할 수 없는 일이라고 생각하게 되었다. 늘 샐샐거리고 드나들어주었기에 심심치 않게 곱단히 누운 채 석 달을 지내게 되었다고 생각하게 되었다. 고마운 여자다. 아직 죽기에는 이르다고 나를 위해 하늘이 보낸 선녀가 보다고 생각하는 것이었다. 고마운 사람이 행복하게 되도록 하늘에 빌자고 생각했다.

수자의 행복은 부모의 말대로 결혼하는 것이라고 생각했다. 나는 그를 행복되게 할 수 있는 상대도 아니고, 결혼할 생각도 없고, 결혼이라는 것조차 생각해볼 생각이 없었다.

새너토리엄 안에서 나만큼 장시간의 일광욕을 하는 환자는 없었다.

내가 일광욕을 끝내고 병실에 돌아오면 여환자가 많이 놀러 왔다. 꽃을 가지고 오기도 하고 먹을 것을 들고 오기도 했다. 간호부들은 내가 걸칠 옷을 다투어 솜씨 있게 바느질해 갖다 주기도 했다.

밤이면 여환자와 간호부까지 섞여서 유성기를 가지고 와서 늦도록 음악을 즐기고 웃음소리가 그치지 않았다.

놀러오지 않는 여환자가 한 사람 있었다. 백화 병동 아랫층 저쪽 끝 방에 있는 스물 예닐곱 살의 미모의 여인이었다. 경찰서장의 부인이라고 했다. 식당에 나오지 않는 환자니 나와는 인사가 없었다. 그 방에는 남환자가 많이 놀러 간다고 들었다. 부인은 집에서 보내오는 과자를 항상 대접하고 남환자들이 놀러 오는 것을 좋아한다고 했다. 그러니 백화 병동 이층 동쪽 방에는 남자 방에 여자들이 모이고, 아래층 서쪽 방에는 여자 방에 남자들이 모이는 구락부같이 되었었다.

식당에서 나올 때 수다쟁이 요추 카리에스가 따라오면서 "원, 좀 놀러 나오시구려" 하고 서장 부인 병실에 밤이면 많이 모인다는 말을 했다. 뒤로 나자빠질 듯이 걸어오면서 "당최 방에서 나오지를 않고 여환자들하고만 논다고 시비하는 사람이 있습니다" 하고 말하는 것이었다. 뜨끔했다. 시비를 하다니, 나보다 키 크고 우락부락하게 생긴 환자도 그 방에는 많이 모인다고 들었는데, 그런 환자들이 시비를 하고 있다면 이건 큰일 났다고 생각했다. 그러나 문득 그들의 꼴이 머리에 떠오르자 픽 웃음이 나왔다.

갑옷 같은 코르셋을 입고 있는 등뼈 썩은 것, 갈빗대 썩은 것, 신장 한 개 도려낸 것, 사타구니로 심줄이 빠져 나온 것, 한 다리가 발등까지 관절마다 썩어서 작대기를 양쪽에 끼고 껑충껑충 뛰어 다니는 것이 아니면, 발등 오 분의 일광욕도 못하고 귀를 대고 청진을 해도 갈잎 찢어지는 소리가 나는, 그런 것들이 시비를 걸어온댔자 무슨 짓을 할 수 있겠느냐고 생각하는 것이었다.

나와 맞서 봤자 신열이 오를 것밖에 없어, 그런 생각이었다.

그러나 갑옷 같은 코르셋과 작대기가 어른거리면 겁나지 않은 것도 아니었다. 인생의 패잔자(敗殘者), 현세에 아무 희망도 가지지 못하는 그들이 겁나지 않을 수도 없었다. 그렇다고 어름어름 그들의 방을 찾아 들어갈 생각은 나지 않았다.

일광욕은 전신을 앞뒤로 종일 하게 되었다. 하루 여덟 시간이나 전신 일광욕을 한다는 것은 새너토리엄 개설 이래 처음이라고 원장도 좋아했다.

8월의 더위도 해만 지면 고원의 바람이 가을바람같이 선선했다. 서너 명 여환자들이 놀러 와 있을 때였다.

딱딱한 노크 소리가 나고 들어선 사람은 요추 카리에스 수다쟁이와 키가 장승같은 토건청부업자라는 늑막염 환자였다.

수다쟁이가 입을 헤 벌리고 실실거리며, "좀 말이 있다고 해서……" 하며 뒤를 돌아다보니 늑막염이 척 나섰다. "좀 조용히 할 말이 있어서요" 하며 여자들을 보는 것이었다.

자리를 비키라는 태도였다.

여자들은 그만 슬금슬금 나가버렸다.

늑막염은 벌써 열이 오르는지 얼굴이 벌게지고 씨익씨익 숨이 가빠졌다. 거위같이 목을 길게 뽑았다가 오므렸다가 하며 끊어지지 않는 침을 삼키더니, "다른 게 아니라요, 이거 야단났어요. 뭐 여자 같은 친구가 있었어요. 같이 놀아주지 않는다고 어떻게 좀 사이에 들어서 중재를 해달라니 사내대장부가 못하겠다 할 수도 없고, 어떡하겠소. 왔지요. 하긴 한쪽 잘라낸 친구라 어째 좀 여자 같은 수작이기는 하지만, 에헤 헤" 하고 비굴한 웃음을 웃는 것을 보니 짐작이 갔다.

넙데데한 환자를 말하고 있는 모양이었다. 불알 한쪽을 수술한 그 사람은 중성이 되어가고 있다는 말을 간호부들에게 그때그때 여러 번 들은 일이 있었다. 변덕이 심해지더라는 이야기, 남자들과 같이 입욕하기를 싫어하고 꼭 독탕만 한다는 이야기, 갈수록 살결이 희어지고 젖가슴이 부풀어 올라 가슴 드러내기를 대단히 꺼리더라는 이야기. 벌써 거의 중성이 된 모양이라는 이야기를 간호부들에게 들은 기억이 떠올랐다.

늑막염은, 알아들었지요? 하는 듯이 목을 한번 뽑았다가 오므리며, "그러니 어느 편이 나쁜 것이 아니라 그저 여기 있는 동안 동병상련이라, 다 같이 사이좋게 지내야 하지 않겠소? 이쯤 되면 누가 누구를 찾아간달 수도 없고, 오늘은 내가 수박 한 개를 사서 한턱 쓰겠으니 두 편이 다 나와서 그것도 어느 편 방이 아닌 중간에 모두 모여서 하룻밤 놀자"는 것이었다.

"그럼 준비하겠다"고 나간 두 사람은 이내 도로 들어왔다. "자아, 준비가 되었으니 두 방에서 동시에 나서야 한다"며 나가기를 재촉하였다. 애당초 준비해놓고 교섭을 왔던 모양이었다.

가는 곳은 본관 이층이었다. 동쪽 층층대로 올라가니 넙데데 일행은 서쪽 층층대로 올라왔다.

정 가운데 강당에 모였다.

칠팔 명이나 되었다.

가운데 소반에 큼직한 식도를 푹 꽂은 수박 한 개가 보였다.

작대기, 갑옷들이 둥그렇게 서 있는 가운데 식도를 푹 꽂아놓은 수박 한 개가 놓여 있었다. 어마어마한 광경이었다. 늑막염은 크게 웃으면 가슴이 결릴까 봐 힘 들이지 않고 너털웃음을 웃으려니 끼륵끼륵 소리만 났다.

그리고 내 손과 '중성'의 손을 이끌어 악수를 시키는 것이었다. 중성은 시비한 사람 같지 않았다. 수줍어하며 또 한 손마저 내어 두 손으로 내 손을 꼭 쥐는 것이었다. 힐끔 쳐다보니 눈은 원망하는 것 같은 눈매가 이상한 빛조차 내뿜는 것 같았다. 온갖 병신들이 일제히 낄낄낄 웃었다. 원만한 해결을 보았다는 유쾌한 웃음이었으리라. 오백나한이 일제히 이빨을 보이며 웃어대는 것 같았다. 수박 한 쪽을 먹는 둥 만둥 하다가 병실로 돌아왔다.

한 달이나 지난 어느 날 새벽녘이었다. 비명 같은 고함 소리에 놀라 깨었다. 동이 트기에는 아직 멀었다. 어둠을 뚫고 들려오는 고함 소리는 군대를 지휘하는 호령 소리였다. 새너토리엄에서도 한참 올라가는 산기슭에서 호령 지르는 소리였다. 동이 트기도 전에 캄캄한 산기슭을 찾아 올라가서 허공을 바라보며 "차려엿! 우로 나란히잇! 앞으로 가앗! 뒤로 돌아가앗! ……" 하고 쉴 새 없이 고함을 지르는 소리는 넙데데한 그 사람의 목소리였다. 어쩌면 울음 섞인 울부짖음 같기도 하고 미친 소리 같기도 했다. 하늘아 찢어져라. 땅아 꺼져라는 듯이 호령을 지르는 것이었다. 전신(全身) 소름이 끼쳤다. 말도 안 하고 수줍어하기만 하던 그 사람의 어디서 저런 우람찬 소리가 나올까 싶었다. 비명은 속도를 가해 갔다. 바야흐로 성(性)에의 완전한 별리(別離)를 고하는 최후의 비명인 것이었다.

낮에는 종일토록 일광욕을 하기 때문에 저녁에는 침대에 누워서 안정을 취했다. 여자들이 많이 놀러 와도 일어나지도 않았다. 그들도 으레 그런 것으로 생각했고, 침대에서 나오면 첫째 앉을 자리가 없기도 했다. 두 개의 의자와 네 사람이 앉을 수 있는 소파가 있을 뿐이었고, 그 자리는 여자들의 자리였다. 여자들이 들어오는 것은 언제나 즐거운 일이었다. 여자들은 청자를 제외하고는 대개 폐첨(肺尖)이니 폐침윤(肺浸潤)이니 늑막염(肋膜炎) 따위였다. 열이 39도라도 창백한 얼굴이 홍조되어 오히려 아름다워 보일 뿐이었다. 간호부들도 몸이 약해서 요양삼아 올라와서 근무하는 사람들이지만, 병 티가 보이지는 않았다. 흰 벙거지 흰 옷을 종일 입고 있어야 하기 때문에 분칠을 넉넉히 해야 어울렸고, 그것은 아름답게 보이지 않을 수 없었다.

  그런 여자들이 매일 밤 모여서 샐샐거리고 즐거운 시간을 보내는 것은 내 몸과 마음을 거뜬하게 해주는 것이었다. 모두가 내게 새로운 생명을 부어주는 샘물 같고 복받을 수 있는 음악을 들려주는 것 같았다. 수많은 사람이 밑바닥 없는 진창 늪을 건너간다고 생각한다. 구원 길 없어 생명이 진(盡)하면 밑바닥 없는 진창 늪으로 소리도 없이 자취도 없이 빠져버린다고 생각한다. 구원받은 생명만이 그 위를 발에 진창을 묻히지도 않고 둥둥 걸어간다고 생각한다. 여태까지 내 주변에서 나를 즐겁게 해준 많은 여자들이 나를 둥둥 걸어가게 해주고 있다고 생각한다. 그 여자는 열이 39도를 내리지 않고 맥박이 100을 넘어도 능금 같은 볼에 웃음을 띠며 나를 바라보고 있다. 그의 생명의 샘은 말라들어 가고 불꽃은 꺼져 가는데도 내 발이 진창에 닿지 않도록 노래를 부르고 있다고 생각한다. 작대기를 끼고 껑충껑충 뛰어 다니는 관절염이나 갑옷 같은 코르셋을 입은 카리에스 남자 환자가 가까이 오면 그것은 진창 늪에 빠져 들어 가면서 내게 매달리는 사람같이 생각되는 것이다. 붙들렸다가는 나마저 끌려 들어가는 판이라고 생각한다. 남환자들의 집적거리는 것을 피하기 위해서도 일요일마다 기차를 타고 호수 있는 도시로 놀러 갔다.

스승은 한 달에 100원씩을 꼬박이 보내주었다. 절대안정의 삼 개월은 전용 간호부 비용과 주사 등의 처치료가 덧붙어 60원이 채 못 되는 입원료와 합쳐서 겨우 맞먹었지만, 일광욕을 하게 되어서부터는 돈이 남았다. 고향에서 친구가 보내준 돈도 있었다. 퇴원해서 직장으로 돌아가려면 번화한 거리를 걷고도 피로를 느끼지 않을 만큼 단련을 쌓아야 할 것이라는 생각도 있었다. 혼자 가는 일은 없었다. 간호부든 환자든 여자 둘이나 셋은 동반했다. 즐거운 시간을 보내는 것은 모두가 생명에의 양분이라고 생각했다.

수자에게서는 자주 편지가 왔다. 그러나 한 번도 답장을 쓰지는 않았다. 나를 밑바닥 없는 진창 늪 위를 둥둥 건너가게 해준 고마운 사람이라고는 생각하지만, 고마운 사람이라고 그 사람을 끌고 가려다가는 빠져들어 가는 그 사람에게 끌려서 내 몸마저 흔적도 없이 빠져버리게 된다. 그 사람도 둥둥 건너가게 되기를 바라는 마음은 있으나 답장을 주는 것이 그것은 아니라고 생각했다.

모르는 여자의 편지를 받았다. 수자의 동무가 보낸 편지였다.

수자는 병세가 나빠져서 쇼난(湘南)에 있는 별장으로 전지(轉地)했다. 수자는 부모가 정혼한 자리로 출가하기를 결사적으로 거부하고 있다. 수자를 구할 사람은 당신밖에 없다. 가장 가까운 동무로서도 당신이 수자를 구해주기를 바라는 수밖에 아무 도리가 없다는 편지였다. 수자가 결사적이라고는 하지만 죽어서는 안 된다고 생각했다. 나를 원망하고 스스로 목숨을 끊는다면 그것은 밑바닥에서 나를 끌어들이는 귀신이 되는지도 모른다고 생각했다. 그 미지의 여인에게 답장을 썼다. "나는 수자를 구해줄 수 있는 사람은 못 되오. 먼저 건강을 회복하도록 당신이 우정을 기울여주시오." 그렇게 썼다.

내 방의 단골은 별 여자가 다 있었다. 브라질이란 나라에 가서 몇 해 살다가 왔다는 양장으로만 지내는 여자도 있었고, 폐병으로 이혼해서 병이 더 돋혔다는 여자도 있었고, 남편이 한 주 걸러 일요일마다 찾아오는 여자도 있었고, 여학생도 있었다. 그중 나이 어린 여학생은 여학교 졸업반에서 입원해 온 여자였다. 머리는 따 올렸으나 옷은 어린애 옷을 입고 있었다. 나이가 어린만큼 열이 높아도 기운이 좋았다. 열일곱 살짜리 이 환자가 가장 투기가 심했다. 다른 여자들이 무슨 이야기를 하면 한쪽에서 들은 체도 하지 않고 빤히 내 얼굴만 바라보고 있었다. 내가 어쩌다 웃으면 '체, 그까짓 이야기가 무엇이 그리 재미있어?' 하는 듯이 입을 뽀루퉁했다가 샐쭉하기도 하며 눈독을 들여 쏘아보는 것이었다. 어쩌다 열일곱 살짜리가 혼자 있을 때면, 그렇게 따지고 들기도 했다. "엊저녁 그 소박데기 얘기가 무엇이 그리 재미있어서 입을 벌리고 웃었어!" 그런 식이었다. "브라질은, 그건 또 무어야. 산전수전 다 겪은 퇴물 아냐!" 하기도 하고, "그 짙은 화장하는 탈바가지는, 그건 또 무엇 하러 매일

오는 거야. 남편이 그렇게 정성스레 찾아오는데 그동안 국대로 안정이나 하고 있으면 훨씬 빨리 나을 것을, 남편만 다녀가면 열이 있어도 짙은 화장하고 이 방에 와서 사니, 무슨 꼴이야. 그것들을 보면 신물이 나! 그 썩어빠진 것들하고 같이 어울려서 껄껄대는 당신도 쑥야!" 그런 말을 막 퍼부었다. "나하고 결혼해줄래?" 그런 말도 했다. "요것 봐라, 너는 아직 어린애"라고 하면, "왜 내가 어린애냐"고 대들기도 하고, "어서 병실에 가서 안정을 해야 하지 않느냐"고 하면, "병실에 누워 있으면 우울해서 병이 더할 것만 같다"고도 했다. 한 방에 여러 사람이 있는 용담 병동에 있었다. 결혼을 하면 병이 물러갈 것 같다고도 말했다. 열이 높은 폐첨 카타르*였다. 집에서 보내 온 것이라고 메뚜기 볶은 것을 갖다 주었다. 맛이 좋고 몸에 좋은 것이라고 했지만 집어 먹지는 못했다. 열이 내리지 않는데도 산에 올라가서 남자같이 넙죽넙죽 걸어다니며 가을꽃을 꺾어다 주었다.

고원에는 가을이 빨리 왔다. 봄에는 백화(百花)가 차례도 없이 활짝 피었고, 9월 들어 바람이 선선해지니 걷잡을 수 없이 가을이 다가왔다. 낮에는 자외선이 세어서 볕이 따가울 지경이지만 아침저녁은 겹옷이 아니라 껑충 뛰어 솜옷을 입어야 했다. 앞뜰과 뒷산에는 여름내 눈에 띄지 않던 갈대만 우거져 너울거리고 있었다. 가을바

---

* 폐첨 카타르(肺尖 catarrh): 폐의 위쪽 동그스름하게 솟은 끝 부분에 발생하는 결핵성 염증. 폐결핵의 초기 증상이다.

람이 세어지니 하늘에는 구름이 적어지고 새너토리엄은 조용해졌다. 병동마다 기침 소리가 새로웠고, 누가 각혈했다, 누가 절대안정이라고 들려왔다. 얼음주머니에 넣을 얼음 깨는 소리가 여기저기서 들려왔다.

밤중에 서성거리는 인기척이 들리면 그것은 한 사람의 환자가 대열에서 떨어져 나가는 일이었다. 이튿날 아침에 그 병실은 비어 있고 소독약 냄새를 풍겼다. 어느 병동에서도 눈에 띄지 않는, 뒷산 너머에 있는 시체실로 옮겨 가 있는 것이었다. 그런 날은 새너토리엄 전체가 죽은 듯이 고요했다. 나는 일광욕을 쉬지 않았다. 낙엽이 가슴에 궁둥이에 다리에 무수히 와서 부딪혔다. 이 무서운 가을바람의 공세를 이길 수 있으면 사는 것이요, 여기서 한번 주춤하면 도루래미가 아니라 생명이 위험한 것이다. 첫 가을바람의 공세를 무사히 넘길 수 있었다.

10월 초였다. 곧 돌아올 수 있겠느냐는 전보를 받았다. 나는 자신이 있다고 생각했다. 주치의도 이 겨울을 내처 여기서 지냈으면 완전하겠지만 그것은 욕심일는지 모르겠다고 퇴원해도 좋을 것이란 의사였다. 한 달이나 고작 두 달만 입원할 생각으로 온 것이 열한 달이 되었으니, 더 있겠다고 할 염치도 없는 일이었다. 일광욕은 총계 330여 시간, 새너토리엄 개설 이래 초유의 사실이라고 원장은 이 새너토리엄의 자랑 삼아 학회에 보고하겠다고까지 말했다.

10월 4일, 나는 퇴원했다. 3천 척 산상에서 하계(下界)로 내려가는 것이었다.

스승은 흑인같이 까맣게 타고 번질번질 윤 흐르는 내 얼굴을 보고 웃으며 반기었다. 자택 이층에 하나밖에 없는 넓은 객실에 유숙(留宿)하라고 했다. 부인은 손수 요리를 해서 좋은 조석(朝夕)을 주었다. 퇴원했다고는 하지만 폐병 환자요 새너토리엄에 일 년이나 있던 자를 어린 자녀 있는 자택에 상객(上客)같이 유숙하게 하는 스승을 다시 한 번 생각하는 것이었다.

직장의 형편은 달라졌다. 잡지를 여러 가지 발간하고 있었지만, 내가 관계하던 잡지는 S 주임 이하 전원 네 사람이 모두 퇴사 처분을 당했던 것이다. 잡지는 그때 처음으로 실화(實話)라는 것을 모집해서 신기로 했었다. 10월호에 제1회로 발표한 것이 검열에 걸려서 삭제 처분을 받았다.

어떤 중년 남자가 뱃멀미가 심했다. 내외가 바다를 건너는데 뱃멀미가 심해서 정신없이 아내와 관계했다. 그 일이 끝나니 뱃멀미가 거뜬히 없어지고 쾌적한 항행(航行)을 할 수 있었다. 다음에 남자가 혼자서 돌아오게 되었는데, 역시 뱃멀미가 심했다. 옆에 누워 있는 부인도 뱃멀미에 시달리고 있었다. 정신없이 관계가 되었다는 실화였다.

삭제 처분이란 그 지면 서너 장을 일일이 찢어 없애야 하는 것이었다. 스승은 대노했다. 정치 문제나 사회 문제로 행정 처분을 받게 되었다면 모르되, 풍속양란(風俗壤亂)이란 견딜 수 없는 일이다, 편집자들 전부 그만두어라, 하고 내쫓은 것이었다. 주위에서 한번만 용서해주라고 아무리 말해도 듣지 않았다. 나는 갑자기 그 일을 맡아보게 되었다. 산에서 내려오자 갑자기 맡아보게 된 일은 고된 일이었지만 신이 나지 않을 수 없었다. 재주껏 일해서 성적을 올릴 수도 있는 일이기 때문이었다. 다른 잡지의 편집자들도 일 년 만에 돌아온 나를 반가이 맞아주었다. 한잔하자고 화려한 밤거리에 나서자는데 주저할 수는 없는 일이었다.

휘황한 샹들리에 아래 오고 가는 여자는 일 년 만에 재회하는 구면(舊面)도 있었지만 새로 등장한 여자도 많았다. 신선하고 아름다운 유혹이었다. 번쩍이는 글라스에 넘치는 황금빛 칵테일도 어쩔 수 없는 매력이었다. 그러나 흥이 도도하기 전에 나는 일어서야 했다. 몸을 위해서 뿐이 아니었다.

스승은 새벽에 집필하고 밤에는 집필하는 일이 없었다. 온 가족이 일찍 자기 습관이었다. 내가 늦게 들어갈 수는 없는 일이었다. 열흘이 되는 날 스승의 댁을 나왔다. 신청해놓은 아파트는 아직 방이 나지 않았지만, 여관에 하숙을 하기로 했다.

그 여관으로 수자가 찾아왔다. 일요일이었다. "예쁜 손님이 오셨어요" 하고 하녀가 인도했다. 나는 일찌감치 가마쿠라에 가려던 참이었다. 브라질 갔다 왔다는 양장 여인이 가마쿠라에 전지(轉地)하고 있으니 한번 와달라는 편지를 보냈기 때문이었다. '브라질'을 문병도 할 겸 사(社)를 그만둔 S 주임도 찾아볼 생각에서였다.

수자는 긴 머리를 새색시같이 빗어 올리고 점잖은 옷차림을 하고 있었다. 퇴원했다는 소식을 듣고 쇼난 별장에서 그만 돌아왔다고 하며, 인젠 결혼해달라고 말하는 것이었다. 나는 결혼 같은 것은 꿈에도 생각하지 않고 있다고 말했다. 일요일인데 어디를 가려고 이렇게 일찍 서두느냐고 물었다. 가마쿠라에 사는 S 주임께 인사를 가야 한다고 대답했다. 어서 가세요, 하고 새침해서 일어섰다.

브라질은 조그만 집 한 채를 얻어 가지고 있었다. 침대에서 일어나지를 못했다. 수척할 대로 수척해 있었다. 시중하고 있는 누이동생은 통통하게 살찌고 물앵두같이 아름다웠다. 시집갈 나이였다. 큰길까지 전송을 나오며, "가끔 좀 와주세요" 했다. "무엇 하러? 글렀는데!" 했더니, "글쎄, 그런 것 같아요. 큰일 났어요" 했다. "자네를 보러 올까?" 했더니, "아이, 망칙해. 언니를 위해서 말야요" 하며 웃음 띤 눈으로 흘겨보았다.

　S주임은 없었다. 집에 돌아오지 않는 날이 많다고 했다. S 주임도 몸이 약한 사람이었다. 양인(洋人) 같은 미남자지만 폐환(肺患)을 앓기 때문에 더 미남으로 보이는 편도 있었다. 기침을 콜록콜록 하는 천식의 발작도 가끔 있었다. 그런 때면 코에 코카인제를 흡입시켰다. 고무로 만든 흡입기를 늘 가지고 다녔다. 미모의 아내는 많은 경쟁자를 물리치고 S 주임이 차지한 것이었으나, 삼 년을 살았는지 내가 새너토리엄에 있을 때 헤어졌다는 것이었다. 헤어진 아내는 바의 마담으로 나서고 S 주임은 가마쿠라에 돌아오지 않는 날이 많다고 했다. 직장마저 떨어지니 생활에 파탄을 일으킨 모양이었다. 만날 길이 없었다.

　다른 잡지의 N 주임이 알선해준 아파트는 새로 된 육층 집이었다. 독신자 아파트이자 육층에는 저널리스트만이 있었다. N 주임도 거기 있었다. 여관에 하숙한 지 며칠 안 가서 육층에 방이 나서 아파트로 옮겼다. N 주임이 그 아파트에서 뻐기기 때문에 수백 명 신청자를 물리치고 나를 들어가게 해준 것이었다. 아파트의 세 평짜리 방은 넓지는 않지만 새너토리엄의 연장같이 생활할 수가 있었다.

팔층 빌딩의 사층에 있는 사무실과 지하실 그릴에서 거의 하루를 지내고, 아파트 육층 방에 돌아오면 안에서 잠가버리고 누워서 안정을 취할 수 있었다. 직장과 거리가 가까워서 낮에도 고단하면 가끔 아파트에 돌아와서 안정을 취했다. 젊고 발발한 저널리스트만이 사는 육층은 밤이라는 것이 없었다. 야근하는 신문기자는 낮에 자고 저녁에 출근하고 새벽에 돌아왔다. 바의 여왕들은 바의 문이 열리기 전에 놀러 와야 했고, 여배우, 영화배우, 가수, 레뷰 걸(revue girl)은 극장이 파한 후라야 어울려서 육층 '천국(天國)'을 찾아왔다. 이미 엘리베이터가 쉰 후라 육층까지 층층대를 올라오는 등산곡(登山曲)이 요란했다. 전기와 가스는 언제나 있으니 물을 끓여 차는 언제나 마실 수 있고, 술과 안주도 떨어지지 않았다. 그래도 날이 새면 눈썹이 붙고 눕고 싶어진다. 침대는 싱글이 한 방에 하나다. 이것을 분숙(分宿)시키노라고 이 방 저 방에 하나씩을 맡겨야 했다. 그래도 나는 도어에 '부재(不在)'라는 표식을 해놓고 모르는 체다. 노크해도, 무슨 말을 해도, 못 들은 체했다. 영화나 레뷰의 스타를 하나 끼고 잔다는 일은 멋진 일일는지 모르나, 싱글 베드에 둘이 잔다는 것은 편안치 않은 일이요, 내 몸을 괴롭히는 일, 상하게 하는 일이라고 생각했다. 멋보다도 즐거움보다도 건강한 친구들의 시비보다도 내 생명을 연장시켜야 한다는 생각이었다.

구내전화는 지하실 그릴에서 수자가 건 것이었다. 만나자는 것이었다. 그릴로 내려갔다. 낮에도 켜 있는 가스등의 푸르스레한 조명 아래 소파에 앉아 있는 수자는 소파가 더블 침대만큼이나 보이게 초라했다. 아무렇게나 입은 옷차림이었다. "보세요" 하고 머리를 가리켰다. 칭칭 감아서 빗어 올리던 머리가 단발머리로 되어 있었다. 그것도 가만히 보니 한편은 길고 한편은 짧았다. 머리를 휘휘 돌려서 그것을 보여주었다. 신랑감을 몇 번 대도 수자가 듣지 않으니, "이것이 최후다, 이번에도 네가 아버지의 말을 듣지 않으면 내 자식으로 생각하지 않겠다"고 하기에 그 자리를 나와 제 방으로 가서 가위로 머리를 되는대로 잘라버리고 아버지 어머니 앞에 가서 "저의 대답은 이렇습니다" 했다는 것이다. 머리를 잘라버린다는 것은 파마를 한다는 것이 아니라, 그때는 인생을 포기한다든가 절에 들어가서 중이 되겠다든가 하는 결사적인 태도였던 것이다. 그리고 그 길로 나를 찾아왔다는 것이었다. 소름이 끼쳤다. 결혼이라는 문제보다도, 무서운 여자라는 생각이 앞섰다. 흥분이 가라앉고 놀라움이 가신 후에 찬찬히 말했다. 결혼에 대해서 생각해본 일이 없고, 더욱이 건강을 회복하려면 사오 년은 더 조심하고 살아가야 할 것이라고 대답했다. 약속만 해주면 사 년이건 오 년이건 기다리겠다는 것이었다. 그럴 것이 아니라고 말했다. 한참 있다가 그는 일어섰다. 인사도 없이 밖으로 나갔다.

사(社)에는 내가 새너토리엄에 있는 사이에 여러 사람의 여기자가 들어와 있었다. 모두 대학을 나온 꿈 많고 아름답고 건강한 여자들이었다. 처음에는 서먹서먹해했지만 곧 친할 수 있었다. 스승은 오전 중 집에서 집필하고 오후 늦게야 사에 나오는데, 사에서의 일이라고는 손님을 만나는 일뿐이었다. 손님과 담소하다가 저녁때가 되면 누구든지 같이 데리고 나가서 깨끗하고 아담한 요릿집에서 저녁

식사를 하는 것이 일상이었다. 손님이 마땅치 않을 때는 눈에 띄는 사원을 불러서 데리고 나가는데, 나는 가장 자주 걸리는 편이었고, 그럴 때면 여기자 한두 명도 섞여서 갔다. 서먹서먹해하던 사이라도 한번 저녁식사를 하면 곧 친할 수 있었다. 스승이 먼저 집으로 돌아가면 여기자들과 번화한 거리를 산보하기도 하고 당시 인기와 화제를 모으고 있던 독신자 아파트를 구경할 겸 내 방에까지 가기도 했다. 사무실에서 한참 시달리다가 점심시간이 되면 지하실 그릴로 내려가서 런치를 먹는데, 여기자 한두 사람과 같이 하기도 하고, 세 시쯤 되어서 차 생각이 나면 눈짓으로 사인해서 여기자와 같이 그릴로 내려가서 한참 동안 쉬고 올라오는 일은 고달픔을 잊을 수 있는 즐거운 일이었다. 몸이 푹 파묻히는 소파에 몸이 닿을 지경으로 나란히 앉아 있다가 올라오면 새로운 정력이 솟았다.

그들과 이야기하는 가운데 좋은 플랜이 떠오르기도 했고, 그들이 또 조언과 협력을 해주기도 했다. 어느 한 여자를 좋아하지는 않았다. 그날따라 그 시간따라 아무라도 좋았다. 머리를 곱게 빗었으면 좋았고, 화장이 적당했으면 좋았고, 산뜻한 새 옷을 입고 나왔으면 그 여자를 불러서 놀았다.

새침하거나 우울하거나 머리가 뒤숭숭하거나 곁눈으로 볼 때면 가까이 하지 않았다. 그렇다고 그 여자를 아주 싫어하는 것은 아니었다. 그 여자라도 몸이든 마음이든 건강하게 아름다울 때면 그 여자를 불러서 놀았다.

한 여기자와 그릴로 내려갈 때였다. 엘리베이터에 S 주임이 있었다. 위층에서 내려오는 모양이었다. 반가이 인사를 하고 새너토리엄에 입원할 때까지 애써준 인사를 말하는데, S 주임은 그따위 소리는 집어치우라는 듯이 픽 웃으며 "또 쓰러지지 마라" 하고는 일층에서 밖으로 나가버리는 것이었다. 오래간만이기도 했지만 사람이 아주 변한 것 같았다. "무얼 그렇게 생각해요, S는 뻿겼어요" 하고 여기자가 말했다.

"S가 중간에 사람을 세워서 스승에게 아무리 사과해도 스승이 듣지 않았고, S가 그만둔 후에도 일은 잘되어가기에 그만 복직은 단념하고 팔층에 조그만 방을 얻어 가지고 새 일을 하나 시작하려고 했는데, 그것마저 스승이 밑천을 대어주지 않기 때문에 아주 뻿겼어요." 그런 말을 하는 것이었다. 여기자의 그런 말을 들으니 S 주임의 태도를 짐작할 수 있을 것 같았다. "그건 안됐는데, 내가 한번 말해봐야겠군" 했더니, 여기자는 "그건 안 될걸요" 했다. 잡지의 처분 문제뿐이 아니라 그의 생활 태도라든지 대단히 못마땅하게 생각하는 점이 있는 모양이더라고 말하며, 건강도 생활도 말이 아닌 모양이라고 했다.

여기자들과 노는 것은 저녁을 같이 한다든지 '바이올렛(violet)'이라는 작은 바에 들어가서 아늑한 자리에 앉아서 칵테일을 마시며 음악을 듣는다든지, 산보로(散步路)를 거닐면서 가벼운 토론을 한다든지 드라이브를 하는 따위였다.

영화관이나 댄스홀에 가는 일은 거의 없었다. 영화는 볼만한 것이면 시사실(試寫室)에서 발을 위로 뻗고 눕듯이 털썩 나자빠져서 차 마시고 담배 피워가며 볼 수 있었기 때문이었고, 첫째 그런 곳은 먼지가 많고 공기가 좋지 않아서 들어갈 생각이 없었다. 일요일이면 요코하마로 드라이브하고 바다를 내다보는 호텔에서 쉬고 화단같이 아름답게 차려놓은 외인 기지를 산보하는 일이 많았다. 여느 날 저녁때에 가기도 했다. 그럴 때면 청인(淸人) 거리에 가서 괴상한 청요리를 먹는 것이 재미있었다. 땅띔도 못할 요리를 만들어주었다. 우리나라 선술집이나 상술집에 있는 안주 같은 것도 만들고 비지, 순대 같은 것도 주었다.

빌딩에도 아파트에도 난방장치가 있어서 겨울에도 방 안에서는 와이셔츠 바람으로 지내었다. 방에 돌아오면 언제나 체온을 재보고 맥을 짚어보았다. 맥은 십 초만 짚으면 일 분에 얼마라는 것을 곧 알 수 있었다. 평열(平熱)에 아무 이상도 없었다. 화요일이면 틀림없이 산에서 내려와 있는 새너토리엄 원장 M 박사를 찾아가서 진찰을 받았다. 그는 그의 새너토리엄에서 완치된 사람이 찾아오는 것을 대단히 좋아하였다. 그럴 때마다 퇴원 후의 새너토리엄 이야기를 많이 들려주었다.

내가 퇴원한 후에 새너토리엄에는 갑자기 결혼 바람이 불었다고 했다. 간호부도 둘이나 결혼했고, 환자끼리 결혼한 사람도 두 쌍이나 있다고 했다. "누굴 아시지? 누구도 아실 게구. 그 둘이 결혼하겠다고 퇴원했어요. 나더러 주례를 서라지 않겠어요." 그런 말을 한 다음에는 "마지막이야요, 끝 가는 길이야요, 저승에의 동반자를 골라잡는 거지. 둘 다 가망이 없는걸" 하고 쓴웃음을 웃었다. "결혼해서 몸이 좋아지는 수도 있지 않은가요?" 하고 물으면, "글쎄요" 하고 고개를 좌우로 크게 흔들었다. "당신에게도 신청이 많이 있었던 모양이지" 하고 눈치를 본 다음, "동반자 되지 않기를 잘했어요. 그게 살아 돌아온 첫째 조건이야요. 세상살이가 모두 Give and Take, 주고받지만 요양생활에서 Give란 곧 끝 가는 길이야요. 도대체가 모두 막다른 곳까지 간 사람들이 모인 곳이 아니야요? 거기서 돌아오려면…… 쉬운 일이 아니지요. 세상도 그렇잖아요. 한 사람이 살아가는 데는 그 사람이야 알건 모르건 그 그늘에서 쓰러지는 사람이 있는 게 아냐요? 뽑힌 사람, 뽑힌 사람만이 살아갈 수 있는 게 아냐요?" 그런 말을 하고, "그렇지만 상당히 많은 여성들의 마음을 흔들어놓았던 모양이지…… 아직 끝이 안 났을지도 모르지만…… 조심해요" 하며 껄껄 웃는 것이었다.

겨울이나 여름 같은 결정적인 계절보다도 겨울에서 봄, 여름에서 가을에의 변절기라든지 매우기(梅雨期)라든지가 더 몸에 해로웠다. 그럴 때면 그저 어떻게 해서든지 아파트로 가서 도어를 잠그고 침대에 누워버리는 것이 제일이었다. 조심조심 매우기도 지냈다. 지루한 장마가 걷히고 맑은 날씨가 계속되었다.

여기자 중에서 가장 자주 놀게 된 여자는 그중에서도 앳되고 건강하고 살결이 투명하게 아름다웠다. 항상 콧노래를 부르고 거의 쉬는 일이 없는데 '마리끼따 마리끼따 돈냐마'라는 노래를 많이 불렀다. 문학 공부를 많이 해서 아는 것의 범위가 넓었다. 고가(古歌)도 아는 것이 많았다. 이야기하는 동안에 배울 것이 있었다. 그늘이라고는 없는 여자였다.

하루는 그 '마리끼따'가 저녁 초대를 하겠다는 것이었다. 차를 마시자고 해서 그럴까지 내려갔더니, 오늘은 한턱 할 일이 있으니 여섯 시부터 열 시까지 시간을 달라는 것이었다. "대단히 고마운 일인데" 했더니, "여섯 시에 바이올렛에서 기다릴게 오세요. 그리고 요코하마까지 드라이브, 산 위에서 바다를 내려다보고 호텔에서 정찬(正餐)." "아, 그것은 청요리가 좋은데" 했더니, "아냐요, 오늘은 내 생일이니까 정찬으로 해주세요" 하는 것이었다. "생일잔치? 야아, 이건 영광인데. 나 혼자야?" "혼잔 왜 혼자야요, 우리 둘이 아냐요?" 하고 하얀 이빨을 보이며 깔깔 웃었다. 새끼손가락을 꼬부려서 내밀며 "여섯 시, 바이올렛!" 하는 것이었다. 나도 새끼손가락을 꼬부려 내밀어 그의 새끼손가락과 꼬았다. 약속이라는 것이었다.

사층 사무실에 올라가서 남은 일을 보고 있는데 손님 두어 사람이 와서 쑤군쑤군하는 것이 보였다. N 주임과 손님과 업무 사람들이었다. 몇 시부터지, 가야잖아 따위의 소리와 S 주임의 이름과 수자라는 소리가 또렷이 엿들렸다. 이상하게도 귀가 번쩍 띄었다. 까맣게 잊어버리고 있던 수자의 성명을 분명히 들을 수 있었다. 그들 몇 사람은 나가버렸다. 더 말하지 말라는 귀뜸이라도 한 것처럼 N 주임까지 쉬쉬 나가버렸다. 여기자 한 사람이 날름 종이 한 장을 집어서 멀리 보여주는 것이었다. 결혼식 청첩장이었다. S 주임과 수자의 이름이 틀림없었다. 여기자는 다가와서, "방금 왔어요. 갑자기 간략한 식을 올린대요. 그런데 당신에게만은 알리지 말라는 거예요. 이상하지 않아요" 하며 웃는 것이었다. 까맣게 잊어버리고 있던 수자가 그 사이에 어떠한 교제로 해서 S 주임과 알게 되었는지조차 생각하기 어려운 일이었다. 나에게의 앙갚음이라고 생각하고, 내가 주임이라고 말한 윗사람을 찾아가서 결혼하기를 청했는지도 알 수 없는 일이었다. 그렇다면 가엾은 일을 했다고 생각하는 것이었다. 그러나 수자를 동정해서 내가 그와 결혼을 했어야만 했다는 생각은 나지 않았다. 한 여기자는 "감상이 약하(若何)?" 그런 말을 던졌다. "S에게 갑자기 하늘에서 호박이 떨어지는 광경! 여자의 프러포즈라잖아!" 그런 남자 사원의 목소리를 먼데 소리같이 들었다.

눈앞이 캄캄해진 것은 M 박사의 말이 번개같이 떠오르고 시커먼 진창 늪이 육중한 여울을 지으며 눈앞에 밀려들었기 때문이었다. 나는 고개를 저어 그것을 지워버리려고 했다.

일을 하는 둥 마는 둥 뒤적거리다가 다섯 시 반이 되어 사무실을 나왔다.

포치에서 덜컥 스승을 만났다. S의 결혼식에 가지 않았더냐고 물으니 대답은 안 하고 만면 웃음을 띠며 "나쁜 사람이드군!" 하는 것이었다.

가슴이 뜨끔했다. "새너토리엄에서 굉장한 인기였다지 않어! 여자란 여자는 모두 좋아하고 따랐다드군그래! 나쁘지 뭐야, 죄가 많아! 어제 산에서 계집애가 하나 찾아왔었어. 결혼하게 해달라는 거야. 열여덟 살이라던가. 산에서 자란 여아야. 잘 안다든데. 다짜고짜로 찾아와서 선생님이 명령하면 결혼해줄 것이 아니냐는 거야. 놀랬어. 듣고 보니 깊이 상종한 것도 아닌 모양이지? 그런 생각은 아예 말고 어서 집에 가서 병이나 고치라고 했지 뭐야. 몸이 형편없었어!"

그 말을 들으니 짐작이 갔다.

남자같이 산을 넙죽넙죽 걸어다니며 가을꽃을 꺾어다 주기도 하고 메뚜기 볶은 것을 먹으라던 폐첨(肺尖) 카타르가 찾아왔던 모양이었다.

몸이 형편없이 된 열여덟 살짜리가 여덟 시간이나 기차를 타고 와서 본인보다도 스승에게 조른 모양이었다.

그것을 또 잘 알아차리고, 만나보게 하지도 않고 그 자리에서 단념하도록 타일러서 보냈다는 스승에게 그저 고개가 수그러졌다.

스승은 지하실로 들어가며 말을 던졌다.

"술 많이 하면 안 돼!"

나는 흑단 스틱을 한 자위 돌렸다. 차를 불러 세웠다. 상심은 소모다.

바 바이올렛에는 건강하고 아름다운 사람이 기다리고 있는 것이다.

(『신태양』 1956년 6-7-8월)

식도락근처(食道樂近處)

*

영하 8도, 10월 보름도 지났는데 김장도 못하고 앉아 있는 터에 옛날에 잘 먹던 이야기, 식도락(食道樂)이니 술 자랑을 쓰라는 청탁도 쑥이다. 쑥이 아니면 악취미지, 이것을 누가 환영하고 즐겨 읽을 것이냐 말이다.

청탁서를 받고 '식도락'이란 말을 생각해보았다.

옥편을 찾아보았다. 우리나라 말은 아니다.

식도락은 '喰道樂'이라고도 쓰는데 '喰[식]'자마저 일본 글자이다. 국회에서 자주 쓰는 '일사부재리(一事不再理)'란 말이 한문 아닌 일본에서 만든 일본 문자인 것같이 '식도락(食道樂)'이란 말도 일제(日製) 문자다.

일본 문자라고 무작정 싫다는 것은 아니다. 그런 밴댕이 속같이 옹졸할 생각은 없다.

하긴 꼬치안주라는 것은 꼬치안주지 '오뎅'은 아닌 것 같고, 초밥이란 것도 우리나라 초밥이지 '스시'는 아닌 것 같다.

애초에 다른 것으로 생각하면 마음이 편할 것이다. 같은 것으로, 그것이 그것이라고 생각하려면 그 맛이 없느니 돼먹지 않았느니 하고 못마땅한 말을 입에 담게 되기 때문이다.

꼬치에 낀 것만이 오뎅은 아니다.

멸치에 다시마에 설탕에 간장 국물에 '아지노모도'* 듬뿍 탄 것은 근사하기는 하지만 그 맛은 아닌 것 같다.

오뎅 맛을 보려면 무가 좋아야 한다고 시키면 무가 속속들이 시커멓다. 오래오래 삶으면 시커멓게 되기야 쉬운 일, 겉만 꺼멓고 속은 좀 희어야 하는 것이다.

스시를 좋아해서 몇 군데 단골을 했었다.

얕은 맛, 진건한 맛, 도회 취미, 시골 맛을 찾는 것은 그날따라 생각이 다른 까닭이다.

'니기리'**를 발탁해서 개점을 시켜준 일도 있었다.

나는 먼저 '도로(とろ)'를 몇 개 먹는다. 기름 잔뜩 오른 '마구로(まぐろ; 참치)'다. 분홍빛과 흰빛이 소고기 안등심같이 얼룩진 놈이다. 그러고도 힘줄이 없어야 한다.

그 다음이 홍합이요, 몇 가지 비늘 있는 것을 하고는 붕장어를 먹는다. 새로 불에 쪼여서 양념장 찍고 김을 슬쩍 구워서 꾸려준다.

그 다음에는 '사비마끼'다. '와사비 노리마끼'다. 이것이 입가심이다.

처음부터 '누끼'***로 달라는 사람이 있다. '와사비'를 넣지 말라는

---

* 아지노모도(あじのもと): 글루탐산나트륨을 주성분으로 한 조미료.
** 니기리(にぎり) 스시, 손으로 움켜쥐어 만든 스시를 말함.
*** 누끼(ぬき): 국물에 일상 넣는 것을 안 넣음, 또는 그런 식품.

것이다. 임질 환자다.

미국 겨잣가루 다진 것으로는 스시 맛이라고 할 수 없을 것 같다. 그렇다고 비행기로 밀수한 금값 '와사비'로 만들어주는 집에 초밥을 먹으러 갈 생각은 없다. 스시는 답답이 서서 먹어야 맛이다.

열다섯 개를 먹고 얼마냐고 물으면, 몇 개 자셨지요? 댓 개 먹었나! 다섯 개 값만 받는 그런 집이라야 맛있는 집이다. 우리 것을 좋아해서 좀더 잡수셨는데 그걸 따지면 조상이 슬퍼하지요. 그런 놈이라야 진짜다.

헤, 잠꼬대지, 지금도 그런 줄 알아, 하고 코웃음 치고 아는 체하는 풋내기가 있을 것이지만, 그건 전혀 이야기가 다르다. 풋내기는 예나 이제나 남이 덜 낸 것 메꿔주기 마련이다. 애당초 몇 개 먹었느냐고 묻지도 않을 것이다.

그렇다고 속으로 한 사람치 한 사람치 세고 있는 것도 아니니 그저 낯 가려 얼마라고 호되게 부를 것이요, 나 그렇게 안 먹었는데, 하고 중얼거렸다가는 이거 무어 이런 게 있어, 눈꼬리 곤두세울 것이니, 에에 그누무 데 다시는, 할 것이요 입맛이 써서 맛도 모르게 될 것이다.

요리인이란 면도 날 같은 칼자루 든 사람이라 성미가 급하기는 동서고금이 같은 모양이다. 기분이요 호흡이다.

중국 요리인은 칼자루 안 드는 사람도 있다. 반드시 둘이 짝을 지어 다니는데, 하나는 칼을 들고 하나는 냄비를 들고, 그것만 가지고 세계를 돌아다니는 것이다.

칼을 든 사람은 장만하는 사람이요 냄비를 든 사람은 조리하는 사람이다. 둘이 절대로 영역을 침범하지 않는다. 냄비 임자가 칼을 만지는 일이 없고 칼 임자도 냄비에 얼씬하지 않는다.

냄비 임자가 없어도 "지금 그거 안 돼!", 칼 임자가 없어도 냄비 임자가 "지금 그거 안 돼!" 지극히 간단한 대답이 있을 뿐이다.

호떡이나 짜장면 집 이야기와는 다르다.

*

식도락 이야기가 벌어지고 그것이 중국 요리로 번지게 되면 흔히 하는 이야기가 있다.

"쥐 요리 먹어 봤소? 응, 못 보셨겠지. 천하일미(天下一味)입니다. 생쥐도 아주 작은 놈을 한 이십 일 동안 가두어두고 꿀만 먹인 거예요. 그걸 요리하니 맛이 없겠어요?"

그런 이야기가 나오면,

"닭의 벼슬만 가지고 만든 요리 자셔 보셨소? 한 대접에 그득히 나오니 그놈이 도대체 몇백 마리의 대가리에서 잘라낸 거야!"

이렇게 응수하기가 일쑤다.

그런 응수의 마감을 장식하는 이야기는 대개 '원숭이의 골'이다. 사방등(四方燈) 같은 은기(銀器)에 원숭이 한 마리를 꼼짝 못하게 집어넣고 대가리만 도둑이 나오게 뚫어놓은 구멍으로 머리털이 보인다. 손님이 은 장도리로 대가리를 툭 치면 대합조개 껍질 같은 대가리 뚜껑이 툭 떨어지고, 김이 무럭무럭 나는 골을 한 술 뜨면 원숭이가 눈물을 똑똑 흘리더라는 이야기다.

나는 그런 것을 먹어본 일은 없다. 이야기로는 열 번도 더 들었지만, 들을 때마다 악착스런 악취미라고만 생각한다.

악식(惡食)의 취미는 없다. 그럼 또 악식이란 어디서부터가 악식이냐고 따지려는 사람이 있을는지 모르나, 닭의 발가락이 팔진미(八珍味)의 하나라고 하지만 그것도 나는 생각 없다. 개를 '보신탕(補身湯)'이니 '왕왕 스프'니 한다지만 그것도 사귀지 못했다.

8·15 전후, 잠시 개성에 있을 때였다.

나는 탑재라는 동네에 살았는데 뒷산이라기보다는 등 하나 넘으면 고구빙(古拘氷) 고한승(高漢承)이 살아 있어 석양이면 자주 오면 가면 석양배(夕陽杯)를 나누었었다.

하루는 구빙의 넷째 아들이 와서 하는 말이 "삼성동 아저씨도 오셨는데, 좋은 안주가 있으니 곧 오시래요" 하는 것이었다.

삼성동 아저씨란 학원(鶴園)이란 친구요, 구빙과는 개를 자주 먹는 사이임을 들었기에 선뜻 "개를 잡았구나! 개지?" 하고 물었다.

놈은 싱글싱글 웃으며 대답은 하지 않고 "곧 오시래요!" 하고 달아났다.

어쩐지 직감이 '개장' 같아서 일어서지 않았다.

한참 만에 또 온 놈은 "조기래요! 아주 큰 조기래요! 곧 오시래요" 하고 같이 가자는 것이었다.

"개장이지, 조기가 무슨 조기야!"

하며 눈치를 보려 하니 놈은 외면을 하며 극성스레 조기를 연발하는 품이 개장에 틀림없는 것 같았으나 일어서지 않을 수 없었다.

과연 조기가 나왔다. 큼직한 조기를 온째로 매운탕을 한 것이었다.

조기 매운탕으로 몇 순배 하는데 큼직한 양푼이 나왔다.

"이놈! 개로구나!"

나는 개장을 파는 집이라면 대문 앞도 피해 다니던 터이라 이렇게 말했더니,

"원 천만에! 자네를 오라고 했는데 개장을 내올 리가 있나! 오리야, 오리! 맛 좀 봐! 닭이나 조금도 다름없어!"

구빙이 펄쩍 뛰는 것이었다. 학원은 그저 싱글싱글 웃고만 있으니, 이게 수상한 일이다.

큰 양푼에는 과연 오리 같은 놈이 들어 있었다.

"국물 좀 들어!"

아무래도 수상하다.

"학원! 다리가 좋지!"

둘이 먹다가 하나가 죽어도 모른다는 것을 앞에 놓고, 무심히 튀어 나온 한마디가 폭로해버리고 만 것이었다. 두툼한 살덩어리를 수저로 들먹거리며 다리라고 하니, 아무리 큰 오리를 잡았다 해도 오리 다리가 그럴 수는 없다.

갑자기 비린내가 코를 찌르고 가만히 앉아 있을 수가 없었다.

냅다 나오는 나에게 구빙은,

"좀 먹어보래도그래! 원 참!" 하며 일어나지는 않았다.

두 사람은 개 다리 하나씩을 두 손으로 들고 뜯고 있는 것이었다.

그런데 사오 년이 지났을까, 대구에 피란했을 때에 조지훈(趙芝薰), 왕학수(王學洙), 양 교수와 같이 문경 회룡의 십승지를 찾았을 때의 해장국은 이것이 소고기도 양지머리 곰국으로만 생각하고 한

대접을 훌훌 다 마시었는데, 대구에 돌아와서야,

"그 해장국이 무엇인 줄 아시오?"

하기에 '아차, 개였구나!' 했으나, 비린내가 코에 올 리는 없었다.

그렇다고 그날 새벽에 허기증이 있은 것도, 걸신이 든 것도 아닌, 그저 개고기의 냄새를 뽑은 훌륭한 솜씨에 알아채지를 못했던 것이요, 그 후로도 개장 집 대문 앞을 피해 다니는 버릇은 여전하다.

미꾸라지는 좀 다르다.

어려서 삼태기를 가지고 미꾸라지를 잡아본 일이 있었다. 그저 더러운 것으로만 생각했고, 먹는 것으로 생각해본 일이 없었다.

스무 살쯤 되었을 때였다. 동경에 있을 때 미꾸라지를 좋아하느냐고 묻는 친구가 있었다. 그 사람들이 좋아하는 것이요, 새로 맞이한 동료에게 어쩌면 한잔 써볼까 하는 호의였던 것인데, 나는 치를 떨고,

"무어 미꾸라지를 먹어?"

이것이 누구를 깔보나 하는 생각도 있어서 딱 잡아떼고 상조차 찌푸렸다. 그만큼 사실 징그럽게도 생각했었다. 그러나 친구는,

"허허 그래, 나는 아주 좋아하는데……"

하고는 약간 무안한 듯이 그만 말이 없었는데, 이 친구에게 감쪽같이 속아 넘어갔다. '어디 보자! 그럴 리가 있나! 네가 모르는 게지' 하는 생각이 있었는지도 모른다.

하루는, 아마 일요일이었을 것이다. 점심이라도 하자고 같이 간 곳이 으리으리한 음식점이었다. 멋진 글씨로 '류천(柳川)'이라고 쓴 작은 간판이 있었다. '류천'이라는 음식점으로만 생각했다.

많은 사람이 상을 받고 있는데 모두 한 사람 앞에 하나씩 질그릇으로 된 스끼야끼 냄비 같은 것을 받고 있었다.

속에는 달걀 부친 것이 파이 온 덩어리같이 보이고, 어떤 냄비에는 우방(牛蒡)이 몇을 엿보이기도 했다. 무엇이 들었는지 달걀로 덮어서 지진 것에 틀림없었다. 저절로 군침이 돌고 먹음직해 보였다.

이내 우리 상에도 술과 안주가 나왔다. 짭짤한 종지기 안주로 두어 잔 하는데, 그놈이 나왔다. 질그릇 냄비에 달걀 부친 것이 지글지글 끓는 소리를 내고 있다. 두부도 있고 우방도 있고 맛이 희한하다.

얇고 긴 고기가 생선인지 제육인지 모른 채 밥 해서 한 냄비를 다 먹었다. 그 생선이 대가리 잘라 버리고 뼈 뽑고 가시 하나 없이 살점만인 미꾸라지라는 것을 알게 된 것은 이튿날이었다.

"자넨 미꾸라지를 몰랐어. 먹어 보지도 않고 못 먹는다고만 했지 뭐야! 어제 먹은 '야나가와(柳川)'가 미꾸라지 아니고 무어야!"

억울할 것은 없었다. 또 먹으러 가고 싶었다.

여름 복중(伏中)이면 장어와 미꾸라지는 겨울에 김장 김치 먹듯이 먹었다.

그렇게 좋아하던 미꾸라지지만 추어탕은 또 못 먹었다. 친구가 받은 추어탕 대접 맨 위에 수염이 기다란 그놈이 두어 마리 점잖이 누워 있는 것을 보면 외면을 했었다.

작년에 이한직(李漢稷), 방기환(方基煥)과 견지동에 있는 '남산옥(南山屋)'이라는 집에 갔다. 보통 설렁탕 뚝배기보다 작은 뚝배기에 시래기만 보이는 걸쭉한 국물이 맛이 좋았다. 추어탕을 체로 거른 것이었다. 이것을 사귄 다음에는 그 집에 자주 갔다.

자주 간 다음에는 '용금옥(涌金屋)'의 추어탕, '곰보 추탕' 집에도 가게 되었다. 인제는 오히려 체로 거른 맹숭한 추탕보다도 걸쭉한 추탕이 좋다. 그러나 점잖은 놈은 먼저 딴 곳에 모셔 놓고 국물을 든다.

*

상어도 사귀지 못했다.

십여 년이 더 되었을 것이다. 월탄(月灘)*의 수필집 『청태집(靑苔集)』이 나왔을 때 한 권을 받았는데, 상어회를 좋아한다는 이야기와 그것이 우리나라 어느 달의 풍미(風味)요 시식(時食)이라는 말이 있었다. 그때 비로소 상어도 먹나, 하고 징그럽게 생각했다.

상어란 사람을 먹는 물고기요, 내가 오고 가는 현해탄에는 배가 지날 때마다 불끈 날뛰어 오르는데 저것이 사람 빠지기를 기다리고 따라오는 것이라고 들었고, 투신자살하는 사람이 있을 때는 당장에 온 갑판에 선객들이 뛰어나와서 보게 되는데, 상어 떼가 날뛰는 바다는 피로 시뻘겋게 되더라는 이야기를 들은 일이 있었다.

정사(情死)한 김우진(金祐鎭), 윤심덕(尹心悳)도 상어의 밥이 되었으리라고 들었고, 투신하는 사람이 많기도 했었다.

월탄이 좋아하고, 우리나라의 일미(一味)라 하더라도, 상어만은

---

* 박종화(朴鍾和, 1901~1981)의 호. 시인, 소설가, 문학평론가.

사귈 생각이 없었다.

그뿐이 아니었다. 전쟁이 일어난 후에 양식 집에서 이것을 많이 썼다. 내가 있던 빌딩 지하실에는 큰 레스토랑이 있었고 점심은 거의 그곳에서 했는데, 엘리베이터로 지하실까지 내려가면 썩은 생선 냄새가 코를 찌르고 거기서 가스가 발생한 것 같은 괴상망측한 냄새가 진동했다.

코를 막고 들어가서, "에에, 이게 대체 무슨 냄새야!" 하면 웨이터는 귓속말을 했었다.

"냉동 상어야요. 상어!"

그런 말을 하는 웨이터도 한쪽 눈을 지긋이 찡그리고 말했다.

"못 잡수실 거예요. 달걀이라도 부쳐 올까요?"

"햄도 없나? 햄에그라도……"

"글쎄올시다. 햄이 웬걸 있을까요."

그렇게 말하고 키친으로 들어가서 그날따라 아무거나 다른 것을 만들어다 주었다. 정식에 냉동 상어 냉동 고래를 많이 썼는데 그런 때면 대개는 그저 달걀부침으로 때우게 해주었던 것이다.

고래 고기는 여러 가지가 있다. 흰 살도 있고 분홍 살, 뻘건 살도 있다. 흰 살도 해면(海綿) 같은 것도 있고, 해파리 같은 살도 있다.

이런 것은 평상시에 생선으로 고급 요리를 만들어 귀하게 맛본 일이 있었다.

그러나 전시(戰時)가 되어서 육류가 동이 나니 일류 스끼야끼(すきやき, 일본식 전골 요리) 집에서 고래 고기로 스끼야끼를 하는 것이었다. 분홍 살은 빛깔로 분간할 수 있었지만, 뻘건 살은 소고기와 다를 것이 없었다.

그래도 고래 고기 스끼야끼는 먹을 생각이 없었다.

더욱이 어떤 스끼야끼 집에서 잘 먹고 나서 변소에 가려고 문을 연 곳이 잘못되어 고양이 대가리가 너저분하게 있는 것을 보았다는 이야기가 돌았기 때문에, 고래 고기라는 것에 그놈이라도 섞여 있을 것만 같아서 보기도 싫었다.

사람 따라 고래 고기 스끼야끼는 소고기 안등심만큼이나 연해서 좋다는 사람도 있었다.

상어와 고래 고기를 그렇게 알게 되었기 때문에 대구에서 삼 년을 있는 동안 상어를 보기도 많이 보았고 상어회도 여러 번 상에 받은 적이 있었으나 먹은 일은 없다. 차에 싣고 가는 것을 볼 때나, 껍질 홀떡 벗긴 것을 여인이 들고 가는 것을 볼 때나, 식욕을 느끼게는 돼먹지 않은 것 같다. 사귀어 볼 생각도 없다.

아마 이것을 많이 먹는 계절은 내가 고수를 즐기는 철 같다.

쑥갓보다 가늘고 아스파라거스보다는 좀 굵은 고수는 빈대 냄새가 지독한 풀이지만, 이것으로 '개성 삼층 제육'을 쌈 싸면 맛이 희한하다.

고수쌈은 자작 싸서 먹는 것이 아니다. 아름다운 사람이 싸서 입에 넣어주기 마련이다.

서울에는 고수가 귀해서 여름이면 이것을 찾아 먹으러 다니기 힘들다.

개성산(開城産) 삼층 제육을 제육으로 치는 것은 정평이 있는 일이지만 개성산이라고 모두 삼층이 되는 것은 아니다.

양돼지 아닌 순종을, 그것도 소위 양돈장 같은 대규모로 기르는 것이 아니라 과부댁 같은 데서, 집에서 기르는 것이다. 뜨물을 얻어다가 먹이는데, 얼마 동안은 잘 먹이고 그다음 며칠 동안은 뜨물을 주지 않는다. 잘 먹을 때에 그것이 살이 되고 못 먹을 때는 기름이 된다고 한다. 그래서 살, 비계, 살, 삼층 제육이 된다는 것이다. 고수하고 맛 좋은 품이 양돼지에 비할 바 아니다.

개성 사람들도 서울에 많이 있을 터인데 서울서는 그런 제육을 만날 수 없다. 개성 집이라는 간판을 단 집도 솜씨는 근사한 집이 있으나 돼지만은 양돼지다. 삼층 제육이란 옛날이야기가 돼버릴 것 같다.

*

청요리에는 돼지고기가 많은데 그중에도 하루에 두 끼를 그것만으로 때운 일이 있었다.

'폭삼양(暴三樣)'이란 요리다.

학생 때부터 다니던 간다(神田)에 있는 크지 않은 집이다. 지금도 내 사진이 걸려 있다는 말을 들은 일이 있다.

학생 시절에 우리말로 청요리를 주문해서 통하는 단 한 집이었다. 뎀뿌라, 탕수육, 양장피, 잡채, 찐만두…… 그런 것을 알아듣고 우리나라에서 먹던 그것을 갖다 주는 집이었다.

다른 청요리 집의 청요리라는 것은 모두 작은 제기(祭器) 접시 같은 데 올망졸망 배린 내가 날 것 같은 솜씨를 부리는 것이었다. 일본 사람들이 좋아하도록 해놓은 것이겠지만, 그런 것은 광동(廣東) 요리라고 했다.

우리나라의 것은 산둥(山東)에서 많이 들어온 모양이라 산둥 요리이기도 하지만, 우리나라의 청요리는 중국의 청요리에 가깝고, 일본의 청요리는 많이 타협된 것이다.

그 집에 이십여 년을 다녔다. 밤샘을 한 날이면 아침에 가서 조반을 하고 저녁이나 점심에 또 가기도 했다.

주인은 뚱뚱한 게, 식사는 전연 하지 않고 종일 일주(日酒)를 조금씩 하는 사람이었다. '리연주(理研酒)'라는 것을 만든 박사가 술만 마시고 살 수 있다는 말을 한 것을 들은 일은 있었지만, 중국 사람이 일주를 조금씩 마시고 그것만으로 살고 있다는 일은 놀라운 일이었다. 취해 있는 것도 아니요 얼근한 것 같지도 않았다. 몸은 건강하고 피둥피둥했다.

웨이터는 깨끗한 텐진(天津) 청년이었다. 귀국했다가 돌아올 때에 중국 서가(書家)의 서(書) 두 폭을 받아 가지고 와서 내게 선물을 준 일도 있다. 그러니 무엇을 해달라고 하기보다 그날따라 눈치로 그 청년이 발주하는 일이 많았는데, 하루는 처음 보는 훌륭한 요리를 만났다.

제육을 어린아이 손바닥 크기와 두께만큼이나 썬 것 여남은 장과 닭고기와 해삼, 세 가지가 진건한 국물과 같이 있는데, 어느 것 하나 입에 넣어서 씹을 거리도 없었다. 모두 슬슬 녹아버리고, 향기가 인삼 향기였다. 밑에 샐러리를 깔아놓은 것이었다.

그것이 폭삼양(暴三樣)이라고 했다.

그 후로는 아침에도 폭삼양, 저녁에도 폭삼양. 그 한 접시만 달라고 해서 두세 명이 밥을 비벼 먹기도 했다.

서울 청요리 집의 '해삼(海參)주스'와 비슷하지만 해삼주스가 훨씬 얕은맛이다. '동파육(東坡肉)'이란 것은 제육만 넓적넓적한 것을 흐물흐물하게 한 것인데, 그와 똑같이 해삼 닭고기와 더불어 세 가지로 만든 것이다. 약초 같은 샐러리와 같이 푹 삶은 것이 말할 수 없었다.

대여섯 종의 요리를 먹을 때엔 "이렇게 많이 자시려면 삼 일 전에 말씀하시면 잘 해드리겠는데……" 하기에 한번은 그렇게 주문해보았다. 큰 손님을 치르는 것은 아니었지만 맛있는 것을 여럿이서 먹어보자는 것뿐이었다.

전채(前菜)가 좋은 것은 물론이요 진건한 요리 다음에는 깔끔한 것, 시원한 것을 주어서 배가 창한 것은 아니지만 먹을 만치 먹었는데 또 나온 접시는 물에 뜬 수제비였다. 길에서 파는 흰 풀 덩어리 같은 것이 사람 수효대로 있었다.

"아이, 못 먹겠는데!"

"근데 이건 무어야?"

모두 웃어버리고 젓가락이나 수저를 들 생각은 하지 않았다.

"이거, 사흘 걸린 거!"

톈진 청년의 설명이다.

닭을 뼈다귀까지 가루를 만들어서 그것으로 만든 수제비라는 것이었다.

사흘의 공(功) 뿐은 아니었다. 과연 맛이 희한했다. 흰 풀덩어리

한 개씩이니 물론 씹을 것이 없다. 그러고도 라조기나 챠쓰치를 씹는 맛이 나니 놀라운 일이다.

날초계(辣椒鷄)는 닭고기와 풋고추, 챠쓰치는 작자계(炸子鷄).

이 집에서도 전쟁통에 뎀뿌라를 개구리로 한 일이 있었다. 뼈다귀까지 연한 연계(軟鷄) 같은 맛이었으나 우리 일행에게는 주지 않았다. 프랑스에서 시작해서 미국에서도 유행했다는 식용 개구리다.

우리들이 이층에서 이렇게 진건하게 먹고 아래층 주방 옆에 있는 변소에 갈 때에 보면, 주인 방 턱에 칼 임자 냄비 임자 보이들이 앉아서 식사하는 것은 참으로 담박한 것이었다. 김치 한 가지로 차에만 밥을 훌훌 먹고 있었다.

허허, 어이없는 웃음을 웃고 김치를 들여다보았다. 어떤 때는 다꾸앙, 어떤 때는 천지(淺漬). 그런데 한번은 이상한 김치가 있었다. 진다색(眞茶色)의 무말랭이 같은데, 굵직굵직한 것이 바짝 마르지도 않았고 물기가 있는 것이 진건한 요리로 배부른 입에 더할 수 없이 시원했다.

"여보, 이것을 좀 주쇼, 밥 한 공기하고······"

밥을 두어 숟갈 차에 말아서 그 김치 해서 먹었다.

"······하, 참 희한한데!"

그것은 '쓰촨채(泗川采)'라고 했다. 무는 아니라고 했다. 쓰촨(泗川)이라면 중국도 깊숙이 충칭(重慶)이 있는 곳이다. 10전짜리 라멘(우동)에 얹는 죽순도 아니다. 우리나라 짠무 김치를 다음 해 여름에 꺼내서 채를 썰어서 후둘후둘 말리면 그런 맛이 날까.

그 후부터는 갈 때마다 '물말이' 아닌 '중국 차말이'에 쓰촨채로 입가심을 해야만 했다.

라멘이라면 서울 중국집 우동보다 좀 가늘고 쫄깃쫄깃한 것에 죽순과 소육(燒肉) 제육 두어 점을 얹은 것인데, 이것도 우리나라에는 없는 것이 이상하다. 실없이 인이 박히는 것이다. 밤늦게 집에 돌아갈 때면 서서 먹건 앉아서 먹건 이놈을 먹게 된다.

'완딴(葷湯)'도 그렇고 '슈우마이(燒賣)'라는 것도 그렇다.

완딴은 서울 중국집에서도 해주는데 '훈탕'이라고 해서 이건 아주 고급 요리 취급이다. '건자장면(乾炸醬麵)'보다 더 받으니 시간도 걸리고 서서 후루룩 마실 것은 못 된다.

슈우마이라는 것도 서울서는 찾아볼 수 없다. 그렇다고 특별 주문해서 먹을 것은 아니다. 일곱 개에 10전짜리, 제법 술안주도 될 수 있는 것이다.

소육은 비슷한 것을 소공동 뒷골목 중국 음식점만 있는 곳에서 먹을 수 있었다. 장육(醬肉)이라는 것이다. 맛이 다르다.

*

폭삼양에 정신이 팔려서 드나들 때에 생각난 것이 개성의 찜이었다. 닭과 제육과 소고기와 무채, 도라지, 밤, 대추, 은행을 달게 푹 찐 것이다. 닭고기를 물면 뼈가 홀딱 빠져나올 뿐 씹을 것 없이 흐물흐물 녹아 넘어가는 것이다.

이렇게 닭과 돼지고기, 소고기를 같이 요리하는 일은 개성의 찜밖에 없다고 하고, 그래서 고려때 몽고, 원나라에서 들어온 요리일 것이라고 하는데, 폭삼양을 먹을 때면 찜을 연상하게 하였다.

여름철 물놀이 가면 모두 이것이다. '활계(活鷄)찜'이라고도 한다.

찜이라는 요리는 갈비찜, 게찜, 호박찜 등 여러 가지가 있지만, 돼지와 닭과 소고기를 같이 요리하는 찜은 개성뿐이라고 들었다. 물론 다른 곳에서 먹어보지도 못했다.

맥추(麥秋), '보리가을'이라는 계절은 오뉴월이다.

오뉴월에 햇보리 햇밀이 나오면 밀전병을 부쳐 먹는다. 백지장같이 얇게 밀전병을 부치고 밀풀과 연계(軟鷄) 닭고기와 햇외 볶은 것 따위로 쌈을 싸서 먹는 요리가 우리나라에 있다. 풀전병이다.

중국 요리에 똑같은 것이 있다. 중국은 오리다. 오리고기로 쌈을 싸서 먹는다. 물론 양념이 있다.

먼저 보이가 산 오리 몇 마리를 들고 나와서 선을 보인다. 객이 보고 "이놈이 좋겠군!" 하면 그 오리를 당장에 요리해서 내오는 것이다. 어린아이 손바닥만큼씩 썩썩 썰어놓은 것이다.

오리고기는 쌈이 제일인 것 같아서 그런 말을 했더니, 삶아서 먹는 것도 좋다고 하기에 한번 해달라고 했다.

두 마리를 삶았는데 물통 같은 큰 통에 두 마리를 담아 왔다. 보이가 연해 손을 찬물에 담그면서 다리도 떼어 주고 꼬리도 떼어 주는데, 차라리 연계백숙(軟鷄白熟)이 좋을 것 같았다. 두 번 먹을 생각은 없었다.

통닭은 백숙(白熟)보다도 '보일(Boiled)'보다도 나는 '후라이(fried)'가 좋다. 한 마리는 좀 벅차지만 둘이서 먹으면 맞춤일 게다. 요놈을 나이프와 포크로 살점을 샅샅이 먹을 수 있는 재주는 남에게 지지 않을 것이다. 서투른 솜씨에 포크로 누르고 나이프로 살점을 저미려다가는 툭 튀어서 맞은편에 앉은 사람의 앙가슴에 틀어박게 하기 쉽다.

다리 끝에 흰 종이를 말아놓기 마련이니 나이프 포크질 서투르면 아예 손으로 덥석 집어서 이빨로 뜯는 것이 옳다. 뼈 있는 닭고기 요리에 흰 종이가 말려 있지 않으면 요릿집이 틀리는 수작이니 "얘, 종이를 다오!" 해서 살점 없는 뼈끝에 말아 손으로 집을 것이다. 급하다고 손수건을 꺼내거나, 더욱이 냅킨을 대용할 일은 아니다.

냅킨은 요리 먹고 물이나 술이나의 컵을 들 때에 입 언저리를 가벼이 닦고 맨 나중에 손 씻는 물이 나오면 손가락 적시고 닦을 때에 쓸 뿐이다. 콧물을 닦거나 닭 뼈다귀 꾸려들 것은 아니다.

나이프 포크질 잘한다고, 식빵까지 썰고 있는 사람도 보기에 딱하다. 빵은 한입에 먹을 만큼 조금씩 손으로 뜯어 먹을 것이다. 입으로 물어뜯거나 나이프로 썰 것은 아니다.

일본 작가, 요코미츠 리이치(橫光利一)가 영어도 프랑스어도 모르면서 프랑스에 갔다 와서 쓴 글에 그런 말이 있었다.

"과연 우리들은 문명의 전통을 지니고 있고 동방예의지국민(東方禮義之國民)이 틀림없다. 우리들은 상을 받으면 손가락으로 음식물을 집는 일은 없는데, 궐자(厥者)들은 반드시 손가락으로 집고 뜯어 먹는 것이 있다. 가장 중요한 주식인 식빵이다."

이런 말이다.

*

인도인은 아무리 고관대작이 아니라 왕자(王者)라도 라이스 카레는 손가락으로 먹게 마련이라고 한다. 구미(歐美) 항로의 호화객선에서도 라이스 카레만 나오는 날이면 거침없이 둘째 손가락 가운데 손가락으로 버무려서 쌀알 하나 남기지 않고 깨끗이 먹는다고 한다. 네루 수상이 이것을 금령(禁令)을 내렸는지도 모르고, 그렇다면 항의를 받을는지 모르나, 나의 조언은 아니다.

라이스 카레는 답답이 안남미(安南米)가 좋다.

구제품으로 가끔 배급이 나오고 "양쌀 팝쇼!" 하고 지나다니는 사람이 많은 것을 보아도 한국인은 밥을 지어 먹지는 않고 대부분이 양조용(釀造用)으로 흘러 들어가는 것 같으나, 이 길쭉길쭉하고 찐기 없는 외미(外米)가 라이스 카레에는 절품(絶品)이다.

엉키지 않고 덩어리 지지 않아서 좋은지 모른다. 드라이 카레도 좋다. 질펀한 국물 없는 볶은 밥이다.

드라이 카레를 잘하는 놈이 일도(日都) 긴자(銀座)에 있었다. 노점상인이다.

새 구이 가게다. 닭만 하는데, 깃 죽지만 산더미같이 쌓아놓고 양념장으로든지 소금으로든지 구워 주는데, 이 깃 죽지만 스무 개를 먹었다면 닭 열 마리 폭이 되지 않는가.

그러나 서른 개쯤은 먹을 수 있다. 살짝 구운 맛이 어쩔 수 없는 미미(美味)였으나, "헤헤, 이놈이 맛이 좋지만 풍(風)이 성하대!" 스무 개고 서른 개를 연한 뼈에 묻은 살점을 뜯어 먹기에 바빠서, 십 년 후, 이십 년 후에 풍이 성하든 중풍(中風)이 되든 알 바 아니었다.

길거리에 서서 먹는데 "모모!"라면 온 다리 하나를 구워 주고, "드라이 카레"라면 당장에 후라이 빵으로 볶음밥을 일류로 만들어 주었다. 일 년이 못 가서 큰 가게를 사고 개점했는데 닭 전문은 물론이라 정면에 닭의 대가리 하나를 대감님으로 모시고 촛불 켜 올리기를 그치지 않고 있었다.

우리나라에는 전문 가게가 없는 것이 유감이다.

닭고기를 먹고 싶으면 한 마리를 사서 잡아서 데쳐서 뜯어서 요리해야만 하니 일이 거창하다. 요새는 시장에서 목을 따주는 모양이지만 피 흐르는 것을 들고 돌아오는 아내라는 것을 잔인성으로 해서 다시 한 번 보게 되고, 더욱이 집에서 죽인다면 아예 식욕을 잃게 되기도 한다. 그것을 데쳐서 털을 뜯고 그 털이 눈에 띄면 생일잔치를 몰래 한 것 같아서 인심이 사나워 보이기도 한다.

애초에 가게에서 다리 한 개, 견짓살 몇 돈중으로 달아서 팔게 되면 좋을 것이다.

돈가스 전문, 비프스테이크 전문, 치킨 전문, 튀김이라는 뎀뿌라 전문의 소식관(小食館)이 없는 것이 섭섭하다. 서울의 인구는 물론이거니와 먹어내는 품으로 따진다면 그런 가게가 있을 법도 하건만 작은 가게로 전문점이 없는 것은 생각해보면 다른 이유가 있는 것도 같다.

먹건 안 먹건 그저 상이 그득해야 하는 성미가 있는지 모른다.

*

요릿집이든 잔칫집에서 나오는 교자상에는 술잔 하나 더 놓을 여유 없이 그득히 차려 내오는 것이 보통이다. 그러나 막상 한잔 받아 들고 무엇을 한 젓가락 들까 하고 둘러보면 생률(生栗) 한 알을 집기가 일쑤다.

온갖 저냐는 이삼 일 전에 부친 것인지 모를 일이고, 또는 다른 방에서 남아 나온 것을 가다듬어 놓은 것인지도 모르겠고, 채니 제육이니 수육이니 나물이니 어쩌면 도미 사시미 육회도 상을 차리는 몇 시간 동안을 먼지 함빡 뒤집어쓰지나 않았나 하는 생각에서 그저 당장 물에서 건져 놓은 생률이 제일 믿음직한 까닭인지 모른다.

미술사(美術史)의 권위, 탑파(塔婆) 연구의 일인자인 황수영(黃壽永)이 한동안 '다람쥐'라는 별명을 듣게 된 까닭도 거기 있다.

초례를 지내고 신부 집 안방에서 상을 받는데, 은빛도 찬란한 구첩반상기에 산해진미 없는 것 없이 따끈하고 깨끗하고 깔끔하게 차려온 것을 두루 보았는지 못 보았는지, 생률 한 알을 집었다.

앞에 앉았던 장조모(丈祖母), 귀엽고 대견한 손주사위를 바라보며 하는 말이,

"얘야! 다람쥐같이 밤은 왜?"

겨단 방과 마루와 마당에서 신랑의 거동을 보고 있던 아낙네뿐이 아니라 남자 친구들까지도 그만 웃음을 터뜨리고 이내 한동안 다람쥐가 되고 말았다는 것이다.

말하자면 교자상이란 것은 후진성인지도 모른다. 한꺼번에 그득히 차려놓은 것을 내놓으면 눈이 휘황해서 무엇을 집어야 할는지 모르기도 하겠거니와 무엇 하나 미덥지가 않기도 할 것이다.

양식 정찬에 반드시 메뉴가 있듯이, 중국 요리도 연석(宴席)에는 채단(菜單)이 있다. 인쇄한 것이 아니라도 사오 인의 연석이라도 깔끔히 깨끗이 채단을 써서 몇 장 세워놓고 있어 그 순서대로 음식이 나오는 것이다.

전채(前菜)까지도 채단에 기록되어 있다.

우리나라 교자상을 생각해보면 한상 그득히 차려 내오는 것 전부가 전채라고 할밖에 없다. 떡, 식혜, 약식, 약과, 수정과, 과실 등은 손님들이 척척 상 밑으로 간직하기에 바쁘니 이것은 말하자면 디저트 코스의 것들이기 때문이요, 신선로 없는 철에는 급한 대로 화채쯤을 국물 대신 한 술씩 뜨기도 하니 이것은 양식의 경우라면 식탁에 앉기 전 휴식실에서 한 모금 주는 과실주 칵테일로 생각해도 좋을는지 모른다.

그다음에 생선, 우육, 돈육, 구이 닭, 이렇게 나온다면 술을 든 다음에 차례차례 나오는 것이 정찬의 코스라고 보아서 옳을 것이다.

술에 안주에 그득히 먹고 난 다음에 국이 나오는 것은 곤란할 때가 있다. 편수(만두)라든지 국수라든지면 알 수 있으나, 국 한 주발씩이 나오는 격식은 우리나라밖에 없다.

양식의 경우 스프는 오르되브르(전채)* 다음이요, 일식도 그렇다. 중국의 탕(湯)이라는 것도 그때쯤 나오는 것이라면 소화제에 속하는 것이다. 미역국이나 곰국이나 토란국이 여태까지 맛있게 잔뜩

---

* Hors-Dóeuvre. 식전의 가벼운 에피타이저로 앙트레(Entrée)와 유사어로 쓰이나, 두 번의 에피타이저가 나올 경우 먼저 오르되브르가 나오고 다음에 앙트레가 나옴.

먹은 것의 소화를 돕는 것은 못 될 것 같다.

닭백숙을 쓸 때면 큰 대접을 상 가운데 놓아서 내오는 집이 있는데 이것은 좋다고 생각했다. 맑은 닭 국물 몇 술은 훌륭한 치킨 콩소메[淸羹]다.

좀더 사치해보려면 상이 나온 직후에 잣 미음이나 깨 미음을 식후 커피 잔만 한 작은 컵에 하나씩 마시도록 해보면 어떨까 생각한다.

*

일본에 '나가사키(長崎) 요리'라는 것이 있다. 독특하다.

네덜란드 사람이 먼저 상륙해서 그 풍(風)이 전해 오는 지방이라 그 음식을 본받았으나 말끔히 섭취해서 일식화한 모양이다. 기명(器皿)도 순 일식이다.

맨 처음에 목기 보시기가 나왔는데, 뚜껑을 여니 김이 무럭무럭 나는 백반이 한 젓가락 있을 뿐이었다.

"헤?"

잘못된 일이나 아닌가 하고 둘러보니 모두가 그렇다. 꼭 한 젓가락이다. 술 먹기 전에 밥알 한 젓가락을 넣어 두라는 식이었다. 양식 오르되브르도 사아당이든 치즈든 새우든 고기든 얇은 빵 조각 위에 얹어 놓게 마련이니, 식빵 한 조각을 먼저 먹어 두라는 식이 한 속 같았다.

스프는 자라국이다. '마루스이'라는 자라국은 마시다 남은 술잔을 부어야 좋다. 한잔은 많고, 반잔은 적고, 술을 타야 향기롭다. 요리가 모두 진건한데, 제육이 양갱이라는 과자 한 개처럼 보시기 속에 들어앉아 있었다. 우리나라 족편같이 만들었는데, 족편같이 쫄깃쫄깃하지 않고 동파육같이 흐뭇했다. 중식과 양식의 트기 같았다.

술에 안주에 배불리 먹은 다음, 다시 백반 반 공기를 먹고 나니 새로 나온 보시기에는 단팥죽이라는 '시루꼬(汁粉)'가 들어 있어 또 한 번 놀랐다.

밥으로 시작해서 시루꼬로 끝내는 나가사키 요리라는 것도 몸과 먹성을 상당히 연구한 결과 같았다.

어떤 친구의 생일잔치에 가서 혼난 일이 있었다.

겨울이라 신선로에 찜에 꿩고기에 갖은 안주 해서 소주를 순배(巡盃) 거르지 않았다. 이 순배라는 것이 좋다. 술 따르는 여자 없는 좌석에서는 우선 주인이 앵무 잔 네 개 드는 잔대를 들고 술을 부어서 다음 자리 사람부터 잔을 받게 한 다음에 끝잔, 즉 주인이 받을 잔은 첫잔을 받은 사람이 주전자를 받아서 따라 주고 앞서 둘째 잔을 받은 사람부터 또 잔을 돌리기로 마련이니, 같은 주석(酒席)에서 누구 먼저 드시오, 아니 누구부터, 라는 수선도 없고 좌석 전부가 차례로 술시중을 들게 되고, 먹고 나면 몇 잔 먹었다는 대중도 알 수 있는 우리나라의 좋은 풍속이다.

새 안주 따끈한 안주가 연해 나온 다음 편수가 나왔다.

나는 편수를 좋아한다. 두부, 숙주나물, 소고기, 돼지고기, 닭고기는 뼈까지 두들긴 것을 다져서 소를 만들고 밀가루 껍질한 만두다. 소가 굳도록 좋다. 툭 터져서 허물어지는 것은 두부를 덜 짰기 때문이다. 사람이 누르기보다는 맷돌이라도 눌러놓아야 한다.

중국의 물만두, 찐만두, 소교자(燒餃子), 양식의 캐비지롤에 비할 바 아닌 우리나라 향토미(鄕土味) 풍부한 좋은 음식이다.

이것은 권하게 마련이다.

"한 개만 더 드셔요. 하나만!"

이래서 국자로 떠 주는 것을 피하다 못해서 또 받고 또 받고, 인제는 더 어떻게 할 수 없을 때, 백반이 나왔다.

"한 술만 마세요!"

밥 한 술을 편수 국에 말아서 초간장으로 먹는 것도 일미다.

이젠 정말 잣 한 알도 더 생각 없는 판에 숭늉에 밥을 듬뿍 말아 주며 입가심으로 먹으라는 것이었다. 완전히 손을 들고 말았다. 그렇게 권할 것이 아니라고 생각했다. 음식은 권하게 마련이고, 많이 먹어야만 잔치를 잘했다는 생각은 좀 고쳐야 할까 보다.

아이누(Ainu)족 이야기를 들은 일이 있었다.

아이누족이 잔치에 초대를 받으면 허리띠 사이에 우리나라 윷[擲柶]가락 같은 나무토막을 여남은 개 끼고 간다는 것이다.

술에 고기구이에 한참 동안 먹은 다음 주인이,

"하나 뽑으시지요?" 하면,

"아니, 아직 괜찮습니다!" 하고 대답한다는 것이다.

허리띠 사이에 끼고 간 여남은 개 나무토막을 차례차례 모조리 뽑아놓고 허리띠까지 끄르도록 먹어야만, "하하, 오늘 잘 먹었다!" 고 배를 두드린다는 것이다.

그렇게 뱃가죽이 늘어나도록 먹는다고 해서 다음 며칠 동안을 안 먹고 지낼 수 있는 것도 아닐 터인데, 이런 건 역시 만풍(蠻風)에

속하는 것 같다.
우리나라 재래식의 잔치나 대접하는 품도 생각해야 할 것 같다.
전문점이 있다면—돈가스 전문이라면 돈가스와 식사라든지 돈가스와 스프와 식사라든지—그것으로 넉넉히 배부를 수 있지 않을까.
돈가스도 넙데데한 보통 돈가스보다 동굴동굴한 환자(丸子) 몇 개로 한 접시를 만들면 안주로 먹기에도 편하다. 이 경우의 스프라면 채소 스프라야 좋을 것이다.
비프스테이크는 나는 텐다로인을 좋아한다. 티본스테이크가 연하고 좋다지만 텐다로인의 두툼한 놈이 좋다.
이것을 주문할 때는 웨이터가 반드시 묻는 법이다.
"어떻게 구울까요?"
설 굽든지 바짝 굽든지 중간치기로 굽든지 성미 따라 해주는 것이다. 설 굽는 것은 애초부터 접시에 붉은 피가 고여 나온다. 바짝 굽는 것은 구두 창 같다고나 할까. 산적 고기 같다고나 할까. 중간치기를 나는 좋아한다.
잘 구운 빈대떡이 아래 위 껍질은 가무스레 타서 센베 같지만 칼질을 하면 멀컹해야 좋듯이 스테이크도 아래 위 어느 모로 보나 꺼멓게 잘 구운 것이, 칼을 넣으면 멀컹하고 속에서 약간 피가 보여야 한다. 거기 버터를 펴고 겨자를 칠해서 입에 넣으면 슬슬 녹도록 연해야 한다. 입을 벌리고 이를 가로 세로 움직여서 억척으로 씹거나 뱉어버리게 되어서는 말이 아니다.

*

서울 소공동 큰 식관(食館)에서 스테이크를 잘한다고 친구의 초대를 받은 일이 있었다.

"비프스테이크! 미디엄."

주문을 받은 웨이터는 아무 말 없이 돌아서더니, 아니나 다를까 구두창 같은 놈을 갖다 주는 데는 놀라지 않을 수 없었다. 미디엄이라고까지 덧붙여 말했는데도 알아듣지를 못했는지, 스테이크면 그저 그런 것으로 알고 있는 것인지, 구두창을 씹고 나오는 맛이었다.

휘이 둘러보니 너댓 명이나 서 있는 웨이터가 하나도 쓸 만한 것이 없었다. 실업자(失業者)라고 웨이터의 자격이 있는 것은 아니요, 흰 저고리 검은 바지에 검은 나비넥타이를 하고 왼팔에 냅킨을 걸치고 있으면 웨이터의 자격이 있는 것도 아니다.

건너편에 덥석 요리 접시를 내놓거나 유리컵 서너 개를 손가락마다 끼워서 들고 와서 나누어 놓는 솜씨는 도떼기시장 대폿집 서비스나 하면 알맞을는지 모를 일이었다.

양식은 먹는 에티켓보다도 서비스의 에티켓이 더 중요한 것이다.

앙트레(entrée), 고기 나이프 포크로 생선을 먹었더라도 웨이터는 다른 사람의 눈에 띄지 않게 생선 것과 같이 가지고 간 다음 슬그머니 새로 한 벌을 갖다 놓는 느긋한 멋이 있어야 한다.

연회나 정찬인 경우 나이프와 포크가 여러 개 놓여 있는데, 그저 밖에서부터 안으로 차례차례 쓰도록 놓게 마련이니, 맨 밖에 작은 나이프와 포크가 있으면 이것은 오르되브르 전채용이다.

오르되브르 용이 없는 경우가 많다. 그 다음이 큼직한 스푼. 스푼으로 스프를 떠먹을 때까지는 거의 틀림이 없으나, 그다음 생선 요리에 어느 나이프 어느 포크를 집어드느냐 어리둥절하는 사람이 간혹 있다.

작은 것을 쓰면 된다. 좌우에 놓여 있는 중에서 작은 나이프 포크, 크기가 모두 그만그만하다면 좀 변형 꼴이 다르든지 장식이 있는 것이 생선용이다.

그것을 잘못해서 고기용 나이프와 포크로 생선을 먹었다고 해서 쓰지 않은 생선용 나이프 포크를 절그럭 절그럭 집어 얹거나, 더럽혀진 나이프 포크를 다음에 써야 할 것이라고 해서 그대로 내려놓고 쓰지 않은 생선용 나이프 포크만 집어가는 따위의 웨이터라는 것은 못쓸 사람이다. 손님을 창피하게 하고 무안하게 하는 것이 웨이터의 임무는 아니다.

입 속의 혓바닥같이 눈치코치 다 있어야만 쓸 만한 웨이터라고 할 것이다. 최소한 삼 개월의 훈련은 있어야 하고, 육 개월의 학교를 마치어야 하는 것이다.

웨이터에게 정이 들어서 단골이 되고, 그렇기 때문에 웨이터는 독립해서 개점할 수도 있고, 그러면 눈치 빠른 웨이터의 시중 맛을 잊지 못해서 단골을 옮기기도 하게 되는 것이다.

우리나라의 요식업자는 대개가,

"어디 할 일을 하고 있습니까, 참 할 수 없어서 이 짓을 시작했지!"가 아니면,

"삼 년 후에 봅시다. 나도 사장하겠소!"

삼 년 만 꿀꺽 참고 견딘 다음 다른 회사 사장 하겠다는 사람도

만난 일이 있다.

처음부터 이런 생각으로 시작하는 사람이 많기에 '금일개업'이라는 집이 좋고, 그런 객의 심리를 역용(逆用)해서 개업 일 년 후건 이 년이 되었건 '금일개업'이란 간판을 붙이고 있는 집도 있다.

아예 대 물릴 직업은 아닌 것같이 생각하는 모양인데, 해방 전까지도 북경 정양문(正陽門) 앞에 건륭황제(乾隆皇帝)가 미행(微行)으로 나와서 가끔 밤참으로 라멘을 먹었다는 라멘 집이 그대로 영업을 하고 있다는 이야기를 들은 일이 있었다.

건륭제라면 서기 1700년대이니 이백여 년을 내려오는 것이라 '금일개업'한 사람의 십대손쯤은 되었으리라. 일본에도 장어 집으로 삼백 년 동안 '다레' 양념장 가마솥을 부신 일이 없다는 집이 있었다. 내가 단골로 하던 집이다. 노포(老鋪)는 좋다. 아버지 어머니가 연애할 때에 드나들고, 자식 손목 끄을고 드나들던 음식점에, 또 그 아들 손자며느리가 드나들게 된다는 일은 얼마나 아름다운 일일 것이냐.

일본에 성악가 샬리아핀이 왔을 때, 그는 고급 레스토랑에 새로운 메뉴 하나를 선사하고 갔었다. '비프스테이크 샬리아핀 스타일'이라는 것이다. 이미 고령이라 치아가 좋지 못했는지, 스테이크는 지극히 좋아하는데 큰 덩어리를 썰어서 먹지는 않았다. 연한 고기를 잘고 얇게 썰어서 슬쩍 구워달라는 것이었다.

그 사람은 어느 나라에 가건 그렇게 해 오라고 해서 먹는 것이었겠지만, 처음 보는 사람은 '호, 그것 참 희한하다'고 생각했을는지 모른다. 이것이 한참 유행하였다.

요새 서울에 많은 불고기. 을지로4가의 '우래옥(又來屋)'이든지 절대로 질긴 고기를 주는 일이 없는 집의 불고기를 샬리아핀에게 맛보였더라면 아무리 집이 어수선하고 삿자리 위에 콩나물같이 틀어박혀서 먹더라도 세계에 'NO. 1'이라고 절찬을 했으리라고 생각한다. 서울의 불고기야말로 샬리아핀이 생각하는 비프스테이크 샬리아핀 스타일의 진짜일 것이다. 천하일품이다.

*

신발명의 석쇠가 더욱 좋다. 풍로(風爐)에 뚜껑같이 덮어놓고 구멍 뺑뺑 뚫린 곳으로 불이 오르고, 위에서 국물을 주르르 따라도 불에 흘러들어 가지 않는 묘(妙)는 위대한 발명이다. 이것은 환도(還都) 후의 신발명이다. 이것을 기계로 제작한다면 그렇게 멋지게 되지는 않았을는지 모른다.

드럼통 조각 뒤집어놓고 땅땅 종일토록 두드리어 이남박같이 만들고, 또 구멍을 하나씩 하나씩 두드려 내었기 때문에 쇠가 휘어서 국물이 흐르지 않게 된 것이니, 이것이 미국에서 미국인이 발명한 것이라면 특허권 사용료 20만 달러쯤은 쉽게 받았을는지 모를 일이다. 양담배 필립 모리스에만 있는, 빨간 딱지 잡아 낚으면 갑이 똑 바로 뜯어지게 되는 것의 특허권 사용료가 20만 달러라는 말을 들었기 때문이다.

불고기만이 세계 제일류가 아니다. 채소 다루기도 세계 제일이다. 김치가 그렇다. 개성의 쌈김치는 고춧가루와 마늘로 해서 먹지는 않는 외국인이라도 그것을 하나 펼쳐서 천연색 사진으로 찍어서 보인다면 이것이 무엇이냐고 황홀해할 것이 틀림없다.

김치는 어디까지나 새하얀 백채(白菜)에 온갖 양념의 색채가 있고, 쌈은 꺼멓도록 파란 잎사귀로 꾸리는 것이다. 검푸른 겉껍질 연푸른 속껍질에 새하얀 속살에 윤이 흐르고 속대 노란 오구락 속에 발갛고 노랗고 꺼멓고 온갖 색채의 양념이 솔깃이 보일 것이니, 허벅진 꽃 한 송이를 화채까지 보이도록 펼쳐놓은 것 같을 것이다.

나박김치의 분홍빛 흰빛 빨간 실고추 빛도 그렇고, 얼마든지 있다.

생선 요리만으로 전문점을 한다면 프랑스나 이탈리아에 절대로 지지 않을 수 있는 재료가 풍부하다. 재료뿐이 아니라 그 생선 맛이 도저히 따를 수 없는 것이다.

'푸르니에'라는 생선을 주로 하는 레스토랑에 가서, 너의 집에서 제일 좋은 요리를 값도 구애 없이 만들어달라고 했다.

자가웃이나 되는 길쭉한 은쟁반에 꺼멓고 허연 것이 질펀하게 담겨 나온 것은 '송어 무니엘'이었다.

한 자짜리 송어를 찐 것에 시커먼 소스는 흑임자였다. 꺼먼 깨로 소스를 만든 것이 느긋할 정도였다.

송어의 살맛은 솜이라도 씹는 것 같았다.

그러기에 질펀하게 덮은 소스가 검은깨 기름이었다. Sesame oil. 우리나라의 송어(松魚)면 소나무 냄새가 난다고도 하는 맛있는 생선이다. 준(鱒). 미국서도 'Trout'로 많이 먹고 잡는 고기지만 우리나라의 것이 더 맛이 좋다. 얕은 맛, 감칠 맛, 고수한 맛, 야무진 맛은 어느 나라도 우리나라의 것에 당하지 못하는 모양이다.

청어도 그렇다. 일본의 '련(鰊)'은 알이나 따로 먹었지 살은 나무깽이 씹는 맛이다. 알이 '가즈노꼬(かずのこ)'다.

두부는 일본 것이 좋다.

중국집에서 내가 두부를 좋아한다는 말을 했더니, "호호, 마 선생!" 하고 감탄하여 마지않으며 이렇게 말해주는 것이었다. "쓰촨요리(泗川料理)에 '마선생탕'이란 것이 있습니다. 두부만 맹물에 끓여 오는 것입니다."

어떤 가난한 마(馬)씨 성의 선비가 있었기에, 두부 맹탕을 '마선생탕'이라고 이름 부르게 되었단 말이냐고 마주 웃었더니, 청년은 위로하듯이 말했다.

"진짜 맛! 깊은 맛! 이거 다 몰라!"

두부 맹탕이라면 '탕두부(湯豆腐)'도 좋다. 다시마를 밑에 깔고 썩썩 썬 두부를 그저 맹물에 부글부글 끓여서 유자장(柚子醬)에 찍어 먹는 것이다.

유자장에 상등(上等) 견절(鰹節)을 넣어야 하고 그 장 종지기를 냄비 가운데서 같이 끓여야 좋은데, 견절이라는 것이 서울에는 드물다. 밀수로 안 들어오는 것이 없는데 견절과 엽차가 들어오지 않는 것은 이상하다 했더니, "그까짓 것 부피만 크고 얼마치 됩니까?" 하는 것은 용적만 크고 이(利)가 박할 것이라는 말이었다.

동해안 간성에 종군(從軍)했을 때 '견(鰹) 가츠오', 우리말로는 '가다랑어'라고 하는 생선을 잡는 것을 보았다.

배 세 척이 나가서 후릿그물로 끌어들이는데 자가웃이나 되는 똑같은 놈이 4천 마리 들어 있었다. 그물을 좁힐수록 가다랑어는 같은 방향으로 핑 핑 돌고 있는데, 서로 부딪치는 바람에 지느러미에 찢기어 피바다가 되는 것이었다.

사장(沙場)에 올라온 놈은 한두 번 펄쩍 뛰더니 피를 토하고 그만이었다. 성미가 대단히 급한 놈이라고 했다. 상하기도 빨리 상해서 서울까지 싣고 가는 것이 위험한 일이라고 했다.

그러나 가츠오는 그 자리에서 요리하지는 못한다. 당장은 살에 벌레가 있다는 것이다. 벌레의 숨이 죽은 다음, 그리고 살 빛깔과 맛이 변하기 전에만 사시미나 스시로 먹을 수 있으니 맛있게 먹을 수 있는 시간이 짧다.

서울까지 들어오기 전에 지방에서 헐값으로 넘기는 모양이었다. 지방에서 헐값으로 받으니 또 귀하게는 생각하지 않는 모양이었다. 적당히 간을 해서 쪄서 말리면 견절이 되어 조미료로 쓸 수 있는 것을, 아까운 일이라고 생각한 일이 있었다.

좋은 견절은 멸치 국물이 따르지 못한다. 대패로 얇게 썰어서 시금치나물이나 날두부 위에 뿌리면 좋은 양념도 될 수 있다. 멸치를 비벼서 쓸 수는 없는 일이다.

멸치도 일등품을 대가리 창수 모두 버리고 국물을 만들면 좋기는 하지만, 첫째 일이 많다. 견절로 국물을 만들어도 건더기는 조리로 걸러서 버리는데, 멸치나 멸치 대가리가 보이면 정이 떨어진다. 대가리나 창수를 따 버리지 않으면 맛도 씁쓸하다.

'미미소(美味素)'도 만든 사람이 있으니 동해안에 가서 가다랑어를 헐값으로 사서 견절을 만드는 사람은 없을까.

두부에도 여러 가지가 있다.

달걀두부. 타키가와(瀧川) 두부는 칼국수 같은 '실 두부'다. 고야(高野) 두부는 '언(凍) 두부'. 두부가 얼면 고운 해면(海棉)같이 구멍이 뻥뻥 뚫어진다. 겨울의 풍미다. 무두부도 좋다. 다 엉키기 전의 두부다. 초를 쳐서 먹는다.

비지에는 돼지 뼈다귀가 있어야 좋다. 갈비 뼈다귀가 제일이다.

해방 전에는 여관이나 하숙집으로 탕약을 팔러 다니는 사람같이 두부 국물을 팔러 다니는 사람이 있었는데, 해장으로 좋다.

*

해장국은 해장 집에서 뚝배기로 먹어야지 받아다가 먹을 것은 못 된다.

기생집 해장국은 양집에 달걀을 띄워 오겠지만 중국 것으로는 '계란탕(鷄卵湯)' '쓰촨채탕(泗川菜湯)', 양식으로는 '어니언 스프(onion soup)', 러시아 요리로는 '보르시(borshch)'다.

어니언 스프는 '옥총(玉葱)국'이다. 반드시 질그릇 뚝배기 같은 우묵한 오지그릇에 한 사람치씩 끓여 오는 것이다. 치즈 가루를 듬뿍 부어서 먹는다. 땀이 나고 속이 후련해진다. 보르시는 러시아 요리로는 하나밖에 없는 먹음직한 것이다. 채소 든 곰국이다. 김장 때 배추 속대국에 고기를 좀 넉넉히 넣은 것 같다.

인도는 그저 무슨 요리든지 카레 가루가 들어 있다.

스페인이라면 토마토 소스, 멕시코라면 풋고추, 네덜란드라면 생선 잡탕, 이탈리아라면 스파게티를 생각한다.

러시아의 자랑 '캐비어'라는 것은 생선 알이다. 바다가 멀어서 생선 알이 귀한 모양이다.

러시아 요리의 특색은 식빵을 산더미같이 내놓는 것이다. 흰 빵 검은 빵을 정말 산더미같이 내어놓는다. 가무잡잡한 캐비어를 식빵에도 얹어 먹는데 알젓이야 우리나라에 당할 리 없다.

식빵을 산더미같이 쌓아놓는 것이나 중국 요리에 포자(飽子)를 산더미같이 쌓아놓는 것이나 마찬가지다. 미련하게 내어준다.

러시아 요리를 먹을 때면 '즈브로카(zubrovka)'라는 술을 마시었다. 자라 목 달린 병에 물빛 술이 도수 약한 소주 맛인데 짚풀 한 오리씩이 들어 있었다. 값이 헐하고 순해서 식사 중에 한 병씩을 마시었다. 병마다 짚풀 한 오리씩 곤두 서 있는 것이 재미있었다. 물론 옛날이야기다.

'마카로니'나 '스파게티'나 마찬가지인데, 마카로니는 구멍이 뚫려 있고 스파게티는 구멍이 없을 뿐이다. 쫄깃쫄깃한 밀국수다. 스파게티를 좋아했다. 그라탕 접시에 담고 아래위 불로 구워 오는 것이다. 위가 빈대떡같이 노랑노랑 타야 한다. 치즈 맛으로 먹는 것이다.

이것들이 이탈리아 명물이라고 하지만, 일본 동북지방에서 만들어 이탈리아로 수출되어 다른 나라로 퍼지는 것이다. 우리나라의 해태(海苔)가 일본으로 가서 '천초(淺草) 해태'가 되어서 각국으로 퍼지는 것과 같다 할 것이다.

고급 스시 집의 쌀은 우리 쌀이다. 고급 천초 해태는 우리 해태다. 정제한 것이다. 정제하고 깔끔하게 포장한 천초 해태는 미국에서 사 가지만 우리 완도 해태는 미국에서 사 가지 않는 모양이다.

일본의 게 통조림이 큰 자원이 되어 있는 것도 거기에 있다.

중국의 게 요리로 일본의 게 통조림을 안 쓰는 것은 드물 것이다.

내가 열아홉 살에서 스물이 되는 제석(除夕)에 청주(淸酒) 한 병을 놓은 자리의 안주는 통조림 두 개였다. 해(鮭)와 게다. 슴슴하고 구수한 해 통조림과 말쑥한 게 통조림. 게는 초를 찍어 먹었다.

게 통조림의 게를 계란 꾸러미로 해서 구우면 '부용해(芙蓉蟹)', 국물을 넣으면 탕, 계란마저 고명같이 갈기갈기 볶으면 '초해사(炒蟹絲)', 튀기면 덴뿌라 '작해인(炸蟹仁)'.

버터와 밀가루에 버무려서 큰 조개껍질에 담고 치즈 가루 뿌려서 아래위 불로 구우면 프랑스 요리라고 하는 이탈리아 요리 '크랩 코큐르'다. 코큐르로는 닭 코큐르, 새우 코큐르, 굴 코큐르, 달걀 코큐르, 생선 코큐르 등등에서 게가 둘째 아니면 셋째로 잘 먹힌다.

코큐르와 그라탱(gratin)은 그릇이 다를 뿐이다. 가리비 조개껍질과 우묵한 접시가 다르다.

영덕 큰게는 대구에서 먹어야 맛이 좋다고 한다.

영덕 큰게 진짜를 맛보려고 영덕까지 갔더니 대구서 먹던 맛만 못하더라는 이야기가 있다. '목생선[木魚]'이 '은어(銀魚)'가 되었다가 '도루묵'이 된 것과 비슷할 거다.

그러나 음식물에는 모두 맛있는 시간이 있으니 영덕에서 당장 찐 것을 받아 먹는 것과 그것이 대구까지 와서 밤새 "영덕 큰게 사이소!"를 외치고 다니는 것을 밤참으로 받아 먹는 것과는 대단한 시간의 차가 있을 것이다. 영덕 큰게는 그 시간이 맛있는 시간인지 모른다. 대체로 상하기 직전이 맛있는 시간이 아닌가.

도루묵을 가리비 조개껍질에 지져 먹는 풍속이 있다. 아키타(秋田) 지방의 귀한 요리다.

도루묵을 '신(鰰)'이라 쓰고, '하다하다(はたはた)'라고 한다.

직경 20센티미터쯤 되는 가리비 조개껍질을 풍로에 올려놓고 간수를 붓고 두부 미츠바(みつば) 무강즙과 도루묵을 지져 먹는 것이다. '숏쓰루나베(しょっつるなべ)'다. 겨울에 생선이라고는 그것밖에 없는 동북지방의 풍물이다. 별미다.

*

중국 냉채에도 통조림 게가 많이 나온다.

냉채 반삼선(拌三鮮)은 닭고기, 제육, 해삼을 오이와 버무리고 초겨자 맛으로 먹는 것인데 게를 많이 섞는다. 전채로 그저 내놓기도 한다. 초 맛으로 먹기는 해파리와 마찬가지다.

전채로는 '설화단(雪花蛋)'을 좋아한다. 썩힌 오리알이다. 흰자위는 호박색, 노른자위는 짙푸른 빛이 된 것이다. 짙푸른 노른자위를 볕에 비쳐 보면 눈 무늬가 되어 있다고 해서 설화단이라고 한다는 것이다. 송화(松花)라고도 한다. 처음에는 냄새가 나쁘고 어쩌면 가스 냄새까지 느끼지만, 실없이 인이 박히는 것이다. 양식의 레터스(lettuce)나 샐러리, 우리의 고수도 그렇다. 수박씨[꽈즈 果子]는 아래위 앞니 사이에 세워서 까면 톡 튀어 나온다. 드러날 때까지 쉬지 못한다. 고수하고 야금야금한 맛이다.

신맛은 식욕을 돋우기도 하지만 이상하게 음식물을 맛있게 만든다. 껄렁한 짜장면을 먹을 때 초를 듬뿍 치는 사람, 라멘에도 그것을 치는 사람이 있다.

전채에 초 맛이 많다. 초에 담근 오이 피클이 그렇고, 해파리초가 그렇고, 샐러드가 그렇고, 사아당이 그렇고, 칵테일에 들어 있는 앵두가 그렇고, 전채 접시에 있는 올리브[橄欖實]가 그렇다. 샐러드의 소스는 후렌치드레싱소스건 뷔니그렐소스건 베시라드소스건 식초가 3~4할 4~5할이다. 우리나라 술꾼이 한잔 들기 전에 우선 김치나 깍두기나 나박김치 국물을 한 숟갈 뜨는 것과 같다 할 것이다.

오이선은 훌륭한 전채 감이다. 오이를 파랗도록 슬쩍 데쳐서 배를 째고 소고기 볶은 것과 갖은 양념을 그 속에 넣고 겨자와 초의 국물에 띄워놓은 초여름 요리다.

호박찜도 초 맛으로 먹을 것이다. 애호박을 두 토막이나 세 토막해서 십자로 반쯤 째고 고기와 양념을 그 속에 넣어서 삶은 것이다. 장은 없어도 참을 수 있지만, 초 없이 먹으면 호박찜이 울 것이다.

술친구요 나의 파트너였던 K 남작의 별장에 저녁 초대를 받아서 간 일이 있었다.

몇 가지 요리가 나온 다음에 부인이 손수 들고 나온 것은 납작호박이었다. 수박만 한 우툴두툴한 검푸른 납작 호박을 상 가운데 놓고 꼭지를 젖히니 위 5분의 1쯤을 오려서 뚜껑이 되어 있었다.

뚜껑을 젖히니 김이 무럭무럭 나는데, 국자로 떠 주는 것은 호박찜과 다름이 없었다. 고기를 가루같이 다져서 갖은 양념과 같이 찐 것이었다. 호화로운 것이었다. 위스터소스로 먹으라 했지만, 나는 초간장으로 먹었다.

돈육(豚肉)도 새우젓보다 초간장이 좋다. 새우젓은 체하지 말고 소화 잘 되라는 것은 되지만 제육의 고수한 맛을 덜기가 쉽다. 새우젓 국물이 없으면 제육을 못 먹을 것같이 보채는 사람은 서울 사람뿐이다.

제두(豬頭) 고기나 족발은 초간장보다도 소금을 찍어 먹어야 맛이 좋지 않은가. 생선구이도 양념장보다 소금구이가 진미일 것이다.

은어[鮎]를 잘 먹기로도 남에게 지지 않을 것이다. 은어를 양념장으로 굽는다는 것은 생각도 할 수 없는 일이다. 소금도 살짝이어야 한다. 이놈을 젓가락으로 밸과 등을 살짝살짝 누르면 뼈에서 살이 떨어진다. 대가리부터 꼬리까지 뼈에서 살이 떨어졌을 때 대가리 밑 아가미로 젓가락을 넣어서 뼈를 끊어놓고 손가락으로 몸뚱이를 잡고 젓가락으로 꼬리를 잡아 뽑으면 가시 하나 남기지 않고 깨끗이 뼈가 나온다.

꼬리지느러미까지 먹기 위해서는 꼬리 조금 위로 젓가락을 넣어서 뼈를 뽑는다. 이것을 솜씨 있게 하는 데 기생이 반한다고 하지만, 기생이 있는 자리라면 객이 왼손 손가락에 소금을 묻힐 것은 없다. 이것도 초다.

슴슴한 초에 찍어 먹어야 한다. 초에 요초(蓼草)를 썰어 넣는다. '여뀌'라는 풀이다. '여뀌 먹는 벌레도 제 나름'이라는 말이 있어, 다니자키 준이치로(谷崎潤一郎)의 소설에 「여뀌 먹는 벌레」라는 것이 있다. 냄새가 독하고 써서 아무 벌레나 근접을 못하는 풀이다. 가지나무에 파리가 얼씬 못하는 것과 같을 것이다. 은어를 먹을 때 엷은 초에 띄워놓은 것만이 향기롭다. 고수만큼 냄새가 세다. 연한 생선이라고 해서 대가리부터 입에 넣고 어적어적 씹어 먹는 것도 볼썽 좋은 것은 아니다.

*

하기는 류큐(流球) 사람들이 감자는 껍질이 더 맛이 좋다고 껍질을 벗기지 않고 먹는 것을 여러 번 보았다. 같이 앉아서 먹는 나는 껍질 벗겨 버리고 알맹이 하나를 뜯어서 흰 심줄 뜯어 버리고 밸을 꼭 집고 등을 입술로 빨아서 속 알맹이만 호르륵 먹고 있었다.

포도도 그렇다. 알렉산드리아를 좋아했는데, 일일이 껍질 벗겨 버리고 씨를 뽑아 버린 다음에야 입에 넣었다.

우리나라의 포도는 이건 어떻게 된 셈인지 껍질을 먹어야 맛이 좋았다. 껍질에서 짙은 딴맛이 나는 것이다. 껍질을 씹어 버려야 하니 먹기 전에 소금물이든 '구로루가르기 물'에 씻는 시간이 걸려서 자연 덜 먹게 된다.

우리나라 산에 나는 '어름'이라는 과실은 향기 높은 것이다. 이것을 재배만 할 수 있다면 바나나는 문제도 안 되고 남양(南洋)의 망고나 파파야보다도 귀하게 퍼질 수 있을 것이다.

과실은 감을 제일 좋아한다. 대구 감 세 개만 한 크기로 넙데데한 부유시(富有枾)라는 것이 좋다. 단단하고 연한 것이다. 멀컹한 홍시는 입에 대어본 일도 없다. 다래도 좋지만 서울서는 만나기 어렵다. 만나기 어렵다고 아주 없어진 것은 아닌 모양이다. 가끔 여인이 팔러 다니는 것을 보았다.

이런 것을 먹게 해주는 '프루트 팔러(fruit parlor)'가 서울에 한 집도 없는 것은 이상한 일이다.

커피와 홍차를 주로 하는 다방은 많은데 과실과 과실과자와 과실음료수를 주로 하는 프루트 팔러가 없는 것은 이상한 일이다. 앞에서는 과실을 팔고 안에는 다방같이 차려놓고 먹게 해주는 집 말이다. 값비싸게 사치품 취급을 하지 않고 값싸게 좋은 것 귀한 것을 먹게 해주는 집 말이다. 다래도 있고 머루도 있고 개암도 있고 복분자 산딸기도 있고 감도 곶감도 사과도 멜론도 먹게 해주는 가게 말이다.

*

K 공작의 별장에서 받은 오찬은 일부러 화족회관(華族會館)의 쿡을 불러 올려서 만든 양식이었다. 여름이라 모두 한 덩어리 젤리로 되어 있었다.

우리 일행과 주인의 다섯 사람 좌석에 은쟁반으로 나오는 요리는 한 덩어리 젤리로 되어 있어, 이것을 공작이 받아서 손수 스푼으로 5분의 1을 듬뿍 저며서 접시에 옮겨주는 것이었다.

생선 아스픽(aspic)이다. 뼈 뽑은 생선을 찐 다음 묵 같은 젤리로 한 덩어리를 만든 것이다.

호화한 연회의 요리는 대개 칠 인분이나 팔 인분쯤을 한 덩어리로 만들어 내온다. 객이 받을 때에는 그것을 분간해서 일 인분만 받아야 하는데 "아아, 고놈 맛이 좋겠다"고 맛있어 보이는 것만 듬뿍 더 받아놓으면 들고 있던 웨이터는 부지런히 주방으로 가서 한 사람치를 더 받아 와야 하니 돌아서서 혓바닥을 내밀 것은 보지 않아도 짐작할 수 있는 일이다. 아예 받아놓을 생각을 말고 웨이터에게 떠놓으라고 하는 것이 좋을지도 모른다. 나는 반드시 내가 집는다. 웨이터가 일 인분으로 주는 것을 깨끗이 먹어내지 못하는 소식(少食)이기 때문이다.

공작이 은쟁반을 받아 들고 서비스한 것은 객을 위하는 마음씨도 있었겠지만 들고 나온 사람이 여자였기 때문도 있었으리라. 여덟 시간 기차를 타는 거리에서 불러올린 사람은 쿡뿐이었기 때문에, 가사(家事)를 보는 예쁜 여중(女中)이 들고 나온 것이었다.

은어 아스픽이라는 것이 있다. 오 인분이라면 은어 다섯 마리가 물속에서 꼬리를 치고 놀고 있는 것같이 보인다. 젤리를 푸르게 물빛으로 했기 때문이다. 볼상은 그렇지만 은어의 뼈는 모두 뽑은 것이라 5분의 1을 제 접시에 받아놓고 그대로 먹을 수 있는 것이다. 호화판인 요리다.

식도락에 수장가(蒐藏家)로 이름 있는 O 씨의 산장에서의 소연은 석화(席畫)로 시작되었다. 주인은 붓을 놀리고 있는데 아름다운 부인과 여중이 널판을 들고 나왔다. 우리들의 앞에 놓여 있는 교자상만 한 차탁 위에 그 널판을 놓는 것이었다. 애초에 교자상에 차려서 들고 나오지 않고 따로 마련한 진녹색 칠한 널판에 상을 보아서 내오는 것이었다. 널판은 차탁에 꼭 맞게 마련되어 있었다. 판때기 위에는 모두 이름 있는 기명(器皿)으로 잔과 접시가 놓여 있고, 가운데는 큰 고기(古器)에 동치미 같은 무가 떠 있을 뿐이었다.

모두 아연했다.

주인은 껄껄 웃으며 말했다.

"제가 어제 이만 때부터 정성들여 만든 것입니다."

좋은 간장에 좋은 무를 큼직큼직하게 썰어서 스물네 시간 담근 것이라고 했다. 맛이 희한했다.

동치미 자랑을 했다.

주인은 잘 안다고 말했다.

*

식도락가는 동치미니 김치니 쯤은 아는 사람이 많다. 소고기나 생선을 양념장으로 굽는 것을 애초에 '조선소(朝鮮燒)'라고 부르고 있다. 바나나는 우리나라에는 없을 터인데 바나나 뎀뿌라 같은 것을 만들어놓고 '고려향초(高麗香焦)'라고 한다.

'로(爐)'도 '신선로(神仙爐)'라고 부른다. 중국은 그저 '화로(火爐)'라고 한다. 신선로와 화로는 얼마나 운치가 다르냐. 그러기에 꼴도 크고 싱겁게 생겼다. 국물도 싱겁게 해 가지고 초간장이나 생즙이나 고추 무강즙으로 먹게 마련이다. 재료를 옆에 그득히 놓고 연해 넣어서 끓여 먹게 해주는 것이 좋으나, 맛은 어디까지나 대륙적이다.

신선로는 독특한 풍미다.

간, 저냐, 육환자(肉丸子), 은행(銀杏), 호두에서 나오는 맛인지 모른다. 간이라면 양식에서는 거의 꼬치구이로 한다. 은(銀) 꼬치에 끼워서 굽는다. '리버 부로 세트'.

은행은 중국에 '은행탕'이 있다. '산사탕'은 서울에 요새는 귀하다. 산사탕, 은행탕, 모두 진건한 요리가 나온 다음에 소화제같이 나오는 것이다.

거의 끝판에 나오는 '마탕'이라는 것도 그렇다. '마'라는 자연저(自然藷)를 엿에 묻혀서 끓인 것을 냉수에 담가 식혀서 먹는 것 말이다. 요새는 고구마로 흔히 만들고 '고구마탕'이라고 하는 모양인데, 물론 대용이다. 가짜다.

동네 찬가게에서 두 자 길이나 되는 마를 발견하고, 나는 200환을 주고 산 일이 있었다. 껍질 벗기고 강판에 갈면 '도로로(とろろ)'다. 도로로에는 와사비와 메추리알과 김을 비벼 넣어야 좋은데, 계란은 노른자위만 넣어도 어쩐지 좀 싱거워지는 것 같아 아예 넣지 않기로 했다. 시골 사람이 산에서 이것을 발견하고, 또 무보다도 연한 이것을 고이고이 캐는 데는 상당히 힘이 들었을 터인데, 값이 싸다고 생각했다.

열 보시기가 되는 것이었다. 먹는 사람이 적은 탓인지 모른다. 상당한 보재(補材)다. 200환짜리 마 한 개로 2,000환짜리 호르몬제 넵보테스토론이나 뇌하수체 주사액만 한 효능이 있을는지 모른다.

은행은 일본서는 가을 제철에 잠깐 볼 수 있다. 뎀뿌라 집에서, 물론 전문점 말이다. 두 치쯤 되는 똑같은 새우만 튀기는 집이다. 다른 아무것도 하지 않는다. 오징어 튀김을 하나 달라고 했다가는 주인이 나가 자빠질는지 모른다.

오뎅 집 모양으로 기름 가마 둘레에 주욱 앉아서 튀기는 대로 나누어주는 대로 먹는다.

맨 먼저는 줄거리와 이파리까지 달린 생강 두어 뿌리를 튀겨 준다. 다음에 주는 새우튀김은 특별히 꽁지 큰 놈을 골라서 꽁지를 빨갛게 잘 튀겨 준다. 꽁지까지 먹으라는 것이다. 이것을 먹으면 소화가 잘 되고 배탈이 없다는 것이다. 다음부터는 꽁지는 안 먹는 것이다. 한참 동안 여남은 개쯤 먹으면 은행을 몇 개 튀겨 준다. 괜찮다.

가을바람이 불면 퇴근의 발길이 소요리점(小料理店)으로 가기 일쑤다.

자리에 앉기가 무섭게 여주인은 깔때기 보시기 둘과 잔을 내놓고 따끈한 술 한 병을 들고 와서 따르며 "무엇으로 하실까요?" 묻는다.

깔때기 보시기 하나에는 푸르노랗게 볶은 은행 대여섯 개가 자글자글 소리를 내고 있고, 또 하나는 젓갈이다. 젓갈은 묵은 젓만이 아니다. 묵은 젓갈에 싱싱한 도미 살점을 약간 섞어서 버무린 것이다. '시오가라(しおから)'라기보다 '주도(酒盜)'라고 부른다. 그만큼 술맛이 난다.

한잔 따라 주며 주문을 받는 것이 좋다.

우리나라에 술 한잔 따라주며 주문을 듣는 집은 없다. 기다리기에 화가 나는 경우가 많다. 중국집도 안주 나오기 전에 술만 주는 일은 절대로 없다. 목이 말라 죽겠으니 맥주 한 병만 먼저 달라고 해도, 격 있는 집이면 춘장이나 과자(수박씨)하고 가져 오든지, 그렇지 않으면 "우리 안주 되기 전에 술 안 주어!" 하고 화를 낼는지 모른다. 풍속이다.

사변 전, 서울에서 S 장군의 초대를 받은 일이 있었다.

중국 부인의 솜씨라 전채도 해철피(海蜇皮), 어시(魚翅), 설화단(雪

花蛋)이 그득히 나오고 장육(醬肉)도 큰 접시에 나왔다. 다른 안주는 차례차례로 어지간히 비어 나가는데 장육 만은 원체 많았기 때문에 많이 남아 있었다.

주인은 부인을 부르더니 장육 접시를 주며, "소!" 하는 것이었다. 부인도 똑같이 "소!" 하더니 한참 만에 다른 접시가 나오는데, 그것은 기름이 지르르 흐르는 제육볶음이었다.

'초(炒) 하는 것이 어떠냐'는 주인의 말에 부인이 응한 것이었다.

원체 배불리 먹었기 때문에 장육볶음도 남았다.

주인은 또 부인을 부르더니 "당!" 하는 것이었다. 부인도 똑같은 억양으로 "당!" 하더니 받아 가지고 나간 접시는 한참 만에 넙데데하고 우묵한 대접이 되어 나왔다.

국물이 있었다. 물론 맛이 달랐다.

'탕으로 하는 것이 어떠냐'는 주인의 의견에 부인이 응한 것이었다. 탕이라 해도 다른 국이 있으니 아주 탕이 아니다. 당초육(糖醋肉)이나 해삼(海參)주스 정도의 탕이었다.

한 재료로 세 번 다른 맛의 요리를 만들어주었다.

*

우리나라에 파티가 많은데, 칵테일 파티의 안주는 '샌드위치'와 '카나페'다. 샌드위치의 빵조각보다 좀 두꺼운 빵조각 한 장에 겨자칠을 하고 그 위에 이것저것을 얹어놓은 것이다. 치즈, 소시지, 햄, 비프, 초에 담근 오이 피클, 샐러드, 닭이나 제육의 소테, 닭의 간,

치킨 리버 따위다. 따로 올리브, 감람실(橄欖實), 샐러리, 과실 등이 놓여 있다. 샌드위치와 과자가 가장 많이 놓여 있다.

어느 집이나 어떤 기관의 파티나 대동소이하다.

방송국 파티에 참새구이가 있었다. 베이크 치킨이나 콜드 치킨이 나오기도 하는 정도의 차이다.

서울 장안의 파티만이 같은 것이 아니다. 그 장소에 들어서면 여기가 한국의 서울이라는 것을 알 수 있는 일은 아무것도 없다.

나는 한번 두루마기를 입고 갔었다. 공교롭게 또 입은 사람이 둘 있었다. 두루마기와 치마저고리만이 한국임을 잊지 않게 할 수 있었을는지 모른다.

모두 서투른 솜씨건 익은 솜씨건 한 손에는 유리컵에 양주를 받아 들고, 또 한 손에는 접시를 들었든지 그렇지 않으면 한편 테이블에 쌓여 있는 카나페를 집어 먹는다.

일제(日製) 사기 접시에, 입에 맞건 안 맞건 양요리(洋料理)다. 한국의 잔치 같지는 않다. 일본은 이렇지 않다. 양인(洋人)을 주로 하는 파티라도 꼴이 양요리지 깔끔하게 제것을 내어놓는다. 식빵이야 안 쓸 수 없지만, 통조림 소시지나 통조림 햄, 비프, 베이컨을 쓰지는 않는다. (통조림이란 말을 어떻게 할 수 없을까? 조려서 깡통에 담은 것만이 깡통은 아닌데.)

우리나라의 것은 거의 모두가 깡통의 것이다. 군에서 흘러나오는 것도 많은 모양이니 전시(戰時)의 야전 요리(野戰料理)라면 모르지만 서울 장안의 호화찬란한 샹들리에 밑에서 번질하게 성장(盛裝)한 남녀들이 득실거리는 한국인 주최의 잔치에 부끄럽지도 않은지 모른다.

일제 접시를 안 쓰고 유기 접시를 쓰는 집도 있었다. 유기 촛대, 유기 접시가 금색이 찬연한 것을 보았다.

요리까지도 국산품으로 양요리 찜 쪄 먹게 근사하게 할 수 있다고 생각한다. 근사가 아니라 외빈(外賓)이 깜짝 놀랄 만큼 솜씨를 보일 수가 있다고 생각한다.

당장 생각나는 것만을 적어보아도 여남은 가지는 될 수 있다. 가지 수가 많아야만 하는 것은 아니다. 적어도 술안주로 많은 사람의 입에 맞으면 되는 것이다.

우리나라에 홍합, 해삼이라는 것이 있다. 두부와 감자와 밀가루, 고기와 양념, 홍합, 해삼을 다져서 소를 만들어 작은 잣송이만큼씩 빚어서 찐 다음, 달걀 노른자위로 노란 껍질, 흰자위로 흰 껍질을 씌우고, 소댕에서 굴려 구운 것이다. 제사상에 올라가는 것이다.

이것을 잣송이만큼씩 빚지 말고 길게 뽑아서 구워 가지고 얇게 썰어서 빵 조각 위에 올려놓으면 한번 먹을 만한 것이다.

포도 빵에 건포도 넣듯이 몇 가지 다른 향기로운 것을 소에 넣으면 더 좋을 것이다. '가마보꼬(かまぼこ, 어묵)'가 명함도 못 드릴 것이다.

간 저냐, 생선 저냐는 달걀을 한쪽에만 부친다. 얇아야 한다.

파 산적 카나페가 좋다. 연한 고기를 우리식으로 굽는 것이다. 연한 움파를 실같이 하고 밀가루도 살짝 해서 구워 빵조각 위에 얹는다.

저두(猪頭) 고기를 종잇장같이 빵조각만큼씩 썰어서 얹는다. 수육은 유통 흑살 혀밑 차돌박이를 연하게 해서 역시 종잇장같이 썰어서 카나페다.

이만해도 훌륭하다.

다음에 전라도 명산(名産) 새우와 어란(魚卵)이 있다.

몸뚱이만 두세 치 되는 큰 새우 말린 것은 모두 중국으로 나가는 것이다. 이것을 내놓을 때는 수염과 꼬리를 그대로 두고 몸뚱이 껍질만 벗긴 다음 몸뚱이를 동강 동강 내 놓아야 할 것이다. 세상에 없는 귀물(貴物)일 것이다.

어란은 또 일본으로 많이 가는 것이다. 일본으로 가면 '가라스미(からすみ)'가 되는 것이다. 얇게 썰면 투명한 호박색이다. 얇게 썰수록 좋고, 모두 크기가 고른 것이 좋다.

어포(魚脯)가 있다.

육포(肉脯) 장포(獐脯)가 있다.

언제나 생율(生栗)은 예쁘게 쳐 놓을 수 있고, 은행 호두는 볶아서 솔잎 꽂아 놓고, 대추는 씨 뽑고 꿀에 볶아서 꼬치 끼워 놓고, 잣은 깨끗하게 까서 솔잎에 꽂아 놓고, 다식(茶食)에 녹두 빈대떡이 있다.

겨울이면 동치미가 있다.

가을에 담가 겨울을 난 오이지는 새파랗고 오도독 오도독 소리가 나고 싱싱하다. 피클같이 빛이 죽지 않는다. 이것도 빵 조각 위에 얹을 것이다.

대구 알 짜지 않은 것을 빵조각 위에 버터 칠하듯이 얹어도 일류다.

술떡 큼직한 것은 상 가운데를 호화롭게 할 것이다.

고명으로 글씨도 쓸 수 있다. 구멍 고르게 잘 써야 한다. 샌드위치만큼씩 썰어 놓는다.

햄, 비프, 샐러드의 샌드위치는 제대로 놓자. 무색(無色)할는지도 모를 일이다.

*

술도 마련해보자면 여러 가지가 있다.

매실주, 오미자주, 복분자라는 산딸기 술은 빛깔도 발그레 곱지만 도수를 낮게 하면 여인용 과실주로 쓸 수 있을 것이다.

인삼주, 구기자주, 송순주(松荀酒), 이강주(梨薑酒)는 도수 내기에 따라서 어떻게든지 쓸 수 있을 것이다.

길에서 파는 매실주라는 것이나, 길에서 파는 소주병을 사다가 백삼(白蔘) 뿌리나 담그면 되는 것이 아니다. 구기자건 송순이건 그것이 푹 삭아야 한다. 구기자는 한약국에 있지만, 송순은 이른 봄에 산에서 순을 따야 한다. 하루 이틀 한두 달에 될 일은 아니다.

약주도 윗국을 고이 떠서 얼마든지 가미할 수 있다. 요는 도수와 풍미에 있다.

일주(日酒)를 그저 똑같은 청주니 정종이니 생각하는 사람이 있다면 잘못이다. 생선을 먹을 때 마실 청주와, 생선도 구운 것 먹을 때와 지진 것 먹을 때 다른 청주가 맛이 좋고, 고기를 먹을 때 또 다르다.

양식의 경우 전채에 약한 칵테일, 생선에 코냑 혹 칵테일, 닭고기에 백포도주, 소고기에 적포도주, 식후에 스트레이트를 즐기듯이, 요리에 따라 맛있는 술이 따로 있다.

청요리라고 그저 백주(白酒)만은 아니다. 빨간 오가피, 소흥주(紹興酒) 따위도 좋다. 오가피는 달콤해서 여인도 마실 수 있으나, 소흥주는 마시기는 좋지만 나중에 몹시 취하는 것이다.

나중에 취하기로는 샴페인이 제일 고약하다. 사이다 같아서 좋다고 넙죽 마시다가는 허리도 다리도 제멋대로 놀아나서 맥주에 잔뜩 취했을 때만큼 고약하다.

나는 아침술은 하지 않았다.

오후 세 시가 되면 지하실 바에 내려가서 흑맥주 작은 병 하나를 했었다. 하이볼은 블랙 앤드 화이트, 스트레이트로는 올드파나 오브킹, 비스키를 했다.

코냑 비스키는 병이 좋아서 즐겼다. 학의 목같이 목이 길었는데, 요새는 짧아진 것 같다.

무엇이고 마셔보지 않은 것이 없을 것이고, 병도 주욱 늘어놓고 보기를 즐겼는데, 'Grey Beard'라는 영국 위스키는 올드파 같은 병에 희고 상표가 M자와 B자를 얽어맨 것이었다.

박 씨와 결혼하자 이 병이 신기한 생각이 나서 대감님 모시듯 모시었다. 아직도 집에 있다.

이곳 바에서는 본 일이 없다.

요새 바에 흔한 것으로는 발렌타인이 좋다. 하이볼 용이다. 하이볼 론느 블랙 앤드 화이트를 제일 즐긴다. 페인트 냄새 같은 이상한 냄새가 좋다.

일주(日酒)로는 동북의 '난만(瀾漫)'서의 '백록(白鹿)'을 좋아했다.

우리나라 '조화(朝花)'니 '조해(朝海)'니 하는 술은 손가락에 아무리 묻어도 끈적거리는 일이 없다. 깔데기 잔으로 마시던 것을 컵으로 마신다. 냉주(冷酒)로 마시면 배탈이 나는 것도 이상하다. 성미 급하게 양조해 내는 탓인지 모르겠다.

나가오카 온천(長岡溫泉)이라는 곳에 초대를 받은 일이 있었다.

매월 한 번씩 여행을 하기 마련이고, 그것은 대개 지방의 초대 여행이었으니 시장, 역장, 온천조합이나 번영회 같은 데서 고장의 발전을 위한 선전으로 초대하는 것이었다.

동양양조회사(東洋釀造會社)라는 여러 가지 술을 만드는 양조장에도 잠깐 들렀었다. 높이 열 자가 넘고 직경 육 척이 넘을 큰 통이 삼십여 개씩 늘어 놓인 공장이 여러 채 있었다.

통에는 전부 사닥다리가 있었다. 그 속에서 지금 쌀이 부글부글 끓고 있다는 것이었다. 술이 되어 나가기까지는 몇 달이 걸린다는 것이었는데, 우리나라는 그 과정이 빠른 것같이 들었다.

공장을 일별하고 나오니, 회사 이층에 만국기를 걸고 호화한 차림을 해놓았는데, 우리를 환영하는 술 맛보기 경기대회라는 것이었다.

술병이 주욱 늘어 놓여 있고, 간단한 안주가 있고, 가운데는 상품과 상장까지 그득히 쌓여 있었다. 그 회사 제품을 맛보고 어느 것이 일급주, 이급주, 삼급주인지를 알아맞히라는 것이었다.

도쿠가와 무세이(德川夢聲) 도고 세이지(東鄉靑兒) 내외, 나카무라 세이조(中村正常) 내외, 인기가수, 인기 여우(女優)에 무용가 최 양도 있었다.

 사장, 중역 이하 공장장 등이 심사원석에 앉으니 그들이 흥이 나지 않을 수 없었으리라. 화기(和氣)와 치기(稚氣)가 장내를 휩쓸었다.

 술 회사 사람들도 과연 멋쟁이였다. 내로라하는 술꾼들에게는 상을 주지 않았다. 여우(女優)가 일등이었다.

 한번은 새 술을 비행기로 실어다 마신 일이 있었다. 새 술이란 매일 나오는 것이 아니었다. 어느 달 며칠 날에 새 술이 나오는데, 그것을 그날 맛보십시다, 하는 것이었다.

 고베(神戶) 나다(灘)에 있는 '월계관(月桂冠)'이었다. 왕대(竹) 새파란 대를 썩 잘라서 그 속에 술을 담아 비행 편으로 보내온 것이었다. 대 냄새에 더욱 싱싱하고, 데워 마시기도 아까웠다. 샴페인 맛이었다. 말쑥한 생선 안주로 한 통을 다 마시기에 하룻밤을 보내었다. 고기라고는 닭고기 회가 있었을 뿐이다.

 술맛으로 레테르를 알아맞히는 사람이라야 술꾼이라 할 것이다.

 겸상(兼常)이라는 음악으로 문학박사가 된 술 좋아하는 괴짜가 있었다. 늙은 내외뿐인데, 취사를 내외가 하루걸러 도맡아 하는 것이었다.

 아침부터 거나하다.

 하루는 부인이 외출한 사이에 여대생이 찾아왔다. 차 한잔은 내놓아야겠는데 가스에 불을 피우기도 귀찮고, 어쩌나 보려고 부엌에서 마시다 남은 '대관(大關)'이라는 정종 한 컵을 따라서 갖다가 불쑥 내어놓았다. 여대생은 말도 없이 내놓은 박사를 말끄러미 바라보더니 컵을 들었다. 한참 들여다보더니 입술에 대고 한 모금을 마시고, 또 한참 있더니 컵을 내려놓고, "대관입죠?" 하더라는 것이다.

박사는 놀라 자빠질 지경이다. "흐, 그걸 어떻게 아시오?"

"먼저 빛깔을 보죠. 다음에 입술에 닿는 맛, 혀에 올려놓아 맛보고, 목구멍으로 흘러 내려가는 맛으로 분간할 수 있죠. 대관이 틀림없죠?" 하더라는 것이다.

알고 보니 술 도매 집 딸이었다는 것이다.

조해(朝海), 조화(朝花), 삼학(三鶴)을 그렇게 해서 알아맞힐 수 있을는지 나는 자신이 전혀 없다.

요리에 따라 술이 다른 것은 우리나라도 마찬가지다. 민감하지 않을 뿐이다.

냉면에 막걸리를 마시는 사람은 많지 않을 것이다. 여름이라도 찹쌀 막걸리에 냉면이면 첫째 배탈 나기 쉽다. 냉면에는 소주라야 좋을 것이다.

'쟁반'에도 소주가 좋겠지만 청주를 따끈하게 해도 이것은 좋을 것이다. 쟁반이라는 것이 훌륭한 요리다. 닭 쟁반을 깨끗하게 해놓으면 외인(外人)도 '원더풀'을 외칠 것이다.

예전에는 쟁반에 입을 같이 대고 국물을 마시는 것이 위생적이니 아니니 했지만, 요새는 접시로 들게 되어서 그 허물도 없을 것이다.

육회에 소주, 생선회에는 청주가 좋지 않을까.

제육이나 순대에는 소주라야 할 것이다. 약주나 막걸리로 청요리를 하면 술맛이 없을 것이다. 약주는 생선 매운탕, 생선 구이, 빈대떡, 막걸리에는 비지가 좋지 않을까.

명태를 부욱 찢어 먹는 맛도 약주라야 좋을 것이다.

우리나라 암치는 일본의 비어홀에서 많이 쓴다. 실오리같이 찢어서 내온다.

중학생 시절에 몽초(夢初)가 하숙하던 운니동 골목에는 서너 평쯤 될까, 문 앞에 빈 터가 있었다. 몽초를 찾아갈 때마다 빈 터에 화로를 내어놓고 비지를 부글부글 끓이면서 노동자 대여섯 명이 주욱 둘러앉아 걸쭉한 막걸리를 마시고 있었다. 막걸리보다 비지가 먹음직했다.

나는 비지를 좋아한다.

토끼 먹일 비지 10환어치도 돼지 뼈다귀만 넣으면 김치 우거지로 제법 먹을 수 있지만, 두부 만들기 전의 되비지를 사도 100환에 한 냄비를 준다. 영양가도 백 퍼센트다. 명륜동 약주 도매 집에서 비지를 끓여 공짜 안주로 주는데, 높은 화독 위에 중국 냄비 큰 놈을 올려놓고 끓이기 때문에 옛날 운니동 골목의 운치가 없다.

화로나, 요새 같으면 풍로 하나를 에워싸고 엉거주춤 둘러앉아서 훌훌 뜨는 것이, 찌꺼기 비지라도 맛있을 것이다.

*

나는 토끼를 못 먹는다.

강원도 평창이라는 곳에 약을 먹으러 간 일이 있었다. 산꼭대기의 닭 소리 개 소리 없는 곳에서 기도하며 약을 만든다는 이 노인은 이조 왕실의 무엇이라고 자칭했는데, 가끔 토끼를 들고 와서 지져달라고 했다.

토끼 지진 것은 냄비가 시꺼멓고 지저분했다. 이 노인은 같이 먹자고 하면서 한 냄비를 맛있게 쩍쩍거리며 먹어댔다. 먹을 때 쩍쩍거리는 것이 아주 싫었다. 남의 생각도 해주어야 할 것이다.

양식을 먹을 때면 생각나는 일이 있다.

기미(己未) 직후 동경 YMCA에 기숙하고 있을 때 가끔 외인(外人) 환영회, 송별회가 있었다. 그런 때면 참석하는 사람에게 간사는 신신당부하는 것이었다.

"제발 오늘 밤은 접시 소리, 숟가락 소리 내지 않게 해주셔요."

그리고 돌아오면 "오늘도 소리가 굉장했어요. 스프를 마실 때면 요란해요. 좀더 조심들 해주셔야 해요. 소리를 안 내고 자셔야 해요."

기숙사 사감이 기숙생에게 타이르듯이 하는 말을 많이 들었다.

양식은 소리 내지 않고 먹기로 되어 있다.

이런 이야기가 있다.

이토 미치로(伊藤道郎)라면 할리우드에서 일본 무용가로 이름이 있는 사람인데 소바—일본 국수 생각이 나서 일본 집에 들어갔다. 이놈은 그저 소리를 내고 후루룩 후루룩 먹어야만 하겠는데, 웬 양부인 한 사람이 들어와서 역시 소바를 주문했다. 재수 없다. 양인 앞이니 소리를 내지 않아야겠는데, 어떻게 소리 나지 않게 먹나 하고 조심조심 입에 넣고 있었더니 양부인이 가까이 와서 "여보세요, 이 소바라는 것은 말야요, 소리를 내고 먹어야만 맛이 있는 것이랍니다" 하고 타일러주기에, 만리타향에서 지기(知己)를 만난 것 같아 마음놓고 후루룩 후루룩 했다는 이야기가 있었다.

그러나 토끼 한 마리 지진 한 냄비를 이마의 땀을 연해 닦으며 후루룩 쩍쩍 먹고 있는 것은 참으로 보기 싫었다. 그런 일이 여러 번 있었지만, 한 숟가락도 먹은 일이 없었다. 토끼 꼴이 가엾다는 생각이 앞섰는지도 모른다. 시꺼먼 국물과 꺼먼 고기가 보기도 싫었다.

'친자정(親子丼)'이라는, 닭과 달걀덮밥에 닭고기와 같이 토끼 고기를 섞어서 쓰는 집이 있다는 말을 들은 것은 여러 해 후였다. 물론 일류 집은 아니다. 나도 혹 먹었을는지 모르지만 먹지 않았다고 단정하고 싶다. 애초에 어려서부터 일류 집이 아니면 드나들지 않았기 때문이다.

'천정(天丼)'도 그렇다. 튀김덮밥이라고 하지만, 서울의 것은 그 맛이 나지 않는다. 무거운 맛이다. 뎀뿌라는 첫째 가벼운 맛이어야 한다. 아삭아삭하고 혀에서 녹아 기름기를 느끼지 않아야 한다.

류큐(琉球)의 소주는 '아와모리(泡盛)'라고 한다. 도기(陶器) 병에 담아서 판다. 병의 의장(意匠)과 부조(浮彫)가 민속적이다.

독하기는 진(Gin)보다 더한 것 같다. 그러기에 아와모리 집이라면 한 사람에게 두 잔을 팔지 않았다. 한 잔 마시고, 또 마시고 싶으면 일단 나갔다가 다시 들어가야 했다. 그런 짓을 몇 번 거듭한 사람은 이내 대문 밖에서 한잠 자는 사람이 많았다. '류큐 아와모리'라는 광고를 하고 실상은 메틸알코올을 좀 섞었었는지도 모를 일이다. 진짜라면 독하기도 하지만 향기가 있었다.

일본에도 막걸리는 있다.

'도부로쿠(どぶろく)'라고 하면 가장 하층이지만 어마어마한 최고급 술이 되기도 한다.

천황의 즉위 때만 제주(祭酒)로 쓰는 백주(白酒), 흑주(黑酒)라는 것이 있는데, 백주는 막걸리요 흑주는 약주다. 옛날 백제 사람에게 배운 것을 그대로 쓰고 있는 것이다. 내가 독단하는 말이 아니다. 고도(伍堂)라는, 전에 상공대신(商工大臣)을 지낸 사람이 고증해서 쓴 글을 읽은 일이 있다.

가을에 담가서 겨울을 지난 오이지가 양요리(洋料理) 피클보다도 빛깔이 죽지 않고 싱싱하다는 것이 이상할는지 모른다.

그 방법도 이상하다. 소금에 절인 오이를 수세기 지푸라기를 덮어서 저장하는 것이다. 수세기 지푸라기도 유기그릇을 닦을 때에 쓴 기왓장 가루 잔뜩 묻은 것이다. 겨울이 지나고 봄이 되고 여름이 되어도 빛깔이 변하지 않는 것이 이상하다. 수세기 지푸라기나 기왓장 가루는 말끔하게 씻어 버리면 그만이다.

과학자가 들으면 '그럴 것이지요. 시멘트 다짐이니까요' 하고 간단히 대답할는지도 모르지만, 해 먹어보지는 않았을는지도 모르고, 우리나라에 옛날부터 내려오는 요리 방법에 이런 식이 있다는 것을 모르는 사람도 많을는지 모른다.

수세기 지푸라기라면 더럽다고 생각하기가 쉽지만 여름의 오이지는 거의 곰팡이 뜬 국물에서 건지는 것이요, 김장김치도 그렇고, 된장은 가시라는 흰 벌레 집어내며 떠도 맛이 있고, 네덜란드 치즈는 동그란 발간 통을 뜯으면 곰팡이가 파랗다.

삼 년, 오 년 땅속에 묻어 둔 조기젓, 황새기젓, 모두 깨끗한 그릇에 담아서 상에 놓아주어야 꿀맛이지, 아예 항아리 속을 들여다볼 일은 아니다.

강지(糠漬)라는 것이 있다. 쌀겨에 담갔다는 말이 될 것이다. 여름 한 철 캐비지(cabbage), 오이, 백채 등을 당일치기로 담가서 먹는 김치다. 얕은맛이다. 쌀겨 발효하는 데 담그는 것이니, 말하자면 이것도 썩기 전 맛이다. 여름 물말이에 희한하다.

쌀겨 통에 쌀겨만 있으면 되는 것이 아니다. 미림(味琳)이니 다시마니 생선 지느러미니 지저분할수록 맛이 좋은 것이다.

명동 일식 술집에서는 '나랑지(奈良漬)'니 '천지(淺漬)'니 '락교'까지 나오는데 '강지(糠漬)'만은 보기 드물다. 급살로 무치는 김치니 나박지가 있기 때문이겠지만, 맛이 다르다. 실 캐비지를 소금으로 절여서 숨을 죽인 것보다도 얕은맛이다.

*

금년 들어 나는 수십 년 만에 '납두(納豆)'를 먹기 시작했다. 콩 썩힌 것이다.

경상도에 '청국장'이라는 된장이 있다. 콩을 삶아서 띄워서 절구에 찧고 소금 고춧가루 넣은 것이다.

청국장이 되기 전에 납두가 된다.

콩을 삶아서 지푸라기에 싸든지 아랫목 따뜻한 데 스물네 시간 아니면 이틀쯤 묻어두면 된다. 코가 난다고 하지만, 그 말은 싫다. 수염이 난다. 뿌찐뿌찐해진다.

겨자와 파장으로 버무려 먹는다.

납두 삼 년으로 폐병을 고친 사람은 많다.

무명지(無名指)에 맞춰서 낀 반지가 헐거워서 가운데 손가락에 끼었었는데, 납두를 하루 세 끼 한 달을 먹은 어제 나는 도로 무명지로 옮겨 낄 수 있었다.

대두(大豆) 190환어치면 세 끼 열흘도 더 먹는다.

겨자씨를 갈아서 가루로 만든 것을 팔러 다니는 사람이 있었다. 250환 한 봉지가 커피 병 네 개에 담고 남았다.

썩은 것 값싼 것 타령으로 식도락(食道樂)이 전락한 것 같으나 간반(間半) 장판방에서 비스키나 조니워커는 어울리지 않는다. 비스키 코냑을 차 종지기 같은 둥글고 큰 글라스에 주는 것은 두 손바닥으로 어루만져가며 손의 체온만큼 따뜻하게 해서 마시라는 것인데, 장판방에서는 그 멋이 나지 않는다.

양주를 선사 받으면 시장에 내다 팔아서 약주를 사고 양담배는 팔아서 '백양(白羊)'을 산다.

종로 뒤의 크다는 중국집에 가서 제비집[燕巢菜]을 달라고 했더니 "없어, 없어" 하고, 상어지느러미[翅子]를 달라 했더니 보이는 둘이나 서슴지 않고 "없어, 없어" 하는데, 나중에 주인이 있다고 하더니 한 시간이나 되어서 가져온 것은 지느러미를 고명같이 얹은 문어발이었다.

요새는 중국집 손님도 남전환자(南煎丸子) 날초계(辣椒鷄) 초육양장피(炒肉兩張皮) 정도에 홍소리어(紅燒鯉魚) 아닌 홍소(紅燒)조기쯤이 고작인 모양이다. 대폿집에서도 손님이 적어졌다고 투덜거린다.

나는 가끔 견지동 따귀 집에 간다. 전에는 동태 대가리 집도 있었는데 없어지고 따귀 집만은 여전하다. 김하등(金河橙) 병원 골목에 납작한 판자집이다. 돼지 뼈다귀와 무나 감자를 푹 삶았다기보다 고았다는 것이 좋을 만큼 삶은 국물에 약주가 좋다. 뼈를 빨면 고소한 뼛물이 이를 바 없다. 돼지 족발도 있다.

팔층 위 레스토랑에서 '옥스테일 스프(Ox-tail soup)'를 잘했다. 꼬리곰탕이지 별게 없다. 뽀얀 국물은 마찬가지다. 뚝배기 같은 질그릇에 주기 마련이다. 그럴 때면 특별히 생파를 많이 넣어달라고 했었다. 포로가 되었다가 동경에 정주하며 레스토랑을 하는 독일인, 과자점 소시지점 비어홀을 하는 독일인도 있었다.

비어홀에서 '아이스바인(Eisbein)'을 잘했다. 소 무릎이나 발꿈치를 푹 삶은 것이다. '송약(松若)'이라는 집은 탕 시츄 전문점이었다. 소의 혀 시츄다. 진건한 국물에 밥을 비벼 먹기도 했다. 꼬리찜이나 꼬리곰탕의 꼬리 한 토막을 우물우물 먹을 때나 따귀 집에서 한잔 할 때면 팔층 위 레스토랑이나 독일인 비어홀이 부럽지 않다. 값이 쌀 뿐이지 맛이 한 맛이다.

빈대떡은 복청교(福淸橋) 천변에 있는 골무채 같은 집이 일류다. 대여섯 명이면 만원이 되는 그 집의 빈대떡은 천하일품이다. 외인(外人)이라도 내 친구라면 대공사급(大公使級)이 아니라 왕자(王者)라도 한 번은 데리고 가서 먹어보라고 하겠고, 그러면 그들도 엄지손가락을 세워서 휘두르리라고 생각한다.

수요일에만 외출한다.

혼(婚) 상(喪) 참례(參禮)를 제외하고는 일주일을 방 안에서 책과 원고지와 살다가 수요일이 오면 다섯 시를 기다려 외출한다. 명동이다. 친구가 있고 'POEM'이라는 술 한 잔 40환, 안주 한 접시 40환에 어지간히 예쁜 계집애까지 있어서 몰려가면, 그곳에도 또 반가운 사람들만 있어서 선 채로 하룻밤을 질펀히 즐길 수 있었는데, 그 집이 문을 닫은 후로는 갈 곳이 마땅치 않았다.

"안주는 무얼 할깝쇼? 생굴, 제육, 너비아니, 사시미, 스모노, 뎀뿌라, 잡채, 찌개, 무어든지 있습니다."

이렇게 되면 하나도 입에 맞는 것이 없을 것 같아 술맛도 떨어진다. 생굴 프라이, 오이스터 프라이 한 가지만이라도, 탕 시츄 한 가지만이라도, 족발이나 게 한 가지라도 값싸고 맛있게 해주는 집이 있으면 얼마나 좋을 것인가.

명동에 참새구이 전문 집이 생겨서 자주 갔다. 골무채 같은 집에서 소금구이를 곧잘 구웠다. 일본서는 겨울이면 쓰구미(鶫)라는 새를 많이 먹었다. 봄에 북쪽으로 간다는 새니 한중(寒中)에만 있다. 참새도 한중뿐이니, 참새구이 집에 봄이 오면 무엇을 하려는가 슬며시 걱정이 되기도 한다.

그래서 드디어 몰려가는 곳이 할마시 집이 되었다. 약주에 소주에 명태에 두부뿐인 집이다. 자전거를 밖에 세우고 들어오는 사람도 있고, 마룻바닥에 앉는 사람보다 서성서성 서서 마시는 사람이 많다. 일고여덟 명이 모여서 한잔 받으면 도처 청산(到處靑山)이 이 아니냐. 4백 환어치 받아놓고 5백 환짜리 한 장을 주었더니 할마시가 거슬러 주지를 않는다. 백 환 한 장을 주어야 한다고 했더니, 할마시는 내색도 않고 "관에 들어간 소가 나오는 것 보셨소?"하며 지긋이 웃는 것이었다.

백 환어치 더 마시지 않고 네가 나갈 수 있겠느냐는 자신만만한 할마시의 늠름한 태도에 인격을 느끼고 말았다. 인격이란 학문과 반드시 동행하는 것만은 아닌 것 같다. 최후의 사람들의 향연을 맡아보는 주모의 자격이 충분한 것 같았다. 그러나 이것도 겨울 한철일 것이다.

입춘이 오거들랑 아이야, 냉이와 모시조개를 사다 국을 끓여라. 청포묵은 애시금치와 물쑥과 김으로 버무려 초로 무쳐라. 싱싱한 물쑥은 씹으면 5월 단오의 무릇 맛, 샐러리가 무색하고 술은 그저 밀주(密酒)라야 하느니라.

술은 무슨 술이든지 온도에 진미가 있다.

맥주는 겨울에 마시는 것이 멋이지만 여름의 냉맥주라고 그저 차기만 하면 좋은 것은 아니다. 입이 시리도록 찬 것을 좋아하는 사람은 거의 없을 것이다. 냉도(冷度)가 지나치면 오히려 술맛도 없다. 적당한 온도, 적당한 냉도라야 한다.

코냑을 다리 길고 차 종지기 같은 둥글고 큰 글라스에 주는 것도 그 때문이란 말을 쓴 일이 있었다. 두 손바닥으로 어루만져가며 이야기하는 사이에 얇은 유리를 통해서 코냑이 손바닥의 체온만큼 미지근해졌을 때 술맛이 좋다는 것이다. 일주(日酒)는 술집에서 그것을 제일 중요시한다.

술만 데우고 있는 직책이 엄연하다. 종일 앉아서든 서서든 술만 데우는 사람이 따로 있다. 사기 병이라면 밑바닥에 가운뎃손가락을 대어본다. 그 온도가 곧 술의 온도가 되는 것이다. 더운 물에 담가둔 사기 병을 꺼내서 한번 밑바닥을 만져보고 선뜻 내주어야지, 다시 한 번 물에 담그게 된다든지 '이크 더웠다'고 찬술을 타야 하게 된다든지 하면 낙제 감은 물론 술맛이 변한다. 그만큼 미묘하다.

우리나라 소주는 따끈한 게 좋다는 사람은 많지만, 거품이 나는 것이 좋다는 사람은 없다. "이거 뭐 술을 끓였나……" 한번 투덜거릴 것이다.

소주는 따끈한 것이 좋다. 미지근한 것보다는 오히려 냉주가 좋을 것이다. 이남 사람은 소주는 냉주로 마시는 것으로 알고, 이북은 따끈해야 하는 것으로 생각하는 것이 보통이다.

만주에서는 소주나 소주보다 독한 백주(白酒)를 따끈하게 데운 다음 고춧가루를 넣어서 마시니 추운 고장의 풍속이라 할 것이다.

막걸리나 약주는 더웁지 않고 차지 않아야 한다. 그러기에 가마솥에 물을 끓이고 막걸리를 양푼에 담아서 양푼을 가마솥에 띄워 비잉 돌려가며 적당한 온도를 만든 다음 놋잔에 떠 주는 것이 본격이다.

막걸리는 놋잔이라야 맛이 좋다.

대구는 과연 막걸리의 서울이라, 대개 어떤 집이든 양푼을 쓰는 것을 보았다. 서울서는 그저 주전자를 둥둥 띄워서 중탕해주면 "흐, 좋다"고 고마워할 정도다. 주전자를 뚜껑 덮은 채 연탄불에 올려놓는 집이 많기 때문이다.

양주는 데워 마시는 것은 없다. 하이볼은 플레인 소다수나 냉수에 위스키를 타는 것인데, 플레인 소다를 약간 얼음에 채운 것이 좋다. 컵에 얼음 덩어리를 넣고 달그락거리며 마시는 사람은 술맛을 즐기는 사람이 아니다. 칵테일은 칵테일 셰이커에 몇 가지 술을 넣고 혼합할 때에 얼음을 넣는다.

 서너 종의 술을 셰이커에 넣고 흔들어서 글라스에 따를 때 두 잔이면 두 잔, 석 잔이면 석 잔을 찰찰 넘도록 따르고 셰이커에 남는 것이 없어야 기술이니 그중에는 얼음이 녹을 분량까지 계산하여 애초에 술을 타는 것이다. 능숙한 바텐더면 척척 따라도 그렇게 되지만, 셰이커의 뚜껑이 계산기의 역할을 하는 것이다.

 바에 서넛이 들어가서 같을 술을 할 때면 애초에 한 병을 병술로 사서 마시는 것이 멋쟁이다. 인색한 일이 아니다. 값도 헐하겠지만 마개를 뜯고 첫잔 따를 때에만 소리 나는 '뽕 뽕 뽕' 소리와 더불어 향기가 순수하다.

 한참 바에 드나들 때에는 다이스(주사위) 놀이가 한창이었다. 가죽박스에 주사위 다섯 개를 넣고 휘둘러 쏟는 노름이다.

 서투른 친구에게 술 한잔을 사게 하는 방법이 하나 있었다. 칵테일 글라스에 칵테일을 찰찰 받아놓고—그때는 50전짜리 은전(銀錢)이 있었다—술을 흘리지 않고 은전을 글라스에 넣을 수 있겠느냐고 묻는 것이다. 서투른 친구는 대개 "어려울걸……"하고 대답한다. 어려울걸, 이란 대답은 은전 한 장을 넣어도 술이 넘쳐 흐를 것만 같다는 말이다.

 웬걸, 고이고이 넣으면 한 장, 두 장, 석 장, 다섯 장도 더 넣을 수가 있었다. 표면장력이라는 것이다.

 중국의 사오싱주(紹興酒)라는 술은 사오싱(紹興) 지방의 명산(名産)이다. 그 지방에서는 딸을 낳으면 그해부터 술을 고아서 그 딸이 출가할 때까지 저장하는 풍속이 있었기 때문에 그 술이 퍼져 나와서 사오싱주는 십여 년 묵은 좋은 술이라고 했는데, 요새는 그런 술을 만나기 어려울 것이다. 하기는 고급주라는 백주(白酒)도 서울산이 있고 국산 브랜디도 많으니, 산지(産地)를 따질 필요가 없을는지 모른다. 브랜디란 포도주를 다시 40~50도로 뽑는 것인데, 우리나라에 그만한 포도가 있을는지조차 의문이다.

백주도 따끈하게 해주기 마련이다. 전에는 납덩어리[鉛]로 된 병에 담아 주면서 한 근, 반 근, 반반 근이라고 했었다.

반 근짜리가 일 홉 도꾸리만 할 게다. 힘들여 쥐면 우그러지는 그 병에 따끈한 백주가 독주 마시는 기분을 내게 하였다. 요새는 퍼런 재생 유리병이 아니면 미국 맥주병에 되는대로 주니 운치도 아무것도 없다. 술을 맛보기보다 취하기에 바쁜 까닭인지 모른다.

안동소주, 개성소주가 유명하지만 집집에서 가양주(家釀酒)로 고았을 때의 이야기지, 기계로 뽑는 데는 다를 바 없다. 경주에 갔다 오면, "법주(法酒)를 마셨느냐"고 묻기도 하고 "법주를 맛보았다"고 흔히 말하지만, 거리에서 법주를 팔 리가 없다. 법주란 교촌(校村) 최씨(崔氏) 문중의 가양약주(家釀藥酒)를 말했던 것이지, 법주라는 다른 술이 있는 것은 아니다. 경주법주라고 칭하는 약주보다는 금장(金丈) 도가(都家)의 막걸리가 훨씬 맛이 좋았다.

개성의 가양소주는 인삼주, 송순주가 많았다. 그러나 나그네가 들어가는 선술집의 소주도 송순이나 백삼을 가미하지는 않았더라도 가양주를 만나기는 쉬운 일이었다. '오천광방(烏川廣房) 집'이라면 서울 사람들도 널리 아는 집이었다. 나도 서울서 친구가 찾아오면 대개는 그 집에 가게 되었는데, 술도 좋고 안주도 좋았다.

"회사 술야요" 하고 주는 것은 양조회사의 술을 팔고 있지, 취체(取締)하는 밀주 판매를 하고 있지는 않다는 말이지만, 좋은 술을 주었었다. 회사 술은 아무래도 알코올 냄새가 약간이라도 풍기고 가양주는 누룩 냄새가 풍긴다.

그 집에서 두부 구이를 잘했다. 큼직하게 썰어서 고추장과 양념을 벌겋게 발라서 구운 것이다. 서울서는 맛보기 어려운 솜씨다. 서울 두부는 연하기 때문이다. 개성 두부는 단단해서 몇 번 뒤집어도 부스러지지를 않았다. 공장제(工場製)가 아니라 이것도 모두 집집에서 한 삿반씩 만든 것이기 때문이다. 두부 공장이란 것을 본 일이 없었다. 모두 과부댁 소산이다. 돼지를 비롯해서 두부, 콩나물, 모두가 그렇다. 조혼(早婚)에 다처가(多妻家)가 많았기 때문에 과부나 생과부가 많았고, 그래서 맛있는 돼지, 소주, 두부, 콩나물을 생산하게 되었다고 할 수 있을는지도 모른다. 주부가 부지런한 탓도 있었으리라.

비빔밥을 잘하기로도 '전주비빔밥'과 견주어볼 만하지만, '장손마늘'은 개성밖에 없는 것 같다. 보통 마늘과 달라 알이 잘고 많아서 초에 담근 것을 썰어놓으면 꽃 한 송이를 보는 것 같다. 서울서는 보통 마늘을 담가서 내어놓는데, 장손마늘을 아는 사람에게는 큼직큼직한 놈이 먹음직하다기보다는 징그러울 정도다.

옥총(玉葱) 담근 것은 더 말할 나위도 없다.

우리나라의 시식(時食)은 정월이 김[海苔]이다.

2월이 청어, 3월 조기, 4월이 자라, 5월 농어, 6월 연계(軟鷄), 7월 천렵(川獵), 8월 게, 9월이 낙지, 10월이 숭어다.

동지섣달은 말이 없다. 이것도 지방에 따라 다를 것은 물론이다.

전라도 해안 지방에서는 일 년 열두 달 굴[石花]을 먹지만 서울서는 그렇지 않고, 그렇다고 시식에 한몫 끼어 있지도 않다.

굵은 토굴은 프라이 하기에는 좋지만, 맛은 잔 것이 좋다.

양식으로는 '오이스터 칵테일'이 제일이다. 딱지에 붙은 채 준다. 매움한 토마토소스 얹은 것을 호크로 각작각작 따 가면서 먹는다.

'가마메시(釜飯)'라는 것은 굴밥이다. 가마솥 모양으로 만든 질그릇에다 굴을 넣어서 지어주는 밥이다. 꼭 한 사람치씩 지어준다. 맛이 괜찮다.

서산 어리굴젓은 우리나라 맛이지만 요새는 진짜를 만나기 어렵다. 당장 고춧가루에 버무린 것 같아서 맛이 없다. 진짜를 만나면 어린아이도 밥을 비벼먹는 것을 보았다. 매운맛보다도 단맛이 앞선다.

김이 정월의 시식이란 말은 알 수 있는 말일 것이다. 과연 많이 먹는 때다. 참기름을 바르고 소금을 뿌려서 재웠다가 구워먹는 것은 맛도 그러려니와 영양가도 높다.

이렇게 구워 먹는 김은 얇고 고른 것이 상등(上等)이지만 수출용 상등품은 두껍고 고른 것이다. 두꺼운 김에 또 양념장 칠을 해서 윤이 번질 흐른다. 이것을 줄 때에는 성냥통만 한 상자에 밑뻬다지에는 숯 한 덩어리를 담고 위층에 김 여남은 장을 놓고 뚜껑을 덮어서 준다. 굽는 것은 아니지만 습하지 않도록 하는 것이다. 얼마나 귀중품 취급을 하는가를 짐작할 수 있는 일이다.

수출용 김 몇 첩을 받은 일이 있었다. 참기름을 발라서 재웠다가 소금을 뿌리고 구웠더니 우리 김 맛이 나지 않는 것 같았다. 우리는 그저 얇은 것이 제일이다. 얇고 고르고 투명하게 푸른 것이 우리 맛이다.

5월은 농어도 좋지만 준치도 철이다. 뼈가 많아서 성가신 생선이지만, 5월 단오의 준치는 꿀맛이다.

천렵 국에는 닭이 들어야 한다. 반드시 깻잎이 들어야만 향기롭다. 산초(山椒)도 좋다.

게 8월은 이미 가을바람이 일고 벼도 익어가는 계절이라 짐작할 수 있는 일이다.

게 요리도 우리나라가 제일이라고 할 수 있다. 중국 요리는 그저 작(炸), 초(炒), 탕(湯)이고, 양식도 크랩 코큐르, 크랩 그라탱이 모두 게딱지에 했건 그라탱 접시에 했건 버터, 밀가루, 치즈 얹어서 구운 것의 맛은 그것이 그것이다. 쪄서 주는 것이 아니면 데쳐서 냉장했다가 주는 따위다.

일본에 게만 주는 깨끗한 술집이 있었다. 주인이 괴짜에 면도날 같은 성미라 종일 새 수건으로 머리를 질끈 동이고 부지런하기 생파리 튀듯 했다. 서투른 손님을 받지 않기는 일류점과 같으나 골목 구석의 구멍가게였다.

깔끔한 술에 게뿐이다. 대[竹]젓가락도 끝을 뾰죽하게 특제해서 썼다. 게 한 접시에 초 한 종지를 놓고 술이다.

객(客)도 일류였다. 대젓가락 끝으로 게 발 속의 살점 한 올도 남기지 않고 음미하는 것이었다. 게 한 마리 깨끗이 먹는 데 한 시간쯤 즐길 수 있는 것이었다.

우리나라에는 게 요리도 여러 가지가 있다.

영덕 대게를 초에 찍어먹는 것은, 그 맛이 동서양이 같다. 게 국도 같다고 할 수 있으나 게 살점과 소고기와 양념을 같이 하고 달걀로 덮어서 찌는 게찜이라든지, 저장(貯藏) 식료로 귀한 게장 같은 것은 독특한 것이다. 게장 담글 때에 배 속에 깨나 차좁쌀을 섞는 것은 그 맛 세계에 관절(冠絶)하다고 할 것이다.

9월이 낙지라고 하는데, "낙지 볶아 술 한잔"이라는 노래도 있듯이 소고기와 같이 볶은 것이나, 낙지만 슬쩍 데쳐서 초고추장으로 먹는 9월 달 맛이란 가을바람과 더불어 술맛을 돋우는 것이 비할 바 없는 것이다.

시식(時食)은 일본서는 '슌(旬)'이라고 한다. 제철이라는 말이 될 것이다. 철보다 조금 앞질러 일찍 맛보는 것이 멋쟁이다.

은어[鮎]는 보호어라 해금되는 것이 6월 1일인데, 5월 하순만 되면 호된 값을 주고 첫물 소금구이를 맛보는 따위다. 낚시로 잡은 것이니 값이 호되도 무리는 아니다. 은어는 해금만 되면 배로 잡으러 나가는 것이 장관이다.

기후(岐阜) 나가라 강(長良川)에서는 일부러 객을 멀리 초대하여 보여주기 예사다. 나도 한번 신문사의 초대로 원행(遠行)하여 구경한 일이 있었다. 나무 냄새 싱싱한 새 배에 술과 안주와 기생을 싣고 밤 뱃놀이다.

다른 배에는 제장(鵜匠)과 여러 마리의 제(鵜)가 있다. 제장은 제를 부려서 은어를 잡는 직업인이다. 제는 몸이 검은 '사다새'라는 것이다. 주둥이가 길고 주둥이 다음에 축 늘어진 주머니가 있고 모가지가 길기 때문에, 모가지를 오락지로 졸라매고 물에 넣으면 물

속에서 은어를 수십 마리 잡아도 잡는 대로 주머니부터 더 들어가지는 못하니, 그것을 배에 올려서 뱉게 하는 것이다.

제장은 검은 건(巾)을 쓰고 검은 도포 같은 것을 입고 오락지에 맨 제를 수십 마리 놀리는 것이다. 수십 마리의 끈을 한 손에 쥐고 한 손으로 차례차례 제를 놀리는 것이 기술이다. 맨 머리에 횃불을 켜고 밤에 잡는다. 잠깐 사이에 펄펄 튀는 은어가 둥우리에 가득 찬다. 그것을 선유(船遊) 배에서는 받아서 당장 요리해주는 것이다.

목구멍 주머니에 가뜩 먹은 것을 토하게 하는 것이 잔인하지만, 낚시로 잡는 사람은 하루 걸려 한 마리를 잡아도 좋아하는 정도로 맑은 물에 날쌘 고기인 만큼 하는 수 없으리라.

먹는 것에 잔인성은 붙어 다니는 모양이다.

참새구이의 깜찍한 꼴은 처음 보는 사람을 메스껍게 하기에 족할 것이지만, 대가리를 씹을 때에 더욱 맛이 있는 것은 뇌장(腦漿)의 맛이다.

독일인 레스토랑 윈도우에 오리 한 마리만 한 아저(兒豬) 찐 것을 진열해놓은 것을 보고 차마 식욕을 느끼지는 못했다. 돼지 그대로를 노랑노랑 찐 것이다. 크리스마스에 많이 먹는다. 큰 나이프와 포크를 찔러서 썩 자르는 사람은 다시 한 번 얼굴을 보고 싶을 정도다. 배 속에 있던 돼지다.

아저는 우리나라에서도 산후(産後)에 좋다고 해서 많이 먹히지만, 푹 고아서 쓰기 때문에 꼴 그대로는 아니다.

소의 골을 먹을 때도 잔인을 느낀다. 슬쩍 데친 것을 접시에 주면 허연 놈이 그림에서 본 뇌장과 다름없다. 그러나 맛이 좋다.

일본의 '하모리(はもり)'라는 요리는 큰 새를 꼴 그대로 내놓는 것이다. 대가리와 깃 죽지를 그대로 산 것같이 보이도록 진열하는 요리다.

우리나라 제사상에 놓는 닭은 털 뜯은 통닭의 주둥이에 대추 한 개를 물려놓기 마련이다. 빨간 대추 한 개를 입에 물려놓는 데 뉘앙스가 있으나, 마찬가지가 아닐까. 보기에 애처롭기는 그나 그나다.

닭만 전문으로 하는 좋은 요리점은 많았다. 중앙에서 좀 떨어진 조용한 곳에 아담한 닭 전문집이 있어 자주 다녔다. 앞뒤 뜰 정원이 자랑이고 여주인이 미인이었다. 나올 때면 반드시 여주인이 손잡이 달린 사방등에 촛불을 밝혀 들고 양쪽에 대나무 우거진 앞마당, 깨끗이 물 뿌린 자갈을 밟으며 나와서 차가 떠날 때까지 전송하는 것이었다. 전등도 플래시도 아닌 촛불이다.

그 집에서 닭 요리를 잘했다. 백숙과 스끼야끼로 대별할 수 있다. 뎀뿌라는 없다. 튀김은 당양(唐揚)이라고 해서 녹말가루와 달걀로 튀기는 것이 있다. 뎀뿌라보다도 연한 맛이다. 회는 깻국에 버무린다.

깻국물에 버무리는 요리가 많다. '호마화(胡麻和)'라는 것이다.

환자(丸子) 구이는 뼈까지 가루같이 다져서 구운 것이다.

닭의 회를 먹은 것은 그 집에서 처음이었다.

우리나라에 꿩을 뼈까지 다져서 둥근 과자만큼씩 빚어서 양념장으로 구워 먹는 것이 있다. 한중(寒中)에 그것을 먹으면 일 년 약이 된다고 했다.

백숙은 '수취(水炊)'라고 하는데, 소고기도 그것이 있다. 우육(牛

肉) 수취(水炊). '미스다끼'는 우리나라에서 스끼야끼해 먹듯이 한꺼번에 고기를 많이 넣지는 않는다. 냄비에 연한 국물이 끓으면 쑥갓, 두부, 우방(牛旁)을 넣고 소고기를 한 사람 앞에 한 장씩 펴 놓는다. 슬쩍 데칠 정도로 해서 무강즙 장에 찍어서 먹는 것이다. 스끼야끼같이 누린내가 나지 않고 진건하지 않아 때에 따라서는 좋다.

 소고기를 냄비에 넣고 뒤적거리고 젓가락으로 이리저리 꾹꾹 찌르는 것은 대기(大忌)다. 서투른 여인일수록 빨리 익혀서 한 젓가락 집어 주려고 꾹꾹 누르는 것은 보기에 딱하다. 젓가락이 닿을 때마다 고기는 단단해지는 것이다. 연하디연한 고기를 골라서 얇게 썰어 가지고 접대부 솜씨로 질긴 고기를 만들어 먹을 것은 없는 노릇이다.

 한번 냄비에 펴 놓으면 그대로 익기를 기다려서 먹는 것이 제일이다. 뒤집을 필요조차 없는 것이다. 비프스테이크도 그렇다. 뒤집어 굽고 뒤집어 굽고 하는 집은 서투른 집이다. 아래위 불로 한꺼번에 구워야 한다.

 '징기스칸나베(成吉思汗鍋)'라는 것이 있다. 와사(瓦斯), 전열(電熱)이 풍부해도 이것만은 숯불을 쓴다. 그래서 마당에 정자 같은 것을 지어놓고 야외에서 먹는 운치를 내는 집이 많다.

 숯불 위에 우리나라 최신 발명 불고기 석쇠 같은 것을 올려놓는다. 가장자리가 국물 그릇으로 되어 있지는 않다. 동그란 구멍이 뺑뺑 뚫려 있다. 기름칠을 하고 재운 소고기 돼지고기 양고기를 먹을 사람이 마음대로 올려놓아 구워먹는 것이다. 무강즙 장에 찍어먹는다. 일본서 숯불이지 원래는 말똥을 연료로 쓴다는 것이다.

징기스칸 때부터 그렇게 해 먹었는지 모를 일이다. 들판에서 말똥을 모아 불을 피우고 구멍 뚫린 철판을 올려놓아 고기를 되는대로 구워먹는 식의 진보한 상태일 것이다. 장안 요정에서 먹어도 어딘가 야취(野趣)가 있다.

우리나라 최신 발명 불고기 석쇠를 보면 대번에 징기스칸나베의 변형으로 생각할 것이 틀림없다.

징기스칸나베는 스끼야끼와 더불어 고급 요정에서도 한다. 우리나라의 불고기는 세계에 자랑할 수 있는 것인데 반도호텔이나 조선호텔에서 한다는 말을 듣지 못했다. 동경의 제국호텔이나 동경회관에서 스끼야끼를 하고 외인(外人)들이 많이 즐기는 것은 언제나 볼 수 있는 일이었다. 여름철에 반도호텔 옥상에서 불고기를 하면 외인들도 많이 맛보고 원더풀을 외칠 것을 믿을 수 있다. 그저 고기가 연해야 한다.

이것도 말하자면 우리나라의 문화이니 우리 문화를 보여주고 외인으로 하여금 따르도록 하는 일은 좋을 것이다. 어쩌면 일본의 스끼야끼보다 한층 좋다고 호평을 받을는지도 모른다.

또 하나 있다. '암소 갈비'라는 것이다.

내가 일본에 있을 때에 일본 작가가 서울에 오면 내 친구들이 서울 구경을 잘 시켜주었고, 그들이 돌아오면 "아아, 그 종로 뒷골목 하모니카 맛은 참 좋더라"고 말하는 것을 여러 번 들었다.

나는 그때 얼른 생각이 나지 않았다. 암소 갈비 구운 것을 하모니카라고 하는 것이다. 두 손으로 들고 하모니카 불듯이 뜯어먹기 때문에 그 말이 근사했다.

일본 사람뿐이 아니라 외인들도 이것을 즐기는 것을 많이 보았다. 뜯으면 쉽게 홀딱 벗어지도록 연하게 만들면 외인의 절찬을 받을 것이 틀림없다.

소고기는 잡은 지 이삼 일 후라야 연해지고 맛도 좋다. 연하게 하려면 냉장고에 넣어서라도 얼려서 썰면 종잇장같이 얇게도 썰려지고 연해진다.

갈비찜도 좋다. 입 안에서 녹아버리도록 연하게 해서 내놓으면 이것도 외화 획득에 한몫 단단히 볼 것이다.

그런 것을 먹은 다음에는 좋은 커피가 필요하지만 디저트로 식혜를 내놓으면 좋을 것이다. 우리나라의 양과자 만드는 솜씨는 어느 나라에 비해도 손색이 없지만 식혜 한 종지기에 석류 알 서너 개를 띄워서 내놓으면 이것은 서울을 잠깐 다녀간 과객이라도 영원히 잊지 못할 회상이 될는지 모른다. 루비 보석 같은 석류 알 서너 개가 흰 식혜에 색채를 가하는 것이 문제다. 석류 알 없이 식혜를 내놓을 것은 아니다. 이게 무어냐고 거들떠보지도 않을는지 모른다.

독자가 좋아하니 더 써달라는 편집자의 청을 물리치지 못하고 이미 4월호에 '완(完)'자를 붙인 것에 또 한 달치를 썼다. 일부 좋아하는 독자가 있다고 해서 언제까지나 질질 쓰고 앉아 있는 것도 좋은 취미는 아닐 것 같아서 정말 이만 줄이련다.

서울서 값싸고 맛있는 집을 가르쳐드리리다. 점심때에 자동차가 많이 서 있는 집을 찾아가면 된다. 좀처럼 들어설 수도 없겠지만 한참 동안 기다려도 그것은 틀림없다. 자동차 임자가 식사하는 고급

집을 말하는 것이 아니다. 운전수가 많이 모여드는 집을 말하는 것이다.

어딜까? 그것은 한두 집이 아니다.

왜 그럴까?

퀴즈란 것이 유행인 모양이니 독자는 심심풀이로 잠시 동안 생각해보는 것도 좋으리라.

세 가지쯤의 간명한 이유가 있다.

그것도 첨단적 문명적인 해답이 나올 것이다.

(『신태양』 1957년 1-6월)

요설록(饒舌錄)

1

"흐! 오늘은 차 사고가 없다!"

내 방을 찾아준 친구가 때마침 배달된 석간을 뒤적거리며 하는 첫마디였다. 그러나 주욱 훑어 내려가던 그 친구는 이내,

"흐! 그러면 그렇지. 오늘은 트럭야. 이십 명 사상. 쯔쯔!"

하루도 사고 없는 날이 거의 없다. 조간에도 석간에도 몇 명씩 떨어져 죽고, 치어 죽고, 부상하고 있다. 어떻게 된 셈이냐. 인구가 많아서 조절하기 위한 것이냐. 인명이 그만큼 값싸게 되었단 말인가.

차 사고뿐이 아니다. 금년 들어 일견 소름이 끼치는 어마어마하고 끔직스런 범죄가 신문 톱을 차지하기 연달았다.

1월부터 4월 말까지 사 개월 동안에 학생이 저지른 범죄만도 어마어마한 숫자를 발표하고 있다. 45명이 정·퇴학, 36명이 입건, 15명이 구류 처분 등 무려 1천3백44명을 적발하였다는 발표다.

그중에도 '해골단' '깡통단'이란 이름의 '불량 학생단' 기사는 놀라운 바 있었다. 단장이란 아이가 20세, 그 외는 대개 17, 18, 19세의 중학생 고등학생이다. 스무 명 가까이가 한 단(團)이 되어서 선량한 학생을 구타 치상하고 금품을 강탈하고 혹은 감금하고 협박하고 혹은 절도도 했다는 것이다.

경찰에 붙들리게 되니 평생 붙들리지 않을 것으로 생각하고 있

었는지, "경찰 신세가 되고 보니 과거의 잘못이 후회된다"고 술회하고 있다.

한 학생의 경우는 이렇다.

"내가 이렇게 된 동기는 해골단에 입단하기 전에 오륙 일 동안 동네 동무들과 노는 바람에 밤늦게 집에 들어갔더니, 아버지가 '죽일 놈!'이라고 야단을 하기에 겁이 나서 큰어머님 댁에 가서 하룻밤을 새웠는데, 또 아버지가 너무 야단을 치시기에 이래서는 안 되겠다고 결심했으나……"

또 한 학생의 경우.

"나는 두 달 전부터 해골단원과는 놀지 않기로 맹세했기 때문에 경쟁률이 높은 ××중학 입시에 합격했다. 그들과 휩쓸리게 된 것은 이웃에 사는 친구들인 까닭이었고, 나는 아무런 잘못을 저지른 일이 없다. 학교에서 퇴학이라도 시킨다면 나는 자살하겠다……"

이런 비명을 독자들은 어떻게 보았을까. 엉뚱한 소리를 하는 고약한 놈이라고 생각했을까. 가엾은 일이라고 동정을 했을까.

늦게 돌아온 자식에게 '죽일 놈'이라고 꾸짖은 아버지는 자식을 사랑하므로 한 말이 틀림없다. 돌아오는 길에 차에 치어 죽은 것이나 아닐까, 어떤 놈에게 매를 맞고 있는 것이나 아닌가, 어떤 놈이 납치해 간 것이나 아닌가, 곰곰이 걱정하며 기다렸을 것이요, 밤거리에서 놀면 나쁜 사람에게 유혹되어 악(惡)에 물들 것을 염려하기도 한 나머지 쏟아져 나온 꾸지람이 틀림없을 것이다.

어떤 독자는 꾸지람이 과했다고 말할 사람도 있으리라. 지나친 꾸지람도 좋은 결과를 가져오지는 못하는 것이 분명하다. 그러나 지나친 꾸지람을 하지 않을 수 없는 심정도 생각해보아야 할 것이다. 밤거리를 믿을 수 있고, 차 사고 없이 돌아올 것을 믿을 수 있고, 악인의 유혹이나 납치가 없을 것을 믿을 수 있는 사회가 되어 있지 않은 것이 한스러울 것이다.

열일곱에서 스무 살의 학생은 인간으로서 '춘계 발동기(春季發動期)'라는 사춘기에 처해 있는 동물인 것이다. 무엇이든지 알고 싶고, 무엇이든지 보고 싶고, 무엇이든지 해보고 싶은 욕망은 이성에게로 향한다. 내가 그만 나이 때, 그러니 삼십여 년 전에는 대개 열 두세 살만 되면 결혼을 시켰었다. 열 서넛에 동금(同衾)했었다. 열 예닐곱 살로 아버지 어머니가 된 사람은 많을 것이다. 많을 것이다가 아니라 많다.

내 친구 중에도 그런 사람이 많다.

아버지와는 '너니, 내니, 자네니' 하는 사이에, 그 아들에게는 공대를 하는 수도 있다.

부자를 한 자리에서 만난 경우, 자식에게 절을 시키고 꿇어앉히는 아버지는 많다.

우리나라 고래(古來)의 풍속이다. 예교(禮敎)다. 나이 얼마 틀리지 않아도 아버지의 친구는 아버지를 대하듯이 하는 것이다. 부집(父執)이라는 것이다. 형제도 그렇다. 형의 친구는 형을 대하듯이 하는 것이다. 형은 동생에게 깍듯이 '해라' 하고 동생은 형에게 깍듯이 공대하는 법이다. 동생이 아이 아버지가 되고 그 아이가 나이 지긋하면 겨우 '하게'를 쓰는 것이다.

요새는 그렇지 않다. 막역한 친구의 동생이라고 해서 초면에 말을 낮추려 했다가는 돌아서서 "헹! 우리 형님을 좀 안다고 누구에게 말을 놓으려고 들어! 되지 않게!"쯤 예사로 씨부린다.

친구의 아들을 딴 데서 초면했다고 하자. 초면 인사가 끝난 다음 아들이 "무슨 자 무슨 자를 아시죠?" 하고 자기 아버지의 이름자를 댄다.

"아다 뿐입니까, 잘 알죠."

"제 가친(家親)이올시다."

"아하, 그러세요?"

"말씀 낮추십쇼."

이쯤 되면 가도(家道)가 있는 집안이라고 하고 자식을 잘 가르쳤다고 하는 것이다.

초면 인사로 대뜸 '하하, 아버지의 친구로구나' 알면서도 그런 내색을 안 하거나 아버지의 친구라는 것을 안 다음에는 비슬비슬 피해버리는 자식은 후레자식이라고 하는 것이다.

이런 사람이 많은 것은 세상이 변한 탓이요, 민주주의의 탓이요, 영어 유행의 탓도 있다고 할 수 있을는지 모른다.

말씨의 층등(層等)이 너무 많다. I, YOU, 나, 그대, 두 가지라면 자식을 잘 가르쳤느니 못 가르쳤느니가 없는지 모른다.

해라, 허게, 허우, 공대. 공대에도 '말씀'이란 것을 '분부'라고 해야 하는 또 한층 높은 공대가 있고, '반말'이 또 있다. 반말이라는 말은 가장 못마땅한 말씨였으나 요새 국민학교 국어 책은 모두가 반말이다. 인사부터 반말지거리다.

민주주의적으로 제일 좋은 말씨라고 생각해서 이것으로 통일해버릴 생각인지 알 수 없는 노릇이다.

이렇게 말씨의 변천은 삼십 년이라는 시차가 있다. 열 서넛에 동금할 수 있었고 열 예닐곱 살로 아버지 어머니가 될 수 있었던 생리적 조건에는 아무 변동도 있을 수 없는 것이다. 삼십 년이 흐르는 사이에 모두가 만숙(晚熟), 늦둥이가 되었다고 단정할 수 있는 사람은 없을 것이다.

세칭 '창성동 모자 살해 사건'이란 것이 있다. 21세의 학생이 하숙집 주부와 네 살짜리 유아를 죽이고 사간(死姦)한 끔찍한 사건이다. 아울러 생각해야 할 과제일 것이다.

경찰 적발 1천3백44명이란 숫자 중에는 극장 다방 출입이 8백49명, 음주 흡연자 117명, 야간 통행 위반 111명, 부녀자 희롱 74명이 있었다.

내가 고국을 떠난 것은 16세 때였다. 그때까지에 벌써 극장에도 많이 드나들었고, 요릿집에도 많이 드나들었었다. 아름다운 기생이 장구를 치면 「개성난봉가」나 노랫가락 한마디라도 부를 수 있었고, 나이 지긋한 해월(海月)이란 기생의 가야금 듣기를 좋아도 했었다.

그때의 극장이란 이기세(李基世), 김도산(金陶山), 임성구(林聖九), 김소랑(金小浪) 등의 신파(新派)요, 대부분이 광대의 노래였다. 그때 극장에서 「육자배기」니 「춘향가」니 「단가」니 「수심가」를 듣지 못했더라면, 나는 나이 사십에 귀국하기까지 고국의 음률의 멋을 모르고 지내었을는지도 모른다.

다음 두 여름방학 때는 여러 가지 연극을 했었는데 「알토 하이델베르히」라는 극을 할 때에 맥주를 마시며 부르는 노래를 내가 지었었다. 그 노래는 경향(京鄕)을 휩쓸어 유행하여 후에 빅터 레코드가 무단 취입을 해서 문제를 일으키기까지 했었다.

> 인생은 젊어서요
> 젊어서는 멋대로
> 녹음은 깊어가는
> 놀기 좋은 5월요
> 새새는 나무 그늘
> 나비 나비 꽃속에
> 곤드레 만드레에
> 깨일 줄도 몰라라.

이런 따위다. 시조 한 수도 경향의 기생들이 즐겨 불렀었다. "잠들면 꿈을 꾸고 꿈꾸면 님 뵈오니 요란한 세상일을 근심하여 무엇하리 잠 청해 꿈나라에로 나는 가리." 이런 것이 모두 17세 때의 소작(所作)이다.

일본에 있으면서 가야금, 양금, 장구를 구해서 즐기고, 대발[簾] 화문석(花紋席) 수혜(繡鞋) 따위를 주위에 두고 보며 지낸 것도 17세 이전에 고국에서 경험한 멋을 부린 것이라고 할 수 있을 것이다.

나 혼자만이 조숙했다고는 생각하지 않는다. 빙허(憑虛) 현진건(玄鎭健)의 「타락자」, 도향(稻香) 나빈(羅彬)*의 초기작도 20세 내외였다

---

* 나도향(1902~1926): 소설가. 본명은 경손(慶孫), 필명은 빈(彬), 도향(稻香)은 호이다.

고 생각한다. 사랑이요, 기생이다.

삼십 년이 지난 1957년, 흔히들 말하는 20세기 후반기의 소년은 지능의 발달이 또 성(性)에 눈 뜨는 일이 늦어졌다고 생각한다든지 늦어져야 한다고 생각하기는 어려운 일일 것이다.

20세의 학생이 친부를 자살(刺殺)하려다 미수한 사건이 있었다. 3월에 대구상업고등학교를 마치고 서울상대에 응시했으나 불합격이 되었다. 학비 20만 환 송금 받은 것을 낭비했는데 아버지가 서울에 올라왔다. 사실이 폭로될까 봐 여관에서 같이 자다가 범행을 감행했다는 것이다.

서울상대를 지원했다면 고교 성적이 그다지 나쁜 편은 아니었으리라고 생각할 수 있다. 2차(후기) 대학을 어째서 지원하지 않았던가. 서울상대에 자신이 만만했었는지 모를 일이다.

일전에 친구에게 들은 말이 있다. 그 친구의 이웃에 사는 학생은 일류 고등학교에서 평균 칠십 몇 점이란 좋은 성적으로 졸업하고 서울대학 치과대학을 지원했다. 자신만만했다. 후기 대학은 생각도 하지 않았다. 그러나 불합격이었다. 아뜩했다. 후기 대학은 벌써 원서 마감을 놓쳐버렸다. 기운 없이 골목을 오고 가는 그 학생을 보고 친구가 물었다는 것이었다.

"그래 어떻게 하기로 했어?"

"할 수 없죠. 일 년 놀고 내년에 쳐야죠."

"그래서야 되나. 그래도 아무 데라도 들어가서 공부하고 내년에 다시 치도록 하는 게 좋지 않을까. 놀면 곤란하지."

일 년을 놀게 되면 노는 사이에 잘못되지나 않을까 하는 걱정도 있어서 한 말이었다.

"인젠 아무 데도 없어요. 다 알아보았어요."

그러나 친구는 그날도 거리에서 벽에 붙은 ××대학 광고를 본 생각이 났다. 학생은 반색을 했다. 그 대학이라도 아직 들어갈 수 있으면 입시를 치겠다는 것이었다. 친구는 학생과 같이 밤거리를 나섰다. 두 군데 벽보를 보았다. 마악 붙인 풀 묻은 광고였다. "건너편일까요?" 학생이 앞장을 서서 전찻길을 건너 어둑한 광고지를 들여다보았다. 역시 새로 붙은 학관(學館) 광고였다.

"분명히 아침나절 보았는데……"

"요 밑에 있을까요?"

학생은 학관 광고지를 살짝 들추어 밑의 광고를 보려고 했다.

"여보 여보! 남의 광고를 왜 뜯어!"

"아니, 밑에 광고를 좀 보려고……"

그렇게 말하며 돌아보니 순경이었다는 것이다.

"잠깐 갑시다."

친구와 학생은 파출소까지 가서 "며칠 후면 동장 선거도 있을 터인데 광고지를 뜯는 것은 사상이 불순하다"는 설유(說諭)를 듣고 돌아왔다는 것이었다.

이렇게 되니 학생은 더욱이 풀이 죽어서 보기에도 딱하더라는 이야기 끝에 "왜 대학을 전후기로 짝 갈라서 일 년 쉬어야 하는 학생을 많이 만드는 것인지 알 수 없다"고 말하는 것이었다.

나도 동감이다.

전기 대학에 자신 있는 학생일수록 일 년을 놀게 되는 경우가 많다. 자신이 없는 학생이면 전기 후기 두 대학에 원서를 제출하기도 하고 후기 대학에만 응시하기도 하지만, 전기 대학만 믿고 있다가 불합격되면 일 년 놀게 되고, 또 후기 대학만 지원한 학생이 불합격이 되면 그도 일 년을 거리에서 살아야 하는 것이다. 이런 제도란 어떤 나라에 있는 것인지 나는 들어본 일이 없다. 대학에 합격 못 되었다고 해서 곧 영장(令狀)을 받을 연령도 아니다. 운수가 나빴다고 단념하라 하기에는 너무도 문제가 중대하다. 그러면 어떻게 하라는 말이냐 말이다. 학관에나 다닌다는 둥 도서관에나 다닌다는 둥 하며 거리를 헤매는 많은 얼치기 학생을 만들어놓는 것이 아닌가. 열아홉, 스물이란 나이로 일 년을 맥없이 보내는 동안에는 궐기분발(蹶起奮發)하는 학생보다 타락하는 사람이 더 많을 것은 누구나 짐작할 수 있는 일일 것이다.

　일류 대학에 불합격된 학생이라도 또 한 번 그만한 일류 대학에 응시할 수 있는 기회를 줄 수는 없을 것인가. 주어서는 안 된다는 견해는 있을 리가 없을 것이다.

　서울상대에 자신만만 응시했다가 불합격이 되자 면상을 정통으로 얻어맞은 것 같은 정신적 타격으로 어리둥절하는 사이에 송금 받은 수중의 돈을 약간 소비했다. 펑크 난 덩어리 돈을 메울 도리는 없다. 전도(前途)를 비관한다. 정신 혼란과 허탈이다. 우울한 심정은 어느 한 귀퉁이를 때려 부수거나 자기 자신을 학대하는 길밖에 없다. 자학은 수중의 돈을 소비하게 하였다. 이렇게 해서 '천인공노할 패륜아'가 되어버린 20세의 한국 청년, 대학입시 낙제생이라고 생각한다면, 그것은 극악 범죄자를 지나치게 동정하는 유견(謬見)이라고 할 것인가. 잘못된 제도가 젊은이로 하여금 극악의 일을 저지르게 하고 있다고 보아서 옳을 것인가.

영등포에서 '모녀가 작당, 사위를 살해'한 사건이 있었다. 42세의 과부 장모와 24세의 아내가 그의 남편인 29세짜리 제대 군인 무직자를 도끼로 15회나 난타해서 죽이고 시체를 한강에 버리고 도망했다는 것이었다.

한강 기슭에 움막을 짓고 사는데 남편은 할 일이 없어 핀둥핀둥 뒹굴고 있고, 아내가 미용 행상을 했다는 것이다. 시골로 다니며 미용을 해주고 돈을 벌어오는 아내는 피곤했으나, 남편은 밤마다 덤볐다는 것이다. 아내는 피곤하기도 하고 옆에 누워 있는 어머니를 생각해서 주저하면, 남편은 "내가 군대에 있을 때 서방을 얻었다는 말이 있더니 그게 사실이로구나" 하고 퍼부었다는 것이다. 제대해 와서 온 종일 놀고 있었으니 성욕도 성하였을 것이요, 생활의 주권을 잃은 남편이 주권은 어디까지나 내게 있는 것이라고 행세할 수 있고 자위할 수 있는 일은 그것뿐이었을 것을 짐작할 수 있으리라.

29세, 24세의 한창 때 젊은 남녀와 42세의 과부가 한 움막 안에서 잠을 자야 하는 가난이 저지른 범죄라고 보아 옳을 것이다. 더욱이 아내는 불기소로 석방된 사실로 미루어 짐작할 수 있을 것 같다. 과부 42세. 42세면 갱년기다. 갱년기란 이십 전의 춘계 발동기와 같다. 초에 불이 붙을 때에 확 붙는 것이 사춘기라면 꺼질 무렵 해서 확 한번 크게 꽃 피우는 것이 곧 갱년기다. 퇴조(退潮)를 앞두고의 격동이다. 인생의 마지막 길에 맞선 여성의 본능은 세습의 윤리나 도의로 제어하기 어려운 동물적인 것이 있다. 언밸런스다. 번

화한 거리를 화려한 몸차림으로 꼬리를 치며 다니는 중년의 여인이 그것이고, 중년 여인의 모든 추행이 거의 여기서 기인한다고 보아서 옳을 것이다.

이십대 과부는 수절할 수 있어도 사십대 과부는 그것이 어려운 일이라고 하는 말이나, 여자 마흔 고개 고이 넘기기 어렵다는 말도 모두 여기서 비롯하는 말이다. 서른 전 남녀의 성행위를 밤마다 목격하고 냄새를 맡아야만 한다는 것은 차마 못할 노릇이요, 인도(人道)상 이만큼 잔인한 일은 없을 것이라. 그도 하루 이틀이 아니니 기둥이라도 뽑아낼 수 있는 광란의 피를 도끼 열다섯 번으로 배설했다고 보아서 그다지 유견(謬見)은 아니리라.

움막 안에 세 사람이 자야만 한 지나친 가난이 빚어낸 비극이라 할 것이다.

춘계 발동기의 언밸런스를 제어하는 힘은 이성이요, 윤리요, 도덕이다. 건전한 사회, 정상한 환경, 품성의 도야에서 이루어질 수 있는 것이다.

바람은 자유요 민주주의라 하는데, 스스로는 그것을 향수하지 못하는 부조리에서 저지르는 일도 많다. 지나친 억제, 단속, 금욕적 요구는 그것이 속에서 곪아 다른 곳에서 터져 나오게 되는 것이다. 할 일이 없어서 방구석에 누워서 세월을 보낸다. 밖에서 서성거리는 소리가 들리면 귀를 기울인다. 언성이 높아간다. 흥분한다. 철석! 때리는 소리, 맞는 소리, 비명이 들린다. 흥분은 고조한다. 뛰어 나간다. 시비(是非) 곡직(曲直)은 가릴 바 없다. 한 놈을 때린다. 정작 때려야 할 놈을 때렸는지 억울한 놈을 때렸는지 알 수 없다.

때리고 부딪치고 깨뜨리고 부수지 않고는 못 배길 울적한 시간이 나빴을 뿐이다. 이래서 일은 커진다. 장에 팽창했던 가스가 직장으로 내려가서 방귀로 나오듯이 신경에 곪았던 울적이 방귀와 같이 폭발하는 생리적 현상인 것뿐이다. 때리든지 깨뜨리든지 밟든지 정복하든지 해야만 마음이 누그러질 수 있는 동물적 본능이다.

왜 이다지도 가난하고 왜 이다지도 뒹굴어 지내야 하는 사람이 많은가.

도대체 인간이란 그렇게 게으른 것으로만 태어난 것은 아니다. 누워서 먹고 싸고 지내기를 좋아하는 것으로 태어난 것은 아니란 말이다. 세상에 나서부터 부지런한 것을 얼마든지 볼 수 있는 것이다. 갓난아이를 보라! 한시를 가만히 누워 있나? 발을 움직이고 손을 움직이고 눈을 움직이고 있지 않은가. 기어 다니는 아이는 더하다. 온갖 장난이란 것이 그의 생활이란 것을 아는 사람이라면 결코 게으르게 되먹은 동물은 아니라는 것을 알 수 있으리라. 무엇이든지 하지 않고는 배겨내지 못하는 것이 인간인 것이다.

대로상(大路上)에 넙죽이 앉아서 오가는 사람이나 보며 담배나 뻑뻑 빨고 있는 사람을 보고 그것으로 만족하고 있다고 생각하는 사람이 있다면, 그것은 세상을 헛 산 아무것도 모르는 천치라고 해야 옳을 것이다.

하고 싶은 일을 만나지 못해서 그렇게 앉아 있는 것이요, 못마땅해서 그렇게 앉아 있는 것이다. 나오는 말은 투덜댐이나 신랄한 비판이다. 사화산(死火山)은 아니요, 게으른 인생은 아닌 것이다. 그중에는 하도 오래도록 그렇게만 지내었기 때문에 '나는 무엇을 하고 싶었나?' 잊어버리고 있는 사람도 있기는 할 것이다. 그래도 게을러서 그런 것은 아니다. 저녁때가 되어서 집에 돌아가면 하루 동안 거리에서 본 일을 거짓말도 섞어서 늘어지게 재미있게 엮어 대는 사람이 있다면, 그런 사람은 좋은 세상 만났더라면 일류 예술가 만담가로 한번 이름을 날릴 수 있는 사람일는지도 모른다.

우리나라의 극장은 역사가 짧아서 대극장주의(大劇場主義)라 국극(國劇)이란 이름의 「춘향전」이니, 키스법 각종, 의상(衣裳) 각종을 전시하는 외국 영화를 주로 하고 있고, 가족 동반해서 한두 시간 밝은 조명 밑에서 재미있는 이야기를 들으며 즐길 수 있는 소극장이 전연 없다. 고작 이백 명가량 들어갈 수 있는 이런 가정오락을 주로 하는 소극장이 서울 장안에 백여 개쯤 있다면 이야기 멋지게 하는 사람이나 거짓말 잘하는 사람이나 손재주 발재주 있는 사람들의 훌륭한 직장이 될 것이다. 한번 이름을 날리기만 하면 인기 화술로 하룻밤에도 서울 장안 몇 군데 소극장을 택시로 릴레이해가면서 출연하지 않을 수 없게도 되었을 것이다. 세월을 잘못 만났기 때문에 고작 오막살이에서 처자에게만 쏟아놓는 서글픈 존재가 되었다고 할 것이다.

할 일이 없어서 처자가 벌어오고, 온 종일 집에 박혀 있는 남편이 장도리를 들고 돌아다니며 못을 박기도 하고 빼기도 하고, 건드릴 데 안 건드릴 데 가리지 않고 들락거리다가 궤짝을 부수기도 하고 주워 모으기도 하는 사람이 있다면, 이런 부지런한 사람은 기사(技師)가 못 되었더라도 기수(技手)나 기술자가 틀림없다.

어릴 때 공업교육, 기술교육을 일제가 시키지 않았었고 부모가 그의 개성의 발전을 도모해줄 줄을 몰랐기 때문이라 할 것이다.

  아내에게나 아이들에게 잔소리만 퍼붓고 지내는 사람은 그 잔소리의 성질에 따라 다를 수가 있다. 잔소리라는 것이 도대체 정당한 욕구를 충당시키지 못하는 데서 나오는 울적이요 비정상적인 배출인 것은 물론이지만, 잔소리가 된 소리 안 된 소리로 고조할아버지 때 이야기까지 끄집어내어 쉴 새 없이 흘러나오는 사람이라면 대도상인(大道商人) 약장수가 틀림없지만, 지당한 말만 하고 의젓한 사람이라면 지휘관감이 틀림없다. 대장이 못 되더라도 대대장, 장관이 못 되더라도 국장, 사장이 못 되더라도 과장 위 부장쯤은 되었어야 할 사람들이다. 아무리 사람이 변변치 못하더라도 감독 나으리 하나쯤이야 못하겠느냐 말이다. 일이 없어 그렇고 자리가 없어 그렇고 때를 못 만난 탓이라 할 것이다. 초여름 긴긴 해에 새벽부터 초저녁까지 골목을 지나가며 외치는 소리는 "칼 가쇼, 가위 가쇼, 면도칼 갑니다"에, 모밀 껍질 한 아름 짊어지고 "베갯속 사려!"가 아니면, 괭이 한 자루 가진 것 없이 맨 손으로 지나가면 "하수도 곤치려!"다.

(『신태양』 1957년 7월)

2

"눕지 마라! 밥 먹고 곧 누우면 소 된다."

아이들에게는 이렇게 가르치면서—라기보다는 잔소리를 하면서—나 자신은 식후에 이십 분쯤은 반드시 눕는다. 누워야 편안하고 밥도 잘 내려가는 것 같다.

비었던 속에 밥을 넣으니 자연 자리를 물려주고 나오는 것이 있어야 할 것이고, 그것을 고이 내보내주기 위해서도 잠시 누워 있는 것은 좋은 것 같다.

네나 나나 식후에 나오는 것이야 어쩌겠느냐 식으로 빤히 얼굴을 마주보며 소리 내어 내보내는 것은 보기 좋은 일이 아니다. 알 낳는 암탉 모양으로 빤히 마주보는 사람 무안해하지 않도록 허허 웃어주는 경우도 있기는 하지만, 소탈한 사람이라고 칭찬하는 것도 아니요, 그렇다고 시러베들 투덜대는 것도 아니다.

아무리 따분한 좌석의 분위기라 하더라도 그것으로 전환을 꾀할 일은 아니다. 그러니 잠시 동안 혼자 누워 있는 것이 제일 좋을 것 같다.

그러기에 나는 외식이나 연회가 고맙지 않다. 24세 때의 새너토리엄 생활이 몸에 젖은 탓이라 할까, 새너토리엄에서는 식후 삼십 분간의 안정을 요구한다.

프랑스 사람들은 식후에 아주 한잠 잔다는 이야기를 들었다. 그래서 은행이고 관청이고 점심시간으로 두 시간을 휴무한다는 이야기를 들었다. 알 수 있는 일 같다.

우리나라의 관청이나 은행도 점심때면 텅 비어서 한 시간쯤은 쉬는 모양이더라는 이야기를 들은 일이 있다. 그러나 이 양반들은 누워서 쉬는 것도 낮잠을 자는 것도 아니고 밖에 나가서 더 바쁜 시간을 보내는 모양이더라는 말은 프랑스와 한국의 거리를 말하는 것인지 부지런한 사람과 게으른 사람(수지 맞추는 사람과 모르는 사람)의 문제로 따져야 할 과제인지 나는 아는 바 없다.

책 읽기도 그렇다.

나는 누워서 책을 읽는다. 반가운 책을 만나면 먼저 베개를 준비한다. 나이 사십에 환국(還國)할 때까지 이십 년 동안 침대 생활을 했던 탓일는지 모른다.

도스토예프스키의 것도 톨스토이의 것도 모든 책 읽기는 누워서 했다. 책상 앞에 단정히 앉아서 책을 읽는 버릇은 나에게는 없다. 무례한 독서라고 할는지 모른다.

피란 대구 살이 삼 년을 어느 신문사의 방 한 칸에서 단정하게 앉아서 지낸 일은 역사적인 시간이라 하겠으나, 그래서 두 번이나 빈혈을 일으켜 나가떨어지기까지 했었다.

집필은 또 다르다. 엎디어야만 써진다는 소설가가 있다고 들었는데, 나는 이것만은 단좌(端座)다. 작은 소반 앞에 반드시 도사리고 앉아서 쓴다. 꿇어앉고 싶지만 소반이 얕다.

밤중이라야 쓰는 사람도 있고 밤중도 두 시 세 시라야 조용해서 잘 써진다는 사람도 있지만 나는 밤일은 하지 않는다. 스승을 본받았는지 모른다. 스승은 새벽부터 오정까지밖에 쓰지 않았다. 점심 후에는 열 시 취침시간까지 노는 것뿐이었다. 가장 건강적이라고 생각했었다.

그러나 스승은 누워서 책을 읽지는 않았다. 역시 침대 생활이었지만 눕는다는 것은 곧 자는 것뿐인 사람이었다. 쓰는 태도를 스승에게 배웠다면, 읽는 태도는 누구에게 배웠는지 모를 일이다.

오정이 지나야 일어나고 밤에는 마작을 하고 밤중 두 시 세 시라야 길게 엎디어서 원고를 쓰던 나오키(直木)란 작가는 그 탓만은 아니겠지만 척추 카리에스로 고생을 하다가 균이 뇌를 침범해서 한창 때 일찍 죽었다.

자정 전의 한 시간 잠이, 자정 지나 두 시간 잠보다 몸에 좋다는 말을 들은 일이 있다. 아무래도 밤중 일은 몸에 좋지 않은 것 같다. 그러나 모두 습성이다. 졸연히 고칠 수 없는 버릇이다.

고약한 버릇을 들은 일이 있다.

I라는 문학자라면 우리나라에도 아는 사람이 많고 그의 저서는 우리나라 문학개론 등에 끼침이 많은 사람인 줄로 생각한다.

그는 문둥끼가 있어서 칩거해 있었고, 찾는 사람도 별로 없었다. 잡지나 신문기자가 원고 청탁으로 가면 반가이 맞아주고 엽차를 내놓는다. 공기 전염도 한다는 것이니 같이 앉아 있기도 꺼림한데 엽차를 마시기는 더욱 싫을 것이 뻔한 일이다. 그러나 이 차 한잔을 선뜻 마시면 집필을 승낙하고, 마시지 않고 머뭇머뭇하는 사람에게는 대답도 어름어름하고 다음에는 만나주지도 않는다는 이야기였다. 폐병 환자에도 이런 버릇이 있는 사람이 있다. 세상을 고깝게 생각하는 탓일 것이다.

나는 입사 당초부터 원고 심부름을 시키지는 않았었기 때문에 그런 것 저런 것을 모르고 지내었었다. 그런 일도 스승의 세심한 마음씨였다. 자긍(自矜)과 콧대가 세고 이마를 자주 수그리지 않는 버릇이었기 때문인지 모른다.

스승이 형제같이 지내는 사람에게만은 인사 삼아 갔다 오라고 한 일이 있었다. 세 사람은 나중에 모두 나를 도와주었다.

일본 작가 아쿠타가와(芥川)*는 일찍 죽었기 때문에 내가 독립해서 경영할 때는 도움을 받지 못했으나 그의 서재에서 저녁 늦도록 이야기한 일도 있었다. 서재에 있는 그는 귀신 같았다. 긁적긁적한 머리가 아무렇게나 흘러져 있었고 얼굴과 손에는 때가 끼어 있었다. 세수를 안 하고 앉아 있기 때문이었다. 피골이 상접한 긴 얼굴과 손가락에 낀 때가 잘 보였다. 자살하기 일주일 전날, 해가 지고 어둑어둑할 때까지 이층 서재에서 전등도 켜지 않은 채 이야기한 일은 아직도 잊을 수 없다. 당시 인기작가들의 작품의 생명이 얼마나 갈 것이냐는 이야기였다.

세수 안 하기는 스승도 마찬가지였으나 아쿠타가와는 더욱 심했다. 한 자 한 줄을 고음(苦吟)하는 것이었다. 원고는 처음부터 끝까지 똑같은 날카로운 예쁜 글씨였다. 스승의 원고는 첫 장은 400자

---

* 아쿠타가와 류노스케(芥川龍之介, 1892~1927): 소설가. 대표작으로 「라쇼몽(羅生門)」 「지옥변」 「거미의 실」 「갓파(河童)」 등이 있다.

용지에 300자가량 들고 넷째 장쯤 가면 250자가 못 될 만큼 글씨가 굵어갔다. 지저분하기로는 첫째였을 것이다.

글씨를 보고 운명 판단을 하는 사람이 있다는데, 운명을 판단할 수 있을는지 몰라도 아쿠타가와의 예쁘고 깨끗한 글씨를 보고 그가 세수를 며칠씩 안 하는 사람이라는 것을 알아내지는 못할 것 같았다.

나도 원고는 깨끗이 쓰는 편일 것이다. 원고 글씨를 보고 누워서 책 읽는 사람이라는 것을 알아내지는 못하리라.

요새 읽은 책에 '과당(跨黨)'이란 말이 있었다. '가랑이당' '걸칠당'이라고 하겠다.

우리나라에 자유당원인 동시에 민주당원인 국회의원이란 있을 수 없을 것이다. 그것은 상식이다. 그러나 1913년 중국에는 그런 국회의원이 한두 사람도 아닌 185명이나 있었던 모양이다. 우습다면 우습기도 하고 민도(民度)가 얕았다고 본다면 어지간히 얕았다고나 할까.

손문(孫文)의 혁명이 일단 성공해서 1912년 1월 1일 남경(南京)에서 대총통(大總統)에 취임(중화민국 원년)한 후의 이야기다.

청조(淸朝)는 당년 여섯 살짜리 선통제(宣統帝)가 있을 뿐 섭정(攝政) 순친왕(醇親王)까지 쫓아낸 원세개(袁世凱)가 사실상 독재자였으니, 대세 이미 기울고 있음을 보자 손문에게 화평을 제의했다.

음흉하기로 뛰어났고 권모술수에 있어서는 따를 사람 없는 일세의 효웅(梟雄)이라고 일컫던 원세개: "내가 진짜 공화주의자다. 남북이 통일해서 공화제를 세우고 대총통을 뽑아야 한다."

손문은 인텔리에 양심적이요 겸양의 덕도 있었던 모양이다. "원세개가 공화에 공명(共鳴)하면 대총통은 원세개가 해도 좋다."

그래서 3월 10일에는 북경(北京)에서 원세개가 임시대총통에 취임하게 된다. 약법(約法)이 공포되고 20일에는 내각이 성립되니 따라 정당이 군립(群立)되던 때의 이야기다.

원세개를 비롯해서 군벌이고 정당이고가 공화제라는 것을 알지도 못했거니와 알았댔자 거기 헌신하려는 사람은 얼마 없었던 모양이니 '과당'이라는 것도 있을 수 있었으리라고 생각할 수도 있을 것 같다.

1913년 5월, 국회 성립 후에 양원(兩院) 의원의 세력 분포를 보니,

	중원(衆院)	참원(參院)	계
국민당	269	123	392
진보당	154	69	223
양당속	147	38	185
무소속	26	44	70

이었다는 것이다. 뚜렷이 양당에 속한다는 의원이 있는 것이다.

그러나 과당보다도 원세개가 혼자 총통이 되고 혼자 황제가 되는 대목도 재미있는 것이다.

이런 이야기는 3-4-4-4, 4-4-4-4조(調)로 멋지게 써놓으면 『춘향전』이나 『진대방전(陳大方傳)』이나 『삼국지』를 읽듯이 목침 베고 누워서 읽기에 알맞은 멋진 이야기책이 될 수도 있을 것 같으나 나

요설록 373

에게는 없는 재주다.

그때 그때 나도 어린 이목(耳目)으로 엿듣기도 했었고, 신문으로도 본 일이 있는 이야기들이다.

국회는 성립되어 개회 중인데도 원세개는 국회의 승인은커녕 제안하는 일도 없이, 오 개국 은행단에서 2천5백만 파운드, 오스트레일리아의 회사에서 3백20만 파운드의 차관(借款)을 얻을 계약을 성립시켰다.

손문파도 놀랐지만 원세개 옹호파 의원들도 어이가 없었다. 국민당은 탄핵안을 제출하고 국회는 만장일치로 이것을 통과시켰다.

그러나 원세개는 국회의 이런 탄핵 결의쯤 문제가 아니었다. 두 차관을 받아서 본격적 모략 코스를 달렸다. 의원, 정치가를 매수하고 무기를 구입해서 군비를 확충하고 스파이를 양성하고 자객을 사방으로 보내는 등 국민당의 정치 세력을 무력으로 격파할 준비를 완료했다.

국민당군(國民黨軍)의 봉기는 원세개가 예기했던 것이니, 공화제를 같이 하자고 해놓고 안심하게 한 다음 외국 차관을 얻어서 군비를 확충하고 일패도지(一敗塗地)시킬 기회를 노렸던 것이다. 봉기한 국민당의 제2혁명이라고 하는 '토원전쟁(討袁戰爭)'은 이 개월여에 참패하고 만다. 국민당 의원과 각성(各省) 국민당계 의원은 참살 아니면 체포되고, 체포를 면한 자도 정치 행동은 하지 못하게 되었다.

이렇게 국회 내의 절대 다수인 국민당계를 몰아내고 정식 대총통으로 취임하는 것이다.

대총통 선거는 10월 6일 아침 여덟 시에 시작해서 밤 열 시에 끝

나는데, 원세개파가 매수해서 동원한 '공민단(公民團)'이라고 칭하는 민중 수만 명이 의회를 포위하고, "즉시 대총통을 선거하라, 선거 않으면 못 나온다"고 떠들어 의원을 못 나오게 했다. 식사도 못하며 3회 투표를 했다. 전(前) 2회는 '원(袁)'에의 표수가 가장 많았으나 법정수(法定數) 4분의 3에 미달. 3회째는 득표가 많았던 원세개와 여원홍(黎元洪)의 결선투표. 원은 과반수로 제1차 정식 대총통으로 당선되고 여(黎)는 다음 날 부총통으로 선거되었다. 원세개가 당선되었다는 말이 전해지자 선거장을 포위하고 있던 어용민중(御用民衆) 공민단은 "대총통 만세"를 부르고 흩어졌다.

원(袁)은 국민당의 해산을 명했다. 제2혁명이 내란죄라는 것이다. 의원 증서를 빼앗고 438명의 의원 자격을 박탈했다. 그러니 국회는 법정수 미달로 사실상 있으나 마나가 되었다. 의회 정지를 명령하고 양원 의원의 직무를 정지시켰다. 내각도 없고 총통독재제(總統獨裁制)다.

그러나 원(袁)은 이것만으로도 부족해서 황제가 되려고 나선다.

지력 수준이 높은 나라는 공화정체(共和政體)가 성공하지만 중국은 군주제가 적당하다고 공공연하게 말하게 되었다.

여론을 일으켜야 한다는 모략도 쓸 줄 알았다. 1915년 8월에는 '주안회(籌安會)'라는 단체를 조직해서 군주제로 해야 한다는 운동을 각 성(省)에서 일으키도록 선전했다. 각 성 대표들이 '국체변경청원서(國體變更請願書)'를 내게 하고, 북경에는 전국 청원 연합회를 두고 각 단체의 청원서를 받아들였다. 기녀 청원단, 거지 청원단, 차부 청원단 따위 청원서까지 모였다. 10월 2일에는 국민대표대회를 소집

해서 국체변경을 투표로 해결할 것을 의결하고, 8일, 국민대표회의 조직법을 공포. 이 국민대표대회의 표결에 의해서 국체의 변경을 결정하기로 했다.

드디어 각 성구(省區)의 투표는 11월 20일 종료. 12월 11일 개표 결과 전성(全省) 국민대표 1,993표가 전원일치 군주입헌제(君主立憲制)에 투표하고 원세개를 황제로 추대하였다.

정월 이래의 '제제(帝制)운동'은 이렇게 성공해서 참정원(參政院)은 즉일 원세개를 황제로 추대한다는 상정서(上呈書)를 제출했다.

원(袁) 자신이 꾸민 연극이 제대로 들어맞았는데도 원은 또 한 번 연극을 한다. 추대서를 돌려보내는 것이다. 황제 자리가 싫다는 것이 아니라, 나는 이렇게 싫다는데 국민들의 간청을 차마 물리칠 수 없어 본의 아닌 제위에 오른다는 식이다. 그날 밤 참정원은 제2회의 황제 추대를 하기에 이르렀다. 드디어 원은 제위(帝位)에 오를 것을 승낙하고, 1916년(민국 5년)을 '홍헌(洪憲)' 원년이라고 개원(改元)까지 명했다.

원(袁)은 그 아들을 황태자라 부르게 하고 신문기자까지 '신기자(臣記者)'라는 글자를 쓰게 하였다.

'원제(袁帝)' 반대의 부르짖음은 전국으로 퍼져서 들고 일어났으니, 이것이 제3혁명이라는 것이다. 원은 할 수 없이 3월 22일에 제제(帝制) 폐지를 성명했다. 단 팔십 일 동안의 황제다. 6월 6일에는 죽었으니, 분통이 터져서 죽었으리라는 것이다.

원세개가 죽으니 부총통 여원홍이 대총통으로 등장한다.

선통제(宣統帝)를 모셔야 한다는 장훈(張勳)의 복벽파(復辟派)와

군벌들이 망둥이 날뛰듯 날뛴다. 날뛰는 망둥이들이 원세개의 수법을 본따는 일이 많았다.

여원홍이 물러앉고 단기서(段祺瑞)가 한몫 보려고 할 때다. 신국회(新國會) 조직법을 제정하고 의원을 선거할 때에 단(段)은 차관으로 얻은 대금을 이용해서 왕읍당(王揖唐) 등으로 하여금 어용정당(御用政黨) '안복(安福)클럽'을 조직시켜 단기서 어용기관의 신국회를 만들어놓았다. 선거 공로자 왕읍당이 중의원 의장. 그러나 국민은 그 국회를 국회라고 부르지 않고 '안복국회'라고 불렀다는 것이다. 안복국회는 국회가 아니라는 성명, 신국회 조직법은 위법이라는 성명이 나오고, 신국회는 '암거래의 국회'라고 비난을 받았다.

이렇게 다시 남북 대립이 시작되고 신구(新舊) 군벌의 혼전과 대립이 계속되는 가운데는 '수호전적(水滸傳的)' 인물도 등장하고 '신삼국지(新三國志)' 시대를 연출한다고 책에는 씌어 있었다.

'삼 일 내각'이 유행될 때의 이야기가 또 재미있다.

여원홍이 물러난 후 대총통을 선거해야겠는데, 당시 국회의원은 직예파(直隸派)의 조곤(曹錕)이 매수하고 있었기 때문에 조(曹)의 방침에 따라 중의원 의원의 임기 연기 등을 통과시켜서 대총통을 선거하기로 했다. 그러나 대총통 선거는 581인 의원의 출석이 없으면 선거회(選擧會)를 열 수가 없다. 반직예파(反直隸派)는 운동으로 북경을 떠나는 의원이 많아서, 법정수가 부족하기 때문에 조곤파는 의원의 수를 채우기 위해서 매수와 유괴, 두 방법을 썼다. 매수란 국회에 한 번 출석하면 50원을 주는 것이다. 나중에는 100원으로 올렸다. 이것을 '출석비'라고 하였다. 유괴는 출석하지 않는 의원의 숙사(宿舍)를 찾아다니며 조곤파 의원이 납치해서 출석시키는 방법이다.

대총통 선거 투표는 1표에 5천 원을 주었다. 이에 대응해서 반직예파에서도 매수를 했다. 북경에 있으면서 의회에 출석하지 않는 의원에 대해서는 한 번에 40원을 주고 이것을 '불출석비'라고 하였다. 조곤의 매수에 응하지 않고 북경을 떠나 상해로 오는 의원에 대해서는 천진(天津)까지 오면 300원을 주고 상해에 도착하면 또 여비와 일당을 지급했다.

그런데 북경에 있는 의원 중에는 반직예파에서 불출석비를 받고, 그다음 슬금슬금 의회에 출석해서 조곤파에게 출석비를 받는 따위가 많았고, 심한 것은 일단 북경을 떠나 상해까지 가서 반직예파의 여비 일당을 받은 후 또 북경으로 돌아와서 대총통 선거비 5천 원을 받아먹은 의원도 있었다. 이런 의원을 '저자의원(豬仔議員)'이라고 했다. 말하자면 돼지 새끼가 이리저리 팔려 다니는 것과 같다는 것이다.

그러나 반직예파의 재력은 도저히 직예파를 따를 수 없어 거리(巨利)를 얻으러 북경으로 모이는 자가 많았다. 1923년 11월 5일에는 중의원을 개회하고 대총통 선거회가 열렸다. 조곤은 480표로 총통에 당선되었다. 그러나 국민은 대총통이라고 부르지 않고 '회선총통(賄選總統)'이라고 불렀다.

만 일 년 되는 1924년 11월 2일에는 조곤도 쫓겨나게 되고, 북방 각 성(省)이 단기서(段祺瑞)를 추천했다. 단(段)은 천진(天津)에서 수락하며,

"조곤의 회선(賄選)으로 법통(法統)이 파괴되었으니 이를 구할 길 없다. 철저히 개혁하여 장래의 분규 해결을 기하겠다" 하고 말했다.

단(段)은 임시 집정(執政)에 취임하고 조곤 대총통 선거가 비법이었다는 성명을 했다. 국회의원의 주택과 은행의 장부 조사를 명했다. 이렇게 되니 돈 받고 조곤을 선거한 회선의원(賄選議員)들은 전부 북경의 외국 공사관가(公使館街)에 숨어버렸다. 단(段) 집정은 12월 6일 "조곤은 회선으로 대총통의 자리를 바라고 나라를 재(災)하고 백성을 손(損)했다. 내무(內務) 육군(陸軍) 양부(兩部)에서 엄중 감시하고 공판(公判)에 붙이라"는 집정령(執政令)을 내렸다. 공판에 부치지는 않았지만 겨우 일 년의 영화를 누리고 쥐구멍을 찾은 회선의원, 회선총통이다.

거의 모두가 국리(國利) 민복(民福)이나 공화제 확립을 위해서 힘쓰기보다는 사리사욕에만 날뛰는 패가 많았던 모양이다.

그중에 반독재 반군벌 삼민주의(三民主義) 중국을 건설하기 위하여 혁명군 국민당을 지도한 손문(孫文)은 망명과 투쟁만으로 육십 평생을 불우하게 지내었으나, 날이 갈수록 중국의 부(父)라고 추앙을 받게 되었고 회선의원, 회선총통은 물론, 한때는 황제까지 칭하던 원세개에 대해서는 국민 모두가 그런 인물들이 중국에 있었다는 사실조차 부끄럽게 생각하는 모양이다.

이것은 모두 『중국풍운록(中國風雲錄)』이란 책에 있는 이야기다.

유명한 5·4 운동은 우리의 기미년(1919년)이니, 손문이 54세, 장개석(蔣介石) 33세, 모택동(毛澤東) 27세라고 항상 세 사람을 연결해서 이야기를 진행시키고 있다. 세 사람의 어린 날의 이야기, 청춘 로

맨스까지 섞어가며 멋지게 써놓았다.

나는 일본 신문이나 서적을 읽지 못하고 있는데, 우연히 친구가 읽어보라고 빌려준 책은 내가 가까이 지내던 친구의 저서였다. 다카키 다케오(高木健夫), 그는 재지(才智) 있고 바지런한 공부꾼이었다. 북경에서 자라서 『북경의 뒷골목』이라는 책도 내었고, 동경에서 신문기자로 이름을 날린 후에도 중국에 많이 가 있었다. 지금은 『요미우리 신문(讀賣新聞)』 편집국 차장으로 있고 논설위원을 겸했다고 책 뒷장에 있는 것을 보았다.

좌담에 중국 이야기가 많이 나왔었고 중국 말도 씨부리는 것을 들었었다. 그가 그 저서를 쓸 때에 재료를 잃어서 망설였다는 이야기와 누구누구의 저서가 힘이 되었다는 말을 쓴 것을 보면, 그가 이 한 권을 쓰기에 상당한 노력을 기울였음을 짐작할 수 있는 것이다.

구우(舊友)를 만난 것 같은 반가움과 구우가 건재하다는 기쁨을 느꼈다. '건재(健在)'라는 말은 그저 살아 있다는 말과는 다르다. 생명이 보존되어 있다는 말이 아니라, 생활하고 있다는 말, 공부하고 있다는 뜻을 말한 것이다.

내가 잡지를 맡아서 독립 경영할 때에 기왕의 '기증 명부'를 정리하지 않았었다. 그러니 내가 모르는 이름도 많았었지만 그대로 매월 잡지를 기증했던 것이다.

그중 한 분에게 저녁 초대를 받은 일이 있었다. 매월 잡지를 기증 받고 있으면서 인사가 없으니 저녁을 같이 하자는 것이었다. A신문 논설위원이라는 직책의 그는 신문사의 규정에 따른 연구비를 받아서 자기의 연구를 계속하여 논문을 제출하였고, 이내 박사학위를 받게 된 사람이었다. 그는 젊은 문화부 기자 한 사람을 앞장 세웠었다.

요정에서 술을 마실 때에, 그는 젊은 기자에게 이렇게 말하는 것이었다.

"공부하세요. 됩니다. 입사한 지 오 년이 되죠?"

입사한 지 오 년이면 직위를 얻고, 그러면 '대학에서 연구하던 과제를 몇 년 동안 계속 연구하게 해달라'는 신청을 사(社)에 제출할 수 있는 자격이 있고, 그것이 심사를 통과하면 몇 년 동안 월급과 연구비를 받으며 연구를 계속하여 학위 논문을 쓸 수 있다는 이야기였다. 그런 제도가 있으니 너도 공부해보라는 것이었다.

그 시절에 M사 프리 기자로 유흥가를 도맡아 다니던 N이라는 나의 친구는 나보다 한 살 위일까, 오십이 지나서 현재 그 사(社) 사회부장으로 있다는 풍문을 들었다.

사회부장이란 신문사에서 가장 화려하고 멋진 자리다. 생생한 제1선 현역이다. 한때는 자매사 주간지의 사장으로 있었고, 외근으로 드나들지 않은 곳 없던 그가 성공명대(成功名隊)한 후 사회부장 자리에 앉은 것을 알 수 있다. 원숙한 멋을 부리고 실수가 없을 것이다. 우리나라에서 오십 지난 사회부장이란 찾아보기 힘들 것이다.

조숙(早熟) 조로(早老)하는 탓인지 공부가 빠르고 출세가 빠른 탓인지 모르겠다. 어느 것이 좋고 어느 것이 좋지 않다는 것이 아니다. 그저 사십여 년 전의 중국 이야기, 원세개 이야기를 누워서 읽듯이 지나가는 이야기로 들어주면 좋다.

(『신태양』 1957년 8월)

3

 십여 년 살면서 집에 손질을 해본 일이 없다.
 우리 살림으로는 겨울을 나면 우선 한번 집을 보살피기 마련이다.
 천년도 끄떡 않을 만큼 육중한 기와집이라도 겨울의 모진 눈보라에 시달리면 기왓골이 어느 한쪽으로 쏠리기도 하고 기왓장이 아주 깨지기도 하고, 어느 틈으로 눈이 새어 드는지 마루 구석에 눈이 소복이 쌓이는 일까지 있으니, 겨울을 지내고 집을 보살펴야 하는 일은 의당한 일일 것이다.
 그다음에는 곧 장마철이라, 무지무지하게 억센 비바람을 겪어 낼 수 있을까, 그런 준비도 있을 것이다. 장마철을 지내면 또 집을 보살피기 마련이다. 부랴부랴 삼루(滲漏)를 보고, 방을 뜯어 고치고, 도배를 하고, 잇따라 창호(窓戶)를 하는 풍속으로, 듣기도 보기도 했으나 나는 그것을 한 일이 없다.
 창호지만은 가을바람이 불면 친구의 손을 빌려서 해마다 같이 했다. 겨울을 난 창호지는 꺼멓게 그슬려서 어둡고 또 얇아진다. 창호지를 새로 바르면 방이 밝아지고 기분이 상쾌하다. 여름에는 거의 여닫지를 않으니 내버려 두었다가 가을에 한번 한 것이다. 방이 많지는 않지만 이틀은 걸리고 고달픈 일이었다. 이것을 하면서도 생각이 많았다. '원, 이 짓을 하고 있어야 하나' 하는 생각이다.

그래서 자식들의 대에는 제발 이런 짓을 하지 말고 살 수 있도록 바라는 마음으로 그들이 등교한 후부터 돌아오기 전까지만 일을 했다. 아버지가 손수 하는 것을 보면 몇십 년 후라도 그 기억이 있어서 또 그 짓을 따르게 되기 쉬운 일이기 때문이다. 일본에 살 때에는 일 년에 두 번 전화를 걸 것도 없이 경사옥(經師屋)이 제물로 와서 날짜를 받아 갔었다. 드나드는 표구사 말이다.

"창호를 어느 날 할깝쇼?" 하는 것이다.

날짜만 일러주면 그날은 내가 출근한 후에 와서 퇴근해 돌아오기까지에 창호지를 깨끗이 발라놓고 가는 것이었다. 점심은 가지고 와서 먹으니 집에서는 차만 내주면 되고 풀이니 귀얄이니도 제 것을 들고 온다. 품값은 월말 계산서에 한 틀에 얼만데 몇 틀이니 얼마라는 종이 값밖에 안 되는 금액이 적혀 온다. 바르는 것이 기계적이요 능률적이니 비싼 품값이 필요치 않은 것이다.

우리나라의 그것은 방중(房中)이라고 하거나 사랑손님이라고 하는 식객(食客)이 흔히 하는 것을 보았지만, 며칠씩 걸리는 것을 보았다.

사람을 사는 경우도 그렇다. 한 사람이 하는 일이 없다. 반드시 두 사람이어야 하고, 점심을 대접해야 하고, 점심 후에는 낮잠을 늘어지게 자야 하고, 석양에는 한잔 있어야 한다고 하고, 저녁을 대접하고 품값이다. 방 세 칸이면 이틀 일이 되는 것이다. 품값을 먼저 정해놓은 경우라도 대개 한두 마디는 있다. 상급(賞給)이라거나 좀 생각해 달라는 따위다. 밥 대접도 신경이 쓰이고 풀을 쑤어 대는 것도 신경전이다. 묽었느니 되었느니, 물심부름 걸레 심부름도 있다. 집 안이 뒤숭숭하다. 코를 골며 자고 있는 꼴도 보기 좋은 것이 아니다.

'도배 한 간에 얼마, 창호지 장지 한 틀에 얼마. 점심 풀, 귀얄 지참'이라는 청부업자가 생긴다면 나도 내 손으로 장지틀을 만지지는 않을 것이다.

개성에 살 때에 삼루를 본 일이 있었다.

셋째 방이 조금 새었다.

사백(舍伯)이 일꾼을 데리고 오셨었다. 이것도 두 사람이었다. 흙을 다지고 그것을 둥글게 빚어서 지붕 위로 던져주는 조수가 필요한 것이다.

셋째 방 지붕 한 군데만 기와를 보아달라고 했는데, 사닥다리를 타고 올라간 그 사람은 발 닿는 곳 기왓장부터 선뜻선뜻 젖히기 시작했다.

"아니 아니, 거기는 괜찮대두……"

아래서 아무리 소리소리 질러도 들은 체도 하지 않고 여남은 군데를 젖혀놓는 것이었다.

흙 한 삼태쯤으로 될 줄 알았는데 흙과 기와를 마차로 실어와야 했고, 이틀 일이 되었다. 그러나 셋째 방은 여전히 조금씩 새었다.

우리 동네에 사는 R 교수가 한여름에 두 번 방을 뜯는 것을 보았다. 방을 뜯고 방돌을 갈고 깨끗한 각장으로 장판한 방에 나도 들어가 보았었는데 한 달이 못 가서 또 뜯는 것이었다. 불을 들이고 안 들이고가 아니라 방돌이 쳐졌다는 것이었다.

그 많은 책을 들어내고 세간을 들어내고, 사흘 동안이나 흙일하는 사람들이 드나들고, 점심 저녁을 차려야 할 일을 생각하니, 생각

요설록 385

만 해도 아찔했다.

십 년을 살아도, 1·4후퇴 삼 년을 비웠다가 돌아와도 집이 새는 곳 없고 방에 불도 잘 들이니 그저 하느님의 은혜로 생각하고 있지만, 어디를 손질을 하게 된다면 차라리 이사를 하고 싶다.

그러나 이런 생각은 어디까지나 사람이 변변치 못한 탓이요 우리 나라 살림을 모르는 맹추라고나 할 것임을 나도 알기는 안다.

징을 치며 다니는 굴뚝 소제부에게 아궁이 소제를 시킨 일이 있었다. 6·25 전의 일이다.

일 년에 한 번은 하는 것이 좋다고 하니 250원가량이면 된다는 말을 들었기에 하루는 불러서 물어보았다. 분명히 250원이란 말을 분명치 않은 입에서 들었는데, 안방과 건넌방 아궁이를 한 오 분 동안 쑤시더니 천 원이라는 것이었다. 방고래 하나에 250원이라는 것이었다. 어이가 없었지만 시키면 사람과 싸울 수도 없는 일이었다. 내게만 그런 말을 했는지 그런 계산법이 통례인지 아직 알아보지 못하고 있다.

일전에 또 한 번 불러서 물어본 일이 있었다. 8백 환이라고 했다. 엄청나서 해달란 말을 못했다. 전과 같은 계산법이라면, 3~4천 환 돈이 될 것이고, 방 하나에 8백 환이라 하더라도 셋이니 큰돈이다.

보내놓고 생각했다. 내 집 방 셋을 십 분이나 쑤시고 8백 환을 받는다 하자. 다섯 군데만 걸리더라도 하루 4천 환 벌이가 될 것이 아닌가. 열 군데라면 8천 환. 엄청난 벌이다. 물론 일 년 열두 달 내내 그렇지는 못하겠지만 굉장한 벌이가 되겠는데, 십 년 전에 골목을 지나다니던 사람이 지금도 시커먼 왕대를 짊어지고 징을 치며 지나가는 것을 보면 그렇게 엄청난 벌이가 되는 것도 아닌 상 싶다는 것이다. 깎고 깎고 또 깎아서 값을 정하는 관례가 아닌가. 한번 깎지도 않고 "그만두쇼" 하면 "이거 무어 이런 싱거운 작자가 다 있어" 하는 것이 아닐까. 깎는 재주가 없는데 '변변치 못한 맹추'의 면목이 있는 것인지 모른다.

동대문시장에서 지게꾼에게 짐을 지우고 명륜동까지 와서, 여인은 백 환 한 장을 내주고 지게꾼은 5백 환을 달라고 지게를 내동댕이치고, 얼마를 주고받다가 2~3백 환으로 헤어지는 것을 가끔 본다.

택시도 그렇다. 탈 때는 내 차 타듯이 거침없이 타고 내릴 때는 승강이하는 것을 많이 본다. 탈 때는 장자지만 내릴 때는 깡패가 된다고나 할까.

먼저 값을 알고 타고 싶은 것이다. 택시미터가 있으면 그야말로 내 차 타듯이 타고 내릴 때에 택시미터만 보고 나타난 액수대로 대금을 주면 되겠지만 그것이 없고, 그것을 차마다 달게 한댔자 날로 떨어지는 돈값으로는 일정률이 언제까지 준수될 리도 없을 것이니, 아예 물어보고 탈 만한 값이면 타고 싶은 것이다.

하기는 백화점에서 물건을 살 때도 값을 깎아야 한다는 말을 들었으니 정가표가 없다 하더라도 부르는 대로 주고 사는 사람은 역시 맹추에 속하는지도 모른다.

물건을 사는 경우는 시비를 하더라도 흥정이 성립되지 않으면 그만이지만 길가에 모여 앉아서 일거리를 기다리는 사람을 불러다가 일을 시키는 경우는 더하다. 온 종일 소 부리듯 부리고 일이 끝난 다음에 시비가 벌어진다.

사환(使喚)이란 것도 그렇다. 요새는 약간이라도 월급이란 것이 있지만, 예전 상점의 사환이라는 것은 제 밥 먹고 제 옷 입고 제 신 신고 나가서 상점을 지키고 소 갈 데 말 갈 데 심부름 다 다니고, 주인집의 심부름은 물론이지만 주인의 일가집이나 친구의 집에 초상이 나든지 제삿날이라든지 혼사가 있는 경우라면 출장 사환까지 하는 것이었다. 그렇게 하기를 십 년 이상, 십오 년 이십 년이다. 장가를 들고 색시가 집에 와서 살아도 집에서 자지 못하고 가게에서 자야 한다. 내외는 상물림밖에 모른다.

무엇을 바라고 이렇도록 못할 노릇을 하느냐 하면 주인장이 성공한 후에 한 깃 나누어 달라는 것이다. 주인이 성공하면 조그마한 가게 하나를 벌여주지만, 주인장이라고 모두 성공하라는 법은 없다. 고이 상점만 계속하고 있다면 긴긴 이십 년 동안에는 사환 하나 가게 벌여줄 능력쯤 어쨌든 생겼겠지만 중도에 투기나 해서 실패한 경우라면 사환 이십 년 공부도 허탕이다.

허탕뿐인가. 주인장은 평생을 주인장이고, 한마디 하소연이라도 하려다가는 "이놈, 내 앞에서 잔뼈가 굵은 놈이", 과연 잔뼈가 굵도록 부려만 먹었던 것이다.

값싸게 사람 쓰고 물건 값 깎는 것이 우리의 살림살이라 할 것이다.

예전만 그랬더냐 하면 그런 문제에 있어서는 해방도 독립도 자유도 아무 상관이 없는 것인지 대학 출신이 또한 볼 만하다.

대학을 졸업시키려면 몇 백만 환이 든다든가 계산해놓은 것을 어디서 본 일이 있었지만 몇 백만 환을 들여서 6-3-3-4, 십육 년 동안 공부시켜 꽃다발과 화분까지 한아름 안고 마르고 닳도록……
교문을 나서면 그날부터 실업자라 당장 몸 둘 곳이 없는 따분한 신세가 많다.

어떻게 어떻게 한 자리 취직이 되었다면 그건 견습이라는 것이다. 견습 사원, 견습 기자.

견습이라는 것이 옳지 않다는 것은 아니다. 견습 기간이란 말하자면 선보는 기간이다. 선이란 사장만 보라는 것은 아니니 맞선 보는 기간이라 할 것이다. 쓸 만한 인물인가, 있을 만한 회사인가, 서로 보는 것이다. 한두 달, 고작 석 달이면 넉넉하련만 일 년쯤의 견습은 흔한 모양이다. 수당이라는 이름의 돈 만 환 아래로 때우자는 것이다. 한 달 만 환이라면 하루 3백3십 환, 굴뚝 소제커녕 지게꾼만도 못하다.

"월급 바라고 왔어? 일을 배우란 말야. 일을 배우면 돈은 따라오는 거야."

이렇게 써놓고 보면 그 말 가운데 오묘한 진리라도 품고 있을 것 같지만, 그게 아니다. 심부름하고 있는 동안에는 어떻게 된다는 따위다. 생기는 것도 있겠고, 문리가 나서 얹어 먹기 떼어먹기도 알게 되고, 한 깃 들 줄도 알게 된다는 말이니, 책상물림의 귀에 들어맞을 리가 없다.

견습 기자의 경우도 마찬가지다.

문화 사업에 헌신하겠다는 결심을 가지기까지에는 상당한 시일과 각오를 요했는데, 자아 막상 자리를 얻고 보면 심부름꾼이라. 대학 시절에는 밑씻개 만큼도 생각지 않던 작자를 찾아가서 무슨 원고를 써줍시사 하려니, 그러면 또 된 소리 안 된 소리 늘어놓는 것을 들어도 주어야 하고, 비위를 거슬리지 않도록 장단을 맞추어야 하고, 재촉을 하고 받으러 가고 또 게재지(揭載誌)를 갖다 주어야 하고…… 이건 좀 수다스러웠나 보다. 그러고 보니 나에게도 원고가 될 때까지는 들입다 오지만 게재지를 선뜻 갖다 주는 사람은 드물구나.

설거지가 반(半)이라는 말이 있다. 밥을 해 먹는데 쌀을 씻고 불을 피우고 밥을 짓고 반찬을 하고 상을 보고 같이 앉아서 밥을 먹을 때까지가 반이요, 그 다음 일, 깨끗하게 치우는 일이 반이라는 말이다. 몇 사람이 같이 자취라도 한 경험이 있는 사람이면 짐작할 수 있는 일일 것이다.

세계 제일이라고 하는 신문이라도 기고한 사람에게는 고료와 더불어 게재지를 같이 보내는 것이다. 그것이 반일 것이다. 게재지는 이미 보았으려니…… 이것은 말도 안 되는 말이요 '무례지극(無禮之極)' 이상인 것이다. 집에서 정기구독을 하고 있는 줄을 아는 필자의 경우라도 그것은 예의를 갖추는 것이다.

잡지 한 권, 신문지 한 장을 아끼는 사장이나, 돼지니 유태인이니 하는 별칭을 가진 간부가 있는 경우뿐이 아니다. 내 일 같지 않아서 그렇게 되는 수가 많다. 견습뿐 아니라 정사원이 된대도 두뇌 활동을 요청하는 일이 별로 없고 심부름꾼에 그치는 것이 대부분인 것이다.

"뭐, 대학을 졸업했어? 그래 대학 공부가 쥐뿔이나 소용될 줄 알아? 그따위 건 다 잊어버리고 처음부터 시작하란 말야!"

이쯤 되면 십육 년 적공(積功)이 하룻밤의 꿈으로 화할 것 같지만, 그건 또 그렇지 않다.

사실 "여보게, 대학 우등 졸업생! 이 서류 하나 자네 재주껏 해서 접수시켜보게!" 했다가는 구두 한 켤레를 해뜨려버리고 서류가 휴지장같이 되도록 들고 다녀봤자 받아줄 사람이 없을는지 모를 일이다. 사장의 심부름이라면 한번 가기만 하면 될 일을 말이다. 사전 공작, 사후 약속이 성립된 다음의 심부름 말이다.

사바사바와 공식, 기형과 정상의 문제이니, 이른바 특권 전횡의 기현상이라는 것이요 부패상이라는 것이다.

사람을 값싸게 부리는 것이나 물건 값을 깎는 것이나, 사환 제도와 사환 제도의 연장 따위의 후진성에다가 기현상이라는 것까지 겹친 사회에서 정상한 교육을 받은 풋내기가 맞서볼 도리 없을 것은 당연한 일일 것이다.

학문은 그런 따위를 비판할 수 있는 정확한 척도와, 시정(是正)을 꾀하지 않을 수 없는 정의감과, 또 그것을 낼 수 있는 방법을 계시해준 것이라고 볼 수 있을 것이다.

그러나 학문 해설까지 할 생각은 없다. 그래서 나는 집에 손질을 못했다는 이야기다.

사람을 값싸게 쓸 줄 아는 사람에게는 더할 수 없이 살기 좋은 나라이겠지만, 그것을 모르는 맹추에게는 불편한 일이요 먼저 겁을 집어먹어야 하는 까닭에, 자연 사람 사서 쓸 일을 피하게 되는 것이 아닌가. 또 그렇게 언제까지나 고분고분하고 만만하지만도 않은 모양이니, 밤에 택시를 타면 낮의 값 세 배쯤은 으레 부르고, 무어라고 했다가는 선뜻 먼저 내려서 전투 태세를 갖추는 것이다. 먹어 내느냐 먹히느냐, 해볼 테면 해봐 식이다.

감정이 날카로워진다. 대립적이다. 수급이 원활하지 못한 상태라고 할 것이다.

우리 동네에서 집 고치는 것을 본 일이 있다.

열 예닐곱 간짜리 고옥(古屋)을 190만 환에 사서 30만 환 도급(都給)으로 고치는 것이었다. 기둥이란 기둥은 모두 반짝 들어서 아랫도리를 갈고, 방이란 방을 모조리 뜯어 고쳐서 말쑥한 새집이 되었다.

일이 빨랐다. 먹는 시간도 빠르고 마시는 일은 아예 없었다. 도급 일이란 과연 좋다고 생각했다. 그러나 끝판에 가서는 매일같이 싸움이었다. 일을 시작하고 보니 의외로 상한 곳이 많아서 손해가 크니 좀 생각해달라는 말이었다.

도급 일에 더 달라는 말이 어디 있느냐는 주인의 대답이었다. 급기야 끝일은 하지 않고 욕을 퍼부으며 뺑소니를 치는 것이었다. 끝이란 옆집과의 사이에 흙칠 좀 해야 할 것을 하지 않은 것이었다.

도급 일 하는 사람이 모두 그렇지는 않겠지만 아름답게 헤어지는 일이 드문 모양이다.

내 생각 같아서는 일을 끝마치고 물러날 때면 약주라도 한잔 나누고 좋은 낯으로 헤어지고, 다음에 한번 지나가는 길이 아니라도 들러서 들여다보고 '안 된 곳이나 없더냐'고 물어보는 사이가 되었으면 하는 것이다.

백화점에서 물건을 사는 경우도 그렇다.

동화작가 R이 모 백화점에서 유행의 나비넥타이 산 이야기를 들은 일이 있다.

반가이 인사를 하는 여점원이 있었다. 어디서 본 여자 같기도 하고 이왕이면 아는 체하는 여자에게 사자. 나비넥타이를 골라주며 마음에 들지 않으면 언제든지 바꿔드리겠다기에 골라주는 대로 샀다.

돌아와서 목에 끼워보니 헐거워서 삐뚤어지기도 하고 아주 꼭지가 떨어지기도 한다. 이것을 들고 또 백화점에를 갔다. 그렇게 반가워하던 여자가 이번에는 어쩌면 그렇게 잡아뗄 수가 있겠느냐 말이다.

"잘못 보신 게죠. 저는 뵈온 일이 없습니다. 이런 것도 우린 판 일이 없습니다."

남부끄러워서 한마디 대꾸도 못하고 돌아설 수밖에 없었다. 촌뜨기가 아니라 아주 미친 사람 취급을 받았다는 것이었다.

와이셔츠에는 '교환권'이라는 것이 붙어 있다. 선사로 받은 사람의 몸에 맞지 않으면 언제든지 가지고 오면 맞는 사이즈로 바꿔준다는 것이다.

나도 몇 개 있지만 들고 가본 일이 없다.

"저희가 판 것이 아닙니다. 길바닥에서도 팔고 있지 않아요!"
하면 대답할 말이 없겠기 때문이다.

서울의 백화점이란 것이 대개 한 주인의 책임으로 되어 있지 않기 때문이지만, 이렇게 되면 신용 있는 개인 상점이 훨씬 나을 것이다. 바꿔주지 않는 백화점이란 우리나라밖에 없는 일일 것이다.

『고대신보(高大新報)』에서 읽은 성창환(成昌煥) 교수의 논문이 생각난다. 고려대학 신문이다.

각 대학에서는 학생 신문을 발행하고 있는데, 나는 몇 신문을 기증받고 있다. 그 대학의 선전도 게을리하지 않고 있지만, 특색과 성격이 뚜렷하게 자리 잡힌 신문도 있고, 아직 그렇지 못한 신문도 있는 것 같다. 서울대학의 『대학신문(大學新聞)』, 『이대학보(梨大學報)』, 성균관대학의 『주간성대(週刊成大)』, 중앙대학의 『중대학보(中大學報)』(한글 전용을 한다면 중대학보[重大學報]로 알아듣기 쉽겠다), 홍익대학의 『홍대주보(弘大週報)』, 연세대학의 『연세춘추(延世春秋)』. 모두가 제1면은 교내 기사로 채우는데 『고대신보(高大新報)』만은 1면을 교수의 논문 한 편으로 채우고 있다. 논문 한 편으로 1면을 채우려면 200자 원고지 사오십 장은 써야 할 것이고, 그것이 또 강의 초안이 아닌 데서 만만치 않은 노력을 편집자는 교수들에게 요청하고 있는 것 같다.

그 논문 중의 하나다. 「후진국 경제와 빈곤의 악순환: 그 한국적 형태의 해명을 위하여」라는 논문은 한자가 많아서 얼른 보기에—일견 말이다—경제학과나 상과 학생의 노트인가 보다 했더니 몇 단 아래 조그마한 도표가 눈에 띄었다. 도표라는 것은 이해를 빨리하는 한 조건이라, 이런 것이 있으면 알아보기 어려운 것이라도 좀 들여다보고 따져보고 알아보고 싶은 것이다. 여기서 융자액(融資額)이니 접대비(接待費)니 금리(金利)라는 항목이 눈에 띄었으니 흥미를 느낄 수밖에.

"선진 자본주의 제국에서는 근로 소득층(노동자) 봉급생활자와 재산 소득층인 지주 자본가와 기업가란 몇 층으로 나눌 수 있으나, 우리나라에서는 산업의 대부분이 아직도 기업화되지 못한 만큼 선진국의 계층이 그대로 적용될 수는 없다"하고 우선 한국 사회의 계층적 구성을 극소수의 신흥 특권 부유층, 중소득층 및 대다수의 빈곤 무력한 근로대중의 3종으로 나누는 것이 편리하다고 했다.

넉시(R. Nurkse) 교수는 후진국 경제의 제현상을 요약하여 '빈곤의 악순환'이라고 강조한 바 있거니와…… 이 명백한 사실은 재음미할 필요도 없을 법하나, 다만 우리가 유의해야 할 것은 이와 같은 사실이 우리 경제사회에 있어서는 과연 어떠한 형태로 나타나고 있는가를 밝혀야 한다는 것이며, 이렇게 함으로써만 한국 경제의 진상과 그 병인을 올바르게 진단할 수도 있을 것이다.

극소수의 특권 부유층 등장의 유인을 밝히고 자본주의라기보다도 특권이 경제계를 지배하는 기현상, 곧 '특권주의'라고 할 만한 사태가 전개되었다는 것과, 그 특권이 특권 융자에 의해서 쌀장사하는 경우를 예로 든 것이 도표였다.

갑의 차입금 용도 명세

(단위: 천 환)

융자액	100,000	접대비	20,000
		기타 은행 금리와 화재보험료(월 2%) 12개월분	24,000
		미곡 구입 Q 석	56,000
계	100,000		100,000

일례를 들어보기로 하자. 갑(甲)이 1억 환의 저리 융자를 얻기 위하여 가령 접대비, 뇌물 등으로 사전에 그 2할을 을(乙)에게 제공하고, 실제로는 8천만 환을 얻었다고 하자. 수차의 서환(書換)에 의하여 일 년간 그 반제(返濟)를 지연시켜놓고, 그것으로 미곡을 매점(買占)하여 미가(米價)가 연간 두 배로 앙등하였다고 하면, 특권 융자의 경제적 귀결은 다음과 같다.

"차액 5천6백만 환으로 미곡을 매점한다. 일 년 후의 갑의 수입 결산을 보건대, 그간 미가가 두 배로 앙등하여 1억 1천2백만 환에 매각되면 부채를 반제하고도 1천2백만 환의 순이득을 얻게 된다. 이것이 곧 갑의 개인적 입장에서 본 특권 융자에 의한 불로소득이고, 또 융자 교섭에 지출된 2천만 환 중 반액(半額)을 요정 출입, 잔여의 반액을 뇌물이라고 하면 갑이 유흥한 몫은 5백만 환에 해당된다. 결국 갑은 5백만 환의 유흥과 1천2백만 환의 순이득을 얻은 셈이 되고 을의 입장에서 볼지라도 5백만 환의 유흥과 1천만 환의 뇌물을 받은 셈이 된다."

이렇게 해서 신흥 특권 부유층은 불로소득으로 부익부(富益富)하는 반면에 대다수의 국민 대중은 빈익빈(貧益貧), 갈수록 생활고에 허덕이게 된다는 것으로 '요컨대 이권 운동을 조장하는 정치경제적 제요소를 일소하고 근면 창의 검소 조직과단(組織果斷)을 요하는 참다운 기업 활동으로 최후의 승리를 누릴 수 있는 사회 질서의 확립만이 궁극의 타개로(打開路)가 아닐까 생각한다'는 것이었다.

경제학의 '경' 자도 모르는 위인이라도 이해할 수 있는 재미있는 글이라고 생각했다. 다만 접대비니 뇌물의 비용을 2할 정도로 해놓은 것이 어디까지나 학자님이 예를 들어서 설명하기 위한 점잖은 태도이지, 요새 세상에 2할 정도로 되지는 않는 모양이다. '데도리 반(半)'이란 말까지 있으니 '데도리(てどり)'란 일본 말이다. 손에 쥔다고나 할까. 손에 쥐는 것이 반이나 된다는 말이니, 그렇게 해서 물건을 사둔 사람이 이익을 보아야 하고, 그것을 또 대중이 사서 써야만 살 수 있다면 어떠할 것인가. 모를 일이다. 깊이 따질 것 없이 그저 재미있는 글을 읽어서 계몽을 받았다면 된다.

각 대학 신문에는 좋은 글이 많이 실린다. 서울대학 신문도 활발하고 중앙대학교도 볼만한 것이 있다. 이런 것을 타교생은 전혀 모르고 지내리라고 생각하면 약간 유감된 일이라고 아니할 수 없다. 서로 타교 신문도 볼 수 있도록 하는 일은 좋은 일일 것이다. 하기는 타교에서 명예학위의 증여를 받았다고 해서 대학에서 물러 나가라고 한 총장도 있다고 하니 타교 신문을 구독하는 학생은 무조건 퇴학시킬는지도 모를 일이지만, 사리(事理)는 그런 것이 아니다.

학위논문을 제출하는 경우라면 본교라야 옳겠지만, 명예학위를 타교에서 증여받았다는 일은 본교로서는 경사라고 생각하는 것이 옳은 것이오, 중이 제 머리를 못 깎는 법, 제가 제게 스스로 명예학위를 줄 수도 없는 일이 아닌가. 너무도 '파천황(破天荒)의 사건'이 대학가에 있는 판이라 타 대학 신문을 구독하는 경우를 야료해본 것이지만 배타는 민주주의의 적, 자유 평등의 적이라는 것도 알아두어야 할 것이다.

밖이 뒤숭숭하다. 마늘 장수를 불러놓고 흥정을 하는 모양이다.

마늘 백 개 한 접에 550환이라는 것을 500환에 팔라는 것이다. 노인은 두 말 없이 석 접을 놓고 1,500환을 받고 인사를 하고 나간다.

후후, 작년 이맘때는 마늘 한 접에 750환이었다. 재작년에는 650환이었다. 쌀 한 가마 단 7천환 할 때다. 오늘은 쌀 한 가마니에 만 9천5백 환.

아이는 큼직한 오징어 스무 장을 들고 들어온다. 200환이라는 것이다. 한때는 한 장에 50~60환, 100환도 했을 큼직한 놈이다. 아아, 어디서 무엇을 먹고 어떻게 사는 사람들일까.

(『신태양』 1957년 9월)

4

 옛날에 「모로코」라는 영화가 있었다. 게리 쿠퍼와 마를렌 디트리히가 주연한 것으로 몇 해 동안 신판(新版) 또 신판이 나오고, 세 번 다섯 번 본 사람도 있다는 인기 영화였다.
 그 영화의 끝 장면은 외인부대가 사막을 이동해 가는데 그중의 한 병사 게리 쿠퍼를 정부(情婦) 마를렌 디트리히가 따라가는 것이었다. 사막을 걸어가는데, 카페에서 신고 있던 하이힐 그대로니 푹푹 빠져서 걷기가 거북스럽다. 하이힐을 벗어서 동댕이치고 스타킹 신은 맨발로 선뜻선뜻 걸어간다.
 동댕이친 하이힐은 정식 구두다. 야회에 정장하고 나갈 때 신을 수 있는 구두다. 금색이건 은색이건 백 스킨이건 예의를 갖출 때에 신는 것이다. 이것만은 오십 년 전이고 오늘이고 다름이 없다.
 우리나라에서는 숍 걸도 가장 많이 신는 형이다. 뒤축이 높으니 둘째와 가운데 발가락이 내리 밀려서 끝 뾰족한 구두가 거북하지 않다. 하룻밤에 뒷걸음으로 십 리를 걷는다는 댄서도 이것을 많이 신는다. 댄서의 경우는 어쨌든 껴안고 거들어주는 사람이 있지만 혼자서 오래 걸을 것은 못 된다. 미용사들도 그것을 몸에 해롭다고 말하고, 혼자 있을 때 가끔 구두를 벗고 발을 좀 주무르는 것이 좋다고 말하는 것이다.

연애를 한답시고 뾰족구두 신은 애인을 데리고 서울 장안 험한 길을 밤새도록 걷게 하는 일은 가엾은 일이 아닐 수 없다. 집에 돌아가면 옷을 갈아입기보다도 찬물에 발을 담그는 일이 더 바쁠 것이다.

사랑하기란, 또 자기를 아름답게 하기란 이렇게 힘 드는 일인 것 같다.

중국의 '전족(纏足)'은 여자가 귀한 그들이 도망가지 못하게 하기 위해서 한 일이라고 들었다. 어릴 때에 가죽신이나 나막신을 신겨서 발이 자라지 못하게 하는 것이다. X선으로 그런 발을 찍은 사진을 본 일이 있었다. 자라지 못한 뼈가 요리조리 꼬부라져 있어 참혹한 꼴이었다. 이것은 횡포한 남성들이 여자에게 강요한 일이지만 맨발로 사는 토인들을 제외하고는 어떤 나라의 여자든지 발을 예쁘게 보이기 위해서 스스로 자유를 억제하고 구속하는 것이다.

일본 여자도 백화점에서 파는 '타비(たび)'를 사서 신는 사람은 대단치 않은 집안이다. 그런 것이 발에 꼭 맞는 사람이라면 별문제지만 웬만한 집에서는 모두 맞춤이다. 전문점에서 맞추어 본을 만들어 두는 것이다. 볼이 좁고 빈 틈 없이 발에 꼭 맞게 되어 있으니, 역시 구속을 받게 마련이다. 집에 돌아오면 우선 타비를 벗어 동댕이치고 시원해한다.

중국의 전족을 제외하고 가장 발을 속박하는 것이 우리나라의 '버선'이라고 할 수 있을 것이다. 그것도 도망가지 못하게 하노라고 남자들이 시킨 것이 아니라, 여자 스스로가 발 맵시를 보이기 위해서 했다는 점에 더 큰 의의가 있다.

시집가는 날 어린 신부에게 버선 신기는 광경을 본 일이 있다. 뉘어놓고 발을 위로 뻗게 하고 발을 백지로 싸고 어른들이 엥 엥 힘을 들여서 버선을 내리 씌워 신기는 것이었다. 그러니 버선발 맵시는 참으로 외씨같이 예쁘다고 할 수 있겠으나, 본인은 발이 아프고 자기 발 같지 않을 만큼 감각을 잃게도 되는 것이다.

기생은 동기(童妓)라는 이름을 받기도 전부터 노래와 춤과 장단을 배우는 동시에 발 맵시 내는 것과 때 벗기는 일이 한몫 큰일이었다.

고무신이라는 세상에도 멋없는 신이 생기고부터 여인의 버선발은 많이 해방되었다고 볼 수 있다.

고무신이 생기기 전, 그러니 약 사십 년이 못 되는 이전에는 짚신이나 미투리가 아니면 수혜(繡鞋), 마른신, 갖신이라는 따위의 가죽신을 신었다. 바닥도 극히 얇거니와 인두와 바닥을 실로 꿰맨 위에 분(粉) 덩어리를 곱게 먹여놓았으니 한번 신으면 여기저기 분 덩어리가 떨어진다. 발이 자유로울 수 있는 버선을 신고 그 신을 신었다가는 단번에 실이 끊어지고 도리가 터질 것이 틀림없다.

이처럼 발의 자유를 구속했었다는 이야기다. 사랑을 위해서는, 또 자기를 아름답게 하기 위해서는 몸뚱이의 자유를 스스로 속박하고 참을성(인내)을 필요로 했다는 말이다.

지금도 지구 위의 절반 이상의 여성은 신발을 신지 않고 있을 것이지만, 그런 사람들은 그런 살림 가운데 또 다른 참을성이 필요할는지 모른다.

늙으면 그런 것에서 모두 해방되려는 사람이 많고, 결혼해서 아이나 몇 낳으면 남편 앞에서만은 해방되어도 좋으리라고 잘못 생각하는 여인은 흔히 시앗을 보아야 하는 경우가 많은 모양이다. 참을성을 발휘하고 긴장한 여인이 언제나 새롭고 아름답게 보이기 때문이다.

결혼 당시에는 남편이 깨기 전에 새벽같이 일어나서 깨끗이 화장하고 단장하고 게으름성이란 보이지 않던 아내가 남편보다도 늦게 깨서 남편이야 일어났건 말건 세수를 했건 말건 "에이 귀찮아! 어서 먹으렴!" 자는 아기를 깨워서 젖을 물리는 척하며 다시 잠을 청하는 따위 말이다.

온 종일 걸레같이 하고 있다가 남편이 영화 구경이나 같이 가자고 하면 경대 앞에 웃통 벗어 젖히고 앉아서 눈썹을 이렇게도 그려보고 저렇게도 그려보고 남편이야 발을 동동 구르고 재촉을 하건 말건 화상(畵像)을 그리고 있는 따위 말이다.

파파 할머니야 젖꼭지를 내어놓고 대롱대롱 거리든 뚜껑 버선을 신고 발가락을 내보이며 해방과 자유를 구가한대도 아랑곳할 필요가 없을는지 모르나, 아름다운 사람 아름다울 수 있는 사람에게는 적당한 구속과 부자유(不自由)가 따른다는 것이다.

더께더께 분칠한 얼굴, 화독 뒤집어쓰고 참을성을 극한으로 발휘한 퍼머넌트, 웨이브, 허리를 결박하는 코르셋, 발가락이 모지라질 하이힐, 가슴을 내밀어야 하는 긴장 상태의 특속(特續)…… 한 개인이 아름다움을 발휘하고 유지하기 위해서 필요한 이 모든 조건은 한 가정이나 사회나 국가의 아름다움을 유지하기 위해서도 필요할 것이 아니겠느냐 말이다.

그렇다고 월수 만 환도 정수입(定收入)이 아닌 문인에게 부과된 반기(半期) 만 환짜리 인정세금(認定稅金)도 참고 바쳐야만 한다고는 말 않는다. 그런 경우는 이의신청하는 귀찮음을 참아야 한다고 할 것이다.

그러나 기차에 오르자마자 양복 바지저고리 훌훌 벗어 걸고 가방에서 파자마 꺼내서 입고 시원해해서는 안 될 말이다. 바나 레스토랑에서 깨끗하게 소독하고 향수까지 뿌려서 대령하는 물수건으로 얼굴 닦고 목덜미 닦고 손 닦는 것까지는 좋으나 콧구멍 쑤시고 손톱 사이 까만 때까지 뽑아서는 안 될 말이다.

냅킨도 마찬가지다. 입 언저리 주둥이나 닦으라는 것이지, 땀을 닦으라는 것은 아니다. 더욱이 코를 쑤시거나 코 풀라고 마련한 것은 아니다.

식사가 끝난 다음에 손끝 씻으라고 물을 주는데 여기에다 틀니(의치)를 절그럭 뽑아 담가서 홰홰 씻는 것을 본 일이 있다. 못살 노릇이다. 먹은 것이 모두 올라올 지경이었다. 웨이트리스의 쨍그린 얼굴도 차마 못 볼 꼴이었다.

파자마는 어디까지나 자리옷이다. 침실 밖에서는 절대로 안 입는 것이다. 침실에서도 사람을 만날 경우라면 파자마 위에 가운을 걸치게 마련이다. 이것을 입고 뭇 남녀, 외국 사람도 있는 객차에 도사리고 앉았다가 그대로 너털너털 식당차에까지 나타나는 신사는 궐자(厥者)가 아무리 애국자라 하더라도 십만의 선량이라 하더라도 민족을 욕뵈는 일에는 틀림이 없는 것이다. 자기는 몸이 편하고 시원하고 멋을 부릴 대로 부렸는지 모르지만 그것으로 되는 일이 아니다.

"민주주의요 자유인데, 내가 하고 싶은 일을 하는데, 누가 무어라고 할 거야……" 큰소리를 친댔자 토인, 야만인, 예의도 상식도 아무것도 없는 족속이라고 욕을 퍼부어도 대꾸할 말이 없는 것이다.

「놀라운 수의 공무원 범행: 살인 강도 절도만 200건. 군인, 군속, 경무관, 형무관, 세무원, 교원의 6개월 간의 범행, 실로 410여 건」이라는 신문 기사가 난 다음 날, NANA 통신의 폴크 특파원이 "한국은 도둑의 나라다"라고 쓴 기사에 대해서는 엄중 항의할 수도 있는 일이지만, 파자마 바람으로 식당차에 앉아서 정식을 먹는 신사의 꼴을 사진 찍어서 욕을 쓴다면 어떤 지독한 욕을 써놓더라도 해명할 도리가 없는 것이다.

무식한 사람이거나 그것밖에 옷이 없는 사람도 아니고, 근사한 가방에 준비해온 신사의 허울이 만 명에 하나 천 명에 하나쯤은 될 것같이 지식계급 연하게 보이는 데 탈이 있는 것이다.

우리나라의 자리옷은 고의적삼이고 고의적삼을 입고서라면야 식당엘 가건 변소엘 가건 아무도 허물할 사람이 없을 것이다.

반지빠른 멋, 얼치기 멋을 부리는 데서 외인(外人)의 인식을 그르치는 일이 적지 않은 것 같다.

「전송가(戰頌歌)」라는 영화도 그런 문제를 내포하고 있는 것 같다. 같은 할리우드에서 일본을 주제로 한 영화와 한국을 주제로 한 영화가 나왔는데, 일본서는 대만족이라고 하고 한국에서는 "그런 것을 면세해주다니 말이 안 된다"며 본 사람 모두 불쾌한 모양이었다.

제작자들의 관계도 있겠지만 결국 일본에 대한 인식, 한국에 대한 인식의 차라고 할 수 있을 것이다.

「8월 15야의 다실(The tea house of the August moon)」이라는 시네마스코프가 매트로에서 나온 모양인데, 국내에서도 본 사람이 많은 모양이고 일본서는 칭찬을 아끼지 않고 있는 모양이다. "연출도 적확하다. 개권(開卷)부터 가부키 개막 때 쓰는 방망이 딱딱 소리로 시작되어 류큐(琉球) 민요를 주조로 한 반주로 전개되는데, 화면도 우선 방 장지를 열고 낭하(廊下) 장지를 열어서 정원의 풍경으로 옮겨가는 방법을 쓰고 있다. ……세트도 정중해서 기분이 좋고 이국(異國) 정조도 호기심에 의한 과장이 없어 좋다. 가부키 무용도 적당히 넣어 끝까지 기분이 좋았다……" 등등의 찬사를 보내고 있다.

「전송가」는 미 공군 모 대령이 난중(亂中)에 고아를 구제 수송한 미담을 영화화한 모양인데, 좋다고 평한 평을 본 일이 없다. 제작하기 전에 감독인지 연출인지 스태프 두 사람이 우리나라까지 와서 잘 시찰하고 간 사실을 나도 아는데, 무엇을 어떻게 보고 갔는지 모처럼 한국을 생각하고 위하고, 또 다른 나라에까지도 선전해주기 위해서 한 일이 한국인의 비위에 맞지 않게 되었다는 것은 유감된 일이 아닐 수 없고, 그간에 잘못된 일이 있었으리라고 짐작할 수도 있는 것이다.

한국인이 어떤 민족인지, 무엇을 좋아하고 무엇을 싫어하고 무엇을 자랑으로 삼고 있는지를 모르고, 수박 겉핥기로 그저 정중한 시찰이란 것을 하고 돌아갔기 때문인지도 모를 일이다.

외빈(外賓)을 접대하는 경우 흔히 '비원(秘苑)'을 보이고, 일선 장병의 씩씩한 모습을 보이고, 반도호텔에서 파티를 한다는 이야기를 많이 들었다.

비원이나 창덕궁(昌德宮)을 보이고 '오천년 역사', '찬란한 문화민족'이라는 인식을 강요할 수는 없는 일이다. 고고학자나 고미술에 흥미를 가진 특수한 사람이 아니라면 비원의 미(美)쯤은 일본이나 중국의 부잣집 후원만큼이나 보일는지 모를 일이요, 할리우드가 세워놓은 세트보다도 빈약한 것이라고 생각할는지 모를 일이다.

일선 장병의 씩씩한 모습은 도대체 전쟁이라는 것을 싫어하는 그들로서는 그들의 안전을 위해서 맨 앞줄에 서 있는 용사를 대한다는 생각보다도 먼저 시답지 않게 생각할는지도 모를 일이다.

파티는 이건 또 즐거운 시간이기가 쉬운 일이 아니다. 술이나 안주라는 것은 여객기에서 나오는 것만—아니, 좀 낫다 하더라도 그게 그거고 그게 그거다. 양주도 그게 그거다. 이야기를 주고받고 담소할 수 있는 아름다운 여인이 없고, 어쩌다 요것 봐라, 눈에 띄는 여자에게 말을 걸면 벙어리기가 쉽고, 말을 걸어오는 여인은 말초신경을 자극하려고 비비 꼬는 눈에 거슬리는 직업여성이 아니면 절구통 치마에 제 나라 흉이나 보는 꼴불견 유식꾼이기가 쉽다. 정 붙일 곳이라고는 절벽인.

"국산 영화가 많이 제작됩니까? 좀 보고 싶군요!"

"보실 만한 것이 못 돼요. 나도 아직 본 일이 없는걸요. 호호!"

"문학은 어떻습니까? 시인 소설가 극작가도 있습니까?"

"웬걸요. 무어 보잘 것 없어요. 자칭 소설가 시인 극작가라는 사람은 많지요. 그러나 어디 된 게 있어야죠. 나는 아직 하나도 읽은 일이 없는걸요. 호호!"

"한국은 영화 잡지나 오락 잡지보다 수준 높은 잡지가 잘 팔리는 모양입니다. 순문학 잡지만 네다섯 종이 매월 나옵니다."

"참 이번에 현역 육군 대령이 큰 문학상을 받아서 센세이션을 일으키고 있습니다. 나도 읽어 보았는데 역작이더군요. 잘 되었어요. 상금이 삼십만 환이죠. 아세아재단에서도 문학상을 주고 있는데 지난번에는 다섯 명이 받았기 때문에 한 사람 몫이 삼십만 환 조금 더 되었지요. 우리나라에서 주는 문학상도 여러 개가 있답니다."

"신문은 대단히 활발합니다. 무슨 신문은 하루에 몇 십만 부를 발행하고 있는데, 이 숫자는 해방 전 그러니 이북까지 합쳐서 그때 전 독자 수보다 몇십 퍼센트나 더 되는 숫자지요. 전국에 일간 신문이 마흔한 개 사나 있고……"

"교육의 힘이라고 할 수 있겠지요. 정치 경제 문화 국제 정세에 대한 관심이 높아졌다고 할까요."

"여성의 활동이 대단합니다. 판사도 있고 변호사고 있고 더욱이 교육계에는 대학 총장이 몇 사람 있습니다. 미스 X를 아시겠죠? 모르시면 미안한 일인데…… 세계적으로 유명한 여자 교육가 아닙니까! 그 이름쯤은 알아 두셔야 합니다. 고등학교에 여교장은 참 많지요. 소설가로 뛰어난 여성도 많은데 현재 일류 신문 세 군데 연재소설을 모두 여류가 차지하고 있답니다……"

"영화 말입니까? 대단히 활발하지요. 거의 모두가 예술가들의 프로덕션으로 시작했던 것인데 기업화된 회사도 몇 있지요. 원체 기재(器材)와 설비가 부족해서 돌려가면서 쓰고 있는 형편이지요. 그렇지만 동남아 영화제에서 입상된 작품도 있답니다……"

이쯤 이야기가 벌어진다면 보잘것없는 한국이라고는 생각하지 않을 것이다. 삼백 년 전 문화와 아무 관련 없는 족속이라고는 생각하지 않을 것이다.

영화에 한국을 아무렇게나 취급했다가는 큰코 다칠는지 모르겠다. 만만치 않은 백성들이구나, 생각하게 될는지도 모를 일이다.

그런 이야기가 또 문학인이나 예술인이 아닌 군인이나 관리나 국회의원이나 무역상의 입에서 나온다면 외인(外人)은 반드시 "오천 년 역사를 자랑할 수도 있는 교양 있는 문화민족"인 것 같다고 우러러 볼는지도 모른다. 문학이나 예술 없는 민족이나 국가를 그들은 결코 높이 보지는 않는 것이다.

'엘리엇'이란 사람이 "내 이름자를 한글로 가르쳐주세요" 하는데 한 사람은 '에리읕'이라고 써주고, 한 사람은 일본식 발음으로 '에리옷드'라고 써준다면 '이거 무어 글자도 통일이 되지 않은 모양이로구나!' 하고 당장에 얕볼 것이 틀림없는 것이다.

그렇다면 외인과 교제하는 사람은 옳은 철자법부터 배워두어야 할 것이라는 결론이 나올는지도 모른다. 하기는 미국의 대학에서 한국말을 가르치는 교수, 강사, 또는 군(軍)의 무슨 학교에서 가르치는 사람들이 모두 옛날 구소설식 철자를 가르치기 때문에, 졸업하고 한국에 파견 오면 다시 배워야 된다는 이야기를 들은 일이 있다. 외국어를 잘해도 우리 철자법을 모르면 한국어 교관 되기는 어려울 것이다. 교관으로 추천하는 경우에도 고려해야 할 문제일 것이다.

나라를 위해서 민족을 위해서 자기의 직책을 다하기 위해서 외인과 접촉하는 사람은 싫건 못마땅하건 간에 모름지기 한글 철자법을 익혀야 하고, 정치 경제는 물론 문화 활동의 전반적인 정세와 정황을 어느 정도 정확하게 파악하도록 공부하고 있지 않아서는 안 되겠다는 말이다. '온 종일 다방에 앉아서 금붕어같이 냉수나 마시고 있는 족속들'이라고 깔보아온 그들이 해놓은 것, 또 하고 있는 것만이 아니라, 이 나라 정신문화의 정점을 단적으로 표현하는 것이라고 그들은 생각하기 때문이다. 판에 박은 순서대로 끌고 다니고, 같이 술이나 꿀꺽꿀꺽 마시고, 허파가 끊어진 사람같이 너털웃음이나 웃고 있으면 되는 일은 아닌 것이다.

무엇 하나 보잘 것 없는 나라에 나 혼자만이 잘난 사람이라고 대포를 놓았자 경멸을 받을 것밖에 없다. 첫째 교양을 의심할 것이요, 그 말을 곧이듣는다면 나라를 경멸할 것이니, 나라와 민족을 경멸받게 하는 외교로 무엇이 잘 되겠느냐 말이다.

말이 공부지 한글 철자법을 익히는 일이나 잡지를 읽는 일이나 문학 작품을 읽고 미술이나 연극을 보는 일을 공부라고 할 수는 없는 일이다. 일반 상식이다. 이해다. 민족문화를 이해하고 그 상식을 높여야 한다는 것이다. 그것은 곧 민족의 향기를 풍길 수도 있을 것이다.

정서의 문제는 더 어려운 과제일 것이다.

우리들이 살고 있는 한국의 정서라는 것을 외국인들에게 어떻게 하면, 무엇을 보여주면 파악해갈 수 있겠느냐 말이다.

파티를 끝마치고 요정에서 한잔 대접한다고 하자.

근사한 교자상이 들어오고 김 마담, 이 마담, 오 마담이라고 부르는 기생이 들어온다고 하자. 단골 사장 옆에 가서 털썩 앉자마자 무릎을 꼬집으며 "양돼지 대접 아니면 못 오슈?" "아야얏!" "저것 봐! 양돼지가 나를 보고 씰룩거리네! 무어 내가 마음에 들었단 말인가! 에이, 징그러! 어디서 저따위를 데리고 왔수?"

소리나 한마디 하라면 "언니 하구려!"로 서로 미루다가 마지못해 하게 되면 상 앞에 바짝 다가앉아 은수저 집어 들고 상 모 딱딱 두들긴다. 간이 떨어지지 않더라도 혓바닥이나 깨물지 않으면 다행한 일이다.

"맘보 맘보 맘보"에 "케 세라 세라"까지 나오면 '이거 내가 어느 나라에 와 있는 것인가?' 하고 한번 방 안을 살펴볼는지도 모를 일이다.

마담이라는 사람들이 미워서나 원수진 일이 있어서 이런 것을 쓰고 있는 것은 아니다. 이들에게 잠깐 사이에라도 우리나라 정서를 아름답고 높고 그윽하게 전할 수 있는 방법을 생각하자는 것이다. 제멋대로 노는 것도 좋지만 그런 것도 생각할 필요가 있지 않겠느냐는 말이다.

(『신태양』 1957년 10월)

5

초저녁에 전등의 불이 나갔다.
"얘! 다른 집도 다 나갔니?"
"다 켜 있어요. 우리 집만 나갔어요."
"그럼 퓨즈가 끊어졌나 보구나! 두꺼비집을 보아라!"
아무도 대답이 없다.
고등학생 중학생이 있는 집이라고 하자.
아무도 선뜻 일어서지 않는다.
"두꺼비집을 좀 열어 보란 말야! 퓨즈가 끊어졌으면 퓨즈를 바꿔 끼우면 될 것 아냐?"
어른은 화를 낸다.
그래도 일어서는 아들이 없다.
어른은 화를 버럭 낸다.
"이런 놈들 봐라! 그래 퓨즈 하나 갈아 끼울 놈이 없단 말이냐? 응, 아니, 학교에서는 무엇을 배웠어? 이런 병신들! 이리들 나왓!"
어른은 벌떡 일어나서 촛불을 켜 들고 나선다.
"이리들 와서 보란 말야!"
두 아들이 어름어름 모여 온다. 어른은 발판에 올라서서 두꺼비집을 젖힌다.

"자아 이렇게 젖혀놓으면 여기는 아무리 만져도 괜찮은 거야! 저기까지 전기가 와 있으니까 저쪽만 건드리지 않으면…… 퓨즈는 이쪽에 이렇게 두 줄 있는 것이니까…… 흐! 퓨즈가 끊어진 것이 아니로구나!"

어른은 퓨즈 두 줄을 만져본다. 끊어지지는 않았다.

"이것 봐! 이 퓨즈는 아무리 만져도 전기가 와 있지는 않단 말야!"

아이들은 어안이 벙벙 대답이 없다.

"이 퓨즈가 끊어졌으면 퓨즈를 이어 대주면 되는 것인데…… 이건 퓨즈가 끊어진 것도 아니니 말이다. 너희들이 마루를 오르내릴 때에 너무 쿵쿵거렸기 때문에 두꺼비집 뚜껑이 헐거워진 까닭일 거야! 너 이리 올라와서 이것을 꼭 닫아보아라!"

한 아들이 발판에 올라선다.

"잘 맞추어서 꾹 찌르란 말야! 사기에만 손을 대면 무섭지 않아!"

겁을 집어먹은 아들은 손가락 끝으로 뚜껑 사기를 만져서 고이 덮는다.

번쩍! 전등에 불이 들어온다.

"봐라!"

"야아……"

온 집 안이 환호성을 울린다.

이런 집의 어른이라는 사람은 또 어떻게 해서 그런 지식을 얻었느냐? 대학을 나온 어른이라도, 그런 것을 소학교 중학교 고등학교

대학교에서 배운 일은 없을는지 모른다.

대학을 나오지 못한 어른이라고 하면 그건 집 안의 전등이 꺼질 때마다 전기회사나 출장소로 쫓아가서 사람을 데리고 와서 고치는 것을 본 어른일 것이다. 그저 잠깐 동안에 불이 번쩍 들어오고 얼마를 주어야 하니 어른이 눈치코치 없을 리 없어 들여다보기도 했겠고, 또 출장 나온 사람도 그런 일이 여러 번 거듭되게 되면 "여보 이 양반아! 이건 말씀야, 이것을 퓨즈라고 하는데 이것이 끊어져서 불이 안 들어오는 것이니 이렇게 이렇게 하면 된다……"고 말해준 자선(慈善)이 지식이 되었을 것이다.

여기까지는 우리 집 이야기는 아니다.

우리 집에서는 라디오가 말썽을 일으켰다. 배터리가 끊어져서 여러 날 듣지 못하던 참에 배터리 하나를 얻은 것이 묵은 것이라나 해서 라디오 가게에서 400환을 주고 고쳐 왔다.

선을 연결하는데 구멍이 넷이 있다. 굵은 구멍 두 개에 가는 구멍 두 개다. 이것을 잘못 끼웠더니 불이 반짝 났다. 이쪽으로 찔러보고 저쪽으로 찔러보아도 소리가 나지 않는다.

"이거 뭐 어떻게 고쳐 온 거야."

아들은 다시 라디오와 배터리를 들고 가게로 나갔다.

빈손으로 뛰어들어 온 아들은,

"진공관 하나가 끊어졌대요. 진공관 하나에 천오백 환이래요!"

"예 이놈!"

애초에 굵은 구멍 가는 구멍이 분간 안 될 리가 없는 것이다. 굵은 구멍에 가는 선은 들어갈는지 몰라도 억지로 끼우려 해도 네 개

한 덩어리로 되어 있는 것인 만큼 네 개가 맞지 않아서 꽂힐 리가 없다.

꽂았다 하자. (+) (-)를 얼킷설킷 찔러서 진공관이 끊어질 지경이면 진공관 여섯 개가 모두 끊어지지 한 개만 끊어질 리도 없을 것이다.

"너 여태 학교에서 무엇을 배웠어? 그래 이 원리 하나도 모른단 말이냐! 라디오 하나 만질 줄을 모른단 말야?"

아들은 억울하다. 돌아앉아서 투덜댄다.

"그런 것 가르쳐준 일 없어요."

한번은 트랜스 상자의 미터 보는 꼬다리가 헛돌아갔다. 건성 뺑뺑 돌아갔다.

아들은 라디오 가게로 들고 나갔다.

"하! 도둑놈이다!"

들어오면서부터 욕이다. 꼬다리 밑구멍 나사못을 조여주고 100환이라고 하더라는 것이다.

"도둑놈이란 무슨 소리냐? 네가 몰라서 그렇지 그 사람은 기술자가 아니냐? 배운 힘야!"

한마디 한 것은 물론이다. 그러나 이런 일견 억울한 일을 많은 가정에서 겪고 있을 것이다. 내가, 또 아이들이 라디오 가게를 사귀지 못해서가 아니다. 학교 공부한 사람도 너무나 과학 지식에 무식하다는 것이다. 과학 지식뿐이 아니다.

라디오에서 음악이 들려온다고 하자.

"이게 무슨 곡이냐?"

"몰라요. 많이 들은 곡인데……"

"아 애국가 아니냐? 애국가!"

"으응, 애국가다."

이건 너무 심할는지 모른다. 그러나 '동해물'이 닳지 않는 경우는 대번에 알아듣지 못하는 아이도 있다.

"이건 무슨 곡이냐?"

"딴따라 딴따라, 많이 들은 곡인데……"

"「운명」 아니냐?"

"그래 그래, 「운명」이다."

"「운명」이 누구의 작곡이냐?"

"……누구드라?"

"베토벤의 제5교향곡을 무어라고 하지?"

"제5지 무어야?"

이것도 좀 심한 예라 할까.

그러나 이런 경우 어른은 한심하게 생각하기도 하지만, 그 학생은 지극히 태연하고 부끄러워하는 일이 없다. 라디오의 경우, 음악의 경우.

"학교에서 배운 일 없어요. 누가 그런 것 가르쳐주나요?"

어른 몰래 '르네상스'에라도 들어가서 어른 몰래 커피를 마시고 레코드 장이나 들었기 때문에 그래도 그쯤이나 알게 된 것이 아니냐고 항의하는 태도인 것이다. 언제 커피 값 주었더냐는 말이다.

영어의 경우도 그렇다. 학교에서 삼 년이나 배우고 집에서도 아무도 모르는 말을 삼 년 내내 청산유수로 외우기도 하던 학생, 어쩌다 외인(外人)이 길이라도 물으면 냉큼 빠져나가기에 바쁜 아이가 많다. "더 올라가서 왼편 둘째 골목으로 들어가서 첫째 오른편으로 꺾어서 셋째 집"이라는 말을 갑자기 엮어댈 수가 없기 때문일 것이다.

옛날에 본 '에디슨'의 영화를 언제나 잊을 수 없다. 십오 년쯤 전의 것일까. 그래도 '토키(talkie, 발성 영화)'였다. 두어 대목만 적어보자.

산수 시간에 '1+1=2'를 알 수 없다고 질문을 되풀이하자 교사는 에디슨을 '1+1=2'도 모르는 저능아라고 해서 퇴학시킨다.

학교에서 퇴학 맞은 에디슨은 누이동생을 데리고 장난이 심하다. '모르스 신호'를 생각해낸다. 역 구내 선로 한 끝에 누이동생을 앉히고, 한끝에서 에디슨이 철선 쇠를 '똑딱' 두드린다. 누이동생은 귀를 기울여서 그 신호를 알아듣고 대답을 또 '똑똑 딱딱' 한다.

지금 우리나라에서도 전보 발신할 때 쓰고 있는 그것이다. 누이동생과는 신호로 무슨 말이든지 주고받을 수 있게 된다.

어머니와 누이동생이 가까운 여행을 하고 돌아오는 기차가 하나 못 미쳐 역을 출발하여 에디슨이 기다리고 있는 역으로 달리고 있는데 도중의 철교가 화재를 일으켰다. 역장 이하 많은 사람들이 당황해한다. 어쨌든지 기관차를 타고 철교 이쪽까지 가기로 한다. 전화도 전보도 없으니 연락할 도리가 없는 것이다. 철교는 화재로 끊어질 지경이다. 에디슨은 역장에게 청을 한다. "나를 태워주시오. 저 기차에는 어머니와 누이동생이 타고 올 터인데 내가 신호를 하면 누이동생이 알아듣고 철교를 건너지 않도록 정차시킬 수가 있습니다."

당황한 역장은 "무슨 말인지 알아들을 수 없지만 같이 가자" 하고,

기관차 하나로 달리는 가운데서 에디슨은 기관수에게 청을 한다.

기적 울리는 줄(선)을 받아 쥐고 모르스 신호를 기적으로 발신한다. '삐삐 빼빼' 울리는 기적은 모르스 신호다.

저쪽 기차에 탄 누이동생이 이상하게 생각하고 귀를 기울인다.

"위험하다, 위험하다! ……기차를 정차시켜라. 위험하다!"

누이동생은 오빠의 신호를 알아듣고 차장을 붙들고 말한다. 여덟 살밖에 안 되는 계집아이의 말이지만 하도 호들갑을 떨기에 정차를 명한다. 정차라 해도 급정거가 안 되는 때라 서서히 정차하고 보니 바로 눈앞의 철교에 화염이 충천하고 방금 철교가 무너지는 찰나였다. 강 양쪽에서 환성을 올린다.

그 장면을 보았다. 때의 감격을 잊을 수 없다. 또 하나 있다.

어머니가 밤중에 배를 앓는다. 맹장염이라고 한다. 시간이 경과되었으니 당장 수술을 해야겠는데, 밤에는 어두워서 할 수 없다고 한다. 전등이 없을 때라 석유등뿐이었다.

어른들의 이야기를 엿듣고 있던 에디슨 소년은 의사에게 묻는다. "밝기만 하면 수술할 수가 있습니까?" "날이 밝기를 기다릴 수밖에 없는데, 날이 밝기까지에는 생명이 위험하다"고 한다. "지금이라도 밝게만 해드리면 수술을 할 수가 있습니까?" "낮과 같이 밝게만 할 수 있다면 수술을 할 수가 있지." 에디슨은 "그럼 선생님, 잠깐만 기다려주십시오" 하고 밖으로 뛰어나간다. 에디슨은 동네 집으로 돌아다니며 굳게 닫힌 문을 두드려 일으키고, "어머니를 살리기 위해서 거울을 빌려달라"고 애원한다. 거울을 있는 대로 모아 가지고 돌아온다.

아버지도 의사도 '이놈이 무슨 짓을 하는 것인가?' 이발소를 깨워서 큰 거울도 날라 들이고 들락날락 미친 듯이 거울을 날라오는 에디슨을 어안이 벙벙해 보고만 있다.

다른 방에 있던 석유등도 모아 오고, 에디슨은 큰 거울 작은 거울을 방 주위에 빽 둘러 교차시킨다. 거울에 비친 석유등 광선은 서로 반사하고 교차해서 방 안의 밝기가 한낮 이상이다. 땀을 뻘뻘 흘린 에디슨은 의사에게 묻는다.

"수술하실 수 있겠습니까?"

"됐어! 됐어! 넉넉히 수술할 수 있어!"

의사도 감탄해 마지않는 장면이었다.

소학교 1학년에서 퇴학 맞은 이질적인 천재아 에디슨과 견주어 생각하자는 것은 애당초 말도 안 되는 말이겠지만, 그러나 국민학교 졸업생은 국민학교 과정 육 년을 마친 사람만큼, 중학교를 졸업한 사람이면 국민학교와 중학 삼 년의 과정을 마친 사람만큼, 어디 좀 쓸모 있는 사람이 되었으면 하는 마음은 당치 않은 욕심이라고 할 것인가 말이다.

중학 2학년짜리를 불러서 물어보았다.

"한 간(間) 길이는 몇 자[尺]냐?"

"몰라요. 그런 건 요새 안 써요. 미터야요."

"그럼 한 간(間)은 몇 미터냐?"

"몰라요."

"일 리는 몇 미터냐?"

"몰라요."

"십 리는 몇 미터냐."

"몰라요."

"그럼 너 아는 건 무어냐!"

"금속활자 1450년! 훈민정음 영포(領布) 세종대왕 28년······"

"세종대왕 28년은 단기 몇 년이냐?"

"몰라요."

"그럼 서기로는 몇 년이냐?"

"몰라요. 서기는 안 써요."

이렇게 되면 육칠 년 동안 학교 공부를 한 아이를 사환으로 쓸 수도 없다는 결론이 나오지 않겠는가.

사십 년 전 소학교 교과서에 이런 것이 있었다.『수신(修身)』교과서인지『조선어독본(朝鮮語讀本)』인지는 기억이 없다.

어느 상점인지 회사에서 사환을 모집하는데 응모자가 많이 모여들었다.

차례차례 말하자면 면접이라고 할까 구두시험이라고 할까를 보는데, 마침 그 주인을 찾아온 손님이 들어왔다. 의자에 걸터앉은 여러 아이들 가운데 한 아이가 벌떡 일어서서 "앉으십시오" 하고 손님에게 공손히 인사하고 의자에 앉기를 권했다. 주인은 다른 여러 아이들—공부를 많이 했다는 아이건, 소개장을 가지고 온 아이건, 아버지 할아버지가 어떻다는 아이건—모두 돌려보내고 선뜻 일어서서 손님에게 의자를 내어준 아이를 채용하기로 했다는 것이었다.

사십 년이란 세월이 흐르고 세상이 변했다 하지만 민주 대한의 교과서에도 이런 대목은 있어서 좋으리라고 생각하는 것이다.『국어』 책이건 『공민(公民)』이라는 책이건 말이다.

하필 회사에 사환으로 취직하러 가는 일이 아니더라도 좋다. 버스 속이라는 알맞은 조건이 있지 않은가. 그러나 시체 학교에서는 그런 대목보다는 더 긴요하고 긴급한 목적이 있어서 그런 일은 돌볼 여지가 없다는 것인지 모르겠다.

왈, 시험 때문이라는 것이다. 1학년에서는 2학년에 올라가기 위한 시험, 2학년에서는 3학년, 5학년에서는 6학년. 국민학교에 낙제라는 것은 없다지만, 그래도 수(秀) 자나 우(優) 자는 받아야 하고, 꼴찌가 드러나서는 안 될 것이요, 수 자 우 자가 없는 한 애초에 가고 싶은 중학교에 입학원서도 내지 못하게 하니 시험공부가 바쁠밖에.

중학에서는 또 고등학교 입학시험 때문에 공부를 열심히 해야 하겠고, 고등학교 삼 년간은 이건 또 대학 입학시험 치를 준비를 톡톡히 해야겠으니 모두가 바쁘기만 한 모양이다.

하기는 어떤 고등학생이 이런 말을 하는 것을 들었다.

"그누무 녹음기나 하나 있었으면 좋겠다."

"녹음기는 무얼 하게?"

"선생이 강의하는 것을 녹음해 가지고 와서 말야요, 집에서 자다가도 틀어놓고 몇 번 들으면 외울 수 있을 텐데, 이건 노트하고 책하고를 몇십 번씩 읽어야 하니 말야요……"

어지간히 바쁜 모양이다. 이렇게 되면 바쁘기만 한 학생들에게 동정이 가지 않을 수 없는 것이다.

손님에게 의자를 내어주고 공손히 인사하라는 교육 같은 것은 아예 엄두도 내지 않아야 할 판국인 것 같지만, 과연 그래야 옳을까?

'그런 것은 집에서 좀 가르치슈! 부모는 무엇 하라는 거유?' 하고 대꾸할 교육자가 있을는지 모르나, 도의(道義) 교육만을 말하는 것은 아니다. 도의 교육도 그렇지만 집에서 중고등학생을 가르칠 시간은 거의 없다고 해도 과언이 아니다.

풀이 다 죽어서 돌아오면 밥 먹기가 무섭게 영어 수학 외우기다. 그렇게 해서 우등생이냐 하면 그런 것도 못 된다. 도의뿐이 아니라 영어도 활용을 못한다는 것이다. 올라가기만 하는 종(縱)의 교육이지 횡(橫)으로는 통하지 않는다.

고등학교를 마치고 가정 사정으로 대학에 진학하지 못하는 18, 19세짜리 청년을 생각해보자! 무엇에 써 먹겠나? 병신인 것밖에는 없는 것이다.

세계에서 첫째가는 부자 나라 미국에서도 고등학교 졸업생으로 대학에 진학하는 사람은 26%에 불과하고, 구라파는 10%라고 하니, 대학에 진학하지 않는 미국의 고교 출신 74%나 유럽의 90%의 18, 19세짜리가 우리나라의 그들과 같이 거리의 불량배나 다방 족속이 되어 있을 것인가.

다방 족속 되기는 대학 출신이나 다를 바 없구나.

더욱이 가난한 우리나라 형편으로는 모두가 대학에—들어가려고—들어가지 않으면 안 될 것 같은 생각을 버리도록 하기 위해서도 좀더 좋은 방법이 없을까 하는 것이다.

구색으로는 공업고등 상업고등 농업고등 예술고등학교 등이 있지만, 대학의 그 과(科)에 들어가기 위한 준비 학교에 틀림없는 것이다. '농기구 하나 없는 농업고등학교'라고 시찰한 사람이 보고한 것을 본 일이 있다. 농과대학이나 상과대학에 갈 학생이 아니라도 그런 고등학교에서 영어 수학만 해놓으면 어느 과, 대학에든지 들어갈 수 있는 것이다. 상업고등을 마치고 국사과에 지원하는 학생은 흔히 보는 것이다. 경쟁률이 적은 과로 어느 과든지 어쨌든 대학을 마쳐야만 한다는 생각인 것이다.

대학에 가지 않더라도 고등학교에서 공부하고 졸업하면 당장 라디오 가게라도 벌여서 라디오 텔레비전 유성기를 취급하고 날릴 수 있는 전기고등학교라든지, 당장 집 안에라도 소공장(小工場)을 벌일 수 있는 죽세공(竹細工) 고등학교라든지―죽세공이라는 것이 만만치 않은 것이다. 일본이 미국으로 수출하는 죽세공품은 매년 몇 백만 불이라는 것이다. 어구(漁具)가 많고 가구, 장신구까지 있다. 그러나 교묘하기로는 우리나라가 으뜸인 것이다. 어구나 낚시는 요새도 일제를 많이 쓰지만 우리나라의 갓[笠]을 보면 으뜸인 것을 알 수 있는 것이다. 말총 같고 가는 실 같은 그것은, 참으로 죽세공품인 것이다. 대를 깎아서 실을 만들어서 갓을 짤 수 있는 솜씨로 무엇을 못하겠느냐 말이다.

수지가 맞지 않아서 손을 쉬고 있기 때문이요, 가구 장신구 같은 것은 높은 취미 세련된 멋을 부릴 줄 몰라서 그렇다 할 것이다. 고등학교 삼 년간 이것을 실습하면 세계에 날릴 수 있는 죽세공품을 생산할 수도 있을 것이다. 돗자리, 화문석, 대발은 일본인들도 침을 흘리는 것이다.

요업(窯業) 고등학교도 좋다.

졸업 후 집 뒷터에 아궁이 하나 만들어놓고 개성미 발휘한 멋진 찻잔 접시 같은 것을 만들면, 그 많은 다방 중에는 전용(專用)할 사람도 있을 것이요, 국산을 애용하는 인사나 외빈을 접대하는 경우에 자랑삼아 쓸 사람도 있을 것이다. 언제까지나 '일제 제일'만 찬양하고 지낼 수도 없는 일이 아니겠느냐 말이다. 가짜 고려자기 아닌 신세대 한국 도자기를 생산하기 위해서 젊은 인재를 양성하자는 것이다.

3백 년, 7백 년 전 고기(古器)를 늘어놓고 찬란한 문화니 문화 민족이니 빼겨본댔자 앞에 놓인 찻잔과 접시는 일제에, 병풍은 중국 글자에, 나이프와 포크는 미군에서 흘러나온 것에, 음식은 프랑스 요리 얼치기에, 걸친 양복은 호주 털에, 구두는 빤짝거리는 게 미국 해병의 것이라면…… 거기다가 미국 사람도 모르는 어려운 미국 말을 유창하게 씨부린다면 무엇을 자랑할 수 있을 것인가.

공업고등학교라면 목공과니 토목과니 해서, 몇 가지 과로 나누어서 전공할 수 있어야 할 것이다.

삼십 년 전 개성의 송도중학(松都中學) 전신 송도고등보통학교, 또 그 전에는 한영서원(韓英書院)이라고 했던 학교에서는 미국인이 목공과와 직물과를 지도했었다.

중학교다.

야구부니 축구부니 밴드부니 하는 따위다.

목공을 택한 학생은 대패질 톱질을 했었고, 직물부는 직물 공장이 있어서 직공 노릇을 했었다. 거기서 생산하는 '송고직(松高織)'이라는 천은 시민은 물론 전국에서 애용되었고, 교회 속을 통해서 일본에서도 자주 전시즉매(展示卽賣)를 했고, 미국 중국 싱가포르 등

요설록 423

지에는 특약점이 있어서 많이 나갔었다.

난후(亂後) 개성 사람으로서 서울 대구 강경 등지에 직물공장을 많이 경영하고 있는 것은 그런 연유가 있었기 때문일는지도 모른다.

해방 후는 거의 모직(毛織)이요, 그 직조기까지도 목조 수제가 대부분이다.

해방 직후의 개성은 집집이 베 짜는 소리였다. 헛간 한 칸이나 광 방 한 칸에 목조라니 장목 그대로의 허연 솜틀보다도 희멀건 베틀을 놓고 덜거덕 거리는데, 제법 스코치 홈스펀 못지않은 것이 나오는 것이었다.

지금도 물론 그렇다. 몇 천만 불짜리 공장의 제품보다 곱고 아름답고 튼튼한 것을 생산하고 있는 것이다. 모직이야 원래 기계직보다 수직(手織)을 치는 것이 아닌가.

인쇄 고등학교, 재봉(裁縫) 고등학교, 건축 고등학교도 긴요할 것이다.

인쇄 기술의 후진성도 무관심할 수는 없는 문제이다. 잡지 표지 몇 가지가 원색으로 근사하게 나온다고 해서 남의 나라 수준에 도달했다고 생각한다면 '정중와(井中蛙)'를 면치 못할 것이다.

우리나라의 대신문(大新聞)을 가까운 일본 신문과 같이 놓고 보아보자. 칙칙하고 지저분한 인쇄임을 직감할 수 있을 것이다. 흐린 곳, 깨끗한 곳, 잘 나온 곳, 덜 나온 곳이 우툴두툴 너무 심한 것이다. 사진 인쇄라니 그럴 수가 없는 것이다.

보이기만 하면 됐지 무얼 그렇게 까다롭게 구느냐고 할 사람이 있을는지 모른다. 그러나 신문 인쇄는 그 나라 인쇄 문화의 앞장을 서는 것이요, 그 나라 인쇄 문화의 수준은 그 나라의 문명 수준을 드러내는 것으로 되어 있는 것이다. 더욱이 기계는 남의 것보다 더 좋으면 좋았지 나쁜 것을 쓰고 있는 것은 아니니 말이다.

요컨대 기술 부족이라는 것이다. 미국 유학은 흔하지만 인쇄를 연구하러 간다는 말을 들은 일 없고, 인쇄를 배우려면야 미국까지 갈 것도 없는 것이다.

제본 기술은 이건 또 삼십 년이 아니라 오십 년쯤 뒤떨어져 있을는지 모를 일이다. 신문사는 돈 벌어서 축적할 생각보다도, 문인의 고료 깎을 생각보다도, 이런 데 용념이 있어야 할 것이다.

일제 때의 신문인은 인쇄기술이니 활자의 신자체(新字體)니에 많은 애를 썼던 것이다. 송진우(宋鎭禹), 이상협(李相協) 등이다. 목각으로 새긴 신자체 견본 몇 개를 들고 다니며 "이런 활자로 해보았으면 하는데……" 하고 의견을 묻기도 했던 것이다.

요새는 그런 일이 없다. "요새 신문 깨끗하죠?" 자랑삼아 하는 말은 십 년 전의 신문과 비교해서 생각하는 태도요, 선인(先人)들은 앞을 보고 싸웠다고 할 것이다.

날로 늘어가는 많은 인쇄공, 양복공은 어디서 어떻게 배운 사람들일까. 일본의 양복 학교, 인쇄 학교 출신들은 이미 사오십 줄에 들었을 것이다. 사환 노릇하며 "얘 비켜라!" 아니면 "이 새끼야, 걸리대지 마라" 소리를 들으면서 눈치로 배운 것이 아닌가. 기웃기웃 엿보고 십 년 아니면 팔구 년 심부름하는 사이에 눈에 익힌 솜씨가 아니겠는가.

그렇다면 십 년, 이십 년 전의 솜씨까지 발휘할 수는 있을는지 몰라도 진보는 생각할 수 없는 일이 아닌가. 학교가 있어야 한다는 것이다.

그거 괜찮을 거야! 우리 대학에서 합세! 하고 나설 대학교 중역이 나타날까 두렵다.

아서라. 대학에 인쇄과(印刷科)니 요업과(窯業科)니 죽세공과(竹細工科)니 둘 생각 말고, 이런 것은 제발 고등학교 삼 년쯤으로 젊은 인재를 낳게 했으면 좋겠다.

(『신태양』 1957년 11월)

6

윤(閏) 8월이 있어서 늦됨일 게다.

추석에 구하기 힘들던 밤 대추 감이 길거리에 질펀히 늘어 놓이게 되자 하늘은 구름 한 점 없이 맑게 갠 날이 계속되었다.

푸르기만 한 높은 하늘을 바라보며 "가을은 우리나라 가을이 제일야!" 한참 가을을 즐겨 마지않는데, 12월호 원고를 쓰라는 말은 싱거운 수작이라고나 할까.

금년 일 년도 다 지나갔다는 통고라고 생각해야 옳을 것인가. 그렇다면 나는「식도락근처(食道樂近處)」다섯 달과「요설록(饒舌錄)」다섯 달로 일 년 해를 보내게 되는구나. 어이없고 서글픈 일이 아닐 수 없다.

높으나 높은 나무에 날 권하여 올려두고
이보오 벗님네야 흔들지나 말려무나.
나려져 죽기는 섧지 않아도 님 못 볼까 하노라

이양원(李陽元)*

* 이양원(1526~1592). 조선 중기의 문신. 자는 백춘(伯春), 호는 노저(鷺渚). 시문집『노저유사(鷺渚遺事)』등이 있다.

"잘한다 잘한다"『신태양(新太陽)』이 추키는 바람에 '식도락'이니 '요설록'이니 군소리만 끄적이고 일 년을 다 보냈다면, 지천명(知天命) 훨씬 넘은 나이에 이 아니 애석한 일이겠느냐 말이다.

그것도 편집자만이 "잘한다, 좋다" 하는 것이지 독자는 읽어주고 있기나 하는지조차 모르는 것이다. 읽고 있는지, 좋아하는지, 욕을 하고 있는지를 알 도리가 없다는 말이다.

그런 이야기가 어떤 좌석에서 벌어진 일이 있었다.

"우리나라에는 독자의 투서라는 것이 대단히 귀해요."

"귀하다기보다 거의 없지요. 외국 같으면 연재소설을 읽는 독자들로부터 날마다 산더미같이 투서가 들어온다던데……"

"여주인공을 죽이지 말아달라고 작자에게 간청하는 투서도 있고, 여주인공이 헤어진 첫사랑의 남자와 꼭 한 번만 다시 만나게 해달라든지, 별게 다 있다더군요……"

"여주인공을 너무 불쌍하게 하지 마세요, 나는 읽을 때마다 눈물이 앞섭니다, 따위도 있고……"

그런 이야기가 벌어졌을 때였다.

"그 다 천착한 탓이지요. 우리나라야 대륙적이기 때문에 그런 일에 대범한 탓이지요……"

한마디 던지는 사람이 있었다.

"무관심한 것이 아닙니까?"

"마찬가지지요!"

듣고 있던 어떤 기자는 또 다음과 같은 말을 했다.

"아주 없지는 않습니다. 없을 때는 좋은 것이구요, 나쁠 때는 투서가 곧잘 들어옵니다……"

부산에 있을 때의 이야기를 꺼내었다.

어떤 신문에 어떤 사람이 소설을 연재했었는데 무엇이 답답해서 그랬던지 외국 잡지에 실린 소설의 한 토막을 표절했었다는 것이다. 그날로 몇 장 투서가 들어왔다는 것이다.

"정신 차렷! 무슨 잡지 몇 월호 몇 페이지와 대조해보란 말야!"

똑같은 내용의 투서였다는 것이다. 모두가 입맛이 썼다.

"그러니 우리나라 독자는 무섭다고 하겠지요. 사고만 없으면 잠자코 있지만 일단 유사시에는 벼락이거든요. 용서가 없어요……"

그 말이 결론같이 되고 말았던 것이다.

그러나 나는 또 생각해본다. 험 잡는 데는 용서가 없고, 칭찬이나 격려나 박수는 인색한 사람들이라고 보아야 옳을 것인가. 희로애락을 가볍게 나타내지 않는 것이 군자의 수신(修身) 제1과라고 가르쳐 내려온 예교(禮敎)의 탓이리라고 보는 것이 옳을 것인가.

외국인은 우리 민족을 침착하다거나 신중하다고는 보지 않는 모양이다. 무표정하다고 하고, 어떤 사람은 격정적이라고 보는 사람도 있는 모양이다. 무표정과 격정의 사람이라고 본다면 가까이 할 맛을 느낄는지 의문이다. 무표정한 사람이 때로 격정에 흐른다면 생각만 해도 겁을 집어먹게 되고 가까이 할 생각은 없을는지 모를 일이다.

만사에 무심한 탓이라고 보는 것이 옳을 것인가. 모두가 시들하고 좀처럼 감격을 느끼지 못하는 성미라고 할까.

권투 구경도 링 사이드에 앉아서 얻어맞는 소리, 들이받는 소리,

살이 찢어지는 소리, 눈에서 입에서 쏟아지는 피를 보아야만 직성이 풀리는 여인이라면 귀로에 코스모스 한 다발을 사 들고 갈 사람은 아니다. 소녀의 바이올린 독주를 듣고 박수를 보낼 감격은 느끼지 않을 여인일는지 모른다.

그렇다고 외딴 변두리에서 코스모스를 길러서 시내로 팔러 보내는 화초 재배인은 권투를 보여도 소녀의 명연주를 들려주어도 시답지 않은 얼굴로 아무 흥도 느끼지 않을는지도 모른다.

미국이나 일본의 영화배우들은 팬으로부터 보내오는 편지를 정리하기 위해서 몇 사람씩 비서를 둔다고 한다. 답장도 쓰고 브로마이드를 동봉해서 사인을 청한 팬에게는—본인은 바쁘기도 하지만 하도 많기 때문에 필적을 감쪽같이 입내 낼 수 있는 비서가 쓱쓱 갈겨서—보내주기도 한다는 것이다.

풋내기 여우(女優)라도 조금만 인기가 나기 시작하면 대개는 팬레터가 얼마나 들어왔느니 사인을 하노라고 몇 시간씩 걸린다는 따위 가십이 먼저 나오게 된다.

일본의 가수들도 그렇다. 파하고 뒷문으로 나올 때면 '아가가' 소리에 꼼짝을 못하게 되는 경우가 많았다. 외국 예술가, 음악 혹 무용이 있을 때는 사인첩이 수두룩이 들어왔었다. 맨 먼저는 황족(皇族)들의 청이었다. 거창한 사인첩을 보내와서 매니저는 이것을 한 아름 안고 사인을 받아주어야 하는 것이었다.

다음은 객(客)들이 열을 짓고 받는 것이었다. 무용가 사카로프의 경우를 본 일이 있었다.

회장에는 문 밖에서부터 '촬영 절대 사절'이라는 종이가 수십 장

붙어 있는데도, 좋은 포즈 때에는 죽은 듯이 고요한 장내에 수십 개 카메라가 동시에 셔터를 누르는 잘가닥 소리가 요란했다.

그 사진을 다음 날은 확대해서 들고 와서 파하기를 기다려 무대 뒤로 몰려들었다. 사인을 해달라는 것이다.

사카로프는 의상도 갈아입기 전 거의 반(半) 나체로 그 숱한 사진을 받아 들고 한 손에는 만년필을 들고 사진을 보아 간다.

'부욱' 만년필이 사진 한끝에서 한끝까지 줄을 긋는다. 마음에 들지 않는다는 것이다.

'부욱—' '부욱—'

젖혀 가다가 마음에 드는 것이 있으면 겨우 사인을 멋지게 갈기는 것이었다. 백 장 중에 서너 장 사인을 하면 그만이었다.

'부욱' 당한 사람들이 '이느무 쌍년이 남의 작품을 왜 망쳐놓았느냐'고 대들거나 투덜거리지는 않았다. 조용히 흩어져 갔고, 또 다음 날도 그만큼 모이는 것이었다.

우리나라에서 누가 그런 짓을 했다가는, 미국에 태어났다면 몇만 불짜리 보험이라도 들겠다 할 각선미 하더라도 미(美)가 보존되기 어려울 것은 물론, 다리 뼈다귀도 성하지는 않을 것이라고 생각한다면 잘못 생각한 것이라고 할 수 있을까.

일세(一世)의 야구왕이었던 '베이브 루스'는 더욱이 소년들의 인기를 차지하고 있었던 모양이다. 가는 곳마다 소년들이 따라다니고, 또 볼을 들고 와서 사인해달라는 소년이 많았던 모양이다.

얼마든지 사인해주었다는 이야기를 들었다. 어떤 소년은 병원에 입원이라 그 고장에 원정 온 베이브 루스에게 "꼭 사인을 받으려고 벼르고 있었는데 입원 중이어서 슬프다"고 편지를 했더니, 베이브 루스는 제 볼에 사인을 해 가지고 병원까지 찾아갔었다는 이야기가 있었다.

 누구를 좋아하고, 보고 싶고, 사인을 받고 싶은 일은 어른이나 호색가(好色家)들만이 아니라 소년들에게도 있는 모양이다.

 우리나라의 선수들에게는 그런 일이 별로 없는 것 같다.

 외국에 원정 가서 이름을 날리고 돌아온 사람을 기생들이 불러 봐서 몇 달 후에는 몸이 형편없이 되었더라는 이야기는 들은 일이 있어도, 그 사람이 길에 나섰을 때에 사인을 받으려고 하는 일은 별로 없는 모양이다.

 어떤 유행 작가는 이런 말을 했다.

 "다방은 참 싫어요. 들어가면 얼굴을 짐작하는 사람들이 있어서 '저거 아무개다!' 하고 쑤군거리는 소리가 내 귀에도 들리는데, 그런 말을 들으면 반갑거나 신이 나는 게 아니라 겁이 앞서요. 저게 깡패가 아닌가, 형사가 아닐까? 그런 생각이 앞서거든요."

 사인을 받을 생각이나 격려해줄 생각도 말하자면 사치다. 자기의 생활을 윤택하게 하는 여유 있는 놀음에 틀림없다.

 의식(衣食)이 족해야 예절도 차릴 수 있다 듯이 '저녁거리 걱정이라도 없어야 남의 칭찬도 하지, 사인이 다 무엇에 쓰는 것이냐!'고 할는지 모른다.

 그러나 사람에 대한 관심이나 흥미를 느끼지 않고 그저 무심하기만 하다면, 인기라는 말은 우리나라에서는 소용없는 말이 될는지도 모른다.

그것은 곧 사회생활이나 정치에도 관련되는 일이라고 보지 않을 수 없을 것이다.

"그놈이 그놈이지 별 게 있어! 삼거두(三巨頭)구 십거두(十巨頭)구 누가 깟놈을 잘났다고 생각이나 하나!"

"쥐뿔이나 다를 게 무어 있어!"

"아아니 신익희(申翼熙)가 잘나서 백사장에 삼십만 명이 모인 줄 알아? 어림도 없지!"

"그게 그거구 그게 그거야! 아무데나 찍어 두게! 작대기가 예쁘니 ///에나 찍어주게그려!"

이렇게 되면 무엇이 무엇인지, 어느 것이 진짜고 어느 것이 가짜고 옳고 그른지조차 분간하기 어려울 것이다.

그러나 그렇게는 생각하지 않는다. 속은 다 있다고 생각하는 것이다. 말은 안 해도 누구는 어떻고 누구는 어떻고, 누구는 죽일 놈이고 누구는 된 놈이라는 속셈은 다 가지고 있는 것이라고 생각하는 것이다.

말 없는 지지, 소리 없는 박수, 말 없는 항의, 소리 없는 매욕(罵辱)이란 얼마나 강력한 것이냐. 그것을 모르는 바 아니다.

그렇지만 그런 궁냥을 나 혼자만이 가슴 깊이 간직하고 있을 것이 아니라 밖에 드러내어서 거리낌 없이 행동할 수도 있게 되어야 즐거운 세상 밝은 사회가 이루어질 수 있고, 민주주의라는 것도 자리가 잡힐 것이라고 생각하는 것이다.

외국인이 물을 때에 손꼽은 배우도 없고, 선수도 없고, 소설가도 없고, 정치가도 없고, 그러나 "그럼 당신이 좋아하는 사람이 누구요?" 하고 묻는다고 하자.

권력을 가진 한 사람의 이름이나 대는 백성이 많다면 그들은 결코 솔직한 민주주의적인 백성으로는 생각하지 않는 모양이다.

"헹, 할 수 없어! 어떻게 됐든 권력을 잡은 사람을 제일로 생각하는 모양야! 권력을 잡고 권력을 휘두르면 그저 따라가고 끌려갈 백성들이야!"

이렇게 되면 민주 자유의 세계와는 거리가 먼 백성들이라고 치부해버릴 사람도 있을는지 모를 일이다.

때에 따라서는 어느 정도 중구(衆口)가 일치까지는 못 되더라도 5분의 1, 10분의 1치쯤이라도 되는 인기라는 것을 짐작할 수 있게 되었으면 하는 것이다. 그것은 또 자리 잡힌 사회, 질서 있는 사회가 되는 일이기도 할 것이다.

바둑을 둘 때에 백(白)을 가지려고 다투는 장면을 많이 본다. 농하는 사이가 아니라도 말이다. "그야 수가 다르니까" 할는지 모른다. 그 수라는 것을 사회생활에도 인정하는 것이 옳다는 말이다.

"나만큼은 두는 바둑" "나보다 나은 바둑" "나보다 나은 작가" "나보다 나은 배우" "나보다 나은 학자"…… 그런 말을 듣기가 대단히 어렵다. "헹, 깟게!" 나보다 나을 것이 무엇이냐는 태도만을 많이 보는 것이다.

자기를 높이 생각하는 동시에 남도 높여 볼 아량과 겸손한 태도를 가졌으면 하는 것이다. 겉치레만 말고 속속들이 말이다.

서울 가까운 도시의 여자 중학교에 무용 교사로 있다는 예쁜 여자를 만난 일이 있었다. 22, 23세짜리다.

"무용을 누구에게 배우셨어요?"
"무어, 혼자 배웠지요. 우리나라에 배울 만한 선생이 있어야죠!"
과장이 아니다. 진담이다.

스물두 살이고 예쁘고 간에 당장에 정이 떨어지는 것이었다.

'원 조런!' 하고 괘씸하게 생각하는 사람이 있다면, 그 자신도 어떤 면에서는 그와 멀지 않은 태도를 가지는 경우도 있지 않을까 생각하는 것이다.

"무어 공천을 딴 놈을 했어? 나를 공천하지 않고 다른 놈을 내세웠어! 야, 깟놈의 당 그만둔다. 탈당이다!"

삼 년 오 년 고락을 같이 하고 어쩌면 길러온 당이라도 거침없이 걷어찰 수 있는 용기가 그것이다.

장기(將棋)에도 멱이 있다. 갈 수 있는 길, 가지 못하는 길이다.

받들어 모시는 선배의 말이라면 가고 싶은 길이라도 그만두는 고분고분한 맛이 있어야 한다.

"이번에 안구(安區)에서 입후보하라는 사람들이 많은데 어떨까요?"

"으응, 안구라…… 거기는 평 군이 출마할 테지. 평 군은 자네의 선배지?"

"……"

"평 군은 전번에도 약간의 차로 석패했고…… 어떨까? 자네를 지지하는 유권자가 그렇게 많다면 자네가 평 군을 내세우고 응원해서 필승의 태세를 갖추는 것이 어떨까? 자네야 아직 젊으니까 다음으로 하드래도……"

"……"

'예, 그렇게 하겠습니다!' 하고 대답하고, 사실 그렇게 할 사람보다는, 문 밖에 나서기가 무섭게 욕을 퍼붓는 사람이 많지나 않을까.

"체, 그래도 그렇지 않아서 인사차 왕방(往訪)을 했더니, 에이 재수 없다! 선배니 스승이니 아예 인사를 차릴 것이 아니야!"

스승 없이 무용 혼자 익혀서 무용 교사 되었다는 스물두 살짜리 깜찍한 소녀와 다를 바 없다고 할 것이다.

내가 일본에 있을 때 Y라는 소설가는 젊은이들의 인기를 차지했었고, 거의 대가의 대우를 받고 있었다. 그러나 일 년이나 창작을 하지 못한 일이 있었다. 슬럼프라는 이런 일은 누구에게나 있는 일이었다.

그러니 수입이 없었다. 자주 그릴의 팔라에 나와서 우두커니 앉아 있는 일이 많았고, 해질 무렵이 되면 서너 친구와 더불어 단골 오뎅 집으로 가는 것이었다. 술은 많이 못하는 사람이었다. 그런 때면 그 시간까지 옆에 앉아 있던 Y를 따르는 젊은이도 혹 데리고 가는 일이 있었다.

O라는 문학청년도 그래서 두어 번 같이 간 일이 있었다.

O의 소설이 큰 잡지사의 현상문예에 차석으로 입선되었다. 상금이 오백 원이었을까. 오백 원이라도 다섯 달치 월급쯤 되는 큰돈이다.

그 상금을 받은 날이었다. 팔라에는 Y를 에워싸고 대여섯 사람이 앉아 있었다. 소설가 아닌 잡지기자, 신문 학예부 사람도 있었다.

상금을 받아 가지고 그 자리에 들어선 O는,

"선생님! 오늘은 내가 한잔 사겠습니다. 그 오뎅 집으로 가십시다.

자, 다 같이 갑시다!"

Y는 말이 없고, 객은 모두 O를 쳐다보는 것이었다. 아무도 일어서지는 않았다. 무안을 본 O는 그만 나가버리는 것이었다.

Y 자신은 간다 안 간다는 의사 표시를 한 일이 없었다. O가 나간 다음에야 "응, 아마 상금을 받은 모양이로군!" 했다.

그러나 좌중은 "그가 누구냐?"는 질문부터 하게 되었다. 이내 "버릇없는 놈" "향방 없는 놈"이라는 말이 나오게 되고, 그것은 곧장 퍼져 나갔다.

그 잡지 입선자라면 잇달아 신문 잡지에서 청탁이 쏟아져 들어오고, 곧 문단에 등장하게 되는 때였는데, O는 이삼 년 동안 깜깜 소식이었다. '선배에게 대해서 무례한 향방 없는 놈'이라는 된서리를 톡톡히 맞았던 것이다.

Y는 오히려 난처했을는지 모르나, 신문과 잡지는 용서가 없었다. 문단이라는 특수한 사회에도 이런 일이 있는 것이다. 그것은 문인끼리도 그렇지만, 문인끼리보다 신문과 잡지가 더 준엄한 것이었다.

우리나라 신문 문화면의 가십은 거의가 까는 일이다. 까는 것만이 가십이라고 생각하지는 않을 터인데, 이상한 일이다. 까는 대상이 또 몇 명 안 되는 것이다. 고작 백 명이 될까. 문학 예술인을 통털어보아도 2백 명 정도일 것인데, 나오는 가십마다 개인이건 단체건 까는 것이다. 독자 가운데 까는 '까십'을 읽고 속이 시원하거나 유쾌하게 생각하는 사람이 맞은 사람 한 사람을 빼놓고 전원일치라 하더라도 단 2백 명의 박수일 것이다.

그 외의 수십만 독자는 어떻게 생각할 것인가. "수십만 독자는 보지도 않습니다!"하고 대답할 대담한 사람이 있을까.

한 가지 기사라도 한 줄 글이라도 빼놓지 않고 독자는 읽는다고 생각해야만 할 것이요, 그렇다면 권외(圈外)의 전 독자는 '까놓은 까십'을 곧이곧대로 생각하고 '자식들, 우리나라 문인들이란 왜 이 모양들이야!' 하고 번번이 개탄하고, 지저분하고 더럽기만 한 우리나라 문학 예술계라고 생각하게 되고, 그런 인식이 굳어버리는 것이 아니겠느냐 말이다.

죽일 놈이라면 일도양단(一刀兩斷)에 처할 만큼 까고 때려도 좋으나, 그렇지 않은 그저 가십의 경우라면 어딘가 웃음이 스며 있어야 하고 즐거움이 있어야 한다는 것이다. 소리 내어 웃지 않더라도 콧등이 놀거나 눈꼬리가 가늘어질 수 있는 정도의 웃음이라도 있어야 한다는 것이다.

유하게 슬쩍 넘어가는데, 읽고 나면 감칠맛이 있고 뒷맛이 쓰지 않으면, '그 어떤 사람일까?' 인물에 대한 흥미를 느끼게도 되고 어쩌면 정을 느끼게도 되어 다음에 그런 이름의 작품이 등장하면 한번 읽어볼 생각이 날는지도 모르고, 서점에서 책을 뒤지다가 그런 사람의 소설책이라도 눈에 띄면 한 권 사 볼 생각도 날는지 모를 일이라고 생각하는 것이다.

그렇다면 '독서주간(讀書週間)'이라는 행사에 "책을 읽자!" "기르자, 독서의 습관을!" 따위 포스터를 걸고 신문에도 기둥으로 내세우는 대신에 좋은 책 좋은 저자의 근사한 가십이 실렸더라면 더 효과적이었을는지 모를 일이다. 표어를 몇 십만 장 인쇄 영포(領布)해 봤자 '독서하는 습관을 기른 사람'이 한 사람이라도 생겼으리라고는 생각하기 어렵기 때문이다.

"인기라는 말은 도대체 우리나라 말이 아니야! 순 일본 말이야! 그런 건 없어도 좋아!"

"인기라는 것이 있어 보아라! 당장에 대가리를 맞아서 쏙 들어가든지 발밑이 꺼져서 빠져버리든지 할걸!"

그런 말을 할 사람이 있을는지 모른다.

그러나 국산 양단이나 나일론이나 벨벳, 나일론 양말은 아무리 품질이 일제 미제보다 좋아도 애용되지는 않는 모양이다. 질이나 색이나 무늬가 층이 져서가 아니라, 그저 인기다. 한동안은 미제라야만 한다던 것이 어느 틈에 미제보다 일제로 인기가 옮겨 간 모양이다.

국산품이 국외에서 인기를 얻게 되면 그때에야 국내에서도 인기가 나는지 모를 일이다.

사람도 그렇다. 국외에서 인기를 얻은 사람이 비로소 국내에서도 인기를 얻게 되는 경우가 많다. 사람값을 몰라보았다고 하더라도 할 말이 없을 것이다. 국내에서 먼저 인기를 올려서 국외의 관심을 끌게 하고, 이내 국외에 날리게 하는 것은 옳은 일일 것이다. 물건이나 사람이나 마찬가지다.

내 나라 물건이나 생산이나 사람을 아끼고 지키자는 것이다. 흠을 들추어서 까고 때리기보다 감싸고 두둔하고 격려해서 사람값을 올리도록 했으면 하는 것이다.

'시러배들! 그럴 만한 게 있어야지!' 하지 말고, 예쁘게 보면 언청이도 일색이란 말까지 있으니, 어떻게 좀 해보았으면 하는 것이다.

도의니 수양이니 미풍이니 따위가 아니라도 이(利)로 따지더라도 좋은 일인 것이다. 말하자면 국위선양에 통하는 일이다. 다른 나라 사람들이 한국의 물건이나 인물에 관심을 가지게 되고 흥미를 느끼게 된다면 그 물건이나 그 사람의 값만이 올라가는 것이 아니라 국민 전체의 값도 올라가는 것이 아니겠느냐 말이다.

가짜와 도둑놈과 무더기 투표와 쓰레기통의 장미만이 한국이라고 다른 나라 사람들이 생각한다면 태극기를 이마빡에 달고 다니기 부끄러울 것이 아니겠느냐 말이다. 남의 앞에야 속에 빈대떡 한 쪼가리 든 것이 없더라도 배때기 내밀고 나설 일이지 앙가슴 드러내고 피골이 상접한 갈빗대를 보일 것이야 없지 않겠느냐 말이다.

(『신태양』 1957년 12월)

7

　내가 수요일만 외출하는 것은 별다른 까닭이 있는 것은 아니다.
　환도 후 한동안은 수요일 저녁때에 명동에 모임이 있어서 나갔었지만, 그 모임을 그만둔 후로도 수삼 년을 수요일 저녁때만 되면 명동 외출을 하는 것이 타성이 된 것이고, 일주일에 한 번 바깥바람을 쏘이는 것이다.
　그렇다고 수요일 이외에는 전혀 외출을 하지 않느냐 하면, 그럴 수도 없다. 혼상(婚喪) 참례는 않을 수 없어 외출하게 되고, 불가불 볼일이 있으면 나가야 하고. 그러나 도대체 수요일 저녁때를 제하고는 집에 있기로 되어 있기 때문에 내객(內客)이 있을 경우를 생각해서 "어디를 가는데 몇 시까지는 돌아온다"는 말을 해놓고 집을 나서는 것인데, R이라는 장군이 놀러 오면 이것이 예외가 된다.
　"곰팡이 슬어요! 만날 방에만 처박혔으면······."
　그래서 외출을 하게 되는 날이면 정릉도 가고, 세검정도 가고, 광나루도 가고, 남산 꼭대기에서 맥주를 마시기도 하고, 예정도 향방도 없는 외출을 하게 마련이다. 한 달에 한 번, 혹은 두 달에 세 번쯤이다.
　하루는 일요일 아침에 R이 찾아왔다. 각오하고 일어선 것은 물론이다. 지프차는 한 바퀴 돌아서 충무로에 내렸다. 대낮에 충무로를 보는 것은 거의 처음 일이라 "좀 걸어봅시다", 차를 내려서 걷기를 시작했다.

 일본 책 가게가 많아서 책도 좀 훑어보고, 새로 선 빌딩도 쳐다보고, 우체국 곁 구경도 하고, 큰길을 걸어간다. 미도파 바로 건너편이 되었다. 인도 끝, 그러니 합승이나 버스를 기다리는 사람들이 서 있는 위치에서 내게 미소를 보내는 부인은 알고 보면 내가 잊지 못하는 교양이 높은 아름다운 여인이라고 생각한 분이다. 삼사 년 전에 어느 좌담회에서 한 번 만났을 뿐이다. 그때보다도 더 젊어진 것 같으니 얼른은 알아보기 어려웠으나 미소는 틀림없으니, 나는 다가가서 모자를 벗고 공손히 인사를 했다.

 "……참 오래간만입니다……"

 평소의 생각 같으면 덥석 손이라도 잡고 싶을 정도로 반가웠고, '차나 한잔!' 하고 청할 줄은 모르지만, 잠시라도 이야기를 하고 싶을 정도였다. 그런 정도의 반가운 마음으로 인사를 한 것이었다.

 그 부인은 내게 고개를 갸웃했는지 모른다. 그러나 내가 공손한 인사를 하고 고개를 들었을 때, 부인은 오른손을 버쩍 내밀어 자동차를 멈추기에 바쁜 것이다. 시선이 자동차로 쏠리고 있는 것이다. 다시 머리를 숙이고 R을 좇아 발걸음을 맞추니 R이 말하는 것이었다.

 "아니 남이 부끄러워서 어디 같이 다니겠나. 본 체도 안 하는 여자한테 가서 모자를 벗고 대머리를 번쩍거리니…… 거 뭐요?"

하는 것이었다. 이런 핀잔을 받게 하려고 그 부인이 알은체를 안 한 것은 아니리라. 그 부인도 반가운 마음에서 미소를 주었으리라고 생각하는 것이다.

그러나 나는 한국식으로 공손한 인사를 했고, 그는 미국식으로 반가운 인사를 했는지도 모를 일이다.

그가 눈에 띄는 아름다운 부인이었기에 이런 말이 나오기도 하는 것이지, 남자끼리 인사하는 데는 항용 있는 일이다. 모자를 벗고 공손히 고개를 숙이는데, 저편은 모자에는 손을 댈 생각도 하지 않고 버쩍 손을 내밀어 악수를 청하는 경우가 많다. 그러면 부랴부랴 모자를 머리에 얹고 손을 내밀어야만 하는 것이다. 우산이나 들고 서류 봉지나 끼고 있는 경우는 더 바쁘다.

남 보기에 태연한 사람과 당황한 사람, 거만한 사람과 공손한 사람 혹은 비굴한 태도로 보일는지 모르나 그런 것만도 아니다. 생활 양식, 인사의 양식이 서너 가지 공용되기 때문이라 할 것이요, 말하자면 호흡이 맞지 않는다는 것일 것이다.

내가 주례한 신랑 신부라도 모두 찾아오는 것은 아니지만 간혹 삼 일 후에 신랑 신부가 인사를 오면 대개는 절을 한다. "절 받으시죠" 하는 경우는 그래도 대개는 틀림없이 큰절이니 맞절을 하게 되지만, 말없이 절을 할 때는 나는 큰절―말하자면 한국식 절―을 하고, 일본식 절을 받는 경우가 적지 않다. 두 손을 방바닥에 대고 그만 그대로 앉아버리는 것이다. 내가 밑졌다고 생각하기보다는 저편이 무안해하는 것이 더 미안한 것이다.

연극을 할 때에 호흡이라는 것은 더욱 긴요한 것이다. 대화를 주고받고 손짓 발짓 어깻짓이 모두 호흡이 맞아야만 좋은 연극이 될 수 있는 것이다. 그야 관객까지도 무대와 호흡이 어느 정도로 맞아야 신이 나지만, 조명과 음악과 효과—말하자면 뒤 스태프와 호흡이 맞지 않는 한, 볼 만한 구경거리는 되기 어려운 것이다.

"앗! 정전이다!" 하는데 전등이 꺼지지 않는다든지, 당장 죽을 지경으로 침울한 표정을 짓고 있는데 음반이 잘못 걸려서 맘보 맘보가 튀어나온다든지, "아아, 고요하다! 죽음 같은 고요다!" 하고 배우가 외우는데 뒤에서 몇 친구가 투덜대는 소리가 들린다면 연극은 잡치는 것이 아닌가.

내가 어렸을 때에 이기세(李基世)의 「눈 오는 밤」이라는 1막짜리를 한 일이 있었다. 내 누이는 남편에게 버림을 받고 자살을 한다. 눈 내리는 밤 남편이 찾아온다. 나는 매부를 면박한다. 눈이 펄펄 내리고 있다. 관객은 내 한마디 한마디에 공감하고 통쾌해한다. 나는 자살한 누이를 생각하고 눈물을 흘리며 매부를 면박한다. 목 멘 소리에 관객도 눈물이 날 판이다. 긴장한 시간이다. 그런데 천장에서 눈을—종이 조각을—뿌리던 사람이 종이 조각을 담뿍 꾸린 신문지 꾸러미를 놓쳐서 툭 떨어지는 것이다.

눈물이고 슬프고 가엾고가 다 무어냐! 그만 '아가가' 웃음이 터지는 것이었다.

호흡을 최고로 중요시하는 것은 일본의 막 내리는 순간이다.

연기자와 막을 내리게 명령하는 사람과 막 내리는 사람, 그리고 전기 끄는 사람이 꽉 호흡이 맞지 않으면 안 되는 것이다. 명령하는 사람도 연기자의 급수와 같이 급수가 있다. 1급 배우가 끝 장면에 있으면 1급 명령자가 명령하고, 2급 배우인 경우는 2급 명령자가 명령하는 것이다.

명령자란 대패만 한 소리 좋은 나무토막 둘로 '딱 딱' 두드리는 것이다.

그런데 1급인 경우는 또 다르다. 막 내릴 임시해서 오른편(상수라고 하는) 끝에 사환들이 널판과 방석을 들고 나온다. 다음에 나무토막 두 개를 신주 모시듯이 모시고 나와서 널판 위에 놓는다. 정말 막이 내릴 무렵 해서 명령자는 점잖게 나와서 방석 위에 앉고 연기를 주시한다. 나무토막에 손이 간다. 인물의 위치와 연기의 최후의 틀이 잡히면 나무토막 둘이 널판을 '딱 딱' 때린다. 연기 인물은 그대로 스톱이다.

방석에 앉은 사람이 널판을 '딱 딱' 때린 소리를 신호로, 옆에 대기하고 서 있던 2급 명령자는 손에 들었던 나무토막을 또 '딱 딱 딱 딱' 때리고, 막을 내리는 키[舵]를 잡고 있던 사람은 키를 돌리기 시작하는 것이다.

전부가 간발 없는 완전한 호흡이다. '막이 내리지 않는다'는 말은 그 최후의 호흡이 맞지 않았다는 말이다. 그런 풍속이 그대로 우리나라에 들어왔었다.

이기세(李基世), 김소랑(金小浪), 김도산(金陶山), 임성구(林聖九) 등의 신파가 모두 그러했다. 윤혁(尹爀)이란 사람은 이기세 일좌(一座)에서 이름을 날린 좋은 배우였다.

"막을 내릴 수 있는 배우가 오늘날 몇 사람 안 됩니다."

그런 말을 하는 것을 여러 번 들었다.

"밑도 끝도 없는 싱거운 끝 장면이라도 말입니다. 가운데 서 있는, 말하자면 주역이 궐련 재를—재야 있건 없건 말입니다—손가락으로 톡 치는 그런 멋진 시늉이라도 있어야만 '딱!' 칠 수 있고, 스르르 막이 내리는 것이랍니다……"

삼십여 년 전에 들은 이야기다. 그때는 사실 그러했었고, 그것은 신파의 면모 역연(歷然)한 것이다.

요새 하는 현대극이나 번역극이나 국극(國劇)이라는 창극은 그런 것을 볼 수 없다. 끝 장면의 인물 배치조차 어제 오늘은 물론 낮밤이 다르게 보이는 일도 있다. 나무토막 소리같이 순간적이 아닌 흐리멍덩한 정(鉦)을 치는 매듭이기 때문에 아무 때나 끝을 낼 수 있는지도 모른다.

물지게 지는 사람도 호흡이 맞아야 하고, 찹쌀떡 꿀당고 장수도 호흡이 맞아야 하고, 돌을 나르는 사람들도 호흡이 맞아야만 한다.

긴 장대 가운데 밧줄을 내려서 큰 돌을 매달고 장대 양 끝을 두 사람의 어깨에 메고 나르는 경우다.

"영치기!"

"영치기!"

앞선 사람과 뒤선 사람의 영치기 소리가 장단과 고저가 맞아야만 힘에 겨운 무거운 돌을 지고 발이 떨어지는 것이다. "영치기!" 높은 소리로 나오면, 그 다음은 좀 낮은 소리로 "영치기!" 받아야 한다. "영치기!" 기운 없이 나오면 뒤선 사람이 기운을 돋우기 위해서 높인다. 박자는 같다.

그러나 고저는 '화음'이란 말이 악리(樂理)로 나타나기 전, 베토벤이란 사람이 출생하기 전부터 돌 나르는 사람들이 상용(常用)했을 것이다. 화음이 되지 않으면 장단이 맞지 않고 호흡이 맞지 않아서 무거운 것을 어깨에 짊어진 몸의 발이 떨어지지 않는 것이다. 무겁기도 하지만 자칫 잘못했다가는 발등에 돌이 내려앉게 되기 때문이다.

서울 방송에 「방송 게임」이란 프로가 있다. 공개 방송이라 청취자 중에서 희망하는 사람을 무대 위에 세워놓고 아나운서가 질문하고 대답하는 게임이다.

어느 날, 중고등학생이 등장한 일이 있었다.

"『순수이성비판』이란 어느 나라의 누가 쓴 것입니까?"

독일 칸트의『순수이성비판(純粹理性批判)』이다. 우리나라 중고등학교에서 이런 것을 가르치고 있는지 의문이 아닐 수 없었다. 이것은 내가 좋아하는 담당 아나운서라 창졸간의 실수라고 해두고 싶다. 다음에 이런 일이 있었다.

"우리나라의 신소설 두 가지만 들어주십시오."

"『자유부인』!"

"아닙니다. 신소설이란 좀 오랜……"

"『홍길동전』!"

"아닙니다. 삼 초만 더 드리겠습니다."

"『토끼의 간』!"

"아닙니다. 이 초!"

"……"

"미안합니다."

도대체 신소설(新小說)이란 무슨 말인가? 새 소설이란 말일 것이요, 그렇다면『자유부인』으로 넉넉히 좋은 대답이 되었을 것인데,

요설록 447

틀렸다는 것이다. 중고등학생은 말할 것도 없고 어른들도 땅김 못할 노릇이라는 듯이 석연치 않은 표정이었다.

그럴 것이 게임 문제의 '신소설'이란 말은 어떤 사람이 쓴『국문학사(國文學史)』에 편의상 분류해놓은 한동안의 소설을 지적하는 용어다. 『귀(鬼)의 성(聲)』이니 『추월색(秋月色)』이니 『만월대(滿月臺)』 따위다. 새 사람이 새로『국문학사』를 쓸 경우에는 '신소설'이란 용어를 쓰지 않을는지도 모를 일이다. 국문학을 연구하는 사람이나 『국문학사』를 읽은 사람이 아니고는 통하지 않는 말이다. '게임'에서 "유감입니다. 다음에 또 나와주십쇼!"를 당했다고 창피해할 것은 없을는지 모른다.

만자이(漫才)라는 것은 전연 호흡의 놀음이다. 우리나라에서는 '2인 만담(漫談)'이라고 하지만, 이름이 군색해서 그런지 발달도 유행도 되지 않는 모양이다.

방송이 가끔 시도해보다가는 슬그머니 자취를 감추고 하는데, 일본의 유행은 말할 나위도 없지만, 미군 방송의 연예 프로는 거의 이것이 차지하고 있고 웃음소리가 요란하다.

대개 남녀가 주고받는 대화의 흥미다. 일본에는 남녀도 있고 남자끼리만도 많다. 우리나라의 「홀쭉이 뚱뚱이」도 남자끼리지만 그저 웃기기 위해 천착한 어릿광대에 그치고, 대화의 묘미가 적다. 이름을 날리는 사람일수록 대화의 묘미가 높은 센스의 위트를 발산한다.

이 프로가 동경의 대극장에 등장하게 된 것은 이십 년 남짓한 역사밖에 안 된다. 간사이(關西) 지방에서 발생한 것이기에 지금도 대개 간사이 사투리요, 그것이 또 엉뚱한 맛을 낸다.

이것이 처음으로 동경에 나타날 때에 나의 친구 '임(林)'이라는 동경대 출신이 각본을 썼다. 짐작하는 독자가 많으리라. '엔따스 아쨔꼬'*라는 한 쌍의 대화는 거의 '임'의 각본이었던 것이다. 신감각파(新感覺派)의 창작을 하던 '임'이라 감각이 첨단적이요 대화의 묘에는 '말없는 시간'을 극도로 이용했던 것이다.

말하자면,

"......"

이런 따위다. 어이가 없다든지 질렸다든지 하는 경우에, 멍청히 상대를 바라보고 잠시 공백을 갖거나, 아주 돌아서서 한데를 바라보는 따위의 순간적인 태도다.

이런 연기는 그때에 비롯한 것이다. 폭소가 일어나는 것이었다. 완전한 호흡이다. 호흡이 맞지 않고 씨가 먹지 않는다면 이런 싱거운 일은 없을 것이다.

전찻삯과 버스 값이 오른 다음에 사 두었던 전차표를 받아주지 않았다고 해서 고소를 제기한 일과 대학생들이 "우리들도 학생이니 중고등학생들과 같이 취급해달라"고 진정한 일이 있었다.

대학생도 학생임에 틀림없고, 할인을 해주는 것이 마땅할 것이다. 그런데 이 진정이 쉽게 통과되지 않았다. 교통장관은 "학생 취급을 하고 할인하는 것이 옳다고 생각한다"고 엄명한 후에, 시청에

---

* 1930년에 등장해 이후 10년 동안 '만자이(漫才) 왕국'이라 불리는 만자이 전성시대를 이끌었던 남녀 배우.

서는 "대학생까지 중고등학생 나름 할인한다면 업자를 위해서 요금 인상을 인가한 본의에 위반되는 일이라"고 응하지 않을 것 같은 태도를 보인 일이 있었다. 호흡이 맞지 않는 일이라 할 것이다.

사실 명륜동에서 신촌까지 통학하는 경우를 생각하면, 광화문까지 20환 광화문에서 신촌까지 30환 해서 50환이던 것이, 광화문까지 30환 신촌까지 50환 해서 일약 80환으로 뛰었기에 당황했던 것이다.

그때에 어떤 대학에서는 버스 차장을 잘 타일러서 일체 전과 같은 요금으로 통했다는 이야기를 들었다. 다른 대학의 학생이 "우리들도 몇이서 몽둥이를 들고 정류장에서 지키고 더 받는 차장이 있으면 때려눕히면 되겠는데……"하는 말을 들었다. "할인해줄 때까지 버스를 타지 말자!"고 동맹한 대학도 있었다.

빨리 좋은 해결이 나기를 기다렸다. 빨리 해결이 나지 않으면 정말 대학생들이 몽둥이를 들고 나설까 두려웠었다.

좋은 해결이 내렸다. 학생 할인권을 사서 쓰라는 것이었다. 대학에서 집단으로 사서 나누어준 것은 한 장에 20환. 전 구간을 통하는 것이다.

명륜동에서 광화문까지 한 장 20환, 광화문서 신촌까지 한 장 20환, 도합 40환이 된 것이다. 인상 이전의 50환보다도 10환이 싸게 된 것이다. "인상을 인가한 본의"가 무색할 것이다.

씨가 먹지 않는 일이라 할 것이다. 그러나 '아차!' 하고 다시 개악(改惡)할 생각은 아예 하지 말기를 바란다. 대학생에게 교통비를 헐케 해주는 일은 옳은 일이요, 나라가 다음 대(代)를 생각하고 학문하는 국민을 아끼는 소이가 되는 것이다.

전차 회수권 문제는 여러 신문에 화제와 논제를 제공해주었다. 「전차 회수권과 운송 계약」이라는 어마어마한 논문까지 등장하게 되었다.

"어쨌든 이번의 운송 임금 인상의 경우에는 구(舊) 전차표 소지인이 인상 후의 요금과의 차액을 증불(增拂)하여야 한다는 것이 자연스러운 귀결점으로 생각되며 또 이것으로써 족한 것이다.

이것은 승차권의 가치에 관한 제 의견 중의 최대 공약계약(公約契約)인 최저한(最低限)의 선이다. 그러므로 본건의 경우처럼 구 승차권에다가 그 차액 10환을 덧붙여서 지불하였음에도 불구하고 승차를 거부하였다 함은 아무리 생각해도 이해가 가지 않는다."

어쨌든 '경전(京電)'의 처사는 경우에 어긋난다는 말이다.

삼십여 년 전에 일본에서 이런 일이 있었다.

내 친구로 해방 후에는 차관보(次官補)라는 자리에도 있었던 K가 동경에서 살림을 하고 있을 때였다. 집에 불이 났다. 모두 태워버린 그는 한구석에 벌겋게 퇴색한 손잡이 금고가 있는 것을 보았다. 지전과 은전 동전이 몇백 원 들어 있을 것이다.

K는 살그머니 열어 보았다. 은전 동전은 녹아서 덩어리가 되어 있고, 지전은 하얀 재가 되어서 종잇장처럼 차곡차곡 쌓여 있었다.

일본인 친구들에게 그런 이야기를 했다.

"거 한번 일본은행에 가지고 가보지!"

그런 말을 하는 사람이 있었다.

K도 거의 장난삼아 어쩌나 보려고 금고를 신문지로 꾸려서 고이

들고 일본은행 본점을 찾아갔다.

무슨 계원을 찾아야 할는지조차 모르겠기에 머뭇거렸더니, "무슨 일로 왔느냐?"고 수위가 묻는다.

수위에게 이야기를 했더니, "이리 오십시오!" 선뜻 앞서서 인도하는 것이었다.

계원은 이야기를 들은 다음, 지극히 사무적으로 금고를 받아 가지고 "잠깐 기다리시오!" 하고는 안으로 사라졌다.

기다릴 사이도 없이 퇴색한 금고를 도로 들고 나온다.

'그러면 그렇지! 너흰들 별수 있겠니! 허탕!'을 각오했더니,

"몇백 몇십 몇 원 몇십 전입니다. 백원권이 몇 장, 십원권 몇 장, 오원권 몇 장…… 틀림없습니까?" 하더라는 것이다.

틀림이고 여부가 없다. K는 그만 나가떨어질 지경이다.

"아니 그걸 어떻게 알았소?"

계원은 돈 받는 표를 써 주고 금고를 내주며 대수롭지도 않다는 듯이, "감정과(鑑定課)가 지하실에 있습니다" 하더라는 것이다.

천만 뜻밖에 대금(大金)을 받아 들고 돌아와서 수첩의 출납장과 대조해보니 잔액과 한 푼도 틀리지 않더라는 것이었다.

삼십여 년 전의 일이다. K는 지금 서울에 살고 있다.

전차 회수권의 경우 아무리 법적 근거가 어떻고 어떻고 간에, 기차표와 같이 '발행일 당일 일일한(一日限)'이란 글자가 없는 한 값이 올랐다고 해서 받아주지 않는대서는 말이 안 될 것이다.

'많은 사람의 이익'을 먼저 생각해야 할 것이다.

경전(京電)의 이익보다는 많은 시민의 이익을 먼저 생각해야 할

것은 상식인 것이다. 그야말로 '최저한의 선'의 상식일 것이다.

요새 사람들의 대화에서 '마아' '마아' 소리를 많이 듣는다. 말하다가 호흡을 조절하기 위해서 쓰는지 모르겠다.

"마아, 전차표까지 걱정할 거야, 마아, 없지 않소! 그저 마아, 우리끼리 한잔합시다그려."

'마아'란 접속사는 우리나라에 없는 말이다. 듣기에 어색하고 치사하기 이를 바 없다.

'궐자(厥者)가 사부로였던가?' 하는 생각이 나는 경우도 있다.

"어떻게 좀 호흡이 맞았으면 좋겠다. 앞뒤 이웃끼리도 말이지" 했더니,

"아이구 여보! 호흡이 맞기는커녕 호흡이 아주 막힐 지경이오!" 하는 친구가 있었다.

그러나 마아, 그렇게는 생각하지 않는다.

(『신태양』 1958년 1월)

8

"적막하지 않으십니까?"

어느 날 밤도 느지막이 내 방을 찾아준 시인은 박주(薄酒)를 들며 묻는 것이었다.

"왜요!"

이렇게 써놓기만 하면 되물은 것으로 보이거나, '적막할 것이 있겠느냐'고 한 말같이 보일 것 같구나. 말의 억양이 필요하니 내가 한 말뜻을 바로 표현할 수 있는 표식이 없을까.

왜요!

'왜 적막하지 않겠느냐!'는 뜻으로 대답했던 것이다.

경상도 사투리로 "언제요!" 한다면, 그것도 "왜요!"와 다를 바 없을 것 같다. 묻는 사람의 눈치를 보며 그것도 대답한 것이었다.

아내는 외출했고, 애들도 돌아오기 전이었다. 그러니 집이 쓸쓸했을 것이다. 그러나 집이 쓸쓸해서 '적막하지 않으냐?'고 묻는 것만은 아닌 것 같았다. 그보다는 세월이 쓸쓸하지 않느냐, 인생이 적막하지 않으냐는 뜻으로 묻는 것 같았다.

잔을 들며 이런 말을 주고받을 수 있는 일은 쉬운 일이 아닐 것이다. 사람이 그렇고 처소가 그렇다. 요정이나 거리의 빈대떡 집에서는 나올 수 없을 것 같다.

문득 '대불(大佛)'이란 사람이 생각났다.

요코하마(橫濱)에 있는, 파리에 오랫동안 살다가 돌아온 사람이 연 바를 그는 단골로 다녔는데, 어느 겨울 밤 거기서 늦도록 진탕 마신 일이 있었다.

이튿날 아침, 그는 역시 같이 마신 '금(今)'이라는 사람에게,

"회한을 느끼지 않나?" 그렇게 묻는 것이었다.

"왜!"

그런 대답을 했었다.

그 대답도 똑같은 것이었다. 억양의 표식이 없으면 반대로 해석하게 되리라기보다 전연 뉘앙스를 느낄 수 없을 것이다. '왜 안 느끼겠어요!' 그런 말이었다.

대단히 좋은 말이라고 생각했다. 대취(大醉)한 다음 날, 아침에 크게나 작게나 회한을 느끼지 않는 사람은 없으리라. 그 회한도 하나의 적막이다.

나는 삼십 년이나 되는 옛날에 읽은 아쿠타가와(芥川)의 아주 짧은 단편을 가끔 생각한다.

「도록고」라는 것이다. '도록고'는 말하자면 'Truck'인데, 기차 선로나 침목이나 자갈을 고르기 위해서 사람이나 재료를 싣고 손으로 '영치기, 영치기' 눌러가며 선로 위를 달리는 뚜껑 없는 짐차다.

아이들은 기차나 화차는 무서워서 가까이 가지 못하지만 손으로 눌러야만 움직이는 조그만 도록고는 마치 작은 당나귀나 토끼같이 만만하게 생각되어 정을 느낀다. 마을 소학교 아이들은 그저 그 둘레에 모여서 한번 타보았으면 하고 침을 흘린다.

거의 해가 저물어가는 어느 날, 인부들이 일을 끝마치고 집으로 돌아가려 할 때에 한 아이가 인부들에게 청을 한다.

"좀 태워주어요!"

"타렴!"

아이는 좋다구나 올라탄다.

인부가 영치기 영치기 눌렀다 올렸다 하니 도록고는 뜨르르 굴러간다. 멋이다.

자기의 납작 집은 저 아래로 까마득히 보이고, 도록고는 달린다. 신이 난다. 마을은 멀어지고 낯선 벌판을 휑하니 달리기도 하고, 양편에 나무숲이 우거진 골짜구니 같은 곳도 씽씽 달린다.

가다가 작은 마을이 있을 때마다 인부는 한 사람 두 사람 내린다. 제 집으로 돌아가는 것이다.

해는 아주 저물어 어둠이 짙다. 맨 나중 인부도 내린다. 혼자 남았다.

도대체 여기가 어디냐? 우리 집 우리 마을에서 몇 십 리나 온 것이냐? 그 허허벌판도 어두워졌을 것이고, 그 골짜구니같이 깊은 숲 사이도 캄캄 어두워서 도깨비가 나올는지도 모르는데, 거기를 어떻게 혼자서 걸어가나?

어린아이는 눈물이 핑 돈다.

자세하지는 않으나 그런 단편이었다.

머리카락이 온통 곤두서고 진땀으로 온몸이 젖는다 하더라도 고작 한두 시간을 뛰면 제 마을 제 집을 찾아 들어갈 수 있는 어린이의 두려움과 설움이다. 30장이 못 되는 짧은 단편소설을 읽은 어른들에게는 한낱 싱거운 이야기일는지 모르나, 생각하면 올차고 야무진 적막이다.

친구 좋고 술 좋고 놀기 좋아 도록고를 타고 신이 나서 달리듯이 엉둥덩둥 오십 고개를 넘어선 인생이라면 곤두세울 머리카락이 있을는지, 숲 속의 도깨비가 무서워서 배어 나올 진땀이 있을는지도 의문이거니와, 달음박질 뛰어 돌아갈 희망의 마을이 없는 것이다.

「파」라는 단편도 지극히 짧은 것이지만 잊히지 않는 것이다.

소설가가 작품이 씌어지지 않기에 몇 번 드나들었던 카페에 몇 번 만난 적이 있는 웨이트리스, 말하자면 여급을 보러 간다. 예쁘장하고 상냥한 그 여자나 만나면 신통한 생각이라도 떠오를까 해서 찾아간다.

이것도 자세하지는 않으나, 자기 집에 놀러 가자고 한다.

혼자서 셋방살이를 한다기에, 그런 방에 들어가보면 퍽 재미있으리라, 어떻게 차려놓고 어떤 냄새를 풍기고 살고 있을까, 함빡 상상에 낭만의 꽃을 피우며 따라 나선다. 둘이서, 첫사랑의 애인끼리 같이 걷는 것도 낭만이다. 그런데 그 여자의 집도 거의 가까운 찬가게 앞을 지나더니, 다시 돌아서 종종걸음으로 찬가게에 들어가는 것이다.

"이 파 한 단에 얼마 하죠?"

그런 소리가 들린 다음 그 여자는 파 한 단을 손에 들고 나오는 것이다.

더 그 여자를 따라서 그의 살림집을 찾아 들어갈 용기를 잃는 것이다.

그런 줄거리였다. 적막을 느꼈던 것이다.

어느 날 밤도 겨울 밤, 눈이 내려야 할 철에 봄비같이 부슬비가 내리는 어느 날 밤, 내가 누운 옆의 자리에 자리 잡고 전등을 끈 고등학생 아이가 하는 말이 "이런 날은 어쩐지……" 하고 내게 던진다기보다도 혼자 중얼거리는 것이었다.

"어쩐지?"

아이의 말뜻을 짐작할 수 있을 것 같고, 그래서 한편으로는 '인석도 벌써 그런 생각이 있나?' 하는 선뜻함에 속을 다 들어볼 양으로 어두운 가운데서도 웃는 낯으로 나직이 물었다.

"……어쩐지 공부도 잘 안 되구…… 고독을 느껴요."

수줍은 듯이 말꼬리를 흐리는 것이었다.

'무어 고독! 아아니, 아버지 어머니가 다 있는 놈이, 더욱이 아버지 옆에 누워서 고독이라니? 고얀 놈 같으니! 고독이란 말은 아버지 어머니 없는 자식이나, 자식 없는 사람이 말하는 것이야!'

그런 말을 하지는 않았다.

아버지를 옆에 모시고도 고독을 느끼는 아들, 아들을 옆에 끼고도 적막을 느끼는 아버지.

나도 그만 나이 때에 그런 마음이었던 적이 있었다. 아버지를 모시고 자는 자리에서 역시 고독을 느끼는 일이 있었다. 그러나 나는 아버지께 그런 말을 말씀 드려본 적은 없다.

그렇다면 말이라도 쏟아놓을 수 있는 그 애는 나보다 낫다고 할 수 있을는지 모른다.

새벽이고 밤중이고 부르는 노래는,

창문을 열어다오

　　내 그리운 마리아

　　다시 날 보여다고

　　아름다운 그 얼굴

　　내 마음을 태우면서

　　밤마다 기다림은

　　그리운 그대 음성

　　듣기 원함일세

　이탈리아의 민요 「마리아 마리(Maria Mari)」다.

　"창문……"만 나오면, "야! 무에 그리 답답하다고 창문을 열라는 거냐?" 어머니도 말하고 형제도 말하는 것이다.

　그 목소리마저 작거나 얕은 것이 아니다. 배 속에서 우러나오는 우렁차고 거센 소리가 장지를 흔들고 대들보에 울릴 지경이다.

　어머니는 후닥닥 장지를 열고 "이러면 되겠니? 제발 좀!" 하기도 한다.

　듣기 싫고 시끄럽고 귀찮기는 하지만, 한편 '저것도 벌써 어린애가 아니다' 하는 대견한 마음과 품에서 떠나가는 것 같은 서운함을 느끼는 모양이다.

　나는 그런 나이 때에 소리를 마음껏 지르지 못했었다. 남의 나라의 좁은 하숙방이었기 때문일 것이다.

　밤이면 사람들이 득실거리지 않는 밝지 않은 곳을 얼마든지 걸었고, 낮이면 그저 하늘을 쳐다보고 지냈다.

하늘을 쳐다보기만 한 줄 알았더니 입 속으로 웅얼웅얼 노래를 중얼거렸던 모양이다. 수 년 후 취직한 곳에서—그것도 몇 해가 지나서야 어떤 간부 사원이—말하는 것을 들은 일이 있었다.

"처음에는 참 보기에 딱했어. 얼굴은 곱게 생겼는데, 이게 원 좀 바보가 아닌가, 모두들 그렇게 생각했었어. 일하다 말고 슬그머니 밖으로 나가서는 하늘을 쳐다보고 웅얼웅얼…… 원 그게 노래를 중얼거리는 것인 줄이야 알 수가 있었나. 그것두 한두 번이래야 말이지, 이건 거의 온종일이거든. 지금 생각하니 그게 바로 자네의 향수(鄕愁)야!"

쓸 만한 사원이 된 다음에야 실토한 말이었다.

향수나 여수(旅愁)뿐이 아니었을 것이다. 적막이다. 그것은 오랫동안 나의 습성이 되어 있었다.

어려서는 밤거리를 얼마든지 걷고 멈추는 곳이 '전택(田澤)'이라는 학생 다방이었다.

거지같은 다방이었다. 학생들이 콩나물시루 속같이 들어박혀 한 번 앉으면 돌아앉기는커녕 모로 앉아볼 수도 없는 좁은 자리였다. 커피와 땅콩과 드라이진이 있었다. 온종일 레코드 음악을 들려주었고 유성기 앞에—그러니 정면에—주인의 딸이 반드시 서 있는 것이었다.

넙데데한 얼굴에, 덧니박이에, 만날 똑같은 검정 비로드 원피스에, 머리가 좀 빈 데가 있지 않나 하는 처녀였지만, 온종일 그림같이 서 있었다. 웃음을 띠고 있다기보다는 그저 입을 벌리고 있을 뿐인데,

여드름딱지 손님들은 처녀를 '모나리자'라고 부르기도 하고 '모나리자의 미소'라고도 했었다.

예쁘다고 생각해본 적은 없어도 열흘, 스무 날, 한 달, 두 달, 드나들어 바라보는 사이에는 밉지 않은 정이 들고 정은 미감(美感)의 척도를 둔하게 만드는구나.

객이 청하는 레코드는 선뜻 걸어주었고, 단골손님이 된 다음에는 손님이 들어서자 곧 좋아하는 레코드를 걸어주기도 했다. 환영의 뜻이기도 하고 내버려두어도 청할 것이 뻔하기 때문에 지레 때우는 일이 되지만, 여드름딱지 손님은 감격해 마지않는 것이었다.

드라이진도 가짜는 아니었다. 엄지손가락만 한 작은 글라스에 남실남실 그 맑기가 여느 물빛이 아니다. 연잎에 구르는 물방울같이 맑고, 엎지르면 구슬이 되어 흩어질 것만 같다. 들여다보면 푸른 하늘도 보이고 한 올 구름도 보이고 눈여겨보던 별도 반짝이는 것이다.

한입에 넣어도 시원치 않을 분량이지만 맑은 독주를 열 번 스무 번으로 마시는 것이다. 한 모금 두 모금으로 온몸이 타오르고, 그러면 「트로이메라이(Träumerei)」니 「아 라 홀리데이」쯤으로 그만 눈물이 쏟아지는 것이다.

머리를 푹 파묻고 있는 그런 사람들이 여기저기 있었다. 진이 아니라도 커피 잔에 땅콩 껍질만 쌓아놓은 자리에도 그런 사람이 많았다. 모두 울고 있는 것이다.

더벅머리가 아니더라도 머리를 기른 대학생들이다. 고향이 그리워서 어머니가 그리워서 형제가 그리워서 쏟아지는 눈물이 아니다. 사랑하는 여자나 생각하는 여자가 있어서 슬퍼지는 것도 아니다. 하숙집 아주머니가 못되게 굴어서 슬픈 것도 아니다.

생리학적으로 따진다면 여드름딱지나 마찬가지 과잉 호르몬의 배설 현상이라고 할는지 모르나, 적막을 느낀 것에 틀림없다.

몇 방울 눈물을 흘리고는 가슴이 후련해서 또 밤길을 걸어 돌아가는 것이다.

몇 달 전『신태양(新太陽)』지의 좌담회, '대학생과 성(性)'에서 사회 이용희(李用熙) 교수가 한 말이 생각난다.

"교제를 한다든지 담화를 한다든지 하면 이게 다 성 발산이 되는 건데, 그렇지 못하니까 그때에는 운동을 한다든가 독서를 한다든가 해서 잊어버리고, 그것이 잘 안 될 경우엔 연애소설, 영화, 그런 걸 가지구 발산했는데……

우리 때두 다방에 앉아서 명곡 감상이라구 몇 시간씩 앉아 있었는데, 지금 가만히 생각하니까 그것이 성 에너지를 무의식중에 발산한 것이라 생각해요. 그런데 지금은 직접 성 발산을 할 수 있는 데로 가까워 가는, 발산하려는 남녀 학생이 많아지는 것 같아요……"

'전택(田澤)'에는 지금 우리나라에서 이름을 날리는 사람도 많이 드나들었다. 어떤 때는 우리나라 사람 태반이 앉아 있기도 했었다.

내가 그곳을 졸업하게 된 것은 일에 골몰하게 된 때문이기도 했지만, '직접 발산의 면'에 들어섰다고 할 수 있으리라. 여자는 수두룩 걸리대었고, 웬만한 것은 거들떠보지도 않았고, 눈에 띄는 여자라면 '얘, 쟤' 할 수 있었기 때문이리라.

그러나 어디까지나 정신적이었지 육체적은 아니었다. 그것은 그 여자를 위해서라기보다는 나를 아끼고 내 몸을 깨끗하게 가지고 싶었기 때문이었다.

 술친구 K 남작은 돈을 물 쓰듯 하는 오입쟁이였다. '부케(Bouquet)'는 K가 취미로 벌인 바였다. 이름 있는 바를 다녀봤자, 바텐더의 솜씨가 마음에 들면 여자가 쌍스럽다든지 환경이 마음에 들지 않는다든지, 마음에 드는 여자가 있는 집은 바텐더가 솜씨가 없다든지 가짜 술을 쓴다든지 드나드는 객이 눈에 거슬린다든지 해서, 마음에 드는 환경과 바텐더와 여자를 마련해놓고 마음 맞는 친구만을 손님으로 할 양으로 벌인 바였다.

 긴자(銀座)에서 조금 구부러진 번화한 거리의 빌딩 일층을 로코코 식으로 온통 방 치장을 하고, 스테인드글라스로 창을 내고, 도어마저 양각한 육중한 놈을 세우고, 장식 하나에까지 17세기 취미를 발휘했으니, 어마어마해서 건달은 물론이지만 웬만한 술꾼은 들여다볼 엄두도 내지 못했었다.

 바텐더도 일류를 뽑아 왔지만 색시 둘이 또 뛰어난 인텔리 미인이었다. 마담 행세하던 S는 나중에 일류 잡지 C 공론사 기자가 되고, 꼬마 Y도 나중에 이름을 날렸다.

 어떤 날 Y를 찾아서 놀러 온 미인이 N이었다. 털 깃 단 외투를 입었는데 보드라운 털 깃 속에 턱과 얼굴 반이 푹 파묻혀 있었고, 하얀 베레를 길게 늘어뜨린 머리 위에 얹고 있었다.

 나는 들어가면 으레 왼편 카운터 앞에 자리 잡는 것이었는데, 그날은 오른편 넓은 홀 가운데 테이블에 S와 Y가 있고, 낯선 호화롭고 예쁘장한 여자가 있기에 그쪽으로 발을 들여놓았다.

 "예쁜데! 누구야?"

나는 서슴지 않고 물었다.

Y는 N을 소개해주었다. 동창생이라는 것이었다. 교토(京都)의 지체 있는 집의 딸인데, "임자가 있어요!" 그런 말까지 했다.

그러나 나는 곧장 말을 건넸다.

"한잔 같이 할까?"

N은 얼굴을 움직이지 않은 채 빤히 바라보더니 "좋아요!" 했다. 눈이 예뻤다.

"칵테일?"

"진 피즈(Gin Fizz)."

"흥, 그거 좋지. 홀딱 마음에 드는데!"

"호호……"

진 피즈라는 술은 시원하고 향기롭기는 하지만 서투른 자리에서, 더욱이 초면 남자와 같이 마시지는 않는 것이기 때문이었다.

"매일 밤 좀 나오지!"

"나올까요……"

진 피즈가 오니 외투 깃을 젖히는데 젖가슴이 요새 지나 롤로브리지다(Gina Lollobrigida) 만큼이나 두드러져 있었다.

한 잔을 들더니 팔뚝 시계를 보고 Y에게 "시간야!" 하며 인사를 하고 총총히 일어섰다.

이십 전인데 해산한 지 며칠이 안 된다는 것이었다. 아기에게 젖줄 시간이라는 것이었다. Y와 같이 댄스홀에 드나들었었는데 밴드맨에게 유괴되어 아파트에 며칠 동안 감금을 당했고, 그래서 낳은 아기라는 것이었다.

밴드맨은 귀족의 아들로서 그런 짓을 상습으로 하는 불량학생이라 그 후로는 얼씬도 안 한다는 것이었다. 낮에는 대학에 나가고 밤에는 취업이라기보다 놀이로 밴드맨이 되는 것이다.

다음 날도 N은 부케에 나왔다.

이렇게 알게 된 N과의 사이는 그 후 칠팔 년 계속되었다.

나는 다른 여자들에게와 같이 안데르센의 『즉흥시인(Improvisatoren)』 두 권을 선물했다.

어떤 날 N은 나에게,

"포스터(Foster)를 좋아하세요?"

하고 묻는데, 나는 그것을 몰랐다.

"좋아하실 것 같은데…… 켄터키 홈, 스와니 강, 올드 블랙 죠, 향수, 고향을 떠나며……"

"아, 그거!"

나도 즐겨 듣던 노래다. 그러나 작곡자의 이름을 나는 몰랐고, N은 그의 작곡을 모아 가지고 즐겼던 것이다.

그러니 N의 지식과 센스는 나의 일에 많은 힌트와 도움을 주었다.

젊은 여인들이 좋아하는 일, 취미, 유행을 나에게 알려주는 여자 동무들 중에서 가장 많이 가장 크게 도와준 사람이 N이었다.

잡지 페이지마다 짧은 점괘를 넣어서 독자들이 잠깐 장난삼아 점을 쳐보게 하는 것이 어떻겠느냐는 말도 그가 한 것이었다. 한동안 인기를 끌었던 것이었다.

혼자 사는 내 방에 와서 한나절을 놓고 가는 일도 있었고, 밤에 요코하마로 드라이브해서 언덕 위 잔디밭에 뒹굴며 뒤로 바다, 앞으로 불야성(不夜城)을 내려다보며 첫닭 우는 소리를 들은 일도 있었다.

아기를 안고 내 방에 온 일도 있었다.

"한번 보아주세요. 이 애 할아버지가 굳이 달라고 해서 인제 곧 주어야 할 거예요."

그런 말을 했다.

동기라고는 하나밖에 없다는 남동생을 데리고 와서 인사를 시킨 일도 있었다.

동생이 군대에 불려 나갈 때도 인사를 시키러 왔었다.

오륙 년이 지났다.

사무실에 자주 드나들었기 때문에 모두 낯이 익었고 내 친구들과 함께 차를, 혹은 식사를 한 일도 있었다.

어떤 오후에 찾아와서 그릴에서 오랜 시간 이야기한 끝에 나는 이런 말을 한 일이 있었다.

"다들 우리를 그렇잖게 보는 모양이지. 우리도 한번 어디 가볼까?"

호텔이라든지, 같이 자러 가는 곳을 말한 것이었다.

"호호, 오늘은 별말씀을 다 하셔. 그런 생각이 다 있으세요?"

여내 웃으며 말했다.

"……"

"전 그런 것 다 지낸 것 같은데, 생각이 있으시면…… 인제 싱겁잖아요……"

부끄럼 기도 없이 말하는 것이었다.

둘이 함께 웃을 수 있었다.

그런 말로만 발산한 것은 어느 모로 따지면 더 큰 죄악이겠지만, 그러했기 때문에 N이 재혼한 후에도 우리는 서로 왕래하고 그의 남편 앞에 그의 동생 앞에 나설 수 있었다고 생각하는 것이다.

적막은 아들과 아버지 사이뿐이 아니다. 때에 따라서는 아내를 옆에 뉘어놓고도 고독을 느끼는 남편, 사랑하는 남자를 옆에 두고도 적막을 느끼는 여자도 있는 것이다.

직접 발산을 하면 곰겼던 적막을 메꿀 수가 있을까. 그 후에 오는 적막은 또 무엇으로 메꿀 것인가.

아름다운 여자의 잔등이만큼 적막을 모지게 느끼는 것은 없다.

양 어깨에 솜방망이를 아무리 두툼하게 메꾸고 삼각산 모양으로 치켜올려 도도하게 어깨바람을 피워도 그 잔등이만큼 적막을 느끼는 것은 없다.

한 쌍의 동물이 된 다음에 그것은 더 속절없이 느끼는 것이다.

그 저편에 아름다운 얼굴과 눈과 코와 입술과 눈썹과 젖가슴을 생각하지 않는다면, 그렇게 허무하고 슬픈 담벼락은 없을 것이다. 차라리 성벽이라면 무늬라도 있지, 허허 민 듯한 덩어리가 슬프기만 한 것이다.

그렇다면 사람은 적막을 짊어지고 있다는 것일까.

적막의 저편에 아름다움이 있다는 것일까.

그러나 나는 적막을 느끼는 시간을 즐겨 왔다.

이국(異國)에 살던 열여섯 때부터 주위의 소음에 휩쓸리지 않기를 원해서 푸르건 흐리건 하늘을 우러러보며 웅얼거리는 시간을 즐졌고, 스물네 살부터의 일 년을 새너토리엄의 독방에서 고산(高山)의 하늘을 바라보며 눈물 흐름을 즐겼고, 지금은 아내도 아이들도 다 나간 조용한 집 안에서 적막에 겨워 무릎이라도 꼬집고 싶은 시간을 즐기고 있다.

적막을 속속들이 맛보고 되씹고 깨물고 가라앉히는 것이다.

그런 시간은 그리 긴 시간은 아니다.

그런 시간에 악(惡)이 떠오르지는 않는다.

저편의 아름다움을 그리는 것이다. 승화(昇華)하는 시간이다.

사람의 일생을 산문이라고 한다면 적막을 느끼는 시간은 시심(詩心)의 시간이라고 할 것이다.

(『신태양』 1958년 2월)

9

본가에 갔다가 돌아온 아내는 센베이 100개쯤이나 들 만한 종이 봉지 하나를 주며 호들갑스레 말하는 것이었다.
"아주 귀한 거예요. 술 반찬으로 하세요. 얌생이를 포로 뜬 거예요!"
어머니는 일 년에 한 번 방학 때라야 만나는 무남독녀 외딸을 보신시키려 얌생이 한 마리를 구해 왔더라는 것이다.
한 마리를 고아서 먹으라고 하는데, 혼자서 먹기가 안되어서 조금만 포(脯)로 떠서 가지고 온 것이라는 것이었다.
'엠메에 엠메에……'
시골 사람이 새끼줄에 목을 매어 가지고 여남은 마리씩 길로 끌고 다니는 그것이다. 까만, 조그만 놈이 요리조리 몰려서 끄을려 다니며 '엠메에 엠메에' 하는 것을 여러 번 본 일이 있었다.
"저놈이 좋대! 여간 보신이 되는 게 아니래!"
그런 말도 들었다. 그러나 보신보다는 처량한 생각이 앞섰다. 아무리 몸을 보한다기로서니 저놈을 어떻게 잡아먹는담, 그런 생각이었다.
차마 못할 노릇이라는 생각이었는데, 고놈을 고아 먹고 한끝을 포로 떠서 가지고 왔다는 것이다.

"난 싫어!"

"에유, 좀 자셔보세요. 육포나 다를 것 없어요. 더 연하고 괜찮아요!"

그래도 먹을 생각이라기보다 들여다볼 생각도 없었다. 밀어 두었다.

아이의 생일이라 친구들이 온다기에 그것을 육포 대신 쓰라고 내주었다.

아랫방에서 아이 친구들이 모여서 저녁을 먹는데,

"야하! 이거 얌생이다! 아주 연하고 고소하다. 먹어 보아……"

벌써 한 아이는 그것을 알아맞히는 것이었다.

스무 살이 되었을까 말까 하는 아이다.

그렇다면 그 아이는 벌써 먹어본 일이 있는 모양이니, 딸이나 아들에게 보신시키기 위해서 얌생이를 먹이는 어른은 많은 모양이라고 생각하게 되는 것도 무리는 아니리라.

산후(産後) 산모에게 좋고 허약한 사람에게 좋다는 것이었다. 그러나 나는 얌치를 생각했다. 내 몸을 보신하기 위해서 '엠메에 엠메에' 하고 무리에서 떨어지지 않으려고 서로 몸을 비비며 같이 종종걸음으로 걸어가는 고놈을 잡아 먹어야 하는 얌치를 생각한 것이었다.

허기는 참새도 그렇다고 할 것이다.

명동에 군참새 집이 한 집 생긴 것은 재작년 겨울이었을 것이다. 인기를 끌어 손님이 콩나물시루 속같이 빡빡이 들어서서 참새 두 마리 한 꼬치에 60환, 청주(淸酒) 한 컵에 60환을 즐기는 사람이 많았다.

금년에는 굉장히 늘었다. 명동만 해도 수십 집이 될 것이다. 모두 새끼줄에 모가지를 낀 참새가 수백 마리씩 주렁주렁 벽에 매달려 있다.

껍데기 홀딱 벗긴 참새를 자글자글 구워 오면 대가리부터 아작 씹어 먹는 것이다. 대가리 속의 뇌장(腦漿)이 맛이 있기 때문이다. 뼈도 아삭아삭 연하다. 호르몬과 칼슘과 양기를 돋울 요소가 고소하고 야금야금한 입맛으로 섭취되는 것이니, 그렇지 않아도 맘보 맘보 시대에 호르몬을 과용해야 하는 젊은이들이 생명수 샘물이나 찾아들듯이 몰려들 수밖에. 얌치를 생각하는 것이다.

젊은 여자들의 맘보바지라는 것도 얌치를 생각하게 하는 것이다. 맘보바지라기보다 차라리 얌치바지라고 부르는 것이 좋을는지 모른다.

요새 처음으로 생긴 바지냐 하면 그렇지 않다. 삼십 년 전까지 인력거 끄는 차부가 그런 바지를 입었었다. 총대바지라는 것이다. 까만 총대바지에 하얀, 어쩌자고 일본 사람의 족의(足袋)라는 타비까지 신고, 어쩌면 일본의 삿갓까지 쓰고 인력거를 끄는데, 예쁜 기생이나 태우고 장안 대로를 달리는 경우면 신이 나서 "하이이 하이이!" 하고 소리소리 지르며 사람을 비키게 했던 것이다.

그 몇 해 후에 전쟁이 시작되니 모든 국민은 전시체제라고 해서 필승의 신념을 가지기 위해서는 몸단장부터 결전태세라야 한다고 폭 넓은 바지를 못 입게 하고 총대바지를 입거나 각반을 치게 했었다. 각반을 치기 싫으면 총대바지를 입어야만 밖에 나설 수 있었으니 총대바지는 아랫도리에 단추를 끼는 것이다. 땅꼬바지라고도 불렸던 것이다.

요새의 맘보바지와 가릴 바 없다.

맘보바지는 말하자면 노출증의 절정이라 할 것이다. 고무 젖을 옭아매어서 브레스트를 푸짐하게 하고, 허리를 코르셋으로 졸라매어 웨이스트를 가늘게 한 것만으로도 성에 차지 않아서, 힙까지 드러내어 프랑스 빵 같은 볼기짝과 앞둔덕과 넓적다리 정강이 무릎까지를 흔들어 보여 선정(煽情)하자는 의상이다.

인력거꾼이 새하얀 타비에 까만 총대바지를 팽팽히 입고 "하이이 하이이" 하며 신이 나서 달릴 때 그 넓적다리와 정강이와 무릎에 기생은 강인한 남성미를 느끼었고, 목적지에 닿았을 때 차부가 덥석 안아서 내려주는 데 녹아서 부자고 오입쟁이고 모두 저버리고 차부와 같이 살게 된 기생이 많았던 것을 생각할 수 있는 것이다.

맘보바지 입고 명동이나 종로 거리 우툴두툴한 인도를 너덜너덜 걸어가는 것을 보면 선정커녕은 먼저 얌치를 생각하게 되는 것이다.

남의 나라 신유행이라고 무턱대고 제꺽제꺽 받아들일 일은 아닐 것이다.

화장(化粧)도 그렇다. 모가지는 새까만데 상판만 회벽같이 칠해놓은 것이나 나일론 양말에 복숭아뼈 가무잡잡한 따위다. 서양은 거의 모가지 드러내놓는 풍속이니 모가지와 어깨까지가 얼굴만큼이나 중요한 일이지만 일본 여자도 목을 더 희게 한다.

하기는 얼굴보다 아주 두드러지게 흰 것은 '백수(白首)'라고 해서 갈보의 별칭이기도 하지만, 모가지 꺼멓고 상판만 희게 하는 화장은 거의 없다.

모가지와 귀에 까맣게 때 앉히고 뒤밑머리 지저분하면서 상판만 반질하게 한 화장이란 우리나라 여성의 특색일 것이다. '동정'이라는 귀하고도 귀찮은 것이 있기 때문일 것이다. 그렇다고 비닐 동정이란 아무리 오뉴월 복중(伏中)이라도 보기에 딱한 것이다. 그것 하나 칠칠하게 갈아 달지 못하는 여자란 생각만 해도 끔찍하기 때문이다. 보이는 곳이 저렇다면 보이지 않고 눈에 띄지 않는 곳은 얼마나 게으르고 단조로울 것이냐고 생각하게 되는 것이다. 남자의 동정이 꾀죄죄해도 곧 그의 아내를 생각하게 된다. 설마하니 아내야 저런 동정을 달고 다니지는 않겠지— 얌치를 생각하는 것이다.

그린 사마귀(·)가 또 유행이다. 볼에도 그리고, 이마에도 그리고, 뺨에도 그리고, 입가에도 그리고, 이마 한 귀퉁이에도 그리고 나타나신다. 차마 제가 그리고 나서지는 않을는지도 모를 일이다. 미용사도 흔하니 미장원에서 그려주었는지 모르겠지만 얌치없는 것이 많다.

이것도 미용한 바에야 "요기를 좀 보아요! 예쁘지 않아요?"가 아니면 그 흑점 하나로 해서 상판의 흠을 메꾸자는 것으로 쓰기 시작한 것인데, 이건 형편없는 곳에 먹칠을 해놓는 이가 많은 것이다.

남이 한다고 아무 것이나 따라할 것도 아닌 것 같다.

우리 집은 큰길에서 좁은 골목길을 끝까지 들어가야 하는데, 골목 끝까지 지프차가 들어오는 것이다. 바로 들어섰으면 나올 때는 '빽! 빽!'으로 나와야 하고, 뒤로 디밀어서 세워놓을 때가 많다.

차가 서 있으면 자전거도 리어카도 지나갈 수 없고, 강냉이 장수 모찌모찌 장수도 되돌아 나가야 하고, 사람은 담벼락에 착 붙어서 오징어가 되어야 지나갈 수 있는 것이다.

"누구야? 아무도 없느냐? 어디로 지나가란 말야?"

밤도 이슥한데다가 약주 기운도 있어 한바탕 호령을 했다.

앞뒷집에서 사람이 뛰어나올 판이다. 지프차에서도 하는 수 없이 어슬렁어슬렁 내려섰다.

"누구의 차야?"

"부각하입니다."

"부가카? 부가카가 무어요?"

"××단 부단장 ○대령이야요."

"하하하……"

나는 한바탕 웃을 수밖에 없었다. 나직이 말했다.

"여보, 부가카가 무어요. 남이 들으리다. 대령이면 대령이지 부가카가 무어요? 준장도 각하라고 부르지는 않기로 되어 있지 않소? 부각하란 말은 세상에 없는 말이오."

말하기조차 쑥스럽고 창피할 지경이었다.

"그리고 말이오, 이런 좁은 골목에는 차를 넣지 말라고 상관의 명령이 엄중 시달되어 있다고 들었는데. 이렇게 하면 동네 사람들이 싫어할 것이 아니겠소…… 당신이야 부각하라고 부르든지 삼분의 일 각하라고 부르든지 상관없지만 동네 사람들의 경의도 받도록 해야 할 것이 아니겠소……"

"그만 조용히 들어가시지요!"

잔소리가 듣기 싫었든지, 그쯤 난들 모르겠느냐는 것인지, 젊은이가 타이르듯 말하는 것이었다.

상인의 지프차도 가끔 들이닥친다.

다음 골목에서도 불쑥 지프차가 나온다.

지나가던 사람은 주춤하게 된다.

"요놈아! 네가 먼저 나와야겠느냐? 내가 먼저 건너 서야 할 것이 아니냐?"

멈추어 서는 사람의 눈총은 거의 모두가 그런 눈치다. 그러나 사람을 먼저 건너가게 하는 지프차는 별로 보지 못한다. 사람을 멈추게 하고 쌩 나가버린다. 그 속에 무에 들었느냐 하면, 장사꾼이 아니면 그 아낙이다. 번질한 옷차림의 꼴불견의 아낙네다.

지프차는 전쟁에 쓰라고 준 것이지, 장사꾼이나 장사꾼의 아낙네나 작은집이나 마담 태우라고 온 것은 아닐 것이다. 그 안에 울긋불긋한 커튼까지 내리고 시시덕거리며 지나가는 것을 보면 얌치를 생각하게 된다. 나올 때 들어갈 때, 길가의 노점상인은 생선 마리나 달걀 꾸러미나 김 첩이나 벌이고 있던 판때기를 들고 일어서야만 하니, 좋은 말이 나올 리 없는 것이다.

"조런 놈의 얌치 보아!"

종일토록 서서 목청껏 외치며 팔아도 먹고 살기 어려운 그들의 쑤군댐이다. 얌치없는 어떤 못된 조상이 흘린 못된 씨일까 생각하게 되는 것이다.

돈 잘 버는 것이 곧 나라를 위하는 일이라고 그릇 생각하는 못된 얼간이가 저지르는 일이다. 돈 잘 버는 일이 곧 나라를 위하는 일이 된다면 고리대금업자나 불로소득하는 놈이나 도둑놈이 제일이겠지만 그렇게 생각하는 사람은 거의 없을 것이다. 요새 돈 잘 벌 수 있는 일이 국부(國富)를 위하는 일보다는 국빈(國貧)을 초래할 수 있는 일이 많기 때문이다.

미국 사람들이 돈을 잘 번다고 하지만, 거의가 국민이나 인류의 복지 향상을 위한 생산이 많고, 또 엔간히 벌면 공익사업에 헌금을 하고 있는 것이다.

'자유문학상'이라는 상금과 출판에 용지(用紙)를 원조하고 있는 '아세아재단(亞細亞財團)'이란 것도 미국의 한 지방 상인들의 모임이라고 들었다.

이윤이 과하면 세율이 고율이기에 이익의 일부를 우선 공익사업에 헌금함으로써 세율의 저감(低減)을 꾀하는 일도 있을는지 모르나, 혜택은 어쨌든 혜택임에 틀림없다. 록펠러 재단의 원조가 없었던들 한글 『큰사전』이 아직도 나왔을는지 모르는 판이니 고맙다 아니할 수 없으리라.

그러나 이것도 얌치다. 족보 찍을 돈이 없어서 남의 도움을 받는다면 펄펄 뛸 사람이 많을는지 모른다. 족보야 찍건 말건, 『큰사전』은 좀더 큰 의의가 있는 것이다.

해방 후라기보다 6·25 이후 우리나라에 대한 세계 각국의 관심이 높아져서, 나라가 있는 줄은 겨우 알게 된 사람도 "너희 나라는 무슨 말을 쓰느냐?"고—어느 나라 말, 일본 말이냐? 중국 말이냐? 어떤 말을 쓰느냐고—질문하는 외국인이 많다는 말을 요새도 자주 듣는 판이요, 몇몇 외국의 대학에서는 우리나라를 연구하는 강좌까지 있다는 말을 들었으니 『큰사전』은 국내의 소용보다 그런 곳에 더 소중한 문헌이 될 것이 틀림없는 것이다.

말하자면 우리나라의 족보, 우리 민족문화의 대본(大本)이다. 세계 여러 나라의 도서관, 여러 대학 도서관에 이것이 우리 민족문화의 단 하나의 으뜸가는 본보기로 한 자리를 차지하게 될 것이 틀림없는 것이다.

그렇다면 이것 하나를 저희끼리 마련하지 못하고 남의 도움을 받았다는 것은 얼마나 그 나라가 작고 가난하고 옹졸하고 부끄럼을 모르는 국민이라는 것을 드러내 보이는 일이 될는지도 모를 일이요, '록펠러 재단'은 그 재단이 여태까지 원조해온 어떤 큰 사업보다도 대단치 않은 금액으로 세계적 인류적 대사업을 했다는 영예를 차지하게 되는지도 모를 일이요, 이것 하나를 자가 제품(自家製品)으로 해내지 못한 역대 문교장관은 또한 국민 사이에 영세(永世) 불망(不忘)하게 되는지도 모를 일이다.

그런데 그 『큰사전』에는 웬 일본인의 이름이 그리 많고 '토[懸吐]'도 일본 말이 많은 것이다. 대단치도 않은 일인(日人)의 이름이 있는가 하면, 독립선언서의 필두 서명인 손병희(孫秉熙)의 이름은 없는 것이다. 일제하에서 생명을 걸고 엮었다고 하겠지만 해방 후 십이 년 만에 인쇄에 붙인 것이란 사실을 알게 되면 누구나 섭섭하게 생각하지 않을 수 없으리라.

게으른 사람들이라기보다는 좀 처진 사람들의 일이라는 핀잔을 면할 길이 없을 것이다. 좀 신경이 둔한 사람들인지도 모를 일이다. 십이 년이란 시간은 뜯어 고쳐 새로 엮을 수도 있는 세월이라고 누구나 생각할 것이다.

차라리 록펠러 재단의 용지 원조가 결정된 후 일 년만 더 늦추고

증보(增補) 정리했더라면 하는 생각조차 있다. 초판이라는 것을 영원히 가치 있는 것으로 생각하는 사람이 많기 때문이다.

일본 말 토를 단 것은 일제하에서 편의상 한 것이었다고 하겠지만, 오늘날은 대학생까지도 읽지 조차 못하는 것이다. 새 이름, 나무 이름, 생선 이름 따위가 일본 말을 어원으로 된 것이 아닌 것은 물론, 오히려 우리말이 일본 말의 어원 된 것이 많은데, 이것도 저것도 모르는 외국 사람들이 볼 때에, 또는 이것을 유일의 자료로 해서 연구할 때에 뒤바뀔 우려가 없지도 않을지도 모르기 때문이다.

이것을 이것대로 자꾸 증쇄(增刷)할 것이 아니라 단시일 내에 뜯어 고쳐야 할 것이라고 생각하는 것이다.

십대 고문의 계절이 또다시 돌아왔다. 열두 살만 먹으면 무슨 죄를 졌다고 그느무 고문을 겪어야 하는지 도무지 모를 일이다.

일곱 살 여덟 살이 되면 그저 근처 국민학교에 보낸다. 집에서 가까운 국민학교에 보내는 아버지 어머니는 몇 달 동안 배웅 마중을 거르지 않고 금이야 옥이야 기르는 것이다. 남의 새끼보다 떨어지는 자식 만들 생각은 아예 없는 것이다.

그러나 엉둥덩둥 지내는 동안에는 학교차(學校差)가 뚜렷해지는 것이다. 중학교 입학기에 당도해서 이것을 절실히 느끼게 되는 것이다.

"아뿔싸! 이를 어쩨!"

중학교는 학교차가 더욱이 심하다. 집에서 가까운 중학교라고 아무 학교에나 입학시켰다가는 자식 하나 버리게 되는 수도 있을 것 같기 때문에 당황하는 것이다.

그래도 중학교는 좋은 학교에 넣어야 고등학교에도 제물에 올라가고, 그저 따라가기만 하면 꼴찌라도 대학 입시를 무사히 치를 수 있는 것이라고 모든 학부형은 생각하고 있는 것이다. 좋은 학교에서 꼴찌라도 따라가기만 하면 이류 삼류 중학교에서 중간으로 도는 것보다도 낫다고 생각하는 것이다. 또 사실이 그런 모양이다.

그런데 입학기만 되면 점잖은 분들의 담화라는 것이 판에 박은 듯이 쏟아져 나오는데, 모두 염치없는 소리라는 것이다.

"자녀는 국가의 내일을 맡은 일꾼…… 일류교(一流校)에 넣으려고 무리를 시키지 말라!"

도대체 어떻게 하라는 말인지, 돈으로 될 일이라면 집을 팔아서라도 일류 중학교에 넣어야 하겠다고 생각하는 학부형에게 무슨 시사를 주려고 씨부린 말인지를 알 길이 없는 것이다. 당황한 학부형들에게 속 시원한 해답을 주는 말은 못 되는 것이다.

"흥! 네 자식들은 걱정이 없는 모양이로구나!"

그런 욕지거리를 퍼붓는 것이다.

그런데 작년까지만 해도 전·후기 제도가 있어서 전기 중학에서 떨어지면 후기 중학에 또 한 번 응시할 수가 있었는데, 금년은 전·후기제가 없다는 것이다. 한 번 응시해서 떨어지면 그만이라는 것이다. 이래서 더 당황한다는 것이다.

나는 자세히 모르지만, 그것이 사실이라면 서울 시내 95개나 되는 중학교가 왜 일제히 단 한 번만 아이들에게 기회를 주게 되었는지 알 수 없는 일이다. 떨어진 아이는 어떻게 하라는 말인지 전·후기로 해서 어떤 폐단이 있었는지를 모르겠다는 말이다.

대학 입시에 떨어져서 거리를 헤매고 일 년을 보내야 하는 사람들을 보기도 딱한데, 중학교에 붙지 못한 아이들은 어떻게 될 것인지 생각만 해도 딱한 것이다.

'일제히'라는 말이 도시 못마땅한 것이다. 너무 간섭이 많고 참견이 많은 것 같다. 한 달이나 이십 일을 두고 각 학교가 입시를 본들 그것이 어째서 나쁜지 모를 일이라는 것이다.

일류 대학까지도 입시일을 일제히 하지 않았으면, 하고 쓴 일이 있었다. 서울대학이 1일, 5일, 8일로 한다면, 연대(延大)가 2일, 6일, 9일, 고려대학이 3일, 7일, 10일로 하더라도 좋을 것이 아니겠느냐는 말이었다.

응시자에게 고맙게 구는 것밖에, 그렇게 한다고 해서 서울대가 제일 좋고, 연대가 둘째에, 고대는 셋째 가는 대학이라고 생각할 맹추는 없을 것이요, 제일 좋은 학생이 서울대, 그다음이 연대에 들어가고, 찌꺼기들만이 고대에 가게 된다고 생각할 바보도 없을 것이다.

모두 같은 일류 대학이요, 학생들은 들어가고 싶었던 대학에 들어가게 될 것인 것이다.

이런 일류 대학에 들어갈 수 있는 학생이 단 한 번의 기회로 떨어지면 팔자소관이라고 단념해버리기에는 국가적으로 손해라는 것이다.

또 하나의 경우가 있다.

떨어진 학생이 삼류 대학에 일 년 동안 다니다가 다음 해에 다시 응시해서 들어가는 것을 많이 보는 것이다. 한참 공부하고 싶을 때 일 년을 놀게 하는 것은 또 얼마나 큰 국가적 손해일 것이냐 말이다.

90여 개나 되는 중학교가 어째서 '일제히' 입학시험을 보아야만 하는지 알 수 없는 일이다.

조금이라도 나은 학교에 들어가고 싶고 보내고 싶은 욕심은 누구나 가지고 있는 것이다.

중학교에 들어가지 못한 숫한 열세 살짜리가 '악한에게 붙들려 어딘지도 모르는 동굴에 갇혀 있으니 5백만 환을 어디까지 갖다 주어야 살아 나갑니다'는 가짜 협박장을 아버지 어머니에게 보내는 어린이가 된다든지, 백골단 깡통단을 조직해서 저희만 나빠지는 것이 아니라 많은 학동들까지 끌어들이는 일이 있더라도, 그것은 그들만이 나쁜 탓이 아니라는 것을 알아야 할 것이다. 어른들은 온갖 독선과 억지와 비행을 자행하면서 어린이들에게는 옳고 바르게 자라야 한다는 얌치를 부릴 수는 없을 것이기 때문이다.

『신태양(新太陽)』 신년호, 「3대 국회의 질과 인간과 공죄(功罪)」라는 신문인들의 좌담을 재미있게 읽었다.

E: 그런데 3대에 이르러 소위 공천이라는 제도가 생긴 것은 좋은데, 그 바람에 시골 면장감, 구장(區長)감들이 공천 덕분에 당선이 돼서 질이 저하된 것이 아닌가, 생각해.

D: 확실히 질은 얕았어! 한마디로 3대 국회를 평가하자면 난장판이라고 할까?

A: 민선의원(民選議員)보다도 소위 '관선(官選)'이 많았기 때문에 난장판이 되었다고 생각되는데……

신문인들이 그토록 보는 국회가 '언론자유를 제한'하는 법안을 통과시킨 것은 얌치의 왕초라고 할 것이다.

민주국가에 있어서 '언론의 자유'는 제일 선결 조건의 하나이다. 헌법에 어엿이 있을 뿐 아니라 세계 만방의 상식이다.

윤형중(尹亨重) 신부는 『경향춘추(京鄕春秋)』에 다음과 같은 글을 쓰고 있다.

"남의 재물을 폭력으로 빼앗는 사람을 강도라 한다.

무서운 죄악이다. 그런데 재물 이상으로 존귀한 것이 '인권'이요 '자유'이다. 이것은 '생명권'과 동등의 평가가 있는 것이다. 백성들이 나라를 위하여 '양심'을 쓰고 '자유'를 써서 던진 표를 '투표함 바꿔치기' '무더기 표 투입' '표수 속임 발표' 등 수단으로 협잡하는 것은 백성의 '인권'과 '자유'를 침해하는 죄악이 아닐 수 없다. 공산주의가 나쁘다는 이유 중 한 가지는 이런 인권과 자유의 침해가 중요한 자리를 차지하고 있다. 그런 즉, 저런 협잡을 하는 친구들이 공산당보다 나은 점이 대체 무엇이냐 말이다."

어쨌든 언론의 자유는 기본 인권에 속하는 것이요, 기본 인권이란 신주 모시듯이 모셔야지 건드릴 것이 못 되는 것이다. 건드리는 일은 곧 말기적 현상임에 틀림없는 것이다.

일제의 도조(東條)가 그런 얌치를 부린 일이 있었다. 언론을 극도로 제한하여 공포시대를 이루었던 것이다. 그 얌치는 나라를 망치고 군사재판을 받으러 가는 버스 속에서 오카와 슈메이(大川周明)에게 대가리를 호되게 얻어맞았던 것이다.

(『신태양』 1958년 3월)

10

 나는 매일 아침이라기보다 새벽에 트럼프 점을 친다. 이부자리를 개기가 무섭게 트럼프를 꺼내서 점을 치는 것이다.
 조커와 킹은 없이 하고 퀸까지를 가진다. 다섯 장씩 네 패를 놓고 손에 쥔 것으로 같은 것을 떼어 간다.
 첫 줄은 신수, 둘째 줄은 재수, 셋째 술, 끝줄이 색이다. 색에 생각이 뜬 지 오래니 여자라고 생각한다. 여자로 해서 좋으냐 나쁘냐, 방정맞게 구느냐? 하는 것이다.
 대개는 다 떨어진다.
 첫 줄이 떨어지지 않으면 "헤, 오늘 신수 글렀다!" 둘째 줄이 떨어지지 않으면 "헤, 오늘 재수 글렀다!" 셋째 패가 선뜻 떨어지면 "에그, 오늘도 술복이로구나!" 넷째 줄이 남으면 "흥, 이거 마누라가 바가진가? 딸아이가 사고인가? 식모가 말썽인가?" 점을 치는 것이다.
 그것만으로 그치지 않는다. 첫 줄 한 장, 둘째 줄 두 장, 셋째 줄 석 장, 넷째 줄 넉 장, 일곱 줄 일곱 장까지 늘어놓고 손에 든 것으로 떼어 간다. 이것은 그저 패짝 정리다.
 그러나 이것도 선선히 떨어지지 않으면, '이거 오늘!' 고개를 기울이는 것이다. 몇 번이라도 해서 떨어지면 '2-3-4-5짝'을 젖혀버린다. 다음이 진짜 세번째의 점이다.

나이, 달, 날로 친 다음, 두 줄로 놓기 시작해서 양편에 같은 것이 나오면 그것을 떼어서 양편에 갈라놓는다. 몇 번이라도 해서 다 떨어지면 그것을 위 네 패, 아래 네 패, 여덟 패로 나누어 놓는다. 같은 패 네 장이 가지런히 놓이는 수가 있다.

그것이 6이면, 6이 넉 장 같이 놓이면 외출이다. 7은 반가움, 8은 술, 9는 괴로움, 10은 돈, 잭은 친구, 퀸은 여자, A는 어쨌든 제일 좋은 일. 이렇게 점치는 것이다.

퀸도 스페이드가 위에 놓이면 여자로 해서 나쁘고, 잭은 위에 스페이드가 놓이면 친구가 좋고, 6이 스페이드로 나오면 외출이 나쁘고, 7이 스페이드면 나쁜 소식 반갑지 않은 일, 8이 위에 스페이드면 술로 사고, 9도 하트나 다이아몬드면 대단치 않은 괴로움으로 생각하는 것이다.

스페이드 6이 나오는 날이면 친구가 찾아와서 같이 나가자고 해도 삼간다. 퀸도 스페이드가 위에 얹혀 있으면 우선 딸아이에게 "야, 오늘 조심해라! 버스 탈 때 길 건널 때 조심해라!" 당부하고, 마누라 건 식모건 오고가는 말을 조심한다. 못마땅한 말을 해도 귀를 싸맨 척하는 것이다. 마음으로 씨부리다 지쳐버리도록 내버려두는 것이다. 거슬렸다가는 사고를 일으키게 될는지도 모른다는 경계에서다.

10이 스페이드면 돈이 나가는 것, 다이아몬드면 들어오는 것, A는 제일 좋은 것이라고 들었지만—그러니 존경을 받는다든지 칭찬을 듣는다든지 하는 것으로 들었는데—그것도 저것도 관심이 없으니 외로운 점(占)으로 생각하게 된 것이 몇 해 전부터이다.

A 한 패만 떨어지는 날이면 '헤에, 오늘은 아무 일도 없고, 찾아

오는 사람도 없나 보다' 생각하게 되는 것이다. 말하자면 유아독존
격이다.
 이런 점치기를 배운 것은 십오 년쯤 전의 일이다. 어떤 아름다운
여인에게 배운 것이 탈이 되어서 이내 계속하고 있는 것이다.
 노상에서 관상 수상 보는 사람에게 손바닥을 내밀고 손금을 보
아달라고 한 것은 내가 스물다섯 살 때였다.
 어렸을 때에 어머님의 무릎에 시달리면서 시키는 대로 손바닥
을 내민 기억도 있기는 하지만, 어떤 사람이 무슨 말을 해주었는지
는 기억이 없다. 스물다섯에는 번화한 거리에서 오가는 사람의 손
금, 관상을 봐주고 돈 받는 장사치에게 손바닥을 내밀고 손금을 보
아달라고 했던 것이다. 1원의 반, 50전짜리 은전 한 장을 주었는지,
20전쯤 했었는지 모른다.
 갑자기 큰일을 맡아보게 되었고, 그것을 또 대담하게 진행시킬 생
각이었으나, 의논할 곳이라고는 전혀 없었기 때문이다.
 십일 개월 동안을 새너토리엄에 입원했다가 돌아온 후의 일이다.
 사장은 그 잡지의 편집자 네 사람을 몽땅 퇴사시켜버렸기 때문에
나 혼자서 그 일을 맡아 보게 되었고, 11월호 12월호를 덥적덥적
해치우면서 마음속으로는 항시 신년호의 계획을 세우는 것이었다.
 '한번 뛰어난 신년호를 내보자.'
 '모두 놀라 자빠질 신년호를 만들어보자. 값도 10전 올리고 페이
지 수도 늘려보자.'
 그런 생각으로 있었다.
 처음에는 10전짜리 잡지였던 것을 15전, 20전, 25전, 30전, 35전

해서 40전까지 값을 올렸던 것이다. 40전에서 5전을 올리느니 이왕이면 페이지 수를 늘리고 아주 50전짜리를 내보자.

그러나 이런 것을 의논할 사람이라고는 없었다.

사장은 좋은 플랜이 생각나면 말해주지만, 그런 일은 일 년에 한두 번 서너 번이지 아무 말이 없는 사람이었다.

그러나 일이 잘되면 말이 없고 좋지만, 일이 잘못되었다가는 찡찡거릴 뿐 아니라 아주 사(社)가 낭패하게 되는 판이었다.

다른 잡지들의 성적이 신통치 않았고 내가 맡은 것도 그때는 약간 고비를 넘은 감이 있었다. 그 일 년 전에 18만 3천 부를 발행했었는데 이때는 10만 부를 들쑥날쑥하고 있었다.

은행 빚이라도 빚을 얻어서 지불을 치른다는 것은 대기(大忌)였다. 한 달 후면 갚을 수 있는 경우라도 '그만두자'는 말을 했다. 그만두자는 말은 회사를 집어치우자는 말이다. 맡을 사람이 있으면 넘겨주고 그만두겠다는 말이었다.

성미가 급하고 "내가 잡지사를 해서 내게 플러스되는 일이 무엇이 있느냐. 어떻게 이렇게 되어버렸기 때문에 하는 것이고 너희들을 위해서 하는 일인데, 너희들이 성의가 부족해서 밑지는 것이 아니냐. 빚을 지면 나는 소설을 써서 받는 원고료로 갚아야 할 것이 아니냐" 그런 말을 가끔 하는 사람이었다.

밤잠을 자지 않고 플랜을 세우고 용지 계산, 인쇄비 계산, 단가 계산까지 혼자 하게 되니, 이것이 잘못되는 날이면 낭패라 신주쿠(新宿) 밤거리를 걸을 때 관상 수상 보는 늙은이 앞에 넙죽이 손바닥을 내어밀었던 것이다.

쓸데없는 소리를 한참 지껄이고 있기에 나는 "여보소, 시방 내가 하고 있는 일이 어떻겠소?" 하고 물었다.

큼직한 화경을 가지고 손금을 들여다보고 얼굴을 들여다본 다음, "흠, 됐어! 바야흐로 의기충천의 기상이야! 무슨 일을 하든지 틀림없이 대성공! 대성공!"

몇 낱 안 되는 염소수염을 쓰다듬으며 떠벌리기에, "그럼 됐어!" 20전인가 50전인가를 내던지고 누가 볼세라 그 자리를 물러섰던 것이다.

4월 들어서는 더 큰 일을 맡아보게 되었었다.

자청해서 한 일이었고, 잘되면 이익을 반타작하기로 한 일이었고—예고(豫告)를 보자 "이건 틀림없이 성공할 테니 반타작은 안 되겠다. 일 할만 써라"고 하게 되었지만—그 임시 증간(增刊) 한 권을 내기 위해서 몇 달 동안 침식(寢食)을 잊을 정도였다.

50만 내외를 발행하는 대(大) 잡지들과 맞서는 일을 꾸몄기 때문이었다. 본지(本誌)는 10만을 안 트는 부수를 발행하고 있는데 증간은 15만 부를 찍기로 하고 50만 부짜리 잡지의 페이지 수와 같은 페이지에 같은 정가를 먹이는 대담한 계획을 세운 것이었다.

이런 대담한 계획을 털어놓고 의논했다가는 "이거 왜 이래! 아주 돌았나?" 할는지도 모를 일이니 용지회사도 인쇄회사도 아파트로 불러서 오붓이 혼자 만나서 상의하고 결정지어야만 했다.

단가 계산이 아슬아슬해서 2할 이내의 반품이 있을 경우까지는 손해를 면할 수 있으나—2할 반품이라도 손실이고, 그 대신 1할이나 5푼 정도의 반품이라면 큰 이익을 보게 되는 것이지만—도대체 임시 증간이라는 것을 본지보다 많이 발행한다는 일은 거의 없는 일이었다.

이런 큰일을 혼자 꿍꿍이속으로 해놓고 있으려니 밤잠을 못 자는 것은 말할 것도 없지만 길거리 손금쟁이 앞에 손바닥을 내밀지 않을 수 없었던 것이다.

한 사람이 "대성공!"이라고 해도 그것이 못 미더워서 또 다른 사람에게 손바닥을 내밀기도 했다.

그해 겨울에는 잡지 하나를 아주 떠맡아 가지고 독립 경영하게 되었다.

자신이 만만하지만 역시 관상쟁이 손금쟁이 신세를 많이 졌다.

손금쟁이가 손금을 보며 고개를 갸웃한다고 일을 그만둘 수 있는 일은 아니었다. 그러니 더욱 좋은 계획을 세우려고 애를 쓰게 되는 것이었다.

'흥, 그래! 운수 좋지 않다는 말인 게로구나! 그러면 어디 두고 보아라! 내가 이기고야 말 테니!'

그런 마음으로 더욱 세심하고 대담한 계획을 세우는 것이었다. 대담하고 세심한 계획이라야 결국 편집 플랜뿐인 것이다. 센세이셔널 한 기사를 취재한다든지 좋은 필자의 무게 있는 좋은 글을 받아 내기에 힘을 쓰면 그만인 것이다.

그런 사정은 우리나라와 전연 다르다. 좋기만 하면 어쨌든 잘 팔리고, 팔리기만 하면 돈은 앉아 있어도 틀림없이 제때에 들어오니 말이다. 용지회사나 인쇄소도 한번 결정하고 약속만 하면 두 번 채근이나 전화를 걸 일도 없고 걱정할 일도 없는 것이다.

교정이 끝나면 인쇄소에 갈 필요도 없는 것이다. 교정이 끝나면 인쇄회사는 우리가 약속한 용지회사에 전화한다. 용지회사는 곧 용지를 인쇄 공장에 보낸다. 전부가 아니다. 그날 쓸 만한 용지만 보내는 것이다. 용지가 공장에 도착하면 벌써 윤전기에 용지를 들이밀게 되어 있다.

첫날은 아무리 50만 부를 발행하는 잡지라도 만 부나 5천 부밖에는 찍지 않는다. 한 번에 용지 전부를 공장에 디밀었다가는 공장에 쌓아둘 자리가 없기 때문이다. 한두 가지 잡지만 막는 것이 아니다. 삼십 종 오십 종의 잡지를 맡고 또 다른 인쇄거리도 있으니 그 용지를 맡아둘 수가 없는 것이다.

시간 지체 없이 들이닥치고, 그 자리에서 윤전기에 디밀고, 그 두루마리가 끝나야만 또 다른 인쇄물을 시간 지체 없이 얹을 수 있는 것이다.

한 날 한 시에 발행해야 할 잡지도 십여 종은 있기 때문이다.

교정이 끝난 사흘 후면 제격 견본이 나온다.

사(社)에 갖다 준다. 싱싱하고, 그러나 뜨끈뜨끈한 놈이다. 고작 5백 부다. 납본하고 기증할 치다. 동시에 제시한 도매상으로 약간의 제1회 배본이 나간다. 공장에서 직접 하는 것이다.

5만 부를 맡은 도매점이라도 4, 5백 부가량이다. 외국으로 보낼 치다. 다른 잡지와 함께 짐을 싸서 부쳐야 하기 때문이다.

하루 걸러 2회 배본이 나간다. 도매점도 그날 짐을 싸서 하차(荷車)로 당장 실어낼 수 있는 수량만을 받고자 하는 것이다. 쌓아둘 창고가 없다기보다는 일이 많아지는 것이다.

한편으로 받고 한편으로 짐을 꾸리고 한편으로 실어 내가야만 능률적인 것이다. 용지공장과 인쇄공장과 도매상이 거리는 있지만 빈틈없는 유동적 일관작업인 것이다.

편집자나 발행소에서는 지금 어느 정도로 진행되고 있는지 아랑곳이 없는 것이다. 열 번으로 배본을 하건 스무 번으로 배본을 했건 정한 날짜에 똑같이 전국 일제히 발매가 되게 마련인 것이다.

15만 부를 발행해도 도매상은 단 네 곳이었다. 단 네 곳 도매상에 배본한 쪽지를 본사로 보내어 오는데, 그것이 50장도 60장도 되는 것이다.

3백 부 받은 영수증도 있고 천 부 받은 영수증도 있고, 그것이 합쳐서 15만 부가 되는 것이요, 그 숫자를 기장(記帳)하면 되고, 월말에 그대로 대금을 청구하면 되는 것이다.

그런데 그 네 곳 도매상이 또 묘한 것이었다. 잡지든 단행본이든 그 발행 부수를 20이라고 하면 도매상 A는 10, B는 5, C는 3, D는 2라는 비율로 받는 것이 신기와 같다는 것이었다.

잡지라면 창간호의 경우, 단행본이라면 그때 그때 견본을 들고 네 도매상을 찾아보는 것이었다.

A는 제일 큰 곳이다. 코끝에 안경을 걸친 노인이 작은 의자 위에 도사리고 앉아 있다.

"이런 것을 만들었습니다. 얼마나 받아주시겠습니까?"

'이런 책을 100만 부 박았으니 50만 부만 받아주슈!' 한댔자 받아주지도 않거니와, 억지로 떠맡기는 경우 창고 속에 틀어박아 두는 수도 있는 것이다. 화차(貨車) 편으로 먼 지방까지 보내는 운임과 팔리지 않으면 반품해 오는 운임은 발행소가 아니라 도매상이 부담하는 것이기 때문에 운임손(運賃損)이라는 것이다.

"그렇게 많이 주셔도 운임손야요. 못 받아요!" 하는 것이다.

노인은 견본을 받아 들고 처음부터 끝까지 골똘히 훑어간다.

"얼마나 박으셨어요?"

"얼마를 박았습니다."

이것은 그저 참고로 들어두는 정도이지, 그것으로 그 노인이 부르는 부수에 아무런 영향도 주지는 못하는 것이다.

"몇 부만 보내주시지요!"

이 한마디가 결정적인 한마디인 것이다.

만 부는 받아주리라고 생각했는데 2천 부라고 하더라도 어쩔 도리가 없는 것이다. '이따위 책은 2천 부밖에 안 팔려! 그중에 또 2, 3할의 반품이 있을는지도 모르지!' 그런 선언인 것이다. 그 안목은 언제나 틀림이 없는 것이었다.

그 노인이 2천 부라고 불렀다면, 그곳에서 다음 B까지는 5분이면 가는데, B에서도 처음부터 끝까지 훑어 내려가며 "천 부!"를 부르는 것이 판에 박은 듯하였다.

'원 이런! 그 사이에 A에서 전화로 연락을 했을까?' 의심할 정도로 꼭 A의 절반의 부수를 부르는 것이었다.

다음 C는 6백 부, 다음 D는 4백 부다. 약속이나 한 것처럼, 전화로 연락해서 짜고 하는 짓같이 그 비율이 틀림없는 것에 놀라는 것이었다.

그렇게 받아 간 부수면 대단치 않은 반품으로 어지간히 팔리는 것이니, 그 안목은 비상한 것이라고 할 수 있을 것이다.

　나는 그런 사람들의 사랑도 받았기에 큰일을 해 나갈 수 있었던 것이다.

　피란 대구에서 하루 한 끼 쌀밥 먹기가 어려웠을 때에 잡지사를 하자는 친구가 많이 찾아왔었다.

　5천만 환이 있으니 한번 해보자는 사람도 있었고, 친구인 고관(高官)의 소개장 '이 사람은 믿을 수 있는 사람이니 손잡고 일을 해보시오' 하는 소개장을 가지고 찾아온 사람도 있었으나, 나는 같이 일 해볼 생각을 일으키지 못했던 것이다. 내가 경험한 일은 전연 아무 도움도 되지 않는다고 생각했기 때문이었다.

　몇 달 동안 그의 돈으로 내가 잘 먹고 쓰고 일을 한답시고 뻐길 수 있을는지 모르나, 그 일을 감당해 나갈 자신이 없었기에 공연히 남의 돈을 축내는 일을 할 것이 무엇이냐는 생각이었던 것이다.

　그때에 마침 어떤 잡지를 창간해서 우선 성공한 한 사장의 경우를 지나가는 이야기로 들은 일이 있었다.

　잡지는 잘 팔렸다. 그러나 도매상이 대금을 치르지 않는다는 것이었다.

　"잡지가 다 팔렸는데 왜 돈을 주지 않는 것이오?"

　"팔렸는지 안 팔렸는지 돈이 들어오지 않으니 당신에게 줄 수가 없지 않소?"

　"그럼 잡지를 도로 내어놓으시오!"

　"없는 걸 어떻게 내어놓소?"

　"그럼 팔린 것이 아니오? 팔렸으면 돈을 주어야 할 것이 아니

오?"

"글쎄 돈이 없는 걸 어떻게 하란 말이오!"

그래서 사장은, 내가 듣기에도 또 얼른 보기에도 얌전하고 신사도 영국 신사 같은 사람이라고 생각했었는데, "이 자식이 나를 바보로 생각하는 거야! 이 자식아! 책이 팔렸으면 돈을 주어야 할 것이 아냐!" 하고 도매상 주인이 앉아 있는 테이블을 걷어차고 위에 있는 전화통을 동댕이치고 의자를 번쩍 들어서 주인의 면상에 던질 자세를 취했더니,

"여보쇼! 그리 흥분하지 말고 조용히 상의합시다……"

시골 소매 서점에서 당신의 잡지가 다 팔렸는지도 모르지. 그러나 판 돈으로 그날 당장 쌀도 사서 밥을 지어 먹어야 할 것이고 두부라도 사서 우선 먹어야 하지 않겠느냐 말야. 그 대금을 도매상에게까지 보내오는 데는 날짜가 걸린다는 거야! 언제 올는지 모른다는 거야. 그러나 지금 당장 사장이 돈이 급하다면 조금 드리지요!

이렇게 되면 정상적인 상행위(商行爲)라고 생각할 수는 없는 일이다.

차라리 하루 한 끼 쌀밥을 못 먹더라도, 막걸리 사 주는 사람은 많으니 막걸리로 배를 채우더라도, 그 짓은 할 생각이 없었던 것이다.

책을 읽고 공부를 하고 학문이 있는 사람의 이야기를 들어서 좋은 편집 플랜을 세우면 되는 것이 아니라, 이건 테이블도 걷어차고 전화통도 동댕이칠 기술까지 배워야 할 판이니 "저를 과대평가하지 마세요. 저는 아무것도 모릅니다. 이십여 년 경험은 여기서는 아무것도 아닙니다" 하고 빌다시피 거절하는 수밖에 없었던 것이다.

그러니만큼 우리나라에서는 큰 잡지사나 출판사를 경영하는 사람들을 나는 영웅이라고 생각하고, 개척자라고 생각하고, 문화의 전사라고 진심 생각하는 것이다.

전쟁 말기가 되니 통제 바람이 불었다.

내가 경영하던 잡지는 일본 최대의 잡지라고 하던, 최고의 부수를 발행하는 잡지 두 가지에 끼어 있었는데, 그중에 두 잡지만 남으라는 것이었다. 세 잡지가 의논해서 둘로 합치라는 것이었다.

두 잡지 모두 일본의 국민 잡지라고 호칭하던 K와 H, 최대의 부수를 발행하던 잡지였다. 말하자면 강적이다. 둘 다 대재벌이다.

어느 편에 먹히든지 판권을 넘기고 나가떨어지라는 속셈일는지도 몰랐다. 정보국이라는 곳이 주관한 것인데 육·해군 군인이 많이 일을 맡아 보고 있었다.

"하하, 없애버릴 작정이로구나!"

그러나 셋이 둘로 되라든지 넷이 둘로 되라든지 하는 지시만 내렸을 뿐이지, 어느 것을 폐간한다든지 하겠다는 말은 없었으니, 단번에 숨이 죽을 수는 없는 일이었다. 그것도 자치적으로 상의해서 하라는 것이었다.

그때에 어떤 아름다운 여인이 "굉장히 관상을 잘 보는 사람이 있다"는 이야기를 했다. 아무 말도 안 하고 가만히 앉아 있어도 술술 알아맞히더라는 것이었다.

"야, 거 한번 가보자!"

그 여자와 같이 갔다.

네 간(間)짜리 응접실에서 잠시 기다리다가 네 간짜리 관상쟁이 방에 들어갔을 때는 그 방에 관상쟁이 외에 아무도 없었다.

맞은편 안락의자에 털썩 앉았다.

사십쯤 되는 관상쟁이는 내 얼굴을 들여다보며 혼자 말하는 것이었다.

"허허, 기계가 움직이고 있는데…… 철공장은 아니고…… 하…… 종이가 있다! 종이도 이게 한두 장짜리가 아닌데…… 뚜르르, 허허! 무얼 하십니까? 직업이?"

나는 대답을 하지 않았다.

'이런 망할 자식이 어떻게 이렇게 알아맞히나?' 하는 놀라움과 함께, '어디 얼마나 아나 보자' 하는 마음이었다.

"재작년에 집을 지으셨습니까? 아니면 집을 크게 수리하셨습니다. 그게…… 그때부터 기울었습니다……"

사실 집을 크게 고쳤던 것이다.

훨씬 후에 알게 된 일이지만(해방), 한창때에 일을 집어던지고 귀국할 생각이 있었던 것이었다.

집어던지지 않고 집을 이사하고 대수리를 한 것이, 그것이 곧 자리를 잡은 것이었으니, 그때부터 신수가 좋지 않다는 말이었다.

얼굴에 나타난 버짐 버섯 티 따위로 관상을 보는 사람이라고 했다.

그 자식 신통한 관상쟁이라고 생각하는 한편, 통제 바람이 심상치 않다는 생각에 까부라질 지경이었다.

사원 삼십여 명은 모두가 불안하다.

세 대표가 모여서 의논하자는 자리가 벌어지게 되었다. 사층인가 오층인가 돌집을 가진 K지 사에서 모이기로 되었을 때에, 나는 S라는 사원을 대표로 보냈었다.

"여보게! 그들은 모두 능구렁이 늙은이들이 나올 것이야! 아무 말 말고 그들의 눈치만 보란 말야! 지치면 안 돼! 그리고 나중에 무어라고 말하면 '너희들은 두 잡지가 모두 똑같은 것이야. 표지만 뜯어놓으면 어느 것이 어느 것인지 몰라볼 정도로 같은 것이야. 모두 농촌을 상대로 하는 대중잡지이니, 농촌 하나 도시 하나로, 너희들이 합쳐서 하나가 되고 우리는 도시 상대로 하나 남는 것이 옳을 것이다.' 그렇게만 말해! 그다음 말은 대답할 것도 없고 '판권을 팔 의사가 있으면 살 용의가 있다'고 말해" 하고 지시했던 것이다.

"후흐! 살 용의가 있어요?"

S도 웃을 수밖에 없었다. 대재벌을 이룬 두 잡지사를 상대로 하고, 우리 사(社)는 속이 들여다보인다기보다 들여다볼 건덕지도 없는 형편이었기 때문이다.

해질 무렵 해서 돌아온 S는 "아니 어떻게 그렇게 잘 아세요? 진력이 나서 죽을 뻔했어요. 한 시간 이상을 아무 말 없이 서로 눈치만 보는 거예요. 판권을 살 용의가 있다고 했더니 둘이 다 당황하더군요!"

그 외교는 성공했다.

관상쟁이의 말만 곧이듣고 팔자소관이라고 단념하고 까부라졌다가는 곧장 내던졌을 것이지만, '헹! 그렇다면 어디 두고 보자!'는 반발이 더 세었던 것이다. 그것은 언제나 그러했다.

좋다면 신이 나지만, 좋지 않다면 어떤 난관이 있더라도 뚫고 나가고 싶고 이기고 싶어서 더욱 치밀하고 세심한 계획을 세우는 바

질바질한 모가 있었다.

귀국하니 설을 앞두고가 아니면 정월 초하룻날 토정비결을 보는 풍속이 있었다. 어려서도 본 기억이 되살아났다. 해마다 보았다. 금년에도 보았다.

무술년(戊戌年)의 태세수(太歲數)가 무엇인지 18이라고 하니 18에, 나이 54를 가(加)하여 8·8을 제지(除之)하니 8이 남고, 다음에 정월생이니 정월 월건(月建)은 무계지년(戊癸之年) 갑인두(甲寅頭)라 갑인(甲寅)의 월건 16에 정월이 크니 30을 가하여 46에 6·7을 제지하니 4가 남고, 생일은 8일이니 8에 8일의 일진(日辰)을 가하여 3·3을 제지하니 2가 남아 842라는 괘(卦)를 얻었다.

괘문(卦文)을 보니,

  채신음수(採薪飮水) 강남우헐(江南雨歇)
  낙재기중(樂在其中) 부락청천(部落靑天)

이라고 씌어 있고, 해(解) 왈, "때가 오는 듯하다가 틀리니 낙심이 되는도다. 재물이 들어오면 문득 나가니 한갓 수고만 되는도다……"

'허허, 이거 1958년 신수도 글렀구나!' 했더니 마침 밖에서 돌아온 아내가 "길거리에서 토정비결을 보았더니 아주 좋아요!" 하고 호들갑을 떨며 쪽지 한 장을 주는 것이었다.

  채신음수(採薪飮水)
  낙재기중(樂在其中)

842가 틀림없고 본문이 틀림없으나 해설이 딴판이었다. "나무 하고 물 마시니 낙(樂)이 그 가운데 있도다. 백화(百花)가 난만하니 봉접(蜂蝶)이 향기를 탐하도다. 머리에 계화(桂花)를 꽂으니 이름이 사해(四海)에 전하도다……"

이게 도대체 어떻게 되는 셈이야? 귀에 걸면 귀걸이, 코에 걸면 코걸이란 말인가.

그러나 나는 매일 새벽 트럼프를 떼고 있다. 우리나라 노인들은 골패를 하루 종일 잘그락거리는 사람이 많다. 심심 소일(消日)이기도 하지만 늙은 손가락 끝의 신경마비를 방지하는 역할이 크다는 것이다. 나도 한동안 그것을 잘그락거린 일이 있었다. 크고 작은 두 패의 골패를 선사 받아 가지고 있었다. 1·4후퇴 후에 흔적이 없어졌다.

그러나 골패로는 '외출'이니 '돈'이니 '반가운 소식'이니 하는 점괘를 떼는 일은 없다.

새벽녘에 세수도 하지 않고 트럼프를 치고 있으면 아내는 말하는 것이었다.

"여보, 만날 그것은 해서 무얼 하우? 신통한 일도 없을 텐데……"

그러면 나는 시원치도 않은 대답을 하는 것이다.

"무어 손가락 운동이야!"

그러나 기다리는 마음이다.

시원한 날이 언제나 오려나, 기다리는 마음이다.

(『신태양』 1958년 4월)

미발간 수필

● '미발간 수필' 원고는 『전진과 인생』(1953)부터 『요설록』(1958) 출간 이전 시기에 신문과 잡지에 발표한 수필 원고를 대상으로 하여 '발표 연도' 순으로 수록한다.

나와 색동회 시대

　1919년 3월 1일에 역사적인 독립운동을 일으켜서 전국 방방곡곡에서 '독립 만세'를 부른 것은 세상이 다 아는 일이다. 이것은 제1차 세계대전이 끝나자 당시의 미국 대통령 윌슨(T. W. Wilson) 씨가 강화(講和)회의의 기본 원칙으로 제안한 14개조의 주요한 골자가 된 '민족자결주의', 즉 "강국에게 침략이나 압제를 받고 있는 약소민족은 그 민족이 결정하는 대로 하여야 한다"는 주의에 따라서 우리 민족도,
　"한일합방은 결코 우리 민족의 의사가 아니요, 강국 일본의 침략에 의해서 압제를 받고 있는 것이니, 우리는 마땅히 독립 국가가 되어야 한다"
는 정당한 의사를 세계에 표시한 것이었다.
　이 독립운동으로 해서 7,500여 명이나 학살당하고 15,900여 명이나 부상을 당하고 46,900여 명이나 투옥되었다.
　그러나 프랑스 파리에서 열린 제2차 대전 강화회의에서는 우리의 독립이 승인되지 않았다. 그것은 일본이 대전을 승리한 연합군 측에 가담하였던 것과 또 구라파의 여러 대국들이 동양에 있는 조그마한 우리나라쯤은 문제로 생각하지 않았던 까닭이다.
　이렇게 되니 일본의 압제는 날로 심해갔다.

학교에는 일본인 교원이 많아지고, 일본어 시간이 많아지고, 일본어로 가르치게 되고, 훌륭한 우리 선생들은 무자격자라고 파면을 당하게 되고, 일본 국민정신을 머리에 넣으려고 애를 썼다. 또 훌륭한 지도자는 온갖 트집을 잡아서 죽이거나 투옥을 시키니, 국외로 망명하는 수밖에 없었다.

세계의 강국도 믿을 수 없고 우리는 우리 민족만을 믿고 살 수밖에 없게 되었다. 우리의 민족정신과 독립정신을 잃지 않고 길이길이 이어나가도록 해야 하게 되었다.

이미 어른이 된 사람이나 높은 학교에 다니는 사람은 그런 정신을 잊을 리 없지만, 겨우 소학교에 들었거나 들기도 전 어린 사람들은 아주 그런 정신을 이어받지도 못하고 일본인의 식민지 백성이 되기에 좋도록 가르치는 교육을 받아서 그들의 비위에 알맞은 사람이 되어버리기 쉽게 되었다.

이때에 이런 일을 걱정하는 사람들이 모였다. 1922년 일본 동경에서 공부하던 사람들이다. 방정환, 손진태, 조재호, 윤극영, 정순철, 정병기, 진장섭, 고한승, 마해송. 아홉 사람이었다.

민족의 차대(次代)는 어린 사람들이다. 어린 사람들이 잘 되고 못 되는 데에 민족이 흥하고 망하는 것이 달려 있으니 그들을 잘 지도하기 위해서 연구도 하고 일도 해보자는 모임이었다.

모임의 이름을 '색동회'라고 했다. 색동, 꽃동, 색동저고리의 '색동'이다.

사실 그때의 우리나라 어린이들은 집에서나 밖에서나 귀찮은 존재로만 대접받고 있었다. 여덟 살이 되면 마지못해서 보통학교에 보내는 가정은 많았지만, 집에서 볼 책 한 권 그림책 한 권 장난감 하나 사주는 사람도 없었고, 사줄 것도 없었다.

어린이에게는 보는 것 듣는 것이나 장난하는 것이 모두 생활이다. 곧 지식이 되고 마음의 살이 되고 뼈가 되어서 일평생 사람됨을 자리 잡게 하는 것이다.

그러나 그때의 우리 아동들은 우리의 훌륭한 민족정신을 이어받을 만한 환경도 갖추지 못했고, 앞서 나아가는 세계 여러 나라의 이야기나 사정을 엿볼 수도 없는 처지에 있었다.

그러니 장난은 더욱 지저분해지고 귀찮은 새끼가 되어버리는 것이었다. 이 귀찮은 장난꾸러기가 민족의 차대를 짊어진 새사람이란 것을 생각하는 사람은 대단히 드물었다.

'색동회'의 마크는 조재호 씨가 만들었다. 사랑을 의미하는 하트 속에 태극을 그렸다. 태극이 뚜렷이 보이면 일제가 그대로 둘 리가 없다. 태극 한 끝에 뾰족이 새 잎을 그렸다.

새 모양이 되었다. 병아리 비둘기가 되었다. 하트 속에 병아리 비둘기, 이것이 '색동회'의 마크이자 후에 '어린이날' 어린이들이 휘날리고 기(旗) 행렬한 깃발이었다.

동경에서 자주 모여서 연구한 것을 발표하고 토론하고 지내었다.

그 결과 첫째로 어린이들에게 읽힐 잡지를 발행해보자고 의논이 되었다. 아동이 읽을 책이라고는 없고 잡지는 물론 없었다. 잡지 이름을 『어린이』라고 했다. 그때까지 '어린이'라는 말은 없었다. '아이' '새끼' '가시내' '머시매'라고 불러왔다.

그보다 앞서 최남선 씨가 『아이들 보이』라는 아동 잡지를 발행한 일이 있었다.

　민족의 희망이요 다음 대를 짊어진 그들의 인격을 인정하고 개성의 발전을 존중하여야만 하리라는 생각으로 '늙은이' '젊은이'같이 '어린이'란 말을 새로 지어서 썼다.

　'어린이'가 무엇이냐고 묻는 사람이 많았다.

　『어린이』 잡지를 만들기 위하여, 소파 방정환은 귀국하여 서울서 그 일을 했다.

　방정환은 많은 동화와 동요를 썼다. 외국 명작 동화를 많이 초역(抄譯)해서 발표하는 대로 독자의 절찬을 받았다. 그런 것은 후에 한 권으로 모아서 『사랑의 선물』이란 책으로 발행하여 수십 판을 거듭하였다.

　외국 이야기라기보다도 아동들의 메마른 정서를 찾고 돋우는 데 큰 힘이 되었다.

　동요로 「형제별」 「가을밤」 등 아직도 방방곡곡에서 학창(學唱)되고 있는 것은 세상이 다 아는 바이다.

　윤극영, 정순철은 동요 작곡을 담당했다.

　윤극영의 「반달」, 정순철의 「까막잡기」는 너무나 유명하고 그 밖에 수십 곡이 모두 수십 년을 학창되어 왔다.

　고한승, 진장섭은 동화를 쓰고 손진태, 조재호는 역사 동화를 썼다.

　당시로서는 을지문덕이니 이순신이니 강감찬의 이야기란 학교에서는 물론 어디서도 들을 수 없던 것인 만큼 아동들에게 주는 감명이 컸었다.

「바위나리와 아기별」 「어머님의 선물」은 그때에 지은 것이고 「토끼와 원숭이」는 1927년의 작이다.

그 후에 동인이 된 정인섭 씨는 동극을 많이 썼고, 이헌구 씨는 세계 각국의 아동 예술 작품을 많이 수집해서 '세계 아동 예술 전람회'를 개최하였다.

최영계 씨, 최진순 씨, 윤석중 씨도 후에 동인으로 추천되었다.

『어린이』 잡지를 어린이들은 참 좋아했다.

『어린이』에 발표된 동화는 곧 전국에서 공연되었고 동요는 전국을 풍미하였다.

그러나 5전짜리 잡지 한 권으로 넉넉한 어린이 운동이라 할 수는 없었다.

1923년에는 5월 1일을 '어린이날'이라고 정하고 어린이들이 활짝 활개치고 한바탕 즐겁게 놀게 해주는 동시에 어른들에게도 우리의 생각을 전하기로 하였다.

각 학교 학생과 유치원 아이들까지 '색동회' 마크를 인쇄한 기를 휘날리며 장안을 기 행렬도 하고 동화회, 동극회, 음악회를 하고 강연회를 하였다.

그리고 이런 구호를 외쳤다.

'씩씩하고 참된 소년이 됩시다. 그리고 서로 돕고 사랑하는 소년이 됩시다.'

또 어른들에게는 이렇게 외쳤다.

'어린이는 우리 민족의 다음 대를 짊어진 사람이요, 우리 민족이 잘 되고 못 되고가 오로지 어린이들에게 달려 있소!

어린이를 어른의 노리개로부터 해방하고 그의 인격을 존중하고 그 개성의 발전을 도모합시다.'

또 '어린이는 새 사람! 민족의 새싹! 어린이에게 존대를 씁시다!'

제1년은 서울을 비롯하여 『어린이』 잡지가 많이 나가는 몇 군데서만 어린이날을 지내었지만 제2년부터는 전국적으로 이 운동이 전개되었다.

1924년 8월에는 서울에 '전국 소년 지도자 대회'를 소집하여 연구 발표와 협의, 간담하는 기회를 가졌으니 수십 도시의 소년회, 소년단 대표가 모였었다.

그러나 이런 운동이 일제하에서 오래 계속될 리가 없었다.

일제의 행사에 휩쓸리기도 하다가 1938년부터는 아주 '어린이날'을 못하게 되었다.

마음 있는 가정에서 이 날을 지켰고, 마음 있는 교원이 학생에게 이야기해주었고, '색동회' 동인이 있는 일본, 중국 여러 곳에서 더욱 의의 깊게 이 날을 지켜왔다.

이미 삼십삼 년.

그동안에 고인 된 동인이 많으니 요절한 방정환, 최영식, 정병기, 6·25에 학살당했다고 전해지는 손진태, 정순철, 작년에 부산에서 난중에 졸서(卒逝)한 고한승.

과거를 초록(抄錄)하매 고구(故舊)를 기억하는 정이 새롭다.

(『신천지』 1954년 2월)

정기간행물의 위치

낙동강 이남까지 밀리고 몰려다닌 전쟁 사 년을 그저 싸우고만 지낸 것이 아니라 그동안에도 문화에의 걸음걸이를 멈추거나 쉬지는 않았었다는 증좌가 여러 가지 있다. 중고등학생들의 미술 작품이 전전(戰前)은 물론 해방 전의 수준을 월등하게 비약(飛躍)했다는 점이다. 국제 수준을 능가하는 소년 연주가가 속출하는 점이나, 중고등학생들의 문학 작품이 어른의 그것에 비해서 손색이 없을 만치 연마되었다는 점 등 여러 가지를 들 수가 있다.

그중에도 가장 놀라운 일은 『학원(學園)』이라는 중학생 잡지가 십만을 바라보는 대 부수(大部數)를 발행하고 있는 사실이다. 이런 대 부수는 우리나라 신문 잡지를 통(通)해서 초유의 사실이다. 그만큼 독서층이 비약적으로 증가했다는 것을 증명하는 것이다.

『학원』에 대항해서 『학생계(學生界)』가 등장하여 같은 양과 염가(廉價)로 이도 대 부수를 발행하고 있으니, 양지(兩誌)의 쌍립은 사계(斯界)의 일대장관을 이룬 동시에 이득을 보는 것은 독자요, 다른 나라의 잡지와도 견주어볼 수 있는 경하스러운 현상을 보이고 있다.

그러나 잡지의 사명은 제공하는 동시에 생산하는 한편이 있는 것이니, 이 잡지로 해서 얼마나 많은 작가 예술가 학자가 얼마나 많은 좋은 작품을 생산하게 했느냐는 것이 또한 그의 권위와 공과(功過)

의 척도가 되는 것이다.

한때 아동문학의 왕성(王城) 같은 감을 주던 『소년세계』는 특수한 인쇄로 인기를 모으더니 요새 와서 갑자기 정채(精彩)를 잃은 것 같고, 『새벗』 또한 세월을 잊은 감이 있으나 매월 끈기 있게 나와서 어린이들의 마음을 튼튼하게 하고 있다.

우리나라 잡지의 역사는 아동 잡지와 순문에 잡지와 언론 잡지로 대별할 수 있으니, 언론 잡지를 종합 잡지라 칭하더라도 근일(近日)의 종합 잡지와는 류를 달리하는 것이요, 오락을 주로 하는 잡지는 없었다.

전쟁 중에 피란지에서 『희망(希望)』 『신태양(新太陽)』이 발간되어 금일 대(大) 신문의 발간 부수를 능가하는 대 부수를 발행하고 있음은 또한 놀라운 사실이라 할 것이다.

근간 『청춘(青春)』이 등장하여 3지(誌)가 모두 표지만 뜯어버리면 어느 잡지가 어느 잡지인지 분간하기 어려울 만치 유사한 편집으로 독자를 획득하고 있다.

여성 잡지로 『여성계(女性界)』와 『현대여성(現代女性)』이 나오더니 『현대여성』의 독천장이 되었으나 내용에 있어서 여성의 교양 향상을 지향하느니보다는 더 통속성을 가지기 위하여 등장한 『보화(寶話)』와 택할 바가 없으니, 그러면 부인 잡지는 성산(成算)이 없느냐 하면 그런 것도 아니요 부인은 잡지를 읽지 않느냐 하면 그런 것도 아니다.

남녀 동권(同權) 시대가 아니라도 오락 잡지를 택하는 데 있어서야 성별이 무관일 것이니 『신태양』 『희망』이 다수의 여성 독자를 흡수하고 있는 것이 사실이다.

　신문은 백 장만 인쇄하고 앉아 있어도 언론기관이요, 잡지는 십만 독자를 가지건 당초의 긴 손(損)을 각오하고 출발하건 일절 영리기관으로 보는 것이 우리나라의 상례다.

　신문이 다수 국민의 공감을 대변하는 논(論)과 독자의 견해를 가지는 사시(社是)로 해서 권위가 있는 데 반하여 잡지는 그것이 없고, 독자의 기호에 아부하는 풍(風)이 있기 때문이라 하겠으나, 우리나라에 있어서는 잡다한 소(小) 신문보다는 잡지가 월등 국민 교양에 기여함이 있다 할 것이다. 일반 국민의 교양을 위해서는 잡지가 어느 나라건 최대 최상의 역할을 하는 것이다.

　『사상계(思想界)』가 순학술(純學術) 잡지로 수지(收支)를 도외시하고 꾸준히 발간하는 것이든지, 『현대공론(現代公論)』이 종합 잡지로 반공전선(反共戰線)의 전초를 담당하려는 것이든지, 모두 나라의 문화를 향상하고 민족의 교양을 높이고 넓히려는 거룩한 정신에서 출발하는 일일 것이다. 우리는 체험을 통해서 반공에 철(徹)해 있지만 세계는 우리에게 반공의 이론적 체계를 세워주기를 기대하고 있으니, 『현대공론』은 이 한 가지 과제를 위해서도 존재 가치가 크다 할 것이다.

　『신천지(新天地)』는 오랜 역사와 가장 유리한 조건하에 있으면서도 스스로 중간지(中間誌)의 위치에 자족하려 함은 발행소(發行所)의 성격으로 불가피한 일일는지 모르나 왕년의 『개벽(開闢)』이 아니라도 『신동아(新東亞)』 『조광(朝光)』의 패기와 권위를 회상하게 하고 있다.

전에는 그 나라의 중량(重量)은 그 나라에 입국할 때에 세관리(稅關吏)가 매수(買收)에 응하느냐 응하지 않느냐는 것과 여관이 깨끗한가 깨끗하지 않은가로 결정할 수 있다고 하였고, 근간에는 그 나라의 간행물의 활발 여부로 엿볼 수 있다고 한다.

우리나라의 정기간행물의 활발성은 자랑할 수 있는 일일 것이다. 그러나 진정 다수 국민의 공감을 얻을 수 있는—호흡을 같이 할 수 있는 경국(經國)의 언론이 태무(殆無)함은 요요(寥寥)의 감(感)을 누구나 금(禁)치 못할 것이다.

(『동아일보』 1954년 7월 18일)

좁쌀알을 종지로 세는 궁량

옛날 어떤 정승(政丞)의 양자(養子)가 하도 글을 읽지 않고 장난만 하기에, 그놈 쓸모없다고 파양(破養)하기로 하여 머슴에게 업히어 생가(生家)로 가게 되었는데, 등에 업힌 아이는 "아아, 잘되었다. 자나 깨나 책만 읽으라니, 그 곳간에 쌓여 있는 책을 다 읽으려면 평생을 읽어도 못 읽을 것이니, 그렇게 되면 나도 아버지 같은 골샌님이 될 것이 아닌가. 생가로 가는 게 참 좋다"고 하였다.

머슴이 돌아오니, 정승이 "섭섭해하지 않더냐?"고 물었다.

머슴이 아이의 말을 그대로 고하니, "허허, 그놈이 생각이 있는 놈이로구나" 하여 다시 불러오게 하였다.

하루는 정승 아버지가 나갈 때에 좁쌀 한 말을 내주고, 아들에게 "내가 돌아올 때까지 이 쌀이 몇 개인가 세어놓아라" 하고 명하였다.

아들은 대답하고 그대로 놀러 뛰어나갔다.

머슴이 걱정이 되어 "도령님, 도령님……" 하고 따라다니며 타이른다.

아이는 "걱정 마라. 걱정도 팔자다" 하고 핀잔을 준다.

저녁때가 되어서 돌아온 아들은 머슴을 불렀다.

"종지 한 개를 가져오라. 그것으로 좁쌀을 되어 보아라. 몇 종지냐? 한 종지 좁쌀을 세어 보아라."

해서 그 좁쌀의 개수를 따져놓고 정승이 돌아오니 그대로 고했다.

이 아들이 아버지 못지않은 큰 인물이 되었다는 이야기는 다 아는 이야기다.

문학을 하려는 사람은 '세계의 명작을 한번은 읽어야 한다'고 흔히 말한다. 세계의 명작을 두루 한번 읽으려면 오늘에 있어서는 인생 일생 오십 년을 송두리째 제공해도 못 읽어 낼는지도 모른다. 그야말로 파양(破養)이 되기를 기다리는 것이 나을는지도 모른다.

'도서주간(圖書週間)'이니 '독서주간(讀書週間)'이니가 생겼다고 한다. 모두가 책 타령이다. 영하 2도라니 겨울이 온 모양인데, 우리나라 습관으로 김장도 해야겠고 연료도 준비해야 할 때에, 김장도 장작개비도 제쳐놓고 책 타령이 우스운 일이 아닐 수 없다.

그러나 그 모두가 객쩍은 일이냐 하면 그런 것도 아니다.

피란살이 고달파 조석(朝夕)이 어려웠을 때에도 쓰러져가는 오막살이 초가집에서 흘러나오던 아동들의 피아노 소리, 바이올린 소리가, 그것이 오늘의 한국을 세계에 자랑할 수 있게 한 것임을 쉽사리 짐작할 수 있을 것이다.

살림살이에 바쁘고 생존의 위협에 허덕이어 바쁘다 바쁘다, 그것도 저것도 돌볼 사이가 없다는 사이에도, 지구는 돌고 세월은 흐르고, 그보다도 세계의 움직임은 멈출 줄을 모르는 것이다.

이십 년 전 내가 일본에 있을 때에 그런 행사를 시작하는 것을 보았다.

그만큼 뒤떨어져서 우리나라에서도 이번에 그런 주간(週間)을 가지게 된 모양이다. 독서를 하자, 서적에 관심을 갖자, 서적을 사랑하자는 그런 주간인 것이다.

　기차에서 버스에서 전차에서 책을 펴들고 있는 사람이 적다고 해서 한국인은 독서를 하지 않는다고 단정할 수는 없을 것이다. 미국인이 백오십 년 걸려서 체득한 민주주의를 우리는 불과 십 년 동안에 '민주주의란 것은 결코 시여(施與)나 부여(賦與)되는 것이 아니라 쟁취해야 한다'는 오의(娛義)까지 알게 되었고, 일본인이 아직 깨닫지 못하고 있는 공산 독재와 민주주의는 '빙탄불상용(氷炭不相容)'이란 진리를 선각(先覺)하게 된 것이 모두 신문이요 잡지요 서적이요 체험의 혜택인 것이다.

　현재의 생활수준으로 보아서 결코 독서하지 않는 국민으로 계산되지는 않을 것이다. 그러나 그것만으로 족하냐 하면, 복잡 미묘하고 괴기 요망한 현대를 살기에는 그 정도의 지식과 좁쌀알을 세어 내는 기지로서는 정승은 몰라도 서민 생활은 곤란하니, 광범한 지식과 교양이 필요한 것이다.

　그러면 어떠한 서적을 어떠한 태도로 독서할 것인가.

　이런 주간 행사도 남의 그것을 입내만 낼 것이 아니라 우리의 현실에 맞는 일을 창의 실천함으로써 더욱 의의 있게 할 것이니, 하나는 범람하는 악서(惡書)를 구축(驅逐)하고 양서(良書)를 널리 주지시키는 방법을 강구할 것이요, 또 하나는 서적이 정당한 비판을 받을 기회를 만드는 것이다. 그레샴의 법칙이 아니라도 '악서'가 점두(店頭)에 미만(彌漫)하여 먼저 눈에 띄고 구독욕을 일으킴이 사실이니, 그는 결코 독자의 진정한 교양의 자(資)가 되지 않는 것이기 때문이다.

'추천도서' '우량도서'의 제도가 요청되는 바이다. 숱한 신간 소개나 신간평은 거개가 정실(情實)에 흘러서 독자를 위함보다도 저자나 출판자를 위하는 폐(弊)가 많기 때문에 엄정한 평가를 받을 기회가 많아져야 독자는 진정한 양서를 손쉽게 구할 수 있게 되겠기 때문이다.

베스트셀러는 엄정한 조사와 정확한 통계로 간단히 될 수 있는 일이니 저서 출판자의 표창이나 기념을 하게 된다면…… 또 하나 덤 붙이고 싶은 일이 있으니 그것은 용지 인쇄 제본 등 수준에 도달하지 못한 우리나라 형편으로 그의 급속한 향상을 도모하기 위하여 특별한 상(賞) 제도를 설정하는 것도 한 방법일 것이다.

또 하나는 서적 판매 관계가 모두 위탁 제도이기 때문에 가끔 위기를 호소하는 현상에 비추어 판매한 서적 대금을 지체 않고 입금하는 서점에 대하여 '도매상조합'이나 기타 적당한 기관에서 '우리가 믿는 서점'이라는 표식을 주게 한다면 기왕의 구독자는 신용 있는 서점을 이용하게 될 것이요, 대금 회수에 따라서는 출판문화 향상을 위해서 도움이 될 수 있을 것이다.

아동을 위해서는 간이 도서관, 소(小)도서실의 설비가 가장 필요하다. 욕심을 부리는 것이 아니라 한 평 두 평짜리로 족하니, 골목마다 소공원 골목마다 도서실이 이상(理想)이요, 하기로 들면 한 회사 한 개인의 의지로 간단히 이루어질 수 있는 일인 것이다.

읽는 재미 읽는 습관을 길러주는 일이요, 현대에 있어서는 좁쌀 알을 세는 궁량도 읽어야만 생기는 것이다.

(『동아일보』 1954년 11월 21일)

어지러운 가운데

    피란 삼 년을 지낸 대구를 회상할 때면 가끔 눈앞에 선하게 떠오르는 광경이 있다.
    신문 파는 아이들이 수백 명 모여 있다. 그 앞에 경찰 악대가 정장을 하고 장중하게 취주악을 연주하고 있는 것이다. 신문 파는 아이들을 위안해주는 장면이다.
    나는 그때에 그 신문사 안에서 그것을 바라보며 남부끄럽게 눈물을 흘렸던 것이다.
    어른들이 가난한 어린이들을 위안해준다는 그것으로 눈물이 나온 것은 아니었다. 어린이들이 좋아한다고 해서 대견한 생각으로 나오는 눈물도 아니었다.
    영롱하게 빛나는, 가난하나마 씩씩하고 재기(才氣) 있어 보이는 그 많은 어린이들 가운데는, 아아, 베토벤만큼 위대한 작곡가가 될 수 있는 천질(天質)을 타고난 어린이도 있을 것이요, 괴테만 한 시혼(詩魂)을 갖춘 어린이도 있을 것이요, 위대한 정치가나 학자가 될 수 있는 천질을 타고난 어린이도 있을 것으로 보이니, 그 천질을 가꾸어 닦지 못하고 저런 가운데 묻혀서 땟국물을 꾀죄죄 흘리며 음악을 듣고 있는 것을 보면, 아아, 눈물이 주르르 흐르는 것이었다.
    그 어린이는 별다른 아이가 아닐 것이다. 난리통에 아버지 어머니를 잃었다든가, 아버지를 잃고 어머니가 앓아누워 있다든가, 의지할 아무도 없어서 몇몇 친구끼리 같이 살게 되었다든가 하는 사정이 있을 뿐일 것이니, 난리 사 년을 이십 년만큼 늙어버린 내가 세상을 떠나고 또 아내가 살림살이에 지쳐서 떠난다면, 열넷을 위로 한 삼남매가 하루아침에 저 모양 저 꼴이 되지 않으리라고 누가 장담할 수 있을 것인가!

누더기를 걸친 수백 명 어린이들 가운데 내 귀여운 자녀를 그려보고, 몇몇 가까운 친구들의 귀여운 자녀의 모습을 그려보는 것이었다.

태어난 고아란 세상에 있을 리 없다.

서울에 올라오니 그런 외로운 어린이들은 대구보다도 더 많이 있었다.

하루는 대구서 자주 보던 아이를 만난 일이 있었다. 신문을 팔고 있었다. 그 아이는 구김살 없는 미소를 띠며 인사를 하는 것이었다.

"오오, 너 올라왔니! 서울에 집이 있었니?"

"웬걸요. 하숙에 있어요."

"하숙? 아버지 어머니는?"

"다 안 계셔요. 형이 하나 군대에 가 있구……"

이런 외로운 어린이들은 많이 있었다.

서울 역전에서부터 아현까지의 뒷골목에 이런 어린이들의 하숙이 많이 있었다. 일박은 20환. 일고여덟 명이 한 방에서 자고 자취를 하는 것이다. 하숙은 하루 120환. 대여섯 명이 한 방에 자고 아침저녁을 해주는 것이다. 점심은 밖에서 그날따라 빵이니 호떡이니 오징어다.

구두 닦는 아이가 수입이 좋았다. 부지런한 아이는 대개가 몇 만 환의 예금통장을 가지고도 있다. 대여섯 명이 한 방에 살며 자취하는 사람 가운데는 그중에서 한 친구를 학교에 보내는 어린이도 있었다.

그런가 하면 어린 구두닦이를 뒷골목으로 데리고 가서 멱살을 쥐고 때리고 걷어차고 "오늘부터는 내 부하가 돼서 하루에 얼마씩을 받치라"는 '어깨 구두닦이'도 있고, 당장에 숨이 넘어갈 것같이 할딱할딱 하는 어린이가 길바닥에 누워 있어도 그것을 그저 보고만 있는, 눈물조차 말라버린 어린 친구도 있었다. 먹지 못하고 살다가 병들어 시들어 당장에 운명할 동무를 껴안고 지키고 있는 어린 거지에게 돈 10환이나 던지고 가는 어른은 눈에 띌 만큼 갸륵한 어른이요, 모두 길 가기에 바쁘다.

무엇이 바쁜지, 그저 바쁜 사람들뿐이다. 이것이 서울이다.

자동차가 오륙십 대씩 밀려서 교통신호를 기다리고 있는 서울의 거리다.

뒷골목에는 구두닦이 소년들의 도박이 벌어지고 있다.

싸움이 시작된다.

말리는 어른이 안중에 없다. 그들에게 있어서 어른이란 무자비한 폭군이요, 탐욕스런 동물에 지나지 않는다. 어른이니 선생이니 높은 사람이니 도의(道義)니 윤리니가 아랑곳없다.

이 살벌한 광경을 보고 멀리서 한탄하는 노인이 있었다.

"더할 수 없이 높은 학문을 했다는 사람들이 하는데도(정치 경제)

세상이 이 모양인데, 저 애들의 때가 되면 세상이 어찌될 것인가?"

땅이 꺼져라 한숨짓는 노인은 하늘에서 온 사람인가 보다.

과연 어린이는 다음 대(代)를 짊어진 새 사람들이니 그 사람들의 세대가 되면 우리의 민족 우리의 국가가 어찌될 것인가를 생각하는 사람이 얼마나 될 것인가? 반공 민주 자유세계의 선봉을 받들어 반공 투쟁에 생명을 바치고 나선 사람들의 다음 대를 짊어진 어린이들이 어른에게 반항하고 사회에 반항하고, 항거하는 투지만이 왕성하여 국가와 민족을 저주하는 사람이 될는지도 모른다는 것을 생각하는 사람이 얼마나 있을 것인가.

그렇다면 어른들은 무엇을 바라고 생명을 바쳐서 싸우자는 것인가.

차대(次代)에의 관심이 없이는 전쟁의 목적이 투철할 수 없는 것이다. 파괴된 건물의 재건도 시급하고 산업의 부흥도 시급하고 국군 증강도 시급하다. 그러나 차대에의 관심 역시 그보다 다음 가는 문제는 아닌 것이다.

유엔 헌장에는 이렇게 있다.

"모든 국민은 어린이들의 심신을 올바르게 육성하도록 노력하지 않으면 안 된다. 모든 어린이는 한결같이 그 생활이 보장되어야 하고 애호(愛護)를 받아야 할 것이다."

고아원이 각지에 족생(簇生)하고, 난지도에는 삼백여 명의 '소년 자치시'가 날로 확충되어가고, 고아원을 보육원으로 개칭하라 하는 등 보도는 활발하지만, 도처의 거리에서 눈에 띄는 고아가 줄어드는 것 같지는 않다.

더욱이 문제는 시여(施與)에 의한 생존의 보장보다, 우리들보다도 나을 수 있는 훌륭할 수 있는 다음 대(代)를 육성하도록 노력해야 할 것이란 것이다.

*

변심한 남편을 원망하고 "오라는 데는 많고, 가면 넉넉히 살 수 있지만 모두 더럽고, 그래도 보고 싶은 사람은 당신뿐이오" 하고 가난하게 죽어가는 여자가 있는가 하면, 눈부신 고급차를 오색 테이프로 장식하고 십여 대씩 느달려 행인의 눈을 현혹하게 하는 결혼행진곡은 또 한 가지 이 나라의 부조리의 신풍경이 아닐 수 없다.

신성해야 할 식장에는 재즈 밴드가 광조(狂躁)하고 신랑은 아침나절 영구차를 타고 갔다 온 모닝복에 어느 나라에도 없는 백색 나비넥타이를 근사하게 매달고 노랑 스포츠 구두를 번쩍거리고 나타난다.

식이 끝나면 신랑은 신부를 끼고 댄스를 하고 장소가 좁다는 듯이 궁둥이를 들먹거리며 날뛴다.

집 잡히고 빚투성이 된 아버지는 차마 못 볼 것을 본 것같이 눈물짓고 자취를 감춘다.

완고(頑固) 덩어리와 현대인. 세대가 바뀌었다 하나 얼마나 새로워졌나?

완고한 아버지나 현대인 신랑이나 똥이 보이는 데서 매일 똥 누는 것은 마찬가지요, 남의 집 담벼락에 소변 깔기기는 마찬가지다. 경범죄로 벌금을 내어야 하게 되었지만, 공동변소를 찾으려면 택시를 타지 않으면 안 될 것이다.

아버지는 신문지, 신랑은 두루마리 밑씻개가 새로워졌다 할까?

두루마리조차 그건 미제가 아니면 일제다. 국산은 없다.

미제 와이셔츠에 미제 나비넥타이에 모자에 양복에 구두에 코안경을 거북스레 걸치고 아무리 뼈겨 보아도 똥 보이는 변소에서 탈분(脫糞)하고 나오는 족속으로밖에는 보이지 않는 것이다.

한두 집이나 여남은 집이 수세(水洗) 변소나 깨끗한 변소를 가졌다 해도 국민 전체의 그것이 향상되지 않아서는 사람의 격이, 따라서 민족의 격이 오르지는 않는다. 국민 각자가 이에 대한 관심과 구상과 노력이 있어야 할 것이다.

공동변소를 청소하게 하기 위해서 관리인을 두게 한 것은 현명한 일이다.

자기의 위치를 몰각(沒覺)하고 남의 나라의, 그것도 영화를 통해서 본 과장된 이풍(異風)을 그대로 받아들임으로써 자기 개인이나 민족이나 국가의 위치가 향상되는 것은 아니다.

뼈기는 위대한 사람을 볼 때에 그 역(亦) 490환짜리(경범 벌금)로밖에 보이지 않고, 그의 아내는 굴뚝 같은 부엌에서 장작개비나 연탄으로 연료 하느라고 이맛살을 찌푸리고 손이 가시덤불같이 되어 있으리라는 것을 대개의 외인(外人)은 상상할 수 있을 것이다.

*

난데없는 대로(大路) 한복판에 빨래터가 벌어지고 있다. 골목이고 샛길이고 수도(首都)의 버젓한 도로상에 전개된 세탁장은 상수도의 누수처(漏水處), 도시의 종기(腫氣), 말하자면 고장 난 곳이다.

이러구러 집집에서는 수돗물을 약물 받듯이 방울방울 받거나 양수간(量水筒)에서 받아 내거나 우물을 파기에 바쁘다.

이것 모두를 원조(援助) 국가의 원조의 태만으로만 돌려서는 안 될 것이다. 우리 힘으로 우리가 할 수 있는 것은 우리가 부지런히 해야 할 것이다.

*

학생의 풍기가 문란해졌다고 해서 학생 취체(取締)를 하기 위해서 수백 명이 동원되어 엄중한 단속을 하기로 했다는 신문기사가 났을 때의 어느 일요일이었다.

몇 퍼센트의 불량학생들 때문에 학생 전체의 사기가 저하하고 기를 펴지 못하게 되지나 않을까 생각했더니, 과연 중고등학생 두 놈이 일요일임에도 불구하고 영영 외출할 생각을 하지 않고 뒹굴고 있는 품이 의기소침 그것이었다. 애들에게 소리 질렀다.

"얘들아! 놀러 나가라! 놀러 가! 교복을 단정하게 입고 나쁜 곳은 근처에도 가지 말고 놀러 나가!"

그러니까 두 놈은 벌떡 일어나서 이렇게 말했다.

"우리 교장 선생님도 그랬어요. 기운을 내라고. 기운을 내서 다른 때보다 더 단정하게 하고 어디든지 다니라고······"

"옳은 말씀이다. 그래야지······"

그렇지만 두 아이 모두 종일토록 외출은 하지 않았다.
"왜들 안 나가니?"
"아버지는 몰라요!"
"무얼 몰라?"
"……!"
"무엇을 말야?"
"진짜 나쁜 놈은 안 걸리거든요. 걸리는 건 대개……"

*

학생 강도 절도, 폭력 수(手), 어깨 등등의 불상(不祥) 사건은 결코 그들만을 책할 것이 못 된다. 그들 어린 사람은 어른의 세계를 보고 있는 것이다.

순리가 통하지 않고 억보가 통하고 탐관오리, 횡령, 착복, 협잡배가 생존의 우위를 차지하고, 옳고 바르게 생활하는 자가 낙오, 열패(劣敗)의 위치에 있다면 '상탁하부정(上濁下不淨)', 젊은 세대의 이만한 불상사는 오히려 희망 있는 차대를 생각하게 할 것이다.

*

"「동포애(同胞愛) 발장(發場)」 한 장에 이십 환, 시민증 수효대로입니다."
"이번 「동포」는 누군가요?"

"네?"

"아니올시다.「사랑의 깃」말입니다."

*

담배 배급이 동회(洞會)를 통해서 나오게 된 것은 고마운 일이었다.

선금(先金) 150환씩을 걷어 갔다.

며칠 후에 담배가 나왔으니 200환을 미리 내라고 왔다.

"전에 드린 백오십 환은?"

"그건 맡겼답니다. 보증금일까요."

이백 환을 내준 이튿날, 이백 환어치 담배 배급을 고맙게 받았다.

*

아무리 좁은 길이라도 공약(公約)대로 '좌측통행'을 하면 길은 좁지 않을 수 있고, 복잡하지 않을 수 있는 것이다.

고층 건물의 층계가 복잡하여 얻어맞고 부딪히고 떠밀리고 요란한 것도 그 탓이다. 질서요 민도(民度)라는 것이다.

*

나는 이발소에서 이발을 하고 면도를 하지 않는다. 삼십 년래의 습관이다.

하루는 새로 온 이발사가 면도하기를 권했다.

나는 이렇게 대답했다.

"내가 할 수 있는 일은 내가 하죠. 기다리는 손님도 많고……"

내가 면도를 하지 않기로 된 이유는 따로 있지만, 여기서는 이렇게 대답했더니 다른 이발사가 웃으며 말했다.

"참 요새 그런 손님이 많아요."

"바쁜 사람들인 게지!"

"아니 그렇지도 않아요. 서로 시간을 절약하자구 아주 면도를 하고 오는 손님도 있어요."

영업자를 위한다는 것보다도 기다리는 객을 위해서 생각하는 사람이 많아졌다는 것이다.

*

새벽에 누옥(陋屋)을 찾아주신 W 교수는 가방을 도난당했는데 그 속에는 교재가 전부 들어 있었기 때문에 학교를 그만두고 낙향한다는 것이었다.

"교재 없이도 떠벌릴 수야 있겠지만 학생들에게 미안해서 차마 못하겠어요. 시골 가서 다시 정리해 가지고 올라오겠어요. 여섯 달이면 되겠지요……"

쓸쓸한 얼굴은 오히려 거룩하게 보였다.

영어 모르는 사람의 영서(英書) 번역, 프랑스어 모르는 사람의 프랑스 시 역저(譯箸)가 횡행하는 가운데 진실한 학도(學徒)도 이렇게 있는 것이었다.

*

손자 같은 젊은 놈이 할아버지 같은 어른에게 담뱃불 대령하라는 놈은 요새는 없어졌다.

(『현대공론』 1954년 12월)

이 해에 하고픈 것

지난해에도 이런 설문(說問)이 있었기에 창작동화 세 편 쓰기를 마음먹고 있다고 썼었다. 이런 대답은 보는 사람에게는 쑥스럽고 싱거운 일일 것을 나도 짐작하나, 나로서는 큰 사건인 것이다. 원래 나는 삼 년에 한 편 오 년 걸려 한 편을 완결한 위인인 만큼 일 년에 세 편을 쓰겠다는 생각부터가 대담하고 혁명적인 일인 것이다.

작년에는 계획대로 세 편을 썼다. 미완결인 『앙그리께』는 일생의 대작(大作)으로 생각하고 덤비고 있는 만큼 서서히 끝내려고 한다.

역시 동화 세 편을 신년의 과제로 생각한다. 쓰고도 후회 없는 일 년을 보낸 후에 보아도 후회 없는 창작동화 세 편을 쓰고 싶다.

문교 행정은 어떻게

'문교 행정은 어떻게.' 이것이 나에게 주어진 『새교육』지의 과제이다.

그러나 나는 이런 문제를 연구해본 일도 없고 생각해본 일도 없다. 그러므로 나의 주변의, 또는 내가 겪은 몇 가지의 일을 단편적으로 적어서 참고로 제공할까 한다.

나에게는 이남일녀가 있다.

해방 전에 귀국해서 개성에 우거(寓居)했을 때까지도 세 아이 모두 특수교육을 시킬 생각이었다.

우선 장남을 유치원 때부터 박민종 군에게 보내어 피아노를 공부하게 하였다. 손가락 사이가 꽤 넓어졌다.

해방이 되니 그대로 두었다가는 낙오라기보다도 세상에 병신을 만들게 될 것 같아서 음악 공부 집어치우고 국민학교만 보내기로 했다. 이 과공(課工)이 벅차서 다른 것을 할 여유가 없었다.

장남에게 음악 공부를 시키려 한 것은 부모의 욕심만은 아니다. 그가 두 살 때에 어머니가 업고 자장가를 부르면 훌쩍훌쩍 울고 있기에, 깜짝 놀라서 자지는 않고 울기는 왜 우느냐고 하니 어머니의 노래가 너무 슬프다고 했고, 유성기를 틀어주면 곧 박자를 맞추고 두 번 들을 때에는 멜로디를 외우는 대목이 많았기 때문에 음악 공부를 하게 하는 것이 옳으리라고 생각했기 때문이었다.

이남도 그의 장기를 무엇이든 발견해서 시키려 했고, 여아는 이건 뱃속에서부터 어머니를 따라 무용을 했을 것이요, 나서도 어머니 흉내를 내어 자나 깨나 이불 속에서도 무용을 하는 것이니 어머니의 원을 풀어 대를 물려받을 것으로 아주 마음먹고 있었다.

그러나 이것도 국민학교에 입학할 때까지의 일이지 입학하고 나서는 그럴 사이가 없었다. 학교에서 어쩌다 학예회니 하는 행사가 있으면 뽑혀서 삼사 일 동안 벼락공부를 해서 한바탕 추고는 또 그만이다.

장남, 이남, 여아 모두가 학교 다니기에, 그저 따라다니기에 너무 바쁘다. 외우기요 시험이요 고사(考査)라는 바람에 어른이 정신을 못 차릴 지경이다.

이렇게 엉둥덩둥 지내는 사이에 장남은 고등 3년, 이남은 고등 입시, 여아는 중학 입시의 시기에 도달하고 말았다.

나는 어느 아이에게 대해서도 "공부해라, 공부해……"하고 강요하는 일이 없다. 국민학교 우등생이 후에 반드시 사회에 유용한 인물이, 특출한 인재가 된 것을 못 보았다. 중학교 입시를 위하여 밤을 새워가며 뜻도 모르는 것을 외우고 있는 것은 처량하고 애처롭고 측은한 일이 아닐 수 없다.

"야, 그만 두어라. 어서 자거라!"

식물성 식물(食物)만으로 골격이 성장하기에 바빠서 '대꼬치'같이 된 것들의 이 참상은 비극이라기보다 넌센스일 것이다.

6학년생의 책가방은 고등학생 대학생은커녕 전기회사 수금원의 가방보다도 더 크고 무겁다. 책과 씨름하는 교육을 덜어주었으면 한다. 보고, 듣고, 가지고 놀고 장난하는 사이에 배울 수 있는 교육 방법의 과목이 늘었으면 한다.

국민학교 육 년의 과정과 중학 삼 년은 국민 일반의 상식, 세계 아동 그 또래의 상식을 함양하는 한편 그 아이의 방향을 자기 스스로도 또 부모도 교사도 인식하는 자리가 되면 족할 것이다.

한편 중학서부터 전공 과목을 하면서 일반 중학 과정을 수학할 수 있는 소수의 특수학교가 있었으면 좋겠다. 이 길은 고등학교까지 마찬가지다. 말하자면 음악 중학, 미술 중학, 무용 중학, 영어(영문학) 중학, 화학 중학, 공업 중학, 국문(국문학) 중학 따위를 말하는 것이다.

물론 적령 아는 한 사람 빠짐없이 국민학교와 중학교를 마쳐야 하고, 일절의 학비를 국가가 부담하고 점심 급식, 극빈자 무의탁 아를 위해서는 기숙사 있는 학교를 마련했으면 좋겠다.

고등학교와 대학은 선발을 하되 엄선하여 문을 좁힌다. 방향을 결정하기 위함이요 방향에의 적성을 고르기 위함이니, 따라서 전공 부문에 있어서 타국의 그것을 속히 따르고 높일 수 있게 하기 위해서다. 병역 기피자나 불순분자의 입교가 허용될 리 없을 것이다.

장학생과 해외 유학생을 대폭 증원하여 급속한 학예 기술의 수입과 우수한 인적 자원을 누설하지 않도록 해야 한다.

대학의 대학원 외에 국립으로 각종의 연구소를 증설하여 생활의 보장을 받으며 연구에 종사하게 하였으면 좋겠다.

도서관을 증설하여야 하겠다. 전문 도서관을 위시하여 전국에 삼백 개까지는 급속히 설치하면 좋겠다.

미국의 어떤 교수가 한국에 와서 한국의 어떤—그러니 대학 당국에서 가옥이든 가정이든 서재든 장서든 이 근사한 교수를 소개했겠지—교수의 집을 방문하고 단 천 권쯤 되는 장서를 보고 놀라 자빠졌다고 한다.

한국인은 가난하다고 들었고 더욱이 대학 교수쯤은 말이 아니라고 들었는데 그득히 장서를 가지고 있으니 놀라운 일이요, 자기 또래 미국의 대학 교수들은 자택에 장서가 전연 없고 독서나 연구는 대학의 연구실에 한했고 자택은 그저 가족과 단란(團欒)하는 장소로 생각하고 있다고 말하더라는 것이다.

고명한 대학자의 서재면 그렇지도 않겠지만 대부분의 사람이 그럴 것도 알 수 있는 일이요, 반면 우리나라의 형편으로는 대학 교수는커녕 중고등학교 교사라도 이것저것 천 권의 장서는 가지고 있을 것이요, 없으면 부끄러워하기보다 부끄럼을 당하기가 쉬울 것이지만, 이것은 개인의 경제로 보나 국가 경제로 보나 결코 자랑할 일은 못될 것이라고 생각한다.

필요한 때에 거침없이 찾아볼 수 있는 도서관의 설비가 있다면 무엇이 아쉬워서 좁은 집 좁은 방에 이것을 쌓아두어야 하며, 각 개인이 가난한 월급으로 이것을 사야만 할 것이냐 말이다. 밀수입

서적의 경우를 생각하면 더욱이 그러하다.

국립 연극 학교, 국립 영화 학교, 국립 무용 학교, 국립 요업 학교 등을 개설했으면 좋겠다.

우리나라는 중공업 생산으로 외화를 획득하기는 어렵다. 어디까지나 경공업이어야 손쉬울 것이며, 더욱이 예풍(藝風)에 뛰어난 민족이므로 예술품으로 힘이 빠를 것이니, 신라 공기, 고려청자, 이조 백자의 전통을 받은 요업을 재흥시킴으로써 부박한 모더니즘의 도자기나 수지기(樹脂器)에 싫증을 느낄 수 년 후에 세계의 고급 식기 일절을 전담할 만한 꿈을 가지는 것도 무모한 일은 아닐 것이요, 영화가 교역의 일부를 크게 담당하게 되었음은 이탈리아나 일본의 예로 잘 알게 된 사실이다. 예술 면에 뛰어난 천품(天稟)을 자랑할 수 있는 우리 민족이 한번 지향해볼 만한 일이 아닐 수 없다.

죽세공은 세계 최상의 기술을 가지고 있음이 분명하다. 초립(草笠)이나 갓이 미국이나 프랑스 여인의 모자로 등장할 날도 있을 수 있는 일이다. 흑립(黑笠) 이십만 개를 미국에서 주문해 왔는데 제품이 없을 뿐 아니라 기술자마저 부족해서 응수(應需)하지 못했다는 이야기를 들었다. '일본의 죽세공 대미(對美) 수출이 오백만 불?'인가 하는 기사를 읽은 일이 있다. 낚시 도구와 실내 장식품이다. 죽세공은 우리나라가 월등한 것이다. 이것은 과거요, 겨우 현재까지요, 미래는 전연 모를 일이다.

우리나라의 자랑은 옛 사적과 기록에 많다.

고려의 금속활자가 구텐베르크의 발명보다 216년 앞서 있었다는 것을 국민학교 학동들은 외우기에 바쁘지만, 오늘의 인쇄술에 끼친 바는 전연 없는 것이다. 옛날의 기록과 사실을 외우기는 하되 오늘에 뚜렷이 연결되는 바가 없고 직접 눈으로 본 일도 없으니 시험만 치르면 머리에 남는 것이 없기 쉬운 것은 허물할 수 없는 일이다. 남아 있는 것이나마 보여줄 수 있는 것이나 보여줌으로써 민족의 자랑을 참으로 인상(印象) 주었으면 좋겠다. 이동 박물관이다. 서울, 경주, 공주, 부여의 박물관을 구경하지 못하고 대학을 졸업하거나 해외 유학을 떠나는 학생은 많을 것이다. 실물이 아니라도 좋고 고적(古蹟)은 영화를 통해서도 좋을 것이다. 구경거리로 본 것은 교실에서 본 것보다 머리에 남는 경우가 더 많다. 기차를 이용했으면 좋겠다.

이동 박물관과 같은 사업은 그 밖에도 있을 것이다.

고서(古書)의 영인본(影印本)과 주해본(註解本) 간행, 외국 서적의 번역, 국내 문학 기타의 외국어 역(譯) 등은 시급한 사업일 것이다. 국제 문화와의 교류 없이 국내 문화의 향상이나 발전이란 바랄 수 없는 일이다. 이 사업을 적극 실천하고 또 간선(幹旋)하고 원조하여야 할 것이다.

일반도서의 '악서(惡書) 구축(驅逐)', '양서(良書) 추장(推奬)'은 좋은 일일 것이다. 전문가와 학식, 경험자에게 위촉하여 추천도서제를 실시하고 포상 또는 원조하는 것도 좋을 것이다.

'도의(道義) 교육'과 '교화(敎化) 선전'은 시급한 일이다. 학교뿐 아니라 일반 국민에게도 주간 행사적이 아니고 성급한 방법이 아닌 방법으로 한 가지씩 두 가지씩 개선해 나갈 수 있을 것이다.

버스나 전차에서 학생이 노인이나 부녀자에게 좌석을 양보하는 예의는 서울의 중고등학교 학생이 교장의 지도에 의하여 시작된 것이라 들었는데, 요사이는 거의 대부분의 중고등학생의 풍속이 된 감이 있다.

말로 도의(道義)지 도의라는 것이 어떤 것인지를 몰라서 못하는 일도 있을 것이다.

집을 팔아서라도 결혼식에는 돈을 써야 하고, 신랑 신부는 고급 차로 장안을 일주해야 하고, 피로연에서는 신부가 창가(唱歌)를 해야만 하는 것으로, 그렇게 해야만 예의에 어긋나지 않는 일로 알아온 사람도 있을 것이다. 악풍(惡風), 폐풍(弊風)을 고치기에 노력해야 할 것이요 고칠 수도 있을 것이다.

미술전람회를 국전(國展)이라고 하는데, 이것은 유래를 따진다면 일제의 잔재요 타성인 것이다. 모처럼 좋은 일을 하는 데 불필요하다는 것이 아니라, 미술에 국전이 있으면 다른 문화 부문에도 국전이 필요할 것이라는 말이다. 권장하는 의미의 사업인 만큼 뒤떨어진 영화를 위해서도 국전이 필요할 것이요, 국제적 수준에 이르지 못하는 몇 가지 부문에 이것이 요청될 것이다. 문학 부문은 미술 부문보다 그닥 뒤떨어진 것으로는 생각하지 않으나 눈으로 보는 것과 문자를 읽어야 하는 것의 거리를 단축시킬 용념(用念)―번역 소개―이 있으면 좋을 것이다.

국어심의회(國語審議會)는 광범한 학자와 학식 경험자로 구성하여 영구적으로 있어야 할 것이다.

나는 '섹세잉꼬'라는 새 자웅(雌雄) 두 마리를 기르다가 기한(飢寒)에 죽게 한 일이 있어서 이것을 한번 쓰고 싶은데, 십 년을 두고 이것을 쓰지 못하고 있다. '섹세잉꼬'라는 말이 일어(日語)이기 때문에 우리말로 무엇이라고 하는지를 몰라서 쓰지 않고 있다.

지난번에 성균관대학에 조류 전시가 있다기에 조류에 특별한 관심이나 애완(愛玩)하는 일이 없지만 새 이름 하나를 배울 수 있을까 해서 찾아갔더니 원명(原名)과 일명(日名)이 씌어 있을 뿐 국명 란은 백지로 있어서 대단히 섭섭했다.

대학생의 병역 문제에 있어서는 최대한으로 좁힌 대학의, 진실한 학구(學究)들의 학업 진도가 곧 국가 발전의 진도이기에 이룰 것이므로 지장이 없을 조치가 취해져야 할 것이나, 문교 행정만으로 할 수 있는 일은 아니겠기에 생략한다.

써보니 생각나는 것은 많다. 두서없는 꿈같은 잡담으로 지면을 낭비하였음을 용서하라.

(『새교육』 1956년 1월)

34회 어린이날에 즈음하여

5월 5일은 어린이날.

제34회 어린이날이 다가오고 있다. 금년에는 또 서울서는 서울운동장에, 지방에서도 한 군데 수많은 국민학교 아동들을 집합시켜놓고 봄바람에 날리는 먼지 잔뜩 뒤집어쓰게 하며 오랜 시간을 두고 어른들의 각인각설(各人各說)의 연설 경연이 있을 것이 예상된다.

너희들은 새싹이라고도 하고, 국가의 희망이라고도 하고, 우리들의 차대(次代)를 이어받을 귀한 보배들이라고도 연설할 것이다.

해마다 이날이 되면 듣는 똑같은 말을 듣고 서 있는 어린이들을 고달프게 하고 괴롭게 하는 일은 될망정 즐겁게 해주지는 못하는 것 같다. 일 년 두고 어린이들이 손꼽아 기다리는 날이 되게 해주지는 못하는 것 같다. 더욱이 열렬한 연설을 하는 어른이 어제 하교 시간에 학교 앞에서 학생을 칠 뻔한 자동차 타고 다니는 사람이라면 학생들은 어떤 생각으로 그 열변을 듣고 있을 것인가.

저 사람의 아들이 깡패다. 어제도 누구를 채고 돈 빼앗아 갔다. 그런 말을 듣게 되는 분도 마찬가지다.

저 사람은 학교 앞을 지날 때는 반드시 차를 천천히 가게 하고 우리들이 길을 건널 때는 다 건너갈 때까지 세워서 기다리고 있다가 지나가는 사람이다. 그런 말을 받을 수 있는 어른이라면, 그런

분의 연설은 들리지 않더라도 귀를 기울일 것이요, 안 들리더라도 감사하는 마음으로 서 있는 괴로움을 잠시 잊을는지도 모른다.

어린이날이라고 해서 어린이들에게 열변을 토할 아무 조건도 없다. 수만 아동을 모아놓고 알아듣지도 못할 유식한 말을 한다는 것도 후진성의 하나임에 틀림없다. 어린이날은 어린이들을 즐겁게 해주고, 어린이들을 행복되게 하기 위해서 지난 일 년에는 얼마나 부족함이 있었나를 반성하고, 앞으로 그것을 증진하기 위해서 할 일을 생각하고 실천하는 첫날이 되어야 할 것이다.

삼십사 년 전 어린이날을 시작할 때는 어린이들로 하여금 "씩씩하고 참된 소년이 됩시다. 그리고 늘 서로 사랑하고 도와갑시다"란 구호를 다 같이 소리 높여 외우게 했었다. 해방 후에는 "욕하지 말고 때리지 말고 부리지 말자!"라는 구호를 내걸었다. 어른들에게의 호소였다.

금년에는 이런 구호를 생각해본다.

"어린이 위하는 마음 나라 위하는 마음!"

물론 어른들에게 호소하는 슬로건이다.

*

요새 신문지상에는 서울역에만 꼬마 소매치기가 240명이나 있다고 보도하고 있다. 독자는 크게 놀랐을 것이지만 240명이란 소매치기 아동은 서울역에 있는 숫자뿐이니, 서울 시내 각처에 있는 아동이나 또 지방에도 많은 것이 사실이니 그 숫자는 족히 천 명을 넘을는지도 모를 일이다. 이런 사실을 어떻게 보아야 할 것인가. 소매치기에 조직이 있다는 것은 주지의 사실인 만큼 아동들이 자의로 이런 사회에 들어가지는 않았을 것이요 또 행위하고 있지도 않으리라고 생각할 수 있다면, 우리나라의 어른들은 천 명 이상의 절도 아동을 항시 양성하고 있다고 지적할 수도 있을 것이다.

어린이들을 시켜서 도둑질해 오게 하는 어른들이 국가나 민족의 장래라든지 아동의 장래를 생각하는 일이 있으리라고는 생각할 수 없으나, 그러나 이것은 반드시 사회가, 국가가, 곧 이 나라의 어른들이 책임을 져야 할 것이다.

어째서 이런 아동들이 생겼을까? 어떻게 해서 이런 옳지 않은 세계에 들어가게 되었을까를 생각해본다면 그런 아동이 생기지 않을 수 없는 역사적 현실을 생각하지 않을 수 없을 것이고, 따라서 국가 정책의 빈곤에도 머리가 가지 않을 수 없을 것이다.

다시 말하면 공산군 남침으로 인해서 전쟁으로 인해서 생긴 많은 고아와 아주 고아는 아니더라도 불우한 환경에 놓인 아동들에게 먼저 의복과 식사와 잠자리를 제공하고 동정의 손을 뻗친 사람이 소매치기 족속이 아니었을까. 쉽사리 짐작할 수 있을 것 같다. 다음에 사탕발림으로 꾀어서 소매치기 연습, 그리고 그것을 범행하게 하고, 그다음은 엄격한 계율의 사슬과 감시 아래 영영 발을 뽑지 못할 구렁으로 몰아넣고 있는 그 사회의 어른들의 지도에 의해서 된 일일 것이다. 아동의 모든 범죄의 그늘에는 어른의 책임이 있고, 사회가 또한 책임을 져야만 할 것은 물론이다. 어른 소매치기의 창궐(猖獗)도 어른의 생활난에서 온 것으로 한 개 사회 문제를 제시

하는 것이지만, 전쟁을 겪은 신생 국가에서 수다한 고아 부랑아의 구제 방도를 주도하게 계획 입안 실천하지 못한 데에도 큰 책임이 있다고 보아야 할 것이다.

도대체 세계의 아동운동이란 것은 그 기원을 1922년으로 보고 있는데, 이것은 그때 1차 세계대전을 겪은 세계 각국에 하나의 예외도 없이 수다한 고아와 부랑아를 가지게 되어 그렇지 않아도 전후의 수습, 국가의 재건에 허덕여야 할 각 국가가 고아 구제에까지 손을 뻗칠 수가 없었다. 그때에 영국에서 세계 각국의 전재아(戰災兒) 고아를 공동 책임으로 구제하는 것만이 인류의 영생과 복지를 위하는 일이라고 외치고 '아동 구제 기금 단체'를 결성하여 각국 전재아 고아의 구제를 위하여 노력한 끝에 '세계아동헌장'이란 것을 1922년에 발포한 것이었다. 이 헌장은 1924년 당시에 국제연맹에서 채택하여 유명한 '아동의 권리에 관한 선언'으로 발표되었고, 1951년에는 유엔이 또 그것을 확인 약간 수정을 가하여 '세계아동헌장'으로 발포하게 되었던 것이다.

"어린이는 다음 세대를 짊어질 사람이므로 그의 심신의 건전한 발달을 도모하는 일은 사회 전체의 책임이라"고 규정하고 "모든 점에 있어서 책임을 수행하는 것이 의무임을 선언한다"고 하였다.

이 '책임'이라고 하고 '의무'라고 한 것을 우리나라에서는 아무도 수행하려고 하지 않는 것 같다.

길에 깔린 걸식 아동들은 남루한 옷을 걸치고 깡통 하나를 들고, 호치(豪侈)한 의복을 입은 부인에게는 흙칠을 해주거나 침을 뱉으려고 한다. 남녀 모두 동정하거나 연민하는 정은 없고 기피하는 풍만 있다. 같은 인류, 같은 겨레, 같이 대공전(對共戰)을 겪은 동족이라는 생각은 거의 없는 것같이 보이는 것이 사실이다.

대공전으로 해서 가족의 한두 사람 희생당하지 않은 사람은 우리 한국에 없으리라고 생각되건만 공산 침략으로 해서 고아가 된 그들에게의 관심은 거의 마비되어가고 있는 것이다.

이 수다한 걸식 아동과 구두닦이 아동 소매치기 아동들이 가져올 한국의 명일(明日)이란 어떠한 것일까, 하고 생각해본다면 누구나 우울해지지 않을 수 없을 것이다.

"어린이 위하는 마음 나라 위하는 마음"이어야 할 것이다. 그렇지 않고서는 조국의 명일을 기대하기는 어려울 것이다.

헐벗고 굶주리고 떨고 있는 마음 갈대로 이즈러진 아동들 앞에서 "씩씩하고 참된 소년이 됩시다. 그리고 늘 서로 사랑하고 도와갑시다"라고는 차마 말하기 어려울 것이다.

환도 전부터 한 순경이 많은 구두닦이 아동을 모아놓고 훈육을 시작한 것은 경찰의 적극 지원을 받아 거대한 성과를 거두고 있다. 중부서 직업소년학교는 4주년을 맞이해서 7회에 걸쳐 천 명에 가까운 졸업생을 내었고, 종로서에서도 동대문서에서도 이것을 개교하고 있다고 한다. 대학생도 고학생의 선의로 구두닦이 신문팔이 아동을 모아서 가르치는 '사랑의 천막학교' '사랑의 토굴학교' 등등은 그 사실이 신문에 보도될 때마다 많은 찬사와 더불어 협조의 금품이 환지(還至)하는 것을 보면 한두 개인의 선의에 의해서도 이런 성과를 거둘 수 있는데 좀더 사회적 국가적인 시책이 있다면 얼마나 좋으랴 생각하는 것이다.

한국 아동의 불우는 걸식아 고아 부랑아 뿐만은 아니다. 부모와 가정은 있으되 취학하지 못하는 아동의 문제도 있다. 전국에 절량농가(絶糧農家)는 33만이라고(4월 16일) 하는데 국민학교에 취학하는 데도 입학금 사친회비 등의 적지 않은 부담이 있는 것이다. 국민의 의무교육이란 것은 부모나 아동 자신의 의무이기도 하지만 국가의 의무도 있는 것이다.

이런 모든 최저한의 불행을 제거하기 위하여 어른들이 많이 생각하는 '어린이날'이 되기를 바라는 바이다.

"어린이 위하는 마음, 나라 위하는 마음!"이라고 할 수 있을 것이다.

가정의 아동이나 국민학교에 취학한 아동을 위해서도 마찬가지다.

서울시에서 종로와 명동 두 군데 소공원을 계획하였다는 소식은 근래의 쾌사(快事)임에 틀림없다. 대로에서 놀다가 교통사고를 일으키는 일은 많고, 그런 곳에서 놀지 않을 수 없는 어린이나 가정도 항상 불안에 쪼들리는 불행을 지니고 있는 것이다. 더 많은 곳에, 큰길 뒷골목에는 반드시, 어린이의 놀이터를 마련해주는 것이 나라의 어린이를 행복되게 할 수 있는 일일 것이다.

국민학교의 교육 방법에도 그런 일은 있다. 중학교 입학시험 문제가 그것이다.

국민학교의 과업이란 어디까지나 즐겁게 장난하고 노는 가운데 알게 되고 익히게 되어야 할 것이라고 생각하는데, 우리나라의 그것은 외우기가 첫째라 평시부터 부담을 지우게 하는 일이 너무도 많은 것이다. 즐거운 가운데 무럭무럭 자라며 지능도 그에 따르도록 되었으면 좋으련만 발육보다는 지능의 발달에만 치중하는 경향이 있는 것 같다. 더욱이 중학교 입학시험기의 과업이 그러하다.

내가 지난번에 그것을 '십대 고문(拷問)의 계절'이라고 모 지(紙)에 발표했더니, 모 국민학교 교장은 "국민학교 교장을 애들이 마귀할머니라고 한다고 썼는데, 그것은 불평입니다. 교장이나 담임선생이 하고 싶어 하는 짓이 아니니까요. 입시제도가 나쁘지 우리가 나쁜 것은 아닙니다" 그런 말을 했고, 또 모 중학교 교장도 같은 의미의 말을 하는 것을 들었다. 그리고 신문에 자주 써서 이런 제도를 고치도록 하자는 부탁까지 하는 것이었다. 두 분 모두 현행 제도를 좋다고 생각하지는 않는다는 것이었다. 사실 중학 입시에 최고점으로 합격된 아동이 고등학교 입시 때까지 우수한 성적과 건강을 유지하느냐는 것은 의문이라고 하는 것이다. 그렇다면 차대의 심신의 건전한 발달을 위해서 이것도 생각해야 할 문제가 아닐까 한다.

나라의 어린이들을 위해서, 어린이의 행복을 위해서 생각하는 마음, 봉사하는 정신은 곧 나라의 내일을 생각하는 마음이요, 나라에 봉사하는 정신이라고 볼 수 있을 것이다.

(『새교육』 1956년 5월)

아동들은 무엇을 요구하는가

첫째, 먹고 싶습니다.

먹어야 사람이 살지요. 그런데 먹을 것이 없지 않아요? 하기야 길에 깔린 가게, 구멍가게, 시장판에는 수두룩 쌓여 있고 팔러 다니는 사람도 많지만, 그것을 어떻게 사 먹느냐 말이에요.

쌀이라는 것에는 여러 가지 양분이 모두 섞여 있다고는 하지만 하루 두 끼 세 끼 밥에 우거지 찌끼만 먹고 어떻게 삽니까?

사탕도 먹고 싶고, 과실도 먹고 싶고, 고기도 먹고 싶고. 고기도 소고기, 돼지고기, 생선, 여러 가지가 있지 않아요? 가게 앞에 복숭아가 나오면 복숭아도 먹고 싶고, 살구도 앵두도 먹고 싶고, 포도도 머루도 다 먹고 싶지요. 그렇지만 그건 먹으면 배탈 날 거라고 하지 않겠어요? 먹고 싶어요. 캐러멜이나 캔디나 초콜릿 같은 것은 배탈 난다고는 말하지만, 사주지는 않지요. 우유를 먹으면 몸에 좋다고 하고 외국 아이들은 하루에도 몇 병씩 날마다 먹는다는데, 우리는 보지도 말라지 않아요. 무엇이 그래요? 어른은 무엇을 먹든지 잘 소화만 되면 북어 대가리가 칼슘도 되고 돼지 뼈다귀가 비타민 A가 되기도 하고 막걸리가 사과도 되고 비지가 비타민이 되고 고추니 마늘이니 하는 것이 굉장히 몸에 좋다고 하지만, 우리들이 어떻게 그것을 먹어요! 된장독에 묻어 두었던 시커먼 고추를 어떻게 먹으란 말이에요! 보기만 해도 올각질이 나는 것을.

　달걀도 먹고 우유도 먹고, 버터나 잼을 바른 살짝 구은 빵을 먹고, 과실을 먹을 줄을 우리들이 모르는 줄 아세요? 다 알아요. 소화도 좋고 몸에도 좋고, 첫째 맛이 좋은 것을. 그렇지만 할 수 없지 않아요! 그렇다고 무어 우리 아버지나 어머니가 나쁘거나 게을러서 그런 줄 아세요? 그렇지도 않아요. 우리 아버지는 뼈가 빠지도록 힘에 겨운 일을 하고 계시고, 어머니도 아버지보다 더하면 더했지 안 하지는 않아요.

　어른들은 영양을 대용해서 받을 수 있지만 어린이에게는 진짜 그것을 주어야만 그것의 영양을 받을 수 있다고 외국의 과학자들이 말한 것을 본 일이 있어요.

　옷은 언제나 깨끗하고 아름다운 것을 입고 싶지요. 그렇지만 잠깐 놀고 돌아오면 옷을 더럽혔다고 욕하고, 어쩌면 때리기도 하는 것은 못마땅해요. 놀고 싶은 것을 어떻게 해요. 놀지 말란 말이에요? 무어 내가 꼭두각신가. 얼음판이 있으면 멋지게 미끄럼 타보고 싶고, 진창이 있으면 얼마나 깊은가 한번 들어가보고 싶고, 눈이 있으면야 죽자 사자 한번 해보고 싶고, 모래사장에야 한번 굴러보지 않을 수 없고, 진흙 다져놓은 것이 있으면 이것을 한번 빚어보지 않고 어떻게 장승이나 바보같이 지나치란 말이에요? 그러려면 애초에 장승이나 바보 같은 짱구 대가리 앉은뱅이를 낳아 놓으실 걸. 그렇지 않아요! 그렇다고 흙 묻고 진창 묻은 옷을 또 입고 나가기는 싫거든요. 아이들이 놀리는 것보다도 내가 부끄러운 걸요. 말쑥하게 입고 차리고 뻐기고 싶지요. 그러니까 애초에 아무리 장난을 해도 툭툭 털면 깨끗해질 수 있는 것이든, 곧 빨아서 입을 수 있는 것으로 해주시면 되지 않아요! 아버지나 어머니 친구에게 자랑 삼아 보이려고 꼬까옷을 입히고 콧물만 묻어도 야단치지 말고. '이 꾸러기, 이 꾸러기!' 하고 상을 찌푸리지만 그건 내 탓은 아니에요. 날마다 갈아입으면 이가 꼬이지 않는대요. 잘 때 자리옷 입고, 일어나서 갈아입으면, 이가 생기지도 않는다지 않아요?

우리들은 당초에 어디서 놀라는 말이에요? 방에서 놀면 어지른다고 나가 놀라고 야단이고, 마루에서 놀면 뒤숭숭하다고 야단이고, 마당에서 놀면 나가 놀라 하고, 밖에 나가서 놀면 이누무 새끼 죽여버린다고 동냇집 늙은이들이 야단이고, 큰길가에 나가 놀면 아버지에게 붙들려 와서 어머니가 야단 만나지 않아요. 원수 같은 지프차에 치어 죽느니, 전차에 깔리느니, 자전거에 치어 죽으면 어쩌겠느냐고, 아버지에게 야단 만나지 않아요? 지붕 위에 올라가면 기왓장 깨진다고 벼락이고, 땅광에 들어가 놀면 무어 습기가 어떠니 야단이고. 어떻게 좀 마음놓고 놀아도 좋은 자리를 가르쳐주세요.

  하기는 아버지 어머니의 야단치는 것쯤 약과지만. 도대체 어른들이란 잔소리하는 동물이란 말인가.

  나는 어른이 되어도 잔소리 안 하는 사람이 되었으면 좋겠는데, 어른은 잔소리하게 마련이라면 나는 그까짓 어른 되고 싶지 않구만.

'이누무 새끼, 만날 군것질이냐'고 하지만, 언제 무어 먹을 만큼 사준 일이 있어요?

 외국 아이들은 하루 두 끼 꼬박꼬박 과자니 과실이니, 말하자면 단것과 신것을 집에 마련해 두었다가 먹고 싶은 만큼 먹게 해준다는데, 이건 무어 잔돈이 없으면 십 환짜리 캐러멜 한 갑도 못 먹는 날이 있는데, 어쩌다 먹고 싶어서 죽을 지경이 되어 "돈 십 환" 하면 그 욕지거리 참 싫어요. 하긴 '졸라 먹고 자라는 한국의 어린이'란 글을 쓴 사람도 있으니, 졸라서라도 먹고 자라야 좋을 게 아냐요? '새끼, 새끼' 하면서도 돈을 줄 때는 그 욕이 음악 같아서 무어 상관없어요.

 안 줄 때는 서글퍼요.

 눈에만 띄면 공부해라, 공부해라, 야단치지 마세요.

 공부해라 소리를 들을 때마다 골치가 아프고, 아버지고 어머니고 죽어 없어졌으면 하고 생각할 때가 많아요.

 공부는 무슨 놈의 공부, 선생님이 하는 말은 다 알아 들어요. 그렇지만 그걸 또 왜 외워야 해요?

 외우는 것은 머리가 좋아지는 일이라고 하지만, 그렇다면 미국 사람들은 우리 한국 사람보다 모두 머리가 나쁜 사람들이 아닐 거야요? 우리들은 사천 년 역사를 외우기 공부하는데, 미국 사람들은 백팔십 년 역사밖에 외우지 못하니, 거 무어 형편없겠군요?

 그렇지만 그렇지 않아요!

 외우기 하라는 바람에 외우기에 골치가 아파서 모두 머리가 나빠질 거예요. 선생님이 아는 것은 모두 옛날 꼬부랑꼬부랑 할머니 이야기같이 한쪽 귀로 듣고 한쪽 귀로 흘려버리고, 우리들이 그것을 밑바탕으로 해서 생각하고 연구해 나가야 할 거예요.

선생님이 배워서 안 것 중에 몇 가지만 우리가 외우기에 골치가 아프면 선생님보다 나은 훌륭한 사람은 못 될 게 아녀요?

국민학교에서 퇴학 맞은 '에디슨' 같은 사람도 나와야 하지 않아요?

1+1은 언제나 2. 물방울이 굴러 와서 두 개가 합쳐 한 개가 되는 것을 보았는데도 1+1은 어째 2가 됩니까?

그러니까 장난감을 좀 사주세요. 책도 좀 사주세요. 어쩌다 한 권 사주신 것을 가지고 그 책 있지 않느냐고 하시지만, 한 권 책은 앉은 자리에서 읽어버리지 두고두고 두 번 세 번 읽는 줄 아세요? 그까짓 거 한번 읽으면 그만이지, 어른들은 다 아는 것 같은 세상이지만 우리들은 무엇이든지 알고 싶고 보고 싶고 해보고 싶으니까요.

시계든지 라디오든지 축음기든지 전차든지, 그걸 그저 한번 다 뜯어보고 어떻게 된 놈인가 알아보고 싶어요. 재봉틀만 좀 건드려도 야단을 치니 사람이 산 것 같지 않아요. 그러려면 제발 좀 장난감을 많이 사주세요. 그러면 우리들도 '에디슨'이나 '디이젤'(엔진)이나 '후어데에'(라디오, 토오키) 같은 사람이 나올 수 있지 않겠어요? 바이올린이나 피아노를 구경도 못하고 '베토벤'이나 '모차르트'가 나올 수 있었겠어요? 장난감, 책 좀 주세요. 아버지 어머니는 사실 수 없어도, 학교에라도 있으면 좋지 않아요?

아아, 그러나 아버지 어머니…… 쌀 살 돈 나무 살 돈 벌어 오시기에 뼈가 빠지는 아버지 어머니에게 이런 말을 하는 것은 아니에요.

아버지 어머니는 좋아요. 아버지 어머니에게는 할 말이 따로 있어요. 옛날은 살기 좋았다는 말, 그런 이야기를 하시면서 눈물을 흘리시지 말아주세요. 월급을 받으면 양복도 해 입고 집도 살 수 있었다는 둥, 그런 옛날이야기를 하시면서 눈물을 흘리시면 참 싫어요.

그런 좋은 때가 있었다면 또 그럴 수 있게 하시면 되지 않아요? 우리들은 우리들이 모르는 옛날이야기보다 앞을 보고 희망에 살고 있지 않아요? 아버지 어머니도 옛날이야기만 하지 말고 앞을 보고 희망에 살아주세요! 앞을 보고 희망을 가지고 살아야지 않아요? 아예 아이들이 가엾다는 생각은 마시고.

(『여원』 1956년 5월)

장마에 시달려

학생과 경찰

'대한교육연합회(大韓敎育聯合會)'에서 열린 '도의교육위원회지도분위(道義敎育委員會指導分委)'는 '학생 선도책'과 '범죄 미연 방지책'을 위하여 여섯 가지 방안을 결의했다는데, 첫째 조목에 "소년 선도를 위하여 각 경찰서에 소년계를 설치하도록 내무부에 의뢰한다"고 보도된 것을 보았다. 근래의 놀라운 또 하나의 사실이다.

경찰의 신세를 지고 있는 학생이라도 부형(父兄)이나 교장이 출두해서 '내가 잘못 가르쳐서 저지른 일이니 이후는 그런 일이 없도록 잘 지도하오리다' 하면 대개가 부형이나 교사에게 넘겨 맡기는 것이 예사였던 것이다.

'인제는 교사로서는 어떻게 지도할 도리가 없으니 경찰에서 맡아달라'는 뜻이라면 교육자의 위신이니 학원의 존엄성이니 민주주의 교육정신이니를 교육자 자신이 자진해서 포기하는 우졸(愚拙)이라 할 것이요, 세계에 보기 드문 진무류(珍無類)의 결의라고 할 것이다.

제자의 잘못은 스승의 잘못이요, 자제(子弟)의 잘못은 부형의 잘못이라고 생각하는 것이 우리나라의 엄연한 도의(道義)다.

나라와 민족의 도의를 몰각(沒覺)하고 도의를 논하는 '도의교육위원회'라 할 것이다.

아동복지법

　보건사회부에서 입안한 '아동복지법(兒童福祉法)'안(案)을 본 일이 있었다. 3월인 것 같다. 이 법안도 지난 국회에서 자연폐안(自然廢案)되었었는지, 아직 국회에 제출되지 않았는지 모른다. "입법의 범위가 요보호아동(要保護兒童)과 문제아동(問題兒童)만을 취급하는 소위 치료적인 한계에 그치는 것이 아니고 일반 아동들의 복지 향상을 꾀하는 예방적인 조치에까지 미치므로 아동복지라고 명칭을 제정하게 되었다"고 입법 개요에 씌어 있는 것을 보았지만, 여기서도 아동복지를 위한 법의 효용보다도 부수적인 '취체규정(取締規定)'만이 선행(先行) 강행(强行)될까 두려운 바 있었던 것이다.
　그러나 교육자들이 모여서 '도의 교육 지도 방안'을 토의하는 자리에서 "경찰에 의뢰하자"고까지 말이 나온다면 국회는 빨리 '아동복지법'을 상정 토의해주어야만 할 것 같다.
　그뿐 아니라 우리나라 아동을 다루는 법적 근거가 오로지 일제 총독부의 '조선구호령(朝鮮救護令)' '소년령(少年令)' '감화령(感化令)'에 의하고 있다는 사실을 알면 하루라도 빨리 보건사회부의 '아동복지법'이 국회에서 통과되기를 바라고 싶다.

애연가의 허신(虛信)

담배 많이 피우는 사람은 폐암이 된다느니, 아니 그렇지 않다느니 하는 영국 미국의 의학자들의 말은 신문에 자주 등장하는 화제(話題)의 하나다. 아직도 결정적은 아닌 모양이다. 의학자들의 연구 여담(餘談)으로 보도되는 것은 좋으나 지나치게 공포감을 느끼도록 보도되는 것은 유감된 일이다. 애연가(愛煙家)들은 우리나라에 드문 폐암이라는 병에 걸리지 않았나 하고 우선 떨어야 하기 때문이다.

우리나라는 복숭아라는 훌륭한 하느님의 선물이 풍부해서 담배의 니코틴 독의 해(害)는 그다지 받지 않고 있는지도 모른다. 담뱃진으로 꽉 막힌 담뱃대에 복숭아 물 한 방울만 떨어뜨리면 휑하니 뚫어지는 것이다. 제아무리 살인적인 니코틴 독이라도 복숭아 국물에는 맥을 못 쓰는 것이다. 이것이 소위 '비타민·니코틴산(酸)'이라는 것을 함유하고 있는 것인지도 모를 일이다. 그렇다면 여름 한철 복숭아를 많이 먹는 체질(민족)에는 니코틴 독이 무력하다는 과학적 증명이 성립될는지도 모를 일이고, 그렇게 된다면 복숭아가 적은 외국에 우리 복숭아와 복숭아 깡통을 수출해서 한몫 보게 될 수도 있을는지 모를 일이다.

어디까지나 모를 일이다. 우리나라 의학자의 연구에 기대해야 할 일이지, 외국 통신만 보고 덮어놓고 떨 필요는 없을 것 같다. 하루 백 개짜리 애연가의 꿈이다.

(『동아일보』 1957년 7월 21일)

나의 기호(嗜好)

"그저 못해본 것이 없고 안 해본 것이 없어요!"

동화작가 마해송 선생은 단정히 앉은 채로 선풍기를 조절하며 이렇게 말했다.

"요샌 저녁때 약주 백 환어치를 사다가 먹는 것이 좋습니다."

"왜 양주나 정종은 안 하시나요?"

"약주가 좋아요. 독한 것이 싫어서."

삼베 고이적삼을 입은 씨(氏)의 자그마한 체구에서 풍기는 인상은 우선 정답다.

그러고도 위엄이 있다.

"일주일에 한번 수요일이 되면 외출을 합니다. 문인들이 모이는 '동방(東邦) 살롱' 문전까지는 부지런히 가지요…… 그렇지만 어디……"

말끝을 흐려버리는 선생의 수요일 외출은 누구나 다 아는 사실이다.

"동화를 쓰시는 중이신가요?"

"아, 이거요? 작년에는 세 편을 썼으니 올해도 세 편을 써야 되지 않겠어요? 하하하."

동화작가처럼 다정스레 웃는 선생은 이미 삼십 년 전에 첫번째

동화집을 내었으며, 그중에 수록된 「바위나리와 아기별」은 그 당시 '시에론 레코드'에 취입까지 된 걸작이다.

"영화를 보십니까?"

"안 봐요. 당최 극장 같은 델 들어가는 것이 싫어서…… 그렇지만 음악회나 무용회, 미전(美展)은 가봅니다."

그다지 넓지 않은 선생의 서재에는 '성제'의 작품과 봉덕사 에밀레종 비천(飛天)의 탁본, 도기(陶器), 고서(古書) 등이 자리를 모조리 차지하고 있다.

그 방 안에서 선생은 귀여운 상(床)을 하나 놓고, 창에는 '발'을 쳐 파리가 한 마리도 얼씬 못하게 한 다음, 비로소 주옥같은 동화와 수필과 여러 가지 원고를 다듬고 다듬으며 조용히 써 가는 것이다.

"동화 쓰시는 게 가장 즐거우실 텐데?"

"글쎄올시다…… 하여간에 모든 것이 환경과 조건이 들어맞아야 하나 봐요. 취미라든가 기호란 것두…… 당최…… 그것이……"

고즈넉한 웃음 속에 선생은 또 무엇인가를 마련하는 눈치였다.

(『경향신문』 1957년 8월 24일)

동화의 능(陵)

개성은 고려 오 조(五朝)의 오 성(五城)이라 유적도 많지만 동화로 엮을 수 있는 설화도 여러 가지가 있다. 그중에도 고려 태조 왕건의 할머니 원창왕후는 '용녀(龍女)'인데 용녀는 용궁으로 도로 가버렸고, 그의 신발 한 짝을 묻었다는 능이 만월대 서쪽 언덕 위에 지금도 있다. 재미있고 아름다운 이야깃거리라 아니할 수 없으리라.

이야기를 하자면 길다.

옛날에 성골(聖骨) 장군이라고 칭하는 호경(虎景)이라는 사람이 있었다. 백두산에서 내려와서 송악산까지 왔다가 장가를 들고 머물러 살게 되었다. 소생은 없고 친구들과 사냥하기를 즐겼다.

하루는 친구 아홉 사람과 평나산(平那山)으로 매 사냥을 떠났다. 날이 저물어 굴속에서 하룻밤을 새려 했더니 범이 나타났다.

"범이 우리를 잡아먹으려 하니 우리들의 관(冠)을 던져서 범이 잡는 관의 임자가 나가서 당하기로 하자"고 의논이 되었다.

열 사람이 관을 벗어 내던지니 범은 호경의 관을 덥석 물었다. 호경은 뛰어나가 범과 한번 싸우려 했다. 범은 온데 간데가 없다.

그러자 갑자기 굴이 와그르 무너져서 아홉 사람은 묻혀버리고 말았다.

호경이 하는 수 없이 내려와서 동네 사람들에게 말하고 아홉 사람의 장례를 지내게 되었을 때, 먼저 산신에게 제사를 지내니 산신이 나타났다.

"내가 과부의 몸으로 이 산을 맡아 보고 있는데 이제 성골 장군을 만났으니 장군은 나와 같이 살고 산의 대왕이 됨이 어떠 하뇨?" 하더니 호경을 데리고 자취를 감추었다.

호경은 신이 되었는지 대왕이 되었는지 모르나, 옛 아내를 잊지 못해서 밤마다 집에 나타나는 일이 많았다.

아내가 잉태하여 생남(生男)한 것이 강충(康忠)이다.

강충이 이제건(伊帝建)과 보육(寶育), 두 아들을 낳았다. 보육이 고려 국조 원덕(元德)대왕.

보육이 크게 될 인물이라 예견하고 이제건이 딸을 주어 결혼시켰다.

보육이 딸 둘을 나았다. 장녀는 이름을 전하지 않고, 차녀 진의(辰義)는 미모에 재지(才智)를 겸비했다. 진의가 후에 정화(貞和)왕후.

하루는 장녀가 꿈에 오관산에 올라갔는데 큰물이 천하를 휩쓰는 것을 보았다.

꿈 이야기를 하니 차녀 진의가 꿈을 팔라고 한다.

때마침 당나라 황제가 (신라 경덕왕 12년 운[云]) 이곳까지 왔다가 보육의 집에 머무르게 된다. 옷을 꿰매주게 되는데 꿈을 판 장녀는 나가다가 중방에서 넘어져 코피를 쏟고, 꿈을 산 진의가 꿰매준다. 당나라 황제의 사랑을 받게 된다. 잉태한다.

당제(唐帝)가 떠날 때에, 생남하거든 이것을 주라고 궁시(弓矢)를 준다.

생남한 것이 작제건(作帝建)이다. 고려 태조 왕건의 조부로 의조(懿祖) 경강(景康)대왕.

작제건은 어려서부터 총명하고 신용(神勇)이 있었다. 열여섯 살 때에 비로소 궁시를 주었다. 백발백중이라 신궁이라 하였다. 생부를 만나러 상선에 몸을 싣고 서해를 건널 때에 풍랑이 심해진다. 고려인을 없애라 하매 작제건이 궁시를 잡고 바다로 뛰어드니 난데없는 암석상(岩石上)이라. 배는 가고 암석 위에는 노옹(老翁)이 나타나서 절을 한다.

"나는 서해 용왕인데……"

노호(老狐)의 괴로움을 받고 있으니 신궁으로 노호를 처치해달라고 한다. 신궁으로 노호를 쏜다. 사례로 큰딸 용녀와 칠보 등을 받아 가지고 귀국한다.

만월대 자리 뒤에 살면서 앞에 우물을 파고 용녀는 가끔 용궁 왕래를 한다.

아들 넷과 딸을 낳는다.

용녀가 우물로 들어가 용궁으로 갈 때면 우물을 들여다보아서는 안 된다고 작제건에게 당부한다. 그러나 하루는 작제건이 하도 궁금해서 우물을 들여다본다. 용녀는 도로 나와서 노한 얼굴로 "이제는 다시 못 오게 되었습니다" 하고 다시 뛰쳐 들어간 후로는 돌아오지 않았다.

다시 우물 속으로 뛰쳐 들어갈 때에 신발 한 짝을 떨어뜨렸다. 그 신발 한 짝을 묻었다는 곳이 '온혜릉(溫鞋陵)'이라는 것이다. 말하자면 고려의 건국 설화다.

   고려 태조 왕건이 시킨 일인지 후대 왕이 시킨 일인지 알바 없지만, 왕건과 고려 왕조를 신격화하기 위해서 문인에게 명하여 이야기를 꾸미게 한 것이라고 짐작할 수 있는 것이다.

   훌륭한 동화라고 볼 수 있고 훌륭한 동화 작가가 있었다고 생각할 수 있다.

   「단군신화」와 『삼국사기』 『삼국유사』의 설화 등과 같은 고비가 많으나 어느 것이 먼저고 나중인지 나는 모른다. 신발 한 짝을 묻었다는 '동화의 능'이 아직도 어엿이 있는 것만이 재미있다고 생각하는 것이다.

(『문학예술』 1957년 10월)

사랑하는 사람에게

제1신(信)

경애하는 금순 씨.

그 사이도 시어머님 뫼시고 부군과 더불어 행복된 나날을 보내셨으리라고 생각합니다.

영윤, 영애도 학교에 잘 다니고 충실하게 자라겠지요. 두루 궁금합니다.

저희도 염려해주시는 덕택으로 처자 모두 별고 없이 지내고 있습니다.

저는 오늘도 또 결혼식의 주례를 서고 돌아온 길입니다.

어찌된 일인지 변변치도 않은 사람이 자주 주례를 서게 되어 마음속으로 송구하게 생각할 때가 있습니다.

그런데 오늘의 결혼식은 다소의 감개가 있었습니다.

신부가 제 친구의 딸입니다. 금순 씨도 짐작하시는 동산 군의 둘째 딸이군요.

동산 군의 부인은 6·25 때에 돌아가고 동산 군은 우리들이 환도하기 조금 전에 서울서 오래 신음하다가 돌아가지 않았습니까. 그 후 얼마 안 되어서 또 큰아들이 한강에서 헤엄을 치다가 갑자기 죽고, 큰딸은 시집간 후 어디에서 사는지를 모르고, 둘째 딸과 둘째 아들만이 말하자면 고아가 된 셈이었지요.

하루는 그 둘째 딸이 찾아왔어요. 참 몰라보게 자랐드군요. 일간 결혼을 하겠는데 주례를 서달라는 거예요.

며칠 후에는 또 신랑과 같이 왔었습니다. ○군 하사관이라는데 몸도 좋고 건실한 인품이 믿음직해서 마음이 턱 놓이드군요.

죽은 오빠의 동창이었다는 거예요. 참 잘되었다고 생각했습니다.

오늘 또 신랑이 차를 가지고 와서 같이 식장까지 가는데, 말하는 것이 모두 무게가 있고 어디까지나 성실해 보여서 일찍 돌아간 동산 군의 생각이 간절했습니다.

식장에는 그래도 양가의 친척과 동산 군의 친구들로 그득히 자리를 채워서 소란하지 않고 오히려 깨끗하고 엄숙한 분위기가 좋았습니다.

나는 고천문이라는 것을 읽지 않고 내가 지어서 쓰는 서사(誓辭)라는 것을 읽어오고 있습니다.

    서사

    단기 4290년 10월 10일

    이 좋은 날을 받아

    신랑 ○○○

    신부 ○○○는

    친척 선배 지우 제위를 뫼시고 백년의 가약을 맺어 서로 사랑하기를 내 몸과 같이 하고 고락을 같이 하고자 맹서하나이다.

친척 선배 지우 제위는 저희들을 위하사 높으신 축복과 애호를 아끼지 마시옵소서.

신랑 신부를 대신하여

주례 ○ ○ ○

다음에 주례사라는 차례가 있습니다. 주례가 결혼 성립을 선언하고, 이어서 신랑 신부에게 훈화 같은 것을 늘어놓는 것입니다.

그러나 나는 그런 어른다운 이야기는 언제나 쑥스러워서 하지 않기로 하고, 동화 두 가지를 이야기해주고 있던 것입니다.

하나는 푸시킨의 동화입니다. 「황금어와 늙은 어부의 이야기」라는 것입니다.

우리나라 국민학교 국어책에도 들어 있기 때문에 『강바람 산바람』이라는 동화가 나와서 국민학교 학생과 학부형들도 많이 본 그것입니다.

추려서 적어보면 이런 이야기입니다.

옛날에 늙은 고기잡이가 바닷가에 나가서 고기를 낚는데, 하루 종일 아무것도 걸리지 않더니 해질 무렵이 되어서 큰 황금빛 물고기를 잡았습니다.

"야! 이것 봐라!"

늙은 고기잡이는 눈이 둥그래져서 좋아했습니다.

그런데 황금빛 물고기가 말을 합니다.

"나를 살려주세요! 나를 도루 바다에 놓아주시면 영감님이 원하시는 것을 무엇이든지 드리겠어요!"

늙은 고기잡이는 하도 희한한 일이라,

"응, 놓아주지! 잘 살아라! 내가 바랄 것은 아무것도 없다."
하고 놓아주었답니다.

집에 돌아와서 마누라에게 그 이야기를 했더니 마누라는 낡은 빨래통에 북북 빨래를 하다 말고 펄쩍 뛰면서 하는 말이,

"아니 여보! 새 빨래통이라도 하나 달라고 하지 원이 없는 게 무어요! 어서 가서 새 빨래통을 얻어 와요!"

발을 동동 구르고 야단입니다.

늙은 고기잡이는 하는 수 없이 바닷가로 가서,

"황금빛 물고기야! 황금빛 물고기야! 이거 참 딱한 일이 생겼구나!"

했더니 남실 황금빛 물고기가 나타났습니다.

새 빨래통 하나를 주었으면 하고 손을 비비면서 말을 했지요.

"염려 마세요. 집에 가보세요."

그리고 자취를 감추었습니다.

어슬렁어슬렁 집으로 돌아가니 마누라는 새 빨래통을 들고 있습니다.

"야아!"

영감은 눈이 둥그래서 기뻐했으나 마누라는 또 야단입니다.

겨우 빨래통 하나를 달라고 했느냐고 야단입니다. 대궐 같은 새 집 한 채를 달라고 하라고 야단입니다.

너무 야단을 하니 영감은 하는 수 없이 또 바닷가로 나갔습니다.

그래서 대궐 같은 집도 생겼습니다. 그다음은 귀부인이 되겠다고

야단이고, 그다음 날은 여왕이 되겠다고 해서 여왕까지 되었습니다.

그런데 여왕도 부족해서 이번에는 아주 그 황금빛 물고기도 마음대로 부릴 수 있는 '바다의 대왕'이 되게 하라고 야단입니다.

남실 바닷물 위에 나타났던 황금빛 물고기는 그 말을 듣자 팔딱 뛰쳐 들어갔습니다.

집에 돌아와 보니 궁전은 흔적도 없고, 마누라는 옛날 오막살이 앞에서 옛날 쓰던 낡은 빨래통을 가지고 있더라는 이야기입니다.

둘째 동화는 안데르센의 「영감은 언제나 좋아」라는 이야기입니다.

옛날 덴마크의 어느 시골에 늙은 영감과 마누라가 살고 있었는데, 말 한 필이 군식구였습니다.

"영감! 오늘은 장날이기도 하니 저 말을 끌고 장에 나가서 무엇 좋은 것과 바꿔 오시구려!"

"그것 참 좋은 생각이야! 무엇이 좋을까?"

"그야 영감이 어련하시겠수!"

"그래, 그래!"

영감이 말을 끌고 장으로 가다 보니 암송아지 한 마리를 끌고 가는 사람이 있어서 암송아지 하고 바꾸고, 다음에는 작은 양하고 바꾸고, 다음에는 거위, 다음에는 거위를 주고 암탉 한 마리를 받고, 다음에는 암탉을 주고 버리러 가는 썩은 사과 한 부대를 받았습니다.

그리고 영감은 만족해서 주막집으로 들어갔습니다.

주막집에는 손님이 많았습니다. 영국에서 이 시골까지 놀러 온 돈 많은 청년 두 사람도 있었습니다.

"시큼한 그게 무어야?"

영국 청년이 말했습니다.

영감은 말 한 필을 끌고 나와서 바꾼 이야기를 했습니다.

"흥, 집에 가면 마누라한테 볼기 맞기 알맞겠군……"

"아닙니다. 마누라는 키스를 해주지요."

영감이 그렇게 말하니, 인생에 권태를 느낀 영국 청년들은 흥미를 느낍니다. 사실 마누라가 잘 바꾸어 왔다고 키스를 한다면 돈 백 파운드를 주겠다고 합니다.

돈이야 주건 말건 그건 틀림없다고 합니다.

곧 마차를 타고 영감의 집으로 갑니다.

마누라는 영감의 이야기를 듣고 정말 반색을 하며 키스를 하는 것입니다. 마침 파 한 뿌리를 꾸러 동네 부잣집에를 갔더니 파커녕 썩은 사과 한 개도 우리 집에는 없다고 하더라는 것입니다. 그러니 인제는 그 부잣집에 썩은 사과 열 개라도 줄 수가 있지 않느냐고 "정말 우리 영감은 언제나 틀림이 없어!" 하고 키스를 퍼부었습니다.

영국 청년 두 사람은 그것을 보고 "아아 참, 인생은 즐겁구나!" 백 파운드를 놓고 가더라는 이야기입니다. 백 파운드라는 돈은 그때는 큰 말 다섯 필이라도 살 수 있는 돈이었겠지요.

무슨 목적이 있어서 이런 이야기를 하는 것이 아니라 그저 오늘을 기념해서 하는 이야기이니 신랑 신부가 아버지 어머니 되었을 때에 또 자녀들에게 이야기해주면 좋지 않겠느냐고 나는 말하는 것입니다.

그런데 오늘의 결혼식에서는 그 이야기를 하지 못했습니다. "어버이 없어도 우리 친구의 딸 ○○, 잘도 자라서 짝을 찾아 오늘……"

하다가 그만 눈이 흐려진 것이었습니다. 그리고 "신랑! 제발 이 신부를 행복하게 해주시오." 아마 목멘 소리였을 것입니다. 신랑이 "네!" 하고 대답하는 것을 나는 들었으니까요.

진정으로 두 사람의 행복을 비는 마음이 간절했습니다.

너무 길어졌습니다.

댁에 평화가 깃들기를 빕니다. 평화는 가정의 행복에 으뜸가는 것이라고 생각하는 때문입니다.

제2신

경애하는 금순 씨!

플라타너스의 낙엽이 떨어지는 소리 굴러다니는 소리가 조용히 들어앉아 있는 사람의 마음까지 우수수 흔들어 설레게 하더니, 이내 입동이 지났다고 신문은 가리키고 오늘은 무슨 놈의 가을비가 온 종일토록 시름없이 내리고 있습니다.

해가 저물어가는 지금 시각에도 나는 장지를 활짝 열어놓고 오는 듯 마는 듯 내리는 비 하늘을 무심히 바라보고 있습니다마는 이 비가 걷히는 날에는 장지를 열어놓고 앉아 있을 수 없을는지도 모르겠지요.

추위를 재촉하는 가을 비!

글자로 써보아도 입으로 옮겨보아도 그저 생각만 해보아도 큰일을 당했다는 생각, 큰일과 맞서게 되었다는 긴박감을 느끼게 되는 것이 아닐까요.

양력으로는 11월이지만 음력으로는 아직 9월입니다. 9월, 10월, 동지, 섣달, 정월, 2월까지 추위가 가시지는 않겠지요. 그렇다면 겨울이 여섯 달. 긴 우리나라의 겨울이라고 하겠습니다.

꽃 피고 가슴 부푸는 즐거운 봄도, 산으로 바다로의 여름도, 하늘 높이 맑게 갠 나날, 외로움을 가누어야 하는 가을도 다만 여섯 달 동안의 일이라 하겠습니다.

그렇다면 겨울 여섯 달을 괴롭지 않고 복되게 보내기 위해서 모든 마련을 갖추어야만 할 것 같습니다.

댁의 김장과 연료 준비는 모두 되셨습니까. 만사에 알뜰하고 규모가 있는 금순 씨의 일이라 이렇게 여쭈어볼 것도 없겠지요.

개성에서는 입동 전후 삼 일이 김장철이었습니다. 전 삼 일, 후 삼 일이니, 삼 일만 지나면 거리에 김장 바지는 물론 시장에서도 무 배추를 보기 어려웠습니다.

그렇게 집집이 한때에 하는 것이었고, 사실 그날이 지나면 어쨌든 추위가 닥치는 것이었습니다.

그러나 서울은 거의 입동이 지나서야 김장이 시작되고 그 후 한 달이 지나도 하는 집이 있는 모양입니다. 그만큼 온도의 차이가 있는 것은 사실입니다만, 그래도 입동 후 열흘까지는 김장을 해놓는 것이 좋은 것 같습니다.

철이 분명한 것이 우리나라의 특징입니다.

작년에는 김장을 너무 늦게 했기 때문에 김치가 정월이 되어도 익지 않아서 봄까지 내내 날김치를 먹고 지내었습니다. 배추 값이 떨어지기를 기다리노라 한 짓이었지만 너무 늦게 할 것도 아니라고 생각했습니다.

고추를 사서 마당에서 말릴 때에 나는 여러 번 그것을 만졌습니다. 꼭지를 따고 가위로 베어서 말리는 것을 보아도 꼭지가 붙어 있는 것이 많고 먼지가 때같이 다닥다닥 묻은 것이 많았습니다. 덜 떨어진 꼭지는 더욱이 더러워 보였습니다. 그대로 두면 같이 가루가 되어서 먹게 되겠기에 꼭지를 마저 따버리고 먼지 더께를 털어버린 것입니다.

심심소일로 그런 짓을 하면서 여러 가지 생각이 떠올랐습니다.

"이런 짓을 왜 해야 하나!"

그런 생각이었습니다.

집집에서 제각기 고추를 사서 말려서 방앗간에서 찌어 와야만 한다는 그 짓을 말입니다.

백화점이나 가게에서 다섯 근이건 열 근이건 고운 가루건 무거리건 매운 가루건 덜 매운 가루건 마음대로 골라서 사다가 쓸 수 있지 않겠느냐는 생각입니다.

백화점이나 가게를 믿지 못하는 까닭과 값이 덜 먹히는 탓이 아니겠습니까.

간장을 달이는 것도 마찬가지지요. 사실 어떤 집에서 짜장면을 먹을 때에 고춧가루 좋아하는 어떤 친구가 한 그릇에 한 종지의 고춧가루를 팍 쏟아서 버무리고도 매워하지 않는 것을 본 일이 있었습니다.

심한 집에서는 고춧가루에 톱밥까지 섞어서 버무린다는 말까지

들였으니, 가게를 믿지 못하는 것도 어쩔 수 없는 일이겠지만 모두가 서글픈 일에는 틀림이 없습니다.

일본에도 고춧가루 장수는 많지만 고추를 거나 가게에서 보는 일은 거의 없는 일이었습니다.

간장도 그렇습니다. 그것은 아마 육칠십 년의 역사가 있을 것입니다. 병이나 통의 간장을 사서 쓰는 것이지, 집에서 달인다는 이야기를 들은 일은 없었습니다.

서양 사람들은 옛날에는 집에서 버터도 치즈도 만들었다지만, 그런 이야기를 하면 요새 사람들은 곧이듣지 조차 않는지도 모를 일입니다. "원, 버터나 치즈를 어떻게 집에서 만든담!" 하고.

어서 우리나라 살림도 '집에서 간장, 김장을 어떻게 한담! 사다 먹어야지!' 하는 세상이 되어야겠다고 생각했습니다.

집에서 고춧가루를 빻고 김장을 하고 메주를 쑤고 간장을 달이는—백 년 전, 오백 년 전, 천 년 전의 살림을 그대로 되풀이하는 모든 후진성을 극복해야만 우리 인구의 절반인 여인들이 남의 나라 여인들과 같이 어깨를 겨누고 뽐내며 살아갈 수 있고 그래야만 남자들도 부끄럽지 않을 수 있으리라고 생각하는 것입니다.

어제는 오래간만에 좋은 구경을 했습니다.

우리나라 고유의 가면극(假面劇) 「산대놀이」를 이화중학교 노천극장에서 보여준다기에 나갔던 것입니다. 천년도 더 옛날부터 내려오는 탈춤이라는 것이지요.

별로 널리 선전이나 광고를 한 것 같지 않았는데, 그 넓은 노천극장에 앉을 자리가 없을 만큼 구경 온 사람이 많았습니다. 또 구경 온 사람들이 거의 알만 한 사람, 짐작할 만한 사람들이었습니다.

극장에서 하는 영화나 연극이라면 초대권을 보내주어도 나오지 않을 사람들이 많이 나와 있었습니다.

이것은 우리나라의 전통, 우리나라 고유의 예술을 아끼는 마음이라고 볼 수 있을 것입니다. 전통을 아끼는 일은 곧 나라를 사랑하는 일이 되기도 하는 것입니다. 전통을 옳게 이어 받아서 새로운 창조를 꾀하는 일은 그것이 진정한 예술의 길인 것입니다.

전통을 지키기만 한다면 그것은 고루, 완고, 후퇴를 면치 못할 일이고, 옳게 이어 받아서 새로운 창조를 꾀하는 데에만 의의가 있는 것입니다. 그것은 새로운 시대를 창조하게도 되는 일인 것입니다.

뒤에 앉아 있던 어떤 노인은,

"시체 무용가라는 사람들은 저런 것을 보아도 모를 거야! 입내도 못 낼 게고!"

그런 말을 중얼거리는 것이었습니다.

환갑이 지났다는 사람, 칠십이 넘었다는 사람들이 발끝, 손끝 하나 움직이는 데 서양 무용의 성전 같은 '발레의 기본'에 함빡 통하는 것이었고, 어디 한 점 소홀하거나 범연한 움직임을 보이는 일이 없었습니다.

시종 흥겨우면서 감격함을 마지않았습니다.

그런데 나는 바로 내 앞자리에 앉아 있는 여자에게 마음이 끌렸던 것입니다.

24, 25세일까. 머리는 한 듯 만 듯한 수수한 웨이브로 길게 늘어

뜨리고 스웨터에 외투도 스커트도 하나 눈에 띄지 않을 수수한 차림새에 더욱이 구두가 납작한 반구두임에 교양 있는 여자라고 생각했던 것입니다.

갸름한 얼굴에 날카롭지 않을 정도로 콧날은 서고 분 끼가 보이지 않으면서 투명한 피부가 아름다웠습니다.

그러고 보니 예쁜 손끝에는 문고 책 같은 작고 얇은 책 한 권도 가지고 있었습니다.

세 시간 이상을 골똘히 연기를 보며 한눈을 파는 일도 없고, 나도 피로를 느꼈는데 다리를 길게 뻗거나 몸가짐을 흩트리는 일이 없는 것이었습니다.

"학교 선생일까!"

그렇게는 생각지 않았습니다.

기혼일까? 미혼일까?

엿보면서 나는 생각했습니다.

어떤 선진 국가의 아름답다는 여성과 같이 견주어 보더라도 아무 부족이 없을 이런 교양 있는 아름다운 여자도 이 탈춤이 끝나면 총총히 집으로 돌아가서 연탄불을 들여다보고 저 아름다운 머리에 연탄재를 써야만 할 것인가. 고추를 빻아 오고, 김장을 해야만 하고, 콩을 삶아서 메주를 쑤어야만 하는 것일까.

만일에 저 여자가 처녀라면…… 아아, 저 높은 아름다움을 평생 지닐 수 있도록 부엌과 김장과 케케묵은 옛 살림살이에 시달리지 않도록 어른들은 마음을 써주어야만 할 것이라고 생각했던 것입니다.

어른뿐 아니라 모든 사람이 살림살이를 고달프지 않고 즐거운 것으로 만들기 위해서 생각하고 힘써야 할 것이라고 생각했습니다.
 금순 씨의 영애나 내 딸의 앞날을 위해서도……

제3신

 경애하는 금순 씨!
 그동안 안녕하셨습니까?
 오늘도 비가 내리고 있습니다. 겨울비가 봄비처럼 부슬부슬 내리고 있습니다. 눈이 내려야 할 요즈음 비가 내리고 있습니다.
 이런 날은 조용히 앉아서 책을 읽으면 좋을 것 같습니다.
 그동안 책을 많이 읽으셨겠지요? 어떤 책을 읽으셨습니까? 아무리 살림살이가 바쁘더라도 하루에 한두 시간은—두 시간까지는 어려울는지 모르죠. 한 시간이라도—책을 읽어야만 할 것 같습니다.
 책을 읽는 것만이 밖을 내다보는 일이 되고, 밖을 내다보며 내 속을 살피고 되씹고, 그래서 내 인생살이를 공부하고 아름다운 것으로 이끌어 올릴 수 있을 것 같습니다.
 외로움을 느낄 때나 히스테리가 일어날 때에 마음을 포근히 가라앉혀주는 것은 좋은 책을 읽는 일이 제일인 것 같습니다.
 금순 씨와 같이 천성이 너그럽고 고운 마음씨에 깊이조차 가지신 분은 그렇지도 않겠지만 대개의 가정부인의 경우 한 달에 한두 번은 땅이 꺼지는 것 같은 외로움을 느끼거나 몹시 우울해지거나 앞뒤를 가리지 않고 불끈 한번 맞서보고 싶은 히스테리의 발작을 느끼는 수가 있는 모양입니다.

그런 고비를 어떻게 넘기느냐, 그 고비를 고이 넘기느냐 터뜨리고야 마느냐에 사람값이 달리는 것 같습니다.

불끈 치밀려고 할 때에 그 조짐을 미리 알아채어서 치밀어 오르지 않도록 하는 일은 여간한 수양으로는 어려운 것 같습니다.

가령 성당에 다니는 사람이라면 혼자서 성당을 찾아가서 아름답고 인자한 성모상 앞에 꿇어앉아 우러러보며 조용히 자기의 속을 털고 비치어 보는 것은 좋은 일이겠지요.

자기의 방을 깨끗이 하고 옛날에 읽은 좋은 책의 아름다웠던 구절을 되씹는 일도 좋은 일이라 할 것입니다. 시름은 가시고 뒤숭숭은 가라앉아 가슴은 부풀고 밝은 마음 맑은 하늘을 도로 찾을 수 있을 것입니다. 그러면 언제나 옛날같이 몸도 얼굴도 아름다울 수 있을 것이 아니겠습니까.

아무리 화장을 잘한다 해도 시름이나 히스테리만큼 아름다움을 망치는 것은 없습니다.

아름다운 얼굴을 간직하기 위해서도 아름다운 마음은 언제나 잃지 않아야 할 것입니다.

제가 옛날에 드린 안데르센의 『즉흥시인(卽興詩人)』을 아직도 가까이 두시고 가끔 읽어보신다는 말씀은 무엇보다도 고맙고 반가웠습니다. 그런 아름다운 문장을 아끼고 사랑하는 분에게 젊음과 아름다움은 사라지지 않으리라고 생각합니다.

제가 요새 읽은 책 이야기를 적어볼까 합니다.

『바다의 선물』이라는 수필집과 『인간 접목』이라는 소설입니다.

『바다의 선물』은 미국의 유명한 비행사의 아내 린드버그 여사의 수필을 정봉화 씨가 번역한 것입니다.

『인간 접목』은 우리나라 소설가 황순원 씨의 작품입니다. 황순원 씨는 전에도 『카인의 후예』라는 장편을 내었습니다만, 이번의 『인간 접목』은 어떤 보육원에 지도원으로 취직한 마음 있는 젊은 상이군인의 눈을 통해서 본 고아들의 생태를 그린 것입니다.

고아라는 존재는 종교적으로 본다면 전생 차생에 어쩔 수 없는 인연과 보석의 탓이 있는지는 모르겠습니다만, 이승의 현실로만 생각한다면 부잣집의 외동아이와 백지장 한 장의 가림밖에는 없는 것 같습니다. 잠깐 동네 아이들과 놀러 나간 사이에 집에 불이 붙어서 아버지 어머니가 모두 죽고 갑자기 고아가 된 아이도 있었습니다.

그런데 저는 원아들과 놀기를 좋아하지 않고 항시 혼자서 외진 곳에서 무릎에 턱을 고이고 앉아 있는 한 아이에게 마음이 끌렸습니다. 영철이라는 그 원아는 고아가 아니었습니다. 아버지 어머니가 날마다 싸우기 때문에 집에서는 귀한 아들, 학교에서는 성적이 좋은 학생이었지만 집을 버리고 제 발로 걸어 들어온 원아였습니다.

온갖 군데를 찾아다니다가 그 보육원에까지 찾아온 어머니를 보고도 반가워하는 기색도 없이 "어머니도 아버지도 보기 싫다"고 쏘아붙이는 것입니다. "내가 잘못했다"고 어머니가 사과해도 영철이라는 아이는 어머니에게 퍼붓는 것입니다.

"어머니 맘은 나두 알아요. 아버지가 딴 여자한테 가 사는 게 나두 싫어요. 그래두 어머니가 아버지에게 대들어 싸우는 건 못 보겠어요. 왜 좀 못 참아요? 어머니가 잠자코 참으면 난 더 어머니가 좋아지겠어요. 어머니가 불쌍하게 될수록 난 어머니 편예요. 그걸 왜 어머닌 몰라줘요?"

이렇게 퍼붓는 것입니다.

영철이란 아이의 심리는 프로이트의 '정신분석'으로 따지지 않더라도 누구나 짐작할 수 있는 일일 것 같습니다. 재미있게 읽었습니다. 기회 있으시면 한번 읽어보시기를 바랍니다.

린드버그 여사의 『바다의 선물』은 제목과 같이 바다에 가서 바닷가에 흩어져 있는 보잘 것 없는 조개껍질을 주워 보며 집의 살림살이와 여자의 생애와 인생을 생각하다가 철학의 깊이까지 파고들어가는 부드럽고 재치 있는 수필이었습니다. 「해변」「소라」「큰 구실우렁이」「해돋이 조개」「굴」「껍질낙지」 따위 여덟 제목으로 되어 있는 얇은 책입니다.

소라는 비어 있었고 그 속에 살던 집게란 놈마저 다른 곳으로 가 버린 다음의 소라 껍질 하나를 린드버그 여사는 주워 들고 골똘히 생각하는 것입니다.

사람이 쫓을 수 있는 길도 몇 갈래 있다. 생활의 간소화라는 것도 그중의 하나이다.

나는 소박한 생활—집게처럼 쉽사리 지니고 다닐 수 있는 조개를 가지려고 한다. 그러면서도 그렇게 되질 않는다.

나의 생활 구조는 소박이라는 것을 간직하지 못한다. 남편과 다섯 아이들은 다 제가끔의 세계를 가져야 한다. 아내로서 그리고 어머니로서 내가 택한 생활은 복잡한 일들을 수많이 꼬리에 달고 있다.

교외의 집과 번거로운 가사 아니면 가난과 무(無) 사이를 오가는 집안 경제에의 협력이 있다. 음식물과 잘 곳, 끼니, 설계, 장보기, 각종의 청구서와 그 밖에 수지를 맞춰야 할 허다한 일들이 있다.

우리 여성들의 그날그날의 생활은 그 자체가 하나의 서커스이다. 이것에 비하면 그네뛰기 곡예사의 재간은 오히려 부끄러울 지경이다.

다음에 이런 말도 있었습니다.

해변의 생활에서 우리는 무엇보다도 먼저 필요치 않은 것은 벗어 내던지는 기술을 배운다. 얼마만 한 것으로 살아나갈 수 있는가가 아니라, 얼마나 적은 것을 가지고 살아나갈 수 있는가 하는 기술을 배운다. 자기 신변의 것으로부터 시작되어 신비롭게도 다른 여러 분야에까지 퍼져 나가게 된다. 우선 의복이다. 물론 햇빛 속에서는 옷이 덜 필요하겠지만 그것과는 별개로 옷을 많이 가지고 있을 필요가 없다는 것을 갑자기 깨닫게 된다. 옷장에 하나 가득은 필요 없다. 작은 옷상자에 가득 넣을 만한 옷이 있으면 그만이다. 이것은 이만저만한 마음의 해방을 가져오지 않는다. 옷 가장자리를 떼었다 붙였다 하는 일. 꿰매는 일이 적어지고 또 무엇보다도 반가운 것은 무엇을 입을까 하는 걱정이 덜어진다는 것이다. 옷만을 벗는 것이 아니라 허영도 함께 벗어버리는 것이다.

그래서 이 소라 껍질 하나를 도회의 집으로 가지고 가려고 합니다.

나는 조개껍질 같은 이 집을 사랑한다. 언제까지나 이 속에서 살 수 있었으면 한다. 가족들이 살고 있는 고향의 집으로 가지고 돌아갈 수 있었으면 한다. 그러나 안 되는 일이다. 이 집은 남편과 다섯 아이를, 그리고 일상생활의 필수품과 장식물들을 간직하지 못할 것이다. 나는 다만 조그마한 소라만을 가지고 돌아갈 수 있다. 그것은 내 책상 위에 앉아 나에게 간소화된 생활의 이상을 기억케 하고, 내가 해변에서 한 노력을 계속하도록 용기를 돋워줄 것이다.
……외향적 생활의 간소화만으로는 충분치 않다. 외곽은 어디까지나 외곽에 지나지 않는다. ……그러나 외부는 한 가지 실마리를 제공해주고, 내부에 있는 해답을 발견하는 데 도움을 준다……

우리들의 살림살이보다 훨씬 간출한 살림을 살고 있으리라고 생각할 수 있는 미국의 여성조차 이런 생각을 가지고 있다는 것을 우리는 다시 한 번 생각해보아야 할 것 같았습니다.
오늘도 편지가 길어졌습니다.

제4신

경애하는 금순 씨!

그동안 안녕하셨습니까.

오늘은 영하 18도라는 추운 날씨입니다. 눈이 오고 비가 오고 또 눈이 나리고, 그것이 얼어붙어서 길이구 이 집 마당이구 모두 얼음판이 된 위에 영하 18도라는 추위는 목을 자라목같이 오므리게 하고 손발이 말을 듣지 않을 지경입니다.

그런데 우리 춘자는 새벽 여섯 시에 벌써 일어나서 그 얼음판 마당에 눈에 띄는 것은 아무것도 없는데도 마당을 쓸고 대문 밖을 쓸고 유리창과 덧문을 털이개질을 하고 마루를 쓸고 닦고 세숫물을 데우고 아이들이 일어나 나올 때는 벌써 안방에 아침 밥상을 차려 놓는 것입니다.

부엌에서 상을 들고 들어오는데 상 위에서 놋그릇 사기그릇이 달그럭달그럭 굴러다니는 것입니다.

금순 씨가 이번에 드신 댁은 어떤 댁입니까?

문제는 부엌입니다.

신을 신고 내려가야 하는지가 문제입니다.

제가 작년에 「우리나라 집의 멋」을 어느 잡지에 쓸 때에 "일본이나 서양의 집보다 한국식 집이 건강적이라"고 쓴 일이 있었습니다. 어쨌든 아침에 변소에 가노라고 마당에 내려야 하고, 세수하노라고 마당에 내려서야 하니, 신선한 공기를 마시게 된다는 것이었습니다.

그것은 결코 억설은 아니었습니다.

어둠침침한 벽돌집이나 돌집이라도 그 속에서만 하루를 지낼 수 있는 집이란 건강적이 아닙니다. 그 속의 공기가 그리 신선할 수 없기 때문입니다. 그런 집에서 자란 사람들이 나이 많아서 쉽사리 걸리는 병을 우리나라 사람들은 걸리지 않는 것으로도 증명이 되는 일입니다.

유럽의 선진국 사람들이 거의 걸리는 신경통이니 관절염 따위 말입니다. 프랑스, 독일, 오스트리아 사람들로서 나이 사십 전후에 이 병에 걸리지 않는 사람은 특수한 사람이라고 할 수 있는 것입니다.

그런 점에서 우리 집을 건강적이라고 할 수 있는 것은 사실이지만, 영하 18도까지 기온이 내린다면 그놈의 부엌만은 자랑할 수가 없을 것 같기도 합니다. 이런 날은 부엌이 차라리 방 안에 있었으면 좋을 것 같습니다. 신을 신지 않고, 무어 신선한 공기를 마시지 못하더라도 방 안과 비슷한 온도의 복도를 거쳐서 곧장 들어갈 수 있는 자리에 자리 잡고 있었으면 좋을 것 같습니다.

하기는 황해도, 함경도 지방은 안방에서 곧장 부엌으로 내려서게 되어 있고, 일본 식 집도 복도를 거쳐서 들어가게 되어 있으니 문제는 우리 식 집의 부엌자리뿐인 것 같습니다.

부엌에서 일하는 사람을 위해서 빨리 좋은 건축 양식이 나오기를 바라고 싶습니다.

댁에서도 식모를 쓰고 계시겠지요.

서울 살림에 식모는 참 중요한 문제인 것 같습니다.

신혼부부가 셋방살이를 하는 데도 밥 짓는 아이가 있어야 하고, 그러니 방 한 칸이 더 있어야 한다는 이야기를 들었습니다.

밥이나 반찬은 신혼 신부가 솜씨를 보이고 싶기도 한 일이지만 연탄 넣기와 물 긷기와 일주일에 두 번씩 쓰레기차가 와서 요령을 흔들면 곤두박질 쓰레기통을 이고 버리러 나가야 하는 일 때문에 긴하고, 부부가 영화 구경을 나갈 때에도 방을 보아주는 사람이 있어야 하기 때문이라는 것이었습니다.

그런데 그런 사람이 잘 붙어 있지 않으니 구해 대기에 힘이 든다는 이야기를 들었습니다.

그래서 나는 문득 서울 살림, 더욱이 젊은 가정의 안정 세력은 주부가 아니라 식모라고 생각했던 것입니다.

저희 집에도 재작년에 이런 일이 있었습니다.

친구의 부인이 소개해준 사십쯤 되는 여인은 부인의 친척이라는 것이었습니다. 전라도 여인인데 남편은 일제 때에 징용으로 나가서 아직도 돌아오지 않고 열세 살 되는 아들 하나를 데리고 살았는데, 학비라도 보태어 줄 양으로 아들을 시집, 그러니 할아버지 할머니에게 맡기고 서울로 왔다는 것이었습니다.

목이 길고 가냘픈 몸매가 선병질(腺病質)에 틀림없었습니다.

그런데 부지런하기가 이루 말할 수 없을 정도였습니다. 일찍 일어나서 늦도록 일을 하는데 집에 있는 요 이불을 모두 새로 꾸미고 베개를 새로 하고 담요를 빨아서 너는 것이었습니다.

"너무 일을 하는군그래. 좀 쉬라 그래요. 그렇게까지 일을 안 해도 좋다고 좀 말을 해요."

나는 아내에게 말했던 것입니다.

힘에 겨운 일을 너무 계속하고 쉬지 않기 때문이었습니다.

아내가 말을 하면 "네, 네……" 하면서 여전히 쉬는 일이 없었습니다.

'저러다가 앓아눕게 되지나 않을까?' 은근히 걱정까지 되는 것이었습니다.

아시다시피 낮에는 아내도 학교에 나가고, 세 아이도 학교에 가고, 나 혼자만이 집에 있는 것이 아닙니까. 나 혼자 건넌방에 있으니 제발 안방에서 낮잠이라도 좀 자주었으면 하고 생각했던 것입니다.

그러나 한시를 쉬는 일이 없었습니다. 할 일이 없으면 부엌에서 놋그릇을 닦기도 하고 장독에 물을 촤촤 끼얹고 번질번질하게 닦기도 하고 다듬잇돌에 부피 얼마 안 되는 것을 놓고 다듬이 방망이로 깨어져라 찢어져라 냅다 두드리기도 하는 것이었습니다.

그래서 나중에는 사정을 하다시피 말을 했던 것입니다.

"그쯤 해두죠."

그랬더니 그 여인은 아내에게 대답하기를,

"가만히 앉아 있을 수가 없어요. 가만히 앉아 있으면 이것저것 마음이 산란해져서 안 되요. 하는 대로 내버려두어 주세요."

그 여인이 오히려 아내에게 사정하다시피 말하더라는 것이었습니다.

아들 생각, 집 생각, 남편 생각, 살아갈 생각, 그런 생각이 떠올라서 마음을 가누기가 어려운 모양이더라는 것이었습니다. 듣고 보니 짐작이 가는 것이었습니다. 측은하기까지 하고 못할 노릇인 것 같은 생각조차 났던 것입니다.

그런대로 몇 달이 지났습니다.

여름 방학이 되어 세 아이가 집에 있게 된 어느 날, 그 여인은 갑자기 고향으로 가야겠다는 것이었습니다. "아이도 방학이 되어서 집에 있을 터이니 나도 아이 시중을 들어주어야겠다"는 것이었습니다.

아들이 보고 싶어 미칠 것 같다는 것이었습니다.

"옳은 말씀! 그렇게 하셔야죠!"

대답을 하면서 나도 눈시울이 뜨거워지는 것이었습니다.

방학 때라 아내도 딸도 집에 있을 때였던 만큼 불시에 떠나가도 크게 난처한 일은 없었습니다만 떠나간 후에 이것저것 생각나는 일이 적지 않았던 것입니다.

"애들이 너무 염치없게 굴지나 않았던가? ……애들이 할 수 있는 일까지 너무 잔심부름을 시키고 시달리지나 않았던가? ……아주머니라고 부르기는 했지만 식모라고 생각하고 너무 하대하지나 않았던가?"

그런 생각에 뒷맛이 개운치 않았던 것입니다.

어쨌든 '남 사람'과의 사이는 신경이 쓰이는 일입니다. 말 한마디라도 그것이 섭섭하게 들리지나 않았을까 하고 생각하게 되는 것입니다.

정 있는 말을 해도 어떤 경우에는 오히려 고깝게 듣는 수도 있는 모양이니 말입니다.

어떻게 대문을 간단히 잠그고도 안심하고 나다닐 수 있고, 부엌이 집 안의 오락실 같은 자리를 차지할 수 있는 집을 구해서 살아 보았으면 하고 생각합니다. 그렇게만 되면 딸이나 아내가 반드시 부엌일을 도맡지 않더라도 나는 내 솜씨를 가끔 보일 수도 있겠고, 또 모두 밖에 나가고 나 혼자만 있을 때에도 불편을 느끼지는 않을 것입니다.

'남 사람' 없는 조용한 집에서 공부도 잘되고, 심심하면 옆의 화독에 청요리건 프랑스 요리건 멋진 찬이나 과자를 마련하고 아이들이 돌아오기를 기다리는 것도 즐거운 일일 것 같습니다만……

이렇게 썼다고 해서 제 취미가 여성적이라고 생각하지는 않으시겠지요.

그럼 안녕히. 댁내 모두 감기에 걸리지 않도록 조심하시기 바랍니다.

제5신

경애하는 금순 씨!

그동안도 안녕하셨습니까.

인제 모질던 추위도 다 간 것 같습니다.

오늘 아침에는 벌써 모시조개에 냉이가 있고 초로 무친 달래까지 있어서 봄이 온 것을 알리는 것 같았습니다.

일전에 술집에서 물쑥과 묵을 무친 것을 주기에 "아니 벌써 물쑥이 났어?" 하고 물었더니, "겨우내 있답니다. 이건 아마 제주도에서 온 것일 거예요" 하고 대수롭지도 않게 대답하는 말을 들었었는데, 다방에는 개나리꽃까지 피어 있으니 봄이 온 것은 틀림없는 것 같습니다. '어서 봄이 왔으면!' 하고 기다리면서도 그러나 그런 마음이란 세월이 빨리 흘러가기를 재촉하는 것 같아서 봄을 기다리기보다 겨울은 겨울대로 또 즐기자 했더니, 어느새 겨울은 여지없이 흘러

갔나 봅니다. 흘러간 날은 하루도 도로 찾을 수 없는 것이 안타깝습니다.

며칠 전이었습니다.

눈은 나렸지만 춥지 않은 수요일에 명동에를 나갔더니 오 형이 기다리고 있었습니다.

오래간만에 한잔하자는 것이었습니다.

오 형은 나를 뒷골목 어느 바로 데리고 들어갔습니다. 꺼멓고 빨갛게 칠한 벽에는 갖은 양주병이 광선을 받아서 찬란하게 빛나고 있고, 어스름 달밤 같은 조명 아래 화려한 옷차림을 한 여인들이 네다섯 명이나 있었습니다. 우둥퉁한 여인이 오 형을 반가이 맞아 한곳에 자리를 잡았습니다. 오 형이 자주 드나드는 집이었던 모양입니다.

푹신한 안락의자는 이런 곳에 드나들지 않는 나의 마음을 가라앉게 해주었습니다. 어스름 달밤 같은 조명도 고마운 일이었지요.

오 형과 나란히 앉은 우둥퉁한 여인은 따끈한 물수건을 집어 주며 저쪽으로 고개를 돌려 또 한 여인을 부르는 것이었습니다.

"심원! 이리 좀!"

심원이라는 이름도 이상했습니다. '심원이라니 마음 동산이라는 호를 부르는 것일까! 전에는 거의 성을 붙여서 무슨 마담이라고 부르더니' 하고 생각하는데, 가까이 다가오는 심원이라고 불리운 여인을 보자 나는 기겁을 했던 것입니다.

그 여인도 나를 보고 놀라는 것이었습니다.

그 놀라움은 나의 놀라움과는 달리 반가움으로 변하고 반색하는 태도에 나는 또 한 번 놀라지 않을 수 없었습니다.

"아유, × 선생님! 웬일이세요? 아이 좋아!"

내가 앉은 안락의자에 몸을 내던지듯 내 곁에 기대앉으며 오 형에게는 "만나고 싶던 사람을 만나게 해주어서 고맙다"는 인사까지 하는 것이었습니다. 내 곁에 기댄 채, 그래도 부끄러운 듯이, 그러나 반듯이 내 얼굴을 바라보는 그 여인의 눈언저리는 분홍 물감이 번진 것 같았습니다. 술 냄새조차 풍기는 것이었습니다.

참으로 어처구니없는 일이었습니다.

생각하면 그게 벌써 삼 년 전인가 봅니다. 버스를 타고 집으로 돌아가는 길에 그 여인을 처음 보았던 것입니다.

어느 정류장에서 탔는지 사람이 드문드문해지니 그 여인이 두드러지게 아름답게 눈에 띄었던 것입니다. 얼굴이 예쁠 뿐 아니라 새하얀 옥양목 치마저고리에 살결도 흰데, 주근깨가 보일 만큼 분칠도 연하게 하고, 얇지도 무겁지도 않은 입술에는 붉지 않은 분홍빛을 살짝 칠해서 자연스럽고, 머리는 한번 슬쩍 굽이친 머리가 속속들이 높은 아름다움을 생각하게 했습니다.

하나같이 안 가진 사람 없이 들고 다니는 그 핸드백이라는 것을 들지 않고 빨간 테 두른 까만 얇은 손수건에 꽁꽁 뭉쳐서 한 손에 쥐고 있는 것도 좋았습니다.

아름다운 사람이라고 생각하고 바라보는 나와 몇 번 눈이 마주쳤습니다.

나는 내려야만 할 곳에 닿았습니다.

그런데 그 여인이 먼저 내리는 것이었습니다. 치맛자락을 한손으로 검쥐고 날래게 내려 흙을 묻히지도 않고, 뒤따라 내릴 사람이 머뭇거리게 하지도 않았습니다.

골목도 같은 골목으로 들어가는 것이었습니다. 생선을 벌여 놓은 어물전을 훑어보기도 하며 더 올라가는 것이었습니다.

그렇다면 아낙네가 틀림없다고 생각했습니다. 어떤 집 어떤 남편의 부인일까. 저렇게 예쁜 얼굴이면서도 난하지 않은 그윽한 아름다움을 풍길 수 있는 여인의 남편이라면 얼마나 행복할 것인가. 또 그 아들딸은 얼마나 귀엽고 깨끗하고 머리도 좋을 것인가, 생각했던 것입니다.

그 후 석양머리에 골목 밖 길거리를 거닐 때면 그 여인을 만나는 일이 있었습니다. 망태를 들고 찬거리를 사러 나온 것이었습니다. 언제나 수수한 옷차림에 엷은 화장이었지만 깨끗한 맵시와 예쁜 얼굴이 멀리서도 시원하게 눈에 띄었던 것입니다. 보료감이나 의자 껍데기 같은 천하고 난한 옷감을 두른 것을 본 일이 없었던 것입니다.

그 여인을 아름답다고 생각한 것은 나뿐이 아니었던 모양입니다. 이내 그 여인이 어떤 교사의 부인이며, 두 남매의 어머니이며, 어느 동네에 살고 있다는 것까지를 길거리 사람에게 들을 수 있었기 때문입니다.

그런데 그날 밤은 의자 껍데기 같은 천하고 난한 것을 걸치고 삐걱삐걱 소리를 내며 내 옆에 앉아서 몸을 붙이고 체온을 전하는 것이었습니다.

반갑다기보다는 서글픈 마음이었습니다.

오 형은 나를 놀렸습니다. "그런 줄 몰랐더니 상당하다"는 것이었습니다. 알고 보니 오 형은 그 여인 심원이 마음에 있어서 드나든 것이었고, 심원이 나를 반기는 품에 의아를 품은 모양이었습니다.

그런데 심원은 오 형에게 퍼붓는 것이었습니다.

"오 사장! 샴페인! 진탕 마실래…… 밤참은 내가 한턱 할게…… 그리고 말야! × 선생님은 한 동네야! 내가 모시고 갈 테야. 차 빌려주어요!"

이쯤 되면 심원이란 여인과 오 형과의 사이를 짐작할 수도 있을 것 같았습니다.

심원은 내가 묻는 말에 귓속말로 대답해주었습니다. 가난이 싫었다는 것이었습니다. 쥐꼬리만큼 갖다 주는 남편의 월급을 바라고 하늘같이 믿고 사는 일이 견딜 수가 없었다는 것이었습니다.

천 환커녕은 백 환 한 장을 쓰는데도 마음이 조렸었는데, 여기 나온 후로는 나오고 들어가는 차비만 해도 천 환 돈이 되고 아이들에게 용돈도 넉넉히 줄 수 있다는 것이었습니다.

남부끄러운 옷만 입고 다니기가 창피해서 죽어버리고 싶을 때도 있었다는 것이었습니다.

아아, 경애하는 금순 씨!

그렇다면 그 여인이 새하얀 옥양목 치마저고리를 입고 핸드백을 들지 않고 나섰을 때에 저는 그 여인을 지극히 높고 그윽한 아름다움을 지닌 여인으로 생각했었는데, 그 여인 당신은 그것을 부끄러운 일 창피한 일로 생각했던 모양이지요. 그 아름답다고 생각했던 모습이 당장에 이지러지더군요. 옥같이 흰 살결이라고 생각했던 얼굴에는 개기름이 흐르고 그 밑에 검은 줄이 심피 대를 세운 것 같고 예쁘장한 코가 허물어져 보이는 것 같은 슬픔을 느꼈던 것입니다.

그 여인이 내 허리에 팔을 두르고 "체리오(cheerio)!" 술잔을 맞대자는데, 나는 잔을 올릴 생각이 나지 않았습니다.

얼굴이 예쁘지 못하면 바건 다방이건 써주지 않는 것은 누구나 알 수 있는 일입니다. '얼굴값을 한다'는 말을 짐작할 수 있을 것 같았습니다. '미인박명'이라는 말도 마찬가지인 것 같습니다. 미인이라고 해서 명이 짧다는 것이 아니라, 미인은 생애를 저지르기 쉽다는 말이 아닐까 생각하는 것입니다.

"가만 두고 보시오. 명동 거리에서 자주 보게 되는 미인이라면 세도 집 외동딸이건 부잣집 맏며느리건 한두 해 지나면 마음대로 주무르게 되는 거예요. 얼굴값을 하거든요!" 어떤 오입쟁이 젊은이가 떠벌리던 말이 문득 떠올랐던 것입니다. 얼굴이 예쁜 여인은 국대로 한 가정 한 남편을 지키기 못하고 뛰어나오게 되는 사람이 많은 것이라는 것이었습니다. '이만큼 예쁜데!' '누구만 못지않은데!' 더 많은 사람의 찬미를 받고 싶은 마음이 왈칵왈칵 치밀어 오르고, 그러면 집 안에 있는 것은 갇혀 있는 것만 같아지고 밖에 나가야만 시원한 것 같고, 오고 가는 뭇 남자들의 화냥기 있는 눈길을 받아야만 인생을 사는 보람을 느끼는 여인이 많다는 것이었습니다. 그런 여인일수록 작은 가난에도 참을성을 잃고 뛰어나와 얼마 안 가서 신세를 망치게 되는 수가 많다는 것이었습니다.

심원이라는 여인이 '쥐꼬리만큼 갖다 주는 월급'이라고 한 말이 되살아 오르니 그 가정의 불행이 눈에 선하고, 그 불행이라는 것이 한갓 여인의 얼굴에 대한 지나친 자신에서 빚어지는 것이라고 생각하게 되니 불쾌하고 서글프고 우울하기 짝이 없었습니다. 버스 속에서 길거리에서 아름답다 생각하고 여러 번 바라보던 일이 후회되기까지 했습니다.

슬그머니 바를 빠져나와서 이슥한 거리를 걸었습니다. 문득 눈앞이 환하게 트이는 것같이 어리는 것이 있었습니다. 우리 집 골목을 날마다 찾아오는 강냉이 튀기는 내외의 모습이었습니다.

삼십이 못 되는 밉지 않은 여인은 리어카를 끌고, 삼십이 좀 넘은 남자는 골목골목으로 "강냉이 튀기쇼! 보리쌀 튀기쇼!" 외치며 다니는 한 쌍 내외의 모습이 불현듯 떠올랐습니다. 그 여인은 엷은 화장이라도 하면 얼마든지 예뻐 보일 수 있는 여인입니다. 그러나 다 떨어진 군복감 몸빼를 닥작닥작 꿰매 입고 부끄럼기도 없이 리어카를 밀고 끌고 다니는 것이었습니다. '세상에! 어디 남자가 없어서 저런 남편을 골라잡아 저 짓을 하고 있남!' 그런 생각으로 몇 번 지나친 적이 있었는데, 그날 밤 바를 나와서 이슥한 명동 거리를 걸을 때, 그 내외의 모습이 기특하게도 우러러 보일 만큼 눈앞에 어리어 우울했던 제 마음은 밝아지는 것이었습니다.

너무 길어졌습니다. 두서없는 이야기를 적었습니다.

제6신

경애하는 금순 씨.

지난번 일본에서 열린 '국제 서적 전시회'에 참석하고 돌아온 어떤 사장이 편지와 깡통 하나를 전해주었습니다.

편지는 제가 일본에 있을 때의 일본 친구의 것이었습니다. 그러니 십 사오 년 만에 편지를 받은 것이었습니다. 깡통은 둥근 모양이 '이게 필시 엽차일 게다' 하고 대견하게 생각했었습니다. 차 한 통이면 아마 일 년 동안은 아껴서 마실 수 있을 것이라고 은근히 좋아했었습니다.

그런데 뜯어보니 이건 어쩌자고 김이었던 것입니다. 네모로 도련해서 차곡차곡 재운 것이기는 하지만, 김이면야 우리 살림에는 요새 한창 흔한 것이 아니겠습니까. 그러나 그들에게 김은 가장 귀한 것이고 값도 몇 곱 되는 것인 데다가, 차는 하루 종일 마시는 흔해 빠진 것이어서 우리들도 그렇게 일용하는 것으로 생각한 모양이지요.

"자아식! 이왕이면 차를 주지!"

불쑥 터져 나왔던 것입니다. 이 한 통이 엽차였더면 얼마나 좋았을까 생각했던 것입니다.

사실 저는 엽차에 주리고 있습니다.

차의 역사는 우리나라에서 일본으로 건너갔다고 하는데, 우리들의 오늘 살림에는 먼 것이 되었고, 커피니 홍차니…… 고기를 먹은 다음에야 맛이 있고, 또 필요한 그런 것을 하루에도 몇 잔씩 마시고, 아주 풍속이 되어버린 것 같습니다.

해방 후 6·25사변이 일어나기 전까지는 우리나라 차를 늘 마실 수 있었습니다. 전라도 정읍에서 나는 차였습니다.

차 이파리를 찐 다음에 엽전 모양으로 둥글게 빚고 그 가운데 구멍을 낸 것이 가는 새끼에 여러 개 꿰어 있었습니다. 그런 것을 선사 받아서 마루 기둥에 달아놓고 차 생각이 날 때면 한 개를 뽑아서 살짝 불에 쪼인 다음 차를 달여 마셨던 것입니다.

그러나 환도 후에는 그것마저 구하기 어렵고, 미국에서 나오는 봉지 차 'Tender Leat'라는 것을 사서 한 봉지로 너덧 잔씩 내어서 마시기도 하고 있는 것입니다. 그러나 그것도 어쩐지 나무 이파리를 달인 맛은 나지 않는 것 같습니다.

차 이파리를 쪄서 비빈…… 돌돌 말린 것을 불에 살짝 쪼여서 차를 내고, 그 구수하고 싱싱한 차에 고운 소금을 조금 타서 마시는 맛이란 어쩔 수 없는 동양의 맛, 신선놀음 같은 즐거움을 느끼는 것입니다.

요새 우리들은 우리나라에서 나는 차를 마시는 즐거움을 맛보지 못하고 있지만 옛날에는 상당히 차를 즐겼던 모양입니다.

정월 초하루, 한식, 5월 단오, 8월 추석 같은 때나, 돌아간 아버지 어머니의 생신 날 아침에 지내는 제사를 차례 제사라고 하는데, 그 차례라는 말을 '다례(茶禮)'라고 쓰는 것으로 보아 차 한 잔을 올린다는 의식으로 생각할 수 있는 것입니다.

'다식(茶食)'이라는 것도 그렇습니다. 차를 마실 때에 먹는 것—슴슴한 과자 같은 것이었을 것입니다.

일본인은 차를 낼 때면 반드시 한 개의 과자든지 시골로 가면 짠지 쪼가리든지를 내어놓는 것입니다. 더 시골로 가면 베짱이를 졸인 것이나 번데기 졸인 것을 내어놓기도 하는 것입니다. 우리나라 옛 사람들은 차를 마실 때에 또 대접할 때에 같이 즐기기 위해서 다식이라는 것을 마련했었다고 생각할 수가 있는 것입니다.

얼마나 높은 멋을 부리고 생활을 즐겼던가 짐작할 수가 있는 것 같습니다. 그러나 오늘날 차나무를 기르는 차밭은 없고 다식이라는 것은 한갓 제사 때가 아니면 잔치 때 대사 때에나 만드는 귀한 것 으로 여겨지고 있는 것 같습니다.

살림살이가 점점 구차해지고 생활에 멋을 풍길 여유가 없어진 탓 이라고 보아야 옳을까요!

그런 생각 저런 생각을 하며 김 깡통을 열고 보니 또 여러 가지 생각이 떠올랐습니다.

그 친구는 저와 같이 독신남자 아파트에서 여러 해를 지냈던 것 입니다.

그 아파트 육층에는 신문 잡지의 편집자를 모아 넣었었습니다. 여 러 가지 신문기자 여러 가지 잡지기자가 살았었습니다. 스물 넷, 다 섯, 여섯의 아직 장가들기 전의 젊은이들만이 모여 살았으니 참으 로 재미있는 일이 많았었습니다.

야근하는 기자는 하루 종일 자고 저녁때에야 어슬렁어슬렁 출근 하고 새벽녘에 돌아오기도 했고, 어느 방이건 아침 일찍 일어나는 방은 없었습니다. 밤에 일찍 돌아오는 사람은 앓는 사람 아니고는 없었고, 열두 시가 지나서야 차츰차츰 돌아오기 시작하는데, 그럴 때면 모두가 얼근해서 한 방에 모이게 되고, 그러면 밤 가는 줄을 모르고 이야기꽃을 피우는 것이었습니다.

여배우니 가수니 하는 여성은 제 집 드나들듯이 드나들었고, 밤 이 늦으면 새벽녘에 아무 방에서나 그저 쓰러져 자기도 했는데, 긍 지가 세고 높은 젊은이들은 한 번도 조그만 사고도 일으킨 일이 없었던 것입니다. 말하자면 하나밖에 없는 침대에 여성을 자게 하고, 그 방 남자는 안락의자나 마룻바닥에서 자기도 한 것이었습니다.

서너 명인 경우면 서너 방에 분숙을 해야 했었는데, 마찬가지였습니다. 사고뿐 아니라 그런 사이에 연애가 성립된 일도 없었습니다.

아침 열 시쯤 되면 먼저 일어난 남자는 방방을 두드려 일으키고, 그러면 또 한 방에 모여서 즐거운 아침 식사를 하기도 하고, 아무 사고 없는 담담하고도 즐거운 사이를 계속할 수 있었던 것입니다.

그중에 가장 자주 드나들던 고(高)라는 가수가 자살한 사건은 큰 놀라움이었습니다.

고(高)는 얼굴은 예쁘고 노래도 잘하고 몸매도 좋아서 인기가 있었으나, 다리를 조금 저는 것이었습니다. 잘름잘름하는 것이었습니다.

어떤 남자와 연애하다가 실패한 모양으로, 자기 집에서 자살을 한 것이었습니다. 신문 기사를 보고 놀라움에 한동안은 온 아파트 안이 우울했던 것입니다. 그러니 그 가수는 연애를 하면서 즐거울 때에 우울할 때에 우리 아파트를 찾아와서는 낮은 목소리로 노래를 부르고 있었던 모양입니다.

죽(竹)이라는 여배우도 자주 드나들었습니다. 서글서글하고 목소리가 남자 목소리 같은 여자였습니다. "오늘은 자네 방에서 잘래! 침대에서 같이 끼고 잘 용기 없지!" 그런 말을 거침없이 말할 수 있는 여자였습니다.

일류 여배우로 출세하게 된 데는 그 아파트 젊은이들의 힘이 컸다고 할 수 있었습니다. 여러 신문과 여러 잡지가 함께 칭찬해주고

밀어주면 곧장 인기가 오르고, 그러면 크게 출세할 수가 있었기 때문입니다. 얼마 후에 자가용 자동차를 타고 와서 드라이브를 하자고 한 일이 있었는데, 그때에는 따라 나서는 젊은이가 하나도 없었습니다. 그만큼 긍지가 높고 센 젊은이들이었습니다.

편지와 김 깡통을 보내준 친구도 그때는 잡지기자, 그 후에 편집장이 되었었지만, 이번에 받은 편지로 보면 일본에서 제일 큰 인쇄회사의 상무취체역이 되어 있는 것이었습니다. 그가 편집장으로 있던 잡지사와 같은 계통의 회사이기 때문에 뽑혀서 인쇄회사 중역으로 자리를 옮긴 것을 알 수 있었습니다. 잡지 편집자라도 수완과 인품을 인정받게 되면 쭉 쭉 윗자리로 올라갈 수 있는 것입니다.

그뿐 아니라 편지의 사연을 보면 십 사오 년 전의 신문기자 잡지기자가 하나같이 그 회사의 간부 자리를 차지하고 있는 것이었습니다. 우리나라에서 오랜 신문기자 잡지기자 생활을 한 사람의 형편을 돌이켜 생각하게 되매 마음이 복잡하지 않을 수 없었습니다. 한평생을 같은 신문사나 잡지사에서 보내기도 어려울 뿐 아니라, 십 년 삼십 년을 다녔댔자 그만두는 그날부터 살아갈 길이 어려운 사람을 많이 보았기 때문입니다.

남의 일같이 말할 것도 없습니다. 저의 경우만 하더라도, 오늘이라도 손가락이 말을 듣지 않는다면 살아갈 길이 막연한 것입니다.

우리나라의 글 쓰는 사람의 생애, 신문 잡지 편집자의 생애를 돌이켜 생각하게 되었던 것입니다.

글이란—글 쓰는 일이나 신문이나 잡지나 책은—사람의 정신에 끼치는 일인 만큼 장사하는 사람이나 돈 놀이를 하는 사람보다 잘 살 수 있게 되어야만 그 나라의 격이 높아질 수 있고, 다른 선진 국가와 어깨를 나란히 할 수 있고 뻐길 수도 있는 것입니다.

빨리 그렇게 되어야겠다고 생각하였습니다.

제7신

경애하는 금순 씨.

댁에서는 방송을 자주 들으십니까? 어떤 방송을 좋아하십니까?

저희들은 아침에도 방송, 저녁에도 방송. 방송을 많이 즐기고 있습니다.

아침밥을 아이들과 같이 먹으니 그때는 마침 어린이들의 노래 「좋은 애기 예쁜 애기」 시간이어서 그 노래를 들으며 아침식사를 하게 됩니다. 다음에 일기예보를 들으면 곧장 뛰어나가기 시작입니다.

「즐거운 아침 한때」라는 음악 시간이 아이들이 대문을 나서는 행진곡이 되는 셈입니다.

아이들이 학교에 가고 아내가 나가면 오정 때의 뉴스를 들을 뿐, 스위치 돌리기를 잊어버리고 맙니다.

책을 읽기도 하고, 원고도 쓰다가 네 시 반이 되면 한잔 술 생각이 납니다. 막걸리 백 환어치를 받아다 놓고 스위치를 틉니다. 국악입니다. 석양머리 이십 분 동안의 국악은 나 혼자만이 듣고 즐기는 시간입니다. 잡소리가 나와도 꺼버리지는 않지만, 가야금이 나오면 고맙고, 기악 합주라도 좋습니다. 노래라도 「정선 아리랑」이니 「신고산 타령」 '염불'이 나오면 장지를 활짝 열어놓고 석양머리 구름 걷힌 하늘을 쳐다보며 막걸리 잔을 들게 되는 것입니다.

　그런 노래는 그 노래의 사설을 따질 것 없이 어쩐지 하늘을 우러러 호소하는 것 같은 애 끓는 가락을 느끼는 것입니다. 성당에서 흘러나오는 성가의 가락을 느끼는 것입니다.

　저녁에는 저녁밥을 먹고 나면 내 방으로 모여와서 또 한동안 방송을 듣고 즐깁니다. 이 시간을 가정오락의 시간이라고 할까요. 아침에는 모두가 바쁘고, 학교에 가면 해질 무렵에나 돌아오니, 온 가족이 모여서 웃고 즐길 수 있는 짧고도 귀한 시간입니다. 또 각기 제 방으로 가서 하기 싫은 공부를 해야 하니까요.

　일전에 재미있는 방송극을 들었습니다. 댁에서도 들으셨겠지요. 최요안 씨의 「지는 꽃 피는 꽃」이라는 방송극입니다.

　건축 설계를 하는 남편과 혜경이라는 아내는 신혼 생활에 깨가 쏟아지는 판입니다. 살림을 절약해서 저축을 하고, 계에 한몫 들어서 그 돈을 타게 되면 전셋집이라도 얻을, 그야말로 생활의 설계를 세우고 있는데 처남―그러니 혜경의 단 하나인 오빠가 찾아옵니다. 하는 일 없이 먹고 자는 군식구, 말하자면 식객이 되는 것입니다.

　남편도 처남이 찾아온 것이니 어쩔 수 없고, 혜경은 단 하나의 동기니 반갑기도 해서 알뜰히 대접합니다.

　살림을 절약하고 푼푼이 저축하자던 생활의 설계는 벌써 어긋나게 됩니다.

　그런데 얼마 후에 오빠는 "좋은 장사가 있는데 틀림없는 일이니 이십만 환만 있었으면……" 하고 혜경에게 말합니다.

놀고 있는 오빠가 보기에 딱하기도 하고 당장에 큰돈이 생기게 되면 오빠도 좋으려니와 혜경에게도 잘해주리라고 생각합니다. 저금했던 10만 환과 또 친구에게 10만 환을 빚 얻어서 오빠에게 줍니다. 오빠는 신이 나서 나갑니다.

그 일은 틀어집니다. 당장에 큰돈이 생긴다기에, 오빠가 돈을 돌려주면 감쪽같이 친구에게 빚도 갚고 저금도 해놓을 셈으로 남편에게 의논도 하지 않고 돌려준 혜경은 난처하게 됩니다. 친구에게는 이자를 치러야 했고 아침저녁 남편을 보기 두려웠고, 마음을 졸이게 됩니다.

그런데 오빠는 먼젓번 20만 환을 건지기 위해서도 20만 환이 더 있어야만 하겠다는 것입니다. 혜경은 난처했지만 이번은 틀림없다기에 또 친구에게서 빚을 얻어서 오빠에게 줍니다.

이렇게 해서 빚과 이자가 70~80만 환이 되었을 때 빚 채근하러 들이닥친 사람의 큰소리로 그만 남편에게 탄로되는 것입니다.

남편은 무던한 사람이었습니다. 남편이 책임을 지겠다고 말하는 데까지를 저는 들었습니다.

남편의 수입이 대단치 않아서 단번에 빚을 다 갚을 수는 없지만, 어쨌든 제가 책임을 지고 매달 얼마씩이라도 갚아 나가겠다고 말하는 것을 듣고 무던한 남편이라고 생각하는 한편, 난처해서 몸 둘 곳을 몰라 할 아내 혜경의 처지를 생각하고 동정하지 않을 수 없었습니다.

의지가지없는 단 하나의 오빠를 돌봐주고 장사 밑천을 보아준 혜경은 마음이 아름다운 여성이라고 하겠지요. 아니, 우리나라 여성이라면 거의 모두가 그렇게 하리라고 생각합니다. 개인주의가 발달한 서양 사람들은 조카가 아저씨의 집에 가서 묵는 경우라도 밥값을 내야 한다지만, 우리나라의 풍속은 그것이 아름다운 일이라 하겠지요.

그러나 저는 또 생각해보았습니다.

아무리 의지가지없는 오빠라 하더라도 누이동생의 신혼 가정에 그렇게 오래도록 머물러 있는 일은 못마땅한 일같이 생각되는 것이었습니다. 그렇다면 오빠라는 사람에게도 부족한 점을 느끼는 것이었습니다.

다음에 혜경의 경우를 생각하면, 맨 처음에 오빠에게 20만 환을 돌려줄 때에 역시 남편에게 의논을 하고 해야만 했으리라고 생각하는 것입니다. 20만 환이 아니라 2만 환이라도, 또 그 돈이 이삼 일 안에 돌아올 것이라 하더라도, 역시 남편에게 의논하고 해야만 옳으리라고 생각하는 것입니다.

세상에 둘도 없는 오빠, 공경하고 아끼는 오빠에게 잠깐 돌려준 것이 무엇이 나쁘랴 하고 생각할 사람이 있을는지 모르지만, 그러나 남편에게 알리지 않고 한 일, 남편에게 숨긴 일에는 틀림이 없는 것입니다. 비밀이라는 것이지요.

좋은 일이건 나쁜 일이건 조그마한 비밀이라도 감추어서는 안 될 일이라고 생각하는 것입니다. 숨기려고 한 일이 아니고 비밀을 가질 생각으로 한 일이 아니라 하더라도 말입니다. 혼자서 마음을 태우고 아침저녁으로 남편 보기를 두려워한 것이 모두 그 탓이 아니겠습니까.

또 한 가지 재미있는 대목이 있었습니다.

하루는 남편이 돌아와서 어제 저녁에 읽다가 두었던 책이 보이지 않습니다.

"엊저녁에 읽던 책이 없는데?"

아내에게 묻습니다.

그 책은 오빠가 보고 싶다고 아랫방으로 가지고 간 것이었습니다. 혜경은 또 난처해집니다. 남편은 싫은 소리는 하지 않으나 마음이 좋을 리 없습니다. 가져오려고 하는 아내를 말리는 것이었습니다.

문득 저의 신혼 때 생각이 떠올랐습니다. 이층에는 제 서재와 침실이 있었고 층층대를 올라가면 맞은편에 거울이 걸려 있고, 그 앞에 조그만 화장대가 있었습니다.

그리고 밥 짓는 여자는 이층에 올라가지도 못하게 했습니다.

그런데 하루는 화장대 서랍에 두고 쓰는 손톱깎이가 보이지 않는 것입니다.

아내를 불렀습니다.

저는 방송극 혜경의 남편만큼 너그럽지 못했습니다. 스물두 살짜리 천둥벌거숭이 아내는 혼이 났었을 것입니다. 손톱깎이는 밥 짓는 여자가 썼다는 것이었기 때문입니다.

"내 손톱 발톱 깎는 것을 누가 써?"

호령을 했던 것입니다. 씻고 닦고 소독을 해 주어도, 나는 그것을 쓰지 않았던 것입니다.

제가 까다로운 남편이었을까요?

그럴는지도 모르지요.

그러나 나 혼자만이 쓰는, 내 몸에 닿는 것을 다른 사람이 쓰게 했다든지 제자리에 없다든지 할 경우, 또는 읽다가 둔 책이 그 자리에 없다든지 할 경우에 선뜻 불쾌한 마음이 치오르는 것은 누구나 마찬가지일 것입니다.

문제는 얼마나 참느냐, 얼마나 너그러우냐 하는 데 있겠지만, '그만 것을 참지 못하는 것은 애정이 부족하다'는 따위의 해석은 옳지 않을 것입니다. 애정이 두터우면 모든 것을 용서할 수 있다고는 하지만, 용서라는 생각이 있기 전에 먼저 선뜻 불쾌한 마음이 치오르는 것은 누구나 마찬가지, 어쩔 수 없는 일일 것이라고 생각합니다.

남매간이 아니라 형제간이라도 너무 폐를 끼치거나 신경을 거슬리는 일이 없도록 더욱이 마음을 써야 할 것이라고 생각했습니다.

재미있고 유익한 방송극을 들었기에 몇 마디 적어 올립니다.

제8신

경애하는 금순 씨.

지난 5월 5일, 제36회 어린이날을 댁에서는 어떻게 지내시었습니까?

서울에서는 오전 열 시부터 서울운동장에서 경축식이 있다고 들었으나, 그런 모임에 가본 일이 없는 저는 금년도 예외일 수는 없었습니다.

그러나 경상북도 대구시에서는 열한 시부터 그곳 달성공원에서 '어린이헌장비'의 제막식이 거행된다는 것이었습니다. 어린이들을 좀더 복되게 해주기 위해서 나라와 어른들이 어린이들에게 무엇을 해주어야 할 것인가를 규정지은 아홉 가지를 조문으로 엮은 '어린이헌장'은 작년 35회 어린이날에 공포된 것입니다. 그것을 오래오래 기억하고, 또 지날 때마다 많은 사람들의 눈에 띄게 함으로써 어린이들에게 대한 관심을 돋우자는 뜻으로 비석을 세우기로 한 것입니다.

서울에도 비를 세울 계획은 있었지만, 서울의 일이 머뭇거리는 사이에 대구에서 먼저 세우게 된 것이었습니다.

저에게도 제막식에는 꼭 참석하도록, 또 생각 있는 문인들이 많이 참석하도록 하라는 연락도 있었고, 전보를 두 차례나 받았지만, 떠나지는 못했습니다.

그리고 방에 앉아 있었으니 마음이 편할 수는 없었습니다.

'지금쯤은 달성공원 안으로 사람들이 많이 모여 들어가고 있겠지…… 지금쯤은 어린 학생들도 달성공원으로 들어가고 있겠지…… 달성공원의 어디쯤에 비석이 자리 잡고 있을까?'

그런 생각을 하다가 문득 제막식이 거행되는 열한 시라는 시간을 이대로 앉아 있을 수는 없다고 생각했고, 어제 비로소 몇 권 받은 『모래알 고금』 동화책 생각이 났습니다.

대구에서 비석을 세우기에 애쓴 친구들에게 몇 권 책을 보내자는 생각이 나자, 곧 소포를 꾸려 가지고 우체국으로 갔습니다.

시계가 열한 시를 '땡 땡' 치는 시간에 대구로 갈 소포를 부탁하고, 그 자리에서 두 손을 모았던 것입니다. 누구에게나 감사하는 마음, 제막식이 잘 끝나기를 바라는 마음, 그리고 이 나라 어린이들이 자라는 데 그것이 힘이 되어줄 것을 바라는 마음이었습니다.

제막식의 광경은 그날 밤 서울 방송의 녹음 방송으로 자세히 알 수가 있었습니다. 고마운 일이었습니다.

며칠이 지난 날, 대구에서 보내준 신문은 더 자세한 보도가 가득 차 있었습니다.

그런데 그 신문 뭉치에는 몇 가지 재미있는 기사가 실려 있었습니다. 어린이날과 또 5월 8일 '어머니날'에 있었던 이야기였습니다.

「어머니날에 어머니 없는 학동을 구별―흰 카네이션에 강요된 서러움!」이라는 제목의 기사는 신문 사회면의 머릿기사로 크게 실려 있었습니다.

사연은 이러했습니다.

여섯번째 맞이하는 어머니날을 맞이하여 대구시에서는 상오 9시 기념식을 거행하고 각 국민학교에서는 학교 단위로 기념식을 거행하는 동시에 국민학교 아동들은 물론 관공 기관 일반 모두가 어머니의 꽃이란 애칭을 받는 카네이션 꽃을 가슴에 달기로 되어 있다…… 그런데 어머니가 있는 아이들이 빨간 카네이션 꽃을 가슴에 다는 것은 좋으나 어머니 없는 아이들에게는 흰 카네이션 꽃을 달게 되어 있으니 가뜩이나 어머니 없는 설움을 가슴에 가득히 안고 있는 어린이들에게 다시 한 번 더 슬픔을 환기시켜주는 것이라고……

그래서 흰 꽃을 달고 학교에 가느니보다 차라리 결석을 하고 싶다는 어린 학동이 있는가 하면, 어머니 없이 기르는 아버지 역시 그런 생각으로 반대하는 사람이 많았고, 그래서 대구시 교육위원회 학무과장을 비롯하여 몇몇 학부형과 학동들의 담화까지가 실려 있었습니다. '순정을 짓밟는 것'이라고 '교육자 중에도 행사를 반대'하는 사람이 많았다는 것이었습니다.

지당한 일이라고 생각했습니다.

흰 카네이션을 가슴에 달고 어머니의 명복을 빌며 어머니의 은혜를 다시 한 번 생각한다는 것은 지각 있는 어른들이 할 일이지 지각없는 어린이들에게 시킬 일은 아닌 것 같습니다. 그것은 마치 어머니 있는 어린이와 어머니 없는 어린이를 가려보자는 장난 같은 일인 것입니다.

'아비 없는 귀한 자식 어미 없는 천한 자식'이란 말은 우리나라에 오래오래 전해 내려오는 말입니다. 아버지 없는 아이는 홀어머니가 더욱이 소중하게 위해주니 '귀한 자식'인 것이요, 어머니를 먼저 잃은 어린이는 홀아버지가 아무리 사랑한대도 어머니만큼 칠칠하게 거두어주지는 못하고 소홀하게 되기가 쉬우니 자연 '천한 자식'이 된다는 말일 것입니다.

그렇다면 '어머니 없는 어린이'라는 표적을 달고 나오라는 것은 얼마나 가엾고 불쌍하고 짓궂은 장난이겠습니까.

어린이날의 행사라는 것이 어린이들을 즐겁게 놀 수 있도록 해주는 것이 아니라, 오히려 그 어린이들의 땀을 빼게 하고 고달프게 하고 어른들은 나자빠져 앉아서 시시덕거리며 구경을 하며 '재롱'을 칭찬하고 '어린이를 잘 키우자!'고 어린이들 앞에서 연설을 하는 따위로 벌어지는 것과 같이, '어머니날'의 행사도 철딱서니 없는 짓들을 하고 있는 것이라고 하겠습니다.

그런 기사 바로 아래에는 「총 뿌리에도 굽히지 않고 싸운 어머니, 한국의 어머니」라는 기사가 있었고, 4면에는 또 「아들딸 105명의 어머니」라는 기사가 있었습니다. 대구 육아원장 강정애라는 분의 105명의 어머니라는 글은 눈물 없이는 읽을 수 없었습니다. 사실은 106명의 어머니라는 것이었습니다.

"……그런데 삼 일 전 한 아이가 소풍 갔다 돌아오는 길에 길을 잃었다. 이 글을 쓰고 있는 동안도 나의 정신은 그 아이 일로 자꾸 흩어진다……"

이렇게 시작된 글 가운데는 105명의 어린이들에게 마음은 있어도 한결같은 사랑을 마음대로 전하지 못하는 경제적 무력(無力)을 한탄하기도 하고……

"큰아이가 열한 살이니 불과 삼사 년이 지나지 않아 그 머릿속으로 이것저것을 생각하며 고민할 것이 아닌가? 나는 요새 안타깝게도 이 아이들이 나이를 먹지 않기를 빈다. 왜냐하면 어느 날 학교에서 돌아온 복순이가 '옥난이는 어머니 배에서 나왔나?' 하고 심각한 표정으로 묻는다. 옥난이란 애는 금년 아홉 살이 될 선천적 불구의 아이다. 발육이 늦어서 여덟 살에 겨우 걷기를 시작한 애라 그가 더욱 불쌍해서 친절을 더하는 것을 보고 영리한 애들이 엄마 배에서 나왔느냐고 질문하게 된 것이다.

나는 깜짝 놀라며 '옥난이도 복순이도 우리 집에 있는 모든 아이들이 다 내 배에서 나왔단다'고 했더니 그 귀여운 눈을 동그랗게 뜨면서 '아이고 많아라!' 하고 모두 웃는 것이다. 이런 질문이 한 가지 한 가지 늘어가고만 있다."

어떤 어린이는 밤중에 살그머니 원장의 이불 속을 파고 들어오기도 하고 학교에서 돌아오면 원장의 귀에 입을 바짝 대고 "엄마! 쪼코렛 하나만!" 하기도 한다는 것이었습니다.

"……나는 가슴이 아프다. 하나둘 열 스물로 될 일이라면 좋으나 백이 넘어야 하는 숫자를 채우기에는 나는 너무도 무력한 까닭이다. 어린이날과 어머니날을 맞이하는 나의 심중은 고민에 가까운 것뿐이다. 이 아이들의 참된 어머니가 되려면 어떻게 해야 하나? 지나간 날에는 어떠한 어머니였나?"

그리고 맨 끝에는 이렇게 글을 맺고 있었습니다.

"……우선 집을 잃은 106명째의 혜명이부터 돌아와야 나의 명이 풀리겠다. 나의 가슴에는 카네이션이 필요한 것이 아니다."

「싸운 어머니」는 대구 기구(己區) 선거구 개표장에서 민주당 추천 선거위원 김정호 씨를 격려하기 위해서 "대담하게 싸우라"고 외친 어머니 구옥련(具玉蓮) 여사를 말하는 것이었습니다.

"……개표장 마당에는 수백 군중이 모여들었다. 중단된 개표장에 아들이 부정과 마주 서서 과감히 싸울 때 '대담하게 싸우라'는 구 여사의 절규는 만장의 군중마저 감동시켰다. 군중이 흩어지고 밤이 깊어가도 거적 위에 도사리고 앉은 구 여사는 담을 뚫고 방 안의 아들을 보호했다. 총대로 밀어내는 순경도 마구 내두르는 거센 폭한의 주먹으로 멍이 들어도 꼼짝 달싹한 일이 없다. 몇 끼를 굶어도 시장한 것을 몰랐지만 아들에게 줄 미음 냄비를 잊지는 않았다.

꼬박 사흘 밤낮을 마당에서 드샌 구 여사의 수난은 5일 밤에 이르러 가장 심했다.

다음 날 아침 구 여사 모자는 얼싸안고 목청 놓아 울었다. 일이 뜻대로 되지 않은 울분과 아들을 다시 만난 기쁨으로 소리 내어 울었다……"

이런 일이 있은 지 수 일을 지낸 5월 10일에는 서울에 끔찍한 일이 벌어졌던 것입니다. 「생명을 초월한 모성애」라는 제목으로 보도된 기사 말입니다. 용산구 기차선로에서 무심히 놀고 있던 세 살짜리 아들을 기차가 달려오는 아슬아슬한 순간에 구출하고 어머니는 기차에 치어서 죽은 사건 말입니다. 35세 되는 김정자라는 이 어머니의 생명을 초월할 모성애는 우리들의 가슴속에 '어머니 사랑'이라는 탑이나 비석을 세워놓고 영원히 사라지지 않으리라고 생각했습니다.

너무 길어졌습니다.

어머니 사랑은 끝없는 것, 어머니를 사모하는 마음 또한 끝없는 것, 그러나 남의 어머니도 내 어머니 섬기듯 아낄 수 있는 마음을 모든 사람이 가질 수 있을 때, 세상은 아름다워지리라고 생각한 것입니다.

너무 길어졌습니다.

제9신

그동안 안녕하셨습니까.

너무도 비가 내리지 않아 사람의 마음까지 가뭄에 조여드는 것 같습니다.

그래서 그랬는지 저는 배탈이 나서 오늘째 벌써 일주일을 미음과 죽으로 잇고 있습니다.

이런 일은 별로 없었던 일입니다. 나쁜 것을 먹었다든지 하더라도 그저 설사 두세 번으로 모두 쏟아버리고는 아무렇지도 않았던 것이, 이번에는 참으로 여러 해 만에 배탈로 눕기까지 했습니다.

위장이 튼튼하다는 자신이 공연히 일을 저지른 것 같습니다.

제가 주례를 선 신부의 집에 사흘 되는 날 초대를 받아 간 일이 있었습니다.

청주를 좋아하지 않기 때문에 일부러 약주를 받아 오게 해서 신랑 신부와 신부의 아버지가 따라 주는 서너 잔을 마시고 안주는 원래 많이 드는 편이 아니기에 저냐 두어 자박을 들었을 것입니다.

그리고 집에 돌아와서 저녁을 먹고 이튿날 아침 식사도 잘 했었으니 그것은 아무 탈이 없었을 것입니다.

그런데 아침에 좋은 변이 있은 다음 열한 시쯤 되어서부터 세 번 설사를 하는 것이었습니다.

'어제 술이 나빴나?' 그런 생각으로 또 무심하게 지냈던 것입니다. 설사 세 번으로 깨끗해졌으리라는 생각에서입니다.

점심도 잘 먹고, 그런데 저녁때에 하루쯤 그만두면 좋을 것을 약주를 석 잔 하고 또 상추쌈을 먹은 것이 탈이었습니다.

설사가 계속되고 '구아니딘(guanidine)'이 소용없이 머리가 무겁고 열이 오르는 것 같아서 왕진을 청하게 되었던 것입니다.

그날 약주를 그만두고, 상추쌈만 먹지 않았던들, 아무 일이 없었을는지도 모를 일입니다.

그것을 낮에 본 세 차례 설사로 깨끗이 씻어 내려가고 아무 일 없으려니 생각한 것이 어리석은 일이었습니다. 당장에 4천 환 돈을 쓰게 된 일도 그러려니와 일주일을 미음과 죽과 간장만으로 지낸다는 일이 억울하기 짝이 없었습니다.

탈이 난 위장, 그러니 고장이 나서 기능을 잃은 위장을 가지고 자신을 갖는다는 일이 얼마나 어리석은 일인가를 절실히 느꼈습니다.

그럴수록에 애초에 어째서 설사를 하게 되었을까를 곰곰이 생각하게 되는 것이었습니다.

신부 집 약주와 저냐가 틀림없었음은 분명하니, 그렇다면 집에서 먹은 아침 식사가 잘못된 것이 아닌가? 다섯 식구 아무도 아무 일이 없는데, 하필 술 마시는 나만이 탈이 났을까? 술 마시는 사람은 약간의 살균력 저항력이 있다니 말입니다. 생각이 거기까지 미치자 저는 혼자 고개를 끄덕이었습니다.

파리 앉은 음식을 나 혼자만이 먹은 것에 틀림없습니다. 그리고 그것은 고마운 일이라고 생각되었습니다. 우리 집안을 살펴주시는 분이 가르쳐주시는 일같이 생각되었기 때문입니다. 만일에 아이들이나 몸이 약한 아내가 그렇게 되었다면 학교에도 못 가고 얼마나 골치 아픈 일이었겠습니까. 그래도 좀 저항력이 센 내가 먼저 겪어

봄으로써 이 여름도 파리와 음식에 조심하도록 하라는 가르치심같이 생각되는 것이었습니다.

"파리 앉은 걸 먹은 모양야!"

그런 말을 소리 지르지는 않았습니다. 부엌일 해주는 사람이 무안해할 것이 민망해서입니다.

그러나 아이들이 식사할 때마다 나는 누운 자리에서 파리를 쫓으라, 파리 앉지 않도록 하라,는 말을 거듭 외웠던 것입니다.

파리야말로 여름 한철 절대로 두려워해야 할 무서운 놈입니다. 똥구더기가 자란 놈이니 더 말할 나위가 있습니까. 댁에서도 극력 조심하시기를 바랍니다.

여름철일수록 아이들에게는 더운 것을 먹이는 것이 좋은 것 같습니다.

제가 일본에 있을 때의 이야기를 하지요.

우리나라의 초복 중복 말복과 같이 일본서는 '토용 축일(土用 丑日)'이라고 해서 '토용' 중의 '소 날'은 모두가 장어가 아니면 하다못해 미꾸라지라도 먹는 날로 지내는 것이었습니다.

장어나 미꾸라지를 차게 먹을 수야 있습니까. 그렇지 않아도 비린내가 지독해서 후춧가루를 듬뿍 쳐야 하는 것이니, 장어는 구운 것을 식기 전에 먹어야 하고 미꾸라지는 스끼야끼처럼 냄비에 지지면서 먹는 것이었습니다. 적어도 여름 한철에 세 번쯤을 진한 기름기를 뜨겁게 먹는 것이 몸에 좋다는 것이겠지요.

사실 저는 여름철 저녁 식사는 거의 청요리를 먹었었습니다. 청요리래야 여러 가지를 늘어놓는 것은 아닙니다. 뎀뿌라 탕수육 양장피 잡채라는 것도 아닙니다. 한 가지나 두 가지 진건한 진짜를 받아 놓고 밥을 먹는 것입니다.

소동파(蘇東坡)가 좋아했던지 '동파육'이라는 것은 제육을 샐러리와 함께 푹 삶아서 입에 넣으면 그저 풀 덩어리같이 녹는 것인데, 1센티미터나 되는 두께에 손바닥만 한 놈이 여남은 장이나 한 대접에 나오는 것입니다. 이것 하나만으로도 두 사람이나 세 사람이 흡족하게 먹을 수 있었습니다.

동파육보다도 자주 먹은 것은 '폭삼양(暴三樣)'이라는 것입니다. 동파육과 맛이 비슷한데 제육과 닭고기와 해삼 세 가지를 동파육같이 만든 것입니다. 북경요리라고 했는데 우리나라에서는 아직 만나보지 못했습니다.

우리나라 어른들이 여름이면 개장을 먹으러 다니는 것도 결국은 진건한 기름기를 몸이 요구하는 때문이요, 천렵국도 그렇다 하겠지요. 천렵국이란 물고기뿐이 아니라 닭도 제육도 들어가야 하는 것이 아닙니까.

그러나 아이들에게, 더욱이 채식을 많이 하던 아이들에게 그런 것을 갑자기 많이 먹였다가는 오히려 배탈이 나기 쉬운 일입니다.

우리나라 여름 음식에 호박찜 활계찜이라는 것은 영양도 있고 멋진 음식이라고 생각합니다.

호박찜은 애호박도 연하고 작은 것이 좋습니다. 씨가 없어야 좋습니다. 두 동강을 내서 열십자로 칼자국을 반쯤 낸 다음 소고기 다진 것과 양념을 그 속에 살살 찌르고 냄비에 넣어 끓이는 것입니다. 물은 호박이 잠길까 말까 할 정도가 좋고, 호박은 멀컹 허물어지지 않아야 합니다. 말랑말랑한 편이 좋습니다. 아이들을 위해서는 열 십자로 고기양념 찌른 위에 다시 달걀을 흘려서 익히는 것도 좋지만, 그대로 먹어도 좋습니다. 초가 많은 초간장으로 먹는 것입니다. 순 개성 음식이라 널리 알려져 있지 않은 것 같습니다.

활계찜도 개성 음식입니다. 고려 때에 원나라 몽고에서 들어온 것일 것입니다. 닭고기 소고기 돼지고기를 함께 요리하는 음식이란 우리나라에는 아무 데도 없습니다. 오직 개성의 활계찜만이 그렇습니다. 잔치 때 많이 할 때면 찌는 것이지만, 가정에서 대여섯 명치를 만들 때에는 찔 것도 없고 세 가지 고기를 다 쓸 것도 없습니다. 제육과 닭이면 좋지만, 닭고기란 조금만 살 수도 없으니 제육만으로도 할 수 있습니다.

제육을 밤톨만큼씩 썰고 굵은 무채와 도라지와 갖은 양념과 함께 볶다가 간장으로 슴슴하게 간을 맞추고 설탕을 듬뿍 치고 대추 밤 은행을 넣어서 같이 익히면 됩니다. 무는 먼저 한번 볶는 것이 좋고 알루미늄 찜기가 많이 나오고 있으니 찜기로 찌면 더욱 좋을 것입니다. 대추는 약간 허물어지는 것이 좋고, 밤톨과 은행은 빛깔 좋을 정도가 좋습니다. 제육은 입 안에서 녹아야 합니다.

세 가지 고기를 함께 국물 없이 찐다는 것이 활계찜의 특색입니다만, 여름철 아이들을 위해서 활계찜 아닌 그저 찜을 냄비나 찜기로 만들어주는 것은 좋은 일일 것입니다.

여름철에 제가 좋아하는 개성 음식 두 가지를 적어 올립니다.

일요일쯤 한번 시험해보시기 바랍니다.

여름철에 아이들의 배탈이 없으면 그것도 큰 복의 하나라고 생각합니다.

제10신

그동안 안녕하셨습니까?

장마에 상한 곳이나 없으셨습니까?

비가 오지 않아서 '제발 비를 내려줍시사' 하고 하늘인지 용왕이라는 귀신에겐지 조상에겐지 기우제라는 제사를 지내는 곳이 많았다는데, 뒤이어 쏟아진 비는 불과 이삼 일 쏟아졌는데도 집이 떠내려가기도 하고, 사람이 떠내려가기도 하고, 소 돼지가 떠내려가는 참담한 일이 여기저기 있었던 모양입니다.

사실 우리나라가 차지하고 있는 지구상의 자리는 좀 거센 자리인 것 같습니다. 비가 안 오기로 들면 한 달 이상을 내내 내리쬐이기만 하기도 하고, 비가 내리기 시작하면 또 그 비는 차돌만큼 단단한 우리 기와를 때려 부술 것같이 장대같이 쏟아지기도 하고, 열흘 스무 날 어쩌면 한 달이라도 쏟아지기만 하는 때도 있습니다그려.

그렇지만 날이 너무 가물어서 인제는 벼농사를 단념하고 보리농사라도 해야겠다던 차에 그래도 고마운 비가 내려서 전국적으로 모를 심었다는 신문 기사는 하늘을 우러러 감사하지 않고는 지낼 수 없었습니다.

그러나 한편으로 생각하면 농업국이요, 더욱이 논농사에 의지하고 있는 우리나라가, 세상은 과학 시대라고 하는데 언제까지나 하늘이 내리는 비만 바라고 산다는 사실은 한심한 일이 아닐 수 없습니다.

수리 사업이 발전해서 어떤 구석구석에도 저수지를 장만해서 물을 많이 받아 두게 하고, 물이 소용될 때에 비가 내리건 안 내리건 상관없이 물을 쓸 수 있게 되어야만 할 것 같습니다.

경애하는 금순 씨.

이번 여름방학에 댁에서는 어떤 계획을 세우셨습니까? 중학교에 다니는 따님은 어디를 보내시겠습니까?

벌써 한강이니 뚝섬에서 헤엄치던 사람이 백여 명이나 물에 빠져 죽었다는 신문 기사가 있어서 그런 곳에 놀러 보내기도 불안스럽습니다.

지난날, 장마도 갠 어느 날, 저희 집에는 이런 일이 있었습니다.

열네 살 되는 계집애, 중학교 2학년에 다니는 딸아이 자혜 말입니다. 학교에서 일곱 시간을 공부하고 청소를 하고 해질 무렵 해서 돌아오는데 고등학교 남학생이 따라오더라는 것입니다.

대문을 들어서며 "아유, 이상하다. 별난 아이도 있다!" 중얼거리는 것이 당황해하는 것 같았습니다.

"왜 그러니? 무슨 일야?"

내가 물어보았으나 대답은 없고, 대학에 다니는 큰아들과 고등학교에 다니는 둘째 아이가 나가는 것이었습니다.

한참 동안이나 들어오지 않고 말소리도 들리지 않으니 더욱 수상했습니다.

"야들아! 무슨 일이냐? 들어와서 말해라!"

대문 밖에서 이야기할 것이 아니라 집 안에 들어와서 이야기하는 것이 옳다는 생각으로 한 말이었지만 그 소리가 좀 컸던 모양입니다. 이내 두 아이는 들어왔습니다.

"하! 그 참!"

두 아이는 똑같이 놀라움에 벅찬 모양이었습니다.

"나쁜 학생은 아니야요! 고등학교 일학년인데……"

"성적도 좋은 아인데……"

"자혜하고 동무가 되겠다는 거예요!"

"결사적으로 온 모양야!"

"아버지께 인사하고 허락을 받겠다는 거예요!"

"그런데 아버지가 너무 큰소리로 호령을 하시니까 그만 갔지요. 왜 그렇게 호령을 하셨어요?"

놀라움이 가라앉으니 결사적으로 뒤따라온 어린 후배 남학생에게로 동정이 가고, 큰소리 지른 아버지가 못마땅하게 생각되는 모양이었습니다.

자혜는 이건 한편 구석에서 홀쩍홀쩍 울고 있는 것이었습니다. 천둥벌거숭이입니다. 잘못한 일은 없지만 일이 심상치 않음을 눈치챈 모양이었습니다. 까닭 없는 꾸중을 들을까 봐 지레 겁을 먹은 모양이었습니다.

일은 그것으로 끝났습니다.

딸아이나 아들아이에게 더 말할 생각도 없었습니다. 혼자 생각에 잠겼었습니다.

'정말 고등학교 일학년짜리 남학생이 들어와서 절을 꾸뻑 하고

열네 살짜리 딸아이와 동무되어 같이 놀게 해달라면 무어라고 대답해야 할 것인가?'

이건 사실 큰일입니다.

뒤를 따라오기는 했으나 계집애에게 덤빌 것은 아니고, 더욱이 그 어버이를 찾아서 인사를 차리고 허락을 구한다는 일이 첫째 불량학생은 아니니 말입니다.

불량학생이라면 저희 집 골목에도 밤마다 남녀 고등학생들의 장난이 심한 것을 보고 있는 것입니다. 지나가는 여학생의 길을 막는 남학생도 있고, 남학생을 기다리고 서 있는 여학생도 있는 것입니다. 그런 학생들보다는 훨씬 낫다고 생각할 수 있기 때문입니다.

'무어야? 대가리에 피도 안 마른 놈이!' 이렇게 호통을 칠 생각은 시방 생각해도 없습니다. 고등학교를 마치고 대학에 들어간 다음이라야 된다고 말할 생각도 없습니다. 그쯤으로 말하는 것이 가장 편리한 일일 것이요, 시방 많은 교육자와 유명 인사들이 항용 하는 말이기는 하지만, 그러한 '대학생이라야 남녀 학생이 친구 되어 놀 수 있다는 견해라는 것이 무엇을 기준 하고 하는 말이냐'고 따지고 드는 학생이 있다면 시원하게 대답할 수 있는 재료가 저에게는 없습니다.

외국에서는 국민학교에서도 짝, 중학교에서도 짝, 고등학교에서도 짝, 대학에서도 짝, 남녀 학생이 짝을 지어 놓고 공부하고 서로 가정에도 드나들고 있기 때문입니다.

우리나라가 그런 데까지 후진성이라는, 말하자면 뒤떨어진 백성이라는 것을 내세워야 할 것은 없을 것 같고, 그러나 사고를 일으키기 일쑤이고 그 사고라는 것은 또 도대체 하지 못하도록 막고 있기 때문에 벌어지는 것이 대부분이 아닐까도 생각하는 것입니다.

그러나 내 어린 딸의 경우를 생각한다면 '여보, 학생! 제발 내 딸만은 좀 건드리지 말아주소!' 하고 사정을 하고 싶은 마음이 어떤 부모에게나 있지 않을까 생각하는 것입니다.

때마침 저는 묘한 책 한 권을 읽었습니다.

경애하는 금순 씨께도 꼭 한번 읽으시기를 전하고 싶었습니다.

『성녀 마리아 고레티』라는 불과 150환짜리 얇은 책입니다.

고레티는 이탈리아 로마의 남쪽 조그만 농촌에서 부지런하지만 지극히 가난한 농부의 맏딸로 태어났습니다. 그 아버지마저 고레티가 겨우 아홉 살 때에 돌아갔습니다.

어머니 아순타는 신앙심이 두터운 사람이었습니다. 마리아 고레티를 학교에는 보내지 못하나 가르치는 범절이 인자하면서도 엄격했습니다.

고레티는 다섯 살 때에 벌써 '견진 성사'(천주교)를 받고 열한 살 때는 '성체 성사'를 받았습니다. 하느님을 공경하고 괴로움을 괴로움으로 생각하지 않고 오직 마음과 몸을 닦는 데 힘을 썼습니다.

농사일을 하러 어머니는 일찍부터 늦게까지 밖에 나가야 했으니 집안일은 모두 고레티가 도맡아 보아야 했습니다.

머슴살이처럼 남의 집에 살며 농사일을 했으니, 그 집에는 다른 식구가 또 들어오게 되었고 같이 살아야 했습니다. '지오바니'라는 나이 많은 아버지와 '알렉산더'라는 열일곱 살 된 아들이었으니 밥도 해주어야 했고 빨래도 해주어야 했고 옷도 꾀매주어야 했습니다.

열일곱 살 된 알렉산더는 고레티를 종같이 부렸습니다. 그뿐이 아니었습니다. 겨우 열두 살 된 마리아 고레티를 꾀어서 짐승 같은 야욕을 채우려고 했습니다. 고레티는 알렉산더가 무서워져서 항상 피해 다녔습니다.

그러면 "이런 말을 네 어머니한테 해봐라! 당장에 죽여버릴 테다!" 하고 협박하는 것이었습니다.

고레티는 알렉산더가 자기뿐 아니라 어머니와 다른 형제들까지 괴롭힐 것이 싫어서 어머니에게는 그런 말을 하지 않고, 그저 "어머니! 저를 집에 혼자 있게 하지 마세요" 그런 말을 했을 뿐이었습니다. 어머니는 고레티가 어리기 때문에 혼자 있기가 무서운가 보다쯤으로 생각했습니다.

그러나 일은 벌어지고야 말았습니다.

밭에 나가서 일하던 알렉산더가 혼자 슬그머니 돌아온 것입니다. 말을 듣지 않는 고레티를 알렉산더는 억센 힘으로 낚아채고 쓰러뜨렸습니다.

고레티는 "안 돼! 안 돼! 알렉산더! 이런 짓하면 지옥 간다! 이건 죄다! 천주께서 금하신다! 놔라!" 하고 도망치려고 몸을 비꼬는 것입니다.

정절을 지키려는 고레티의 부르짖음은 알렉산더를 더욱 흥분시킨 듯하다……라고 책에 있습니다. "……알렉산더는 미친 분노로써 칼을 들어 마리아의 가슴과 배를 되는대로 내려 찌른다. 열네 번이나 강철 칼날로 내리찍었다."

병원에 입원시켰으나 괴로움은 스물여섯 시간 계속되었고, 1902

년 7월 6일 오후 세 시 사십오 분 마리아 고레티는 세상을 떠났습니다.

더욱이 임종 때에 고레티는, 불과 열두 살인 마리아 고레티는 "저는 그를 용서합니다. 그도 천당에 들어올 수 있도록 기구하겠습니다" 그런 말을 남겼다는 것입니다.

이 거룩한 소녀의 죽음은 온 세상 많은 사람들의 아낌과 공경을 받았고, 나잇살 먹은 딸 가진 어버이들이 그 딸의 정절을 위해서 기구할 때에, 또 젊은 여자들이 마음이 흔들릴 때에 '거룩한 마리아 고레티'를 통해서 천주께 비는 사람이 많았다는 것입니다.

1950년 6월 25일. 마리아 고레티가 세상을 떠난 지 사십팔 년이나 되는 해에 로마 교황은 마리아 고레티를 성인의 자리에 모시기로 했다는 것입니다.

너무 길어져서 말을 맺지 못합니다만, 기회 있으시면 한번 읽어 보시고 따님에게도 읽도록 하심이 어떨까 생각합니다.

(『주부생활』 1957년 12월-1958년 9월)

이상로 수필집 『옥석혼화(玉石混和)』 서평

『귀로(歸路)』라는 시집을 피란 대구에서 내었고, 지난번에 『불온서정(不穩抒情)』이라는 역시 시집을 낸 소향(素鄕) 이상로(李相魯) 씨가 수필집을 내었다.

『옥석혼화(玉石混和)』라는 수필집은 얇지도 않은 350여 면의 푸짐한 책에다가 월탄, 나절로*의 서문이 눈을 황홀케 하는 것이다.

월탄(月灘) 박종화(朴鍾和) 박사가 "소향은 일찍이 약관(弱冠)때부터 우리 시단(詩壇)에 시명(詩名)을 드날려 기라성같이 조요(照耀)하는 건국시인(建國詩人) 중에 뚜렷이 광망(光芒)을 발하는 존재이지마는 이제 그의 연륜이 불혹(不惑)에 가깝게 되니 인생을 바라보는 그의 사상과 그의 문장과 그의 학식과 그의 비판이 무게가 있어 전아(典雅)하면서 간중(簡重)하고 간중하면서 멋이 있어 해조(諧調)되고 멋이 있으면서 무르녹아 회해미(詼諧味)가 있다"고 서문에 하였으니, 내가 이에 더 무엇을 가(加)하여 찬(讚)하리요.

어느 틈에 이렇게 숱한 수필을 썼나? 하고 놀라며 재미있게 읽어 내려가기에 바쁠 따름이다.

글이란 첫째, 재미가 있어야 한다. 재미없는 글을 누가 무엇 때문

---

* 우승규(禹昇圭, 1903~1985). 나절로는 필명. 언론인.

에 읽고 있어야 하겠느냐? 주석(酒席)마다 내가 등장하기 때문만도 아니다.

화조월석(花朝月夕)이나 음풍영월(吟風咏月)로 인생을 관조하는 것만이 좋은 수필이라고 생각했던 것은 고주할미 때의 이야기다.

사람과 세속과 오늘과 내일을— 삭막(索漠)을 미화하는 것도 또한 좋은 수필이라 할 것이다. 멋과 재미로 대방(大方)의 일독을 권하는 바이다.

(『동아일보』 1958년 1월 18일)

수천호구(數千戶口)의 설움

수채 위의 얼음덩어리가 녹기도 전에 한나절 양지의 수은주가 섭씨 30도, 화씨 86도까지 올라가기에 우선 목욕을 한탕하고 답답한 털 속옷을 훌훌 벗어던지고 팬티 하나에 양복바지만 입고 앉아 있었더니 웬걸 이튿날은 영하 4도까지 내려서 혼난 일이 있었다.

금년에 중학교에 입학할 내 자식이 없는 것은 천주님의 복을 받은 일인지도 모르겠다.

도대체 어쩌자는 것인가?

이화여중(梨花女中)에 입학원서를 제출한 아이라면 어쨌든 국민학교의 우등생인 것이다. 국민학교에서 5등이나 7등까지의 우등생이 아니면 첫째 입학원서를 써주지도 않는 것이다. 국가적으로 보아서 뛰어난 어린이들이다. 이것은 남자의 서울중학이나 경기중학이나 여자의 경기여중이나 모두 그런 모양이다.

입학시험에 떨어진 수천 명의 한국의 수재들은 어떻게 하라는 말인지 알 수가 없는 것이다.

작년만 해도 전·후기 두 번 입시를 치를 기회가 있었지만 금년은 두 번 다시 없다. 전·후기제가 어째서 나쁜지, 5·6기든 학교 자체의 자유건 그것이 어떤 폐단이 있는 것인지 이해할 도리가 없는 것이다.

사류·오류 중학에는 얼마든지 자리가 있다고 하지만 그런 학교에는 아이들도 죽어도 갈 생각 없고 부형(父兄)도 보낼 생각이 없는 것이다.

음식은커녕 잠도 자지 않고 우는 어린 아기에게 "제발 한술 떠라" 하고 달래는 아버지 어머니들의 소리도 눈물도 보일 수 없는 설움은 서울 장안에 오늘도 수천 명. '수천호구(數千戶口)'에 흐느끼는 소리.

마음 있는 사람들에게는 정녕 들릴 것이다. 이래야만 나라가 잘된다는 것일까. 봄은 희망의 봄이 아니라 우울(憂鬱)의 봄, 얼음덩어리 녹지 않는 봄인가 보다.

(『동아일보』 1958년 3월 27일)

맛있게 먹으면 별미(別味)

귀국할 때에 동명(東溟)과 같이 부산에 무사히 내린 것은 1945년 2월 2일이었다.

마중 나온 두 친구가 마련한 곳은 송갈관(松葛館)이었다.

저녁 식사라는 것이 방석만 한 접시의 전시회 같았지만 기차를 타기 전까지 조석(朝夕)으로 먹던 '사시미'에 '스노모노'에 '야끼사까나'니 제아무리 부산 제일의 솜씨라지만 내 입에 맞지를 않았다.

"여보오! 이럴 수가 있소?"

그래서 이튿날은 새벽에 일어나서 바닷가를 산보한답시고 찬바람을 쏘이면서 납작한 초가집을 몇 집 찾아 들어갔다. 부산 친구가 교섭한 결과 조반을 해줄 수 있다는 방 한 간짜리 여염집으로 들어갔다.

우선 뜨뜻한 장판방에서 몸을 녹이니 옥백미(玉白米)에 동태국 한 그릇씩이 놓인 개다리소반이 들어왔다. 누런 고추장에 꺼먼 김치 그뿐이었다.

그러나 그것을 어떻게 맛있게 먹었던지,

"여보! 저녁에 또 옵시다."

그래서 저녁도 먹기로 했었다.

오래간만에 먹으면 진미(珍味)요, 맛있게 먹으면 별미(別味)지 별게 없다.

6·25 전에는 견지동(堅志洞) 뒷골목에 '동태 대가리 집'이 있었다. 동태 대가리 국물 한 뚝배기에 막걸리 석 잔을 쭈욱 서서 먹는 맛이 그럴듯했다. 앉는 자리란 아예 없었다.

하나 윗골목에 있는 따귀 집을 젖혀놓고 멀건 동태 대가리 집을 찾아든다는 것도 그게 그 시간의 식성이라는 것이다. 그렇다고 내가 동태를 좋아하느냐 하면 그런 것은 아니다. 얘기가 그렇다 뿐이지, 동태란 일 년에 한두 번이나 먹을까.

따귀 집이 더 좋다. 돼지 뼈다귀 살점 다 긁어버린 뼈다귀만, 여름이면 감자하고 삶는다기보다 곤 국물 한 뚝배기에 50환 약주가 또 장안 제일일 게다.

돼지 족(足)을 300환어치만 받아놓으면 "어휴, 이걸 어떻게 다 먹어! 마누라 좀 갖다 주어야겠다!" 종이 좀 달라는 사람이 많다.

(『동아일보』 1958년 6월 29일)

본 대로 들은 대로

부자동사(父子同事)

어느 다방.

오십이 지난 깨끗한 신사복을 입은 두 분이 한끝에 앉아 있었다. 한 분은 귀밑이 약간 희고 한 분은 분명 대머리였다. 모자를 비스듬히 멋지게 쓰고는 있지만……

차는 든 지 이미 오래고 엽차도 두어 번은 다녀간 모양이다.

두 분은 한결같이 도어 쪽을 바라보며 있다.

손님 한 사람이 들어왔다. 얇은 가죽 서류첩을 손에 들고 있다.

두 분은 힐긋 바라보고 약속이나 한 듯이 마주 본다.

"무어야?"

"부로카지 뭐야!"

"무슨?"

"딸라?"

"아아니! 고작 고리대금이지!"

들어오는 객의 관상을 보고 앉아 있는 모양이었다. 직업 알아맞히기라고나 할까. 진 사람이 찻값을 치르는 모양이었다.

또 들어온다.

"무어야?"

"공무원?"

또 들어온다. 두 사람.

"무어야?"

"은행!"

"자리는?"

"평! 계장도 못 돼!"

또 들어온다. 양장한 젊은 여자 두 사람이다.

"흥!"

"무어야?"

"오늘은 양장까지 잡수셨는데! 요새 나온 황 과부지 뭐야!"

"큰일 났어! 저 오 마담한테 저렇게 끌려다니다가는 황 과부도 며칠 못 갈 거야!"

"아따 남의 걱정……"

"두구 봐! 놈팽이 하나 잘못 짚어서 톡톡 털리구…… 그다음은 오 마담 집 마담이지 별 수 있어!"

손님이 또 들어온다. 세 사람이다. 말쑥한 세비로(せびろ, 신사복)에 넥타이가 없다.

"무어야?"

"학생들인가?"

"어느 대학?"

"원 대학도 하도 많아서 알 수가 있나! 근데 신사복을 입고도 넥타이를 안 매는 까닭을 모르겠어……"

"깡팬지도 모르지!"

또 들어왔다. 넥타이 맨 양복쟁이들이다. 대학 갓 졸업생인 모양이다.

바라보던 대머리는 당황히 고개를 돌리며 중얼거린다.

"원! 전석이! 쯔쯔! 나갑시다."

"아니 벌써 나가서 어떡하려구?"

"저놈이 우리 둘째 놈야! 이번에 졸업한! 내가 이 다방에 나오는 줄 몰랐나, 원!"

그들의 눈에 띄지 않으려고 고개를 돌리며 슬금슬금 나가는 것이었다.

올라가기만 하는

"얘야! 10월 9일이 무슨 날이냐?"

대답이 없다.

"흐흐! 아니 그걸 몰라?"

딸은 고개만 갸웃거리고 대답이 없다.

"아니 10월 9일이 무슨 날인지를 몰라?"

"알아요! 다 알아요. 좀 잠자코 있어요!"

"흐응, 그럼 10월 3일은 무슨 날이지?"

딸은 아버지를 휙 돌아보고 또 고개를 갸웃거린다.

"좀 잠자코! 다 아는데…… 무슨 날이드라……"

"야아, 이건 너무하구나! 중학교 1학년이 10월 9일이 무슨 날인지도 모른다! 하 참!"

"가만있어요. 내가 알아맞힐게! 3·1절이 3월 1일이지! 식목일이 4월 5일, 어린이날이 5월 5일……"

"앗따! 어린이날만은 잘 아는구나."

"자꾸 그러면 섞갈려서 안 돼요! 알았다! 10월 9일이 제헌절이지 뭐!"

"하하하, 제헌절이라…… 참 기가 막히군!"

딸은 또 입속으로 속셈을 한다.

"5월 5일 어린이날, 6월은 6·25 날, 7월은 17일 앗, 7월 17일이 제헌절이다…… 8월은 8·15가 광복절, 9월에는 9·28…… 10월에는 아아, 10월 3일 개천절, 10월 9일 한글날이지 뭐야!"

"아아니 그래, 그렇게 3월 달부터 외워야만 알 수 있단 말이냐? 그래 그럼 한글날이 무엇 하는 날야?"

"무엇 하긴 무엇 해요. 세종대왕이 한글을 반포한 날이지!"

"으응, 그건 맞았다! 그렇지만 처음부터 외워야만 안다는 것이 기막힌 일이구나!"

"그런 건 다 잊어먹었지 뭐! 국민학교 아이들이 더 잘 알 거야!"

"뭐! 그건 또 무슨 소리야?"

아버지는 놀래서 한 말이지만 딸은 태연하다.

"그런 건 다 국민학교에서 배우는 거예요. 우린 그런 거 안 배워요! 중학교에서 그따위 배우는 줄 알아?"

지나친 친절

시골서 처남이 올라왔기에 거리 구경을 시켜준다기보다 그저 바람이라도 쏘이러 같이 나가는 것이 인사가 될 것 같고, 또 처남보다 아내가 더 좋아하리라 생각하고, 말하자면 인사성을 차린 것이다.

종로에서 내리게 되니 자연 백화점으로 들어가게 되었다.

처남이 사는 시골이라는 곳이 그다지 산골 두메가 아닌데도 그저 두리번거리고 발길을 잘 옮기지 않았다. 하도 찬란하게 백화(百貨)가 아니라 만 가지 상품이 번쩍번쩍 광채를 발하고 즐비하게 늘어 놓여 있었기 때문일 것이다.

아름다운 여점원들의 새하얀 얼굴, 까만 눈, 빨간 입술, 곱슬머리에도 정신이 팔렸는지 모를 일이다. 옆에 매부가 있으니까 차마 그런 눈치는 보이지 않았지만……

눈에 띄는 아름다운 여점원이 서 있는 진열장을 기웃했다. 조금 허리를 구부렸을까? 구부리지 않았을는지도 모른다. 그저 시선만이 진열장을 들여다보았는지도 모른다.

"무얼 찾으세요?"

결코 높은 소리는 아니었다. 그렇지만 소프라노에는 틀림없었다. 벼락같이 쏟아지는 질문에 처남은 찔끔하고 주춤 물러섰다. 그럴 것이 그 진열장에는 은 술잔, 은 주전자, 은 꽃병이 지르르 놓여 있었던 것이다.

은잔이나 은 주전자를 살 생각은 없었는지도 모른다. 혹은 살 생각이 있었는지도 나는 모른다. 그렇지만 "무얼 찾으세요?" 그 날카로운 서슬에 그만 질린 것만은 사실인 것 같았다.

멍청히 걸어가는 것이었다.

한참 가니 과자 진열장이, 또 이건 오색이 찬란했다. 빨갛고, 노랗고, 희고, 자줏빛 사탕 알을 넣은 유리병이 지르르 놓여 있었다.

그 앞에 처남은 멈추었다.

"무얼 찾으세요?"

이건 뭐 나도 대답할 말이 없었다.

'찾기는 무얼 찾아!'

그렇게 대꾸라도 해주고 싶을 정도였다.

총총히 밖으로 쫓기듯이 나온 처남의 이마에는 땀방울이 있었다.

날림

열세 살, 열네 살 때가 아이들은 키 자라는 때 같다.

여름 한철에 갑자기 키가 자라서 지난봄까지 입던 교복이 정강이가 드러난다면 지나친 말이지만, 양말목이 드러나 보이게 되어 못 입겠다는 것을 "좀 참아라, 며칠만 참아라" 하고 미뤄오다가, 돈냥이나 생긴 날 아버지는 와이셔츠도 하나 살 겸 아들의 겨울 교복도 사 주려고 같이 나섰다.

아이 교복은 학교에서 지정한 양복부에 준비해놓은 것이 많이 있었다.

여점원은 거침없이 "중2면 꼭 맞겠어요" 하고 한 벌을 꾸려 주었다.

교복을 꾸려 들고 같은 백화점 양품부에서 아버지는 와이셔츠를 보았다.

여점원은 아버지의 목을 보더니 거침없이 "15 입으시죠?"라고 목도리 15짜리를 꺼내어서 곧장 꾸리려고 하기에, "아니, 여보!" 하고 말을 했다.

"소매 기장도 좀 보아주어야지!"

그러니까 포장지로 꾸리다 말고 말끄러미 쳐다본다. '무어 그런 걸 다 아나?' 하는 눈치였다.

"소매 기장은 몇이시죠?"

"목은 굵어도 팔이 짧아서 30이라야 하는데……"

꾸리려던 와이셔츠를 들여다보니 32였다.

여점원은 "보통이 32인데요……" 하며 진열장 속을 뒤적하더니,

"30은 없어요. 30짜리는 아무 데도 없을 거예요. 좀 줄여서 입으시죠!"

미안하다는 안색은 아니다.

줄여 입는 것이 보통 아니냐, 그런 것을 무얼 따지고 있느냐는 시늉이었다.

그만 돌아서 나오려고 하니,

"앗! 여기 있습니다. 마침 하나 있군요!"

그저 그만 못 들은 체하고 싶었지만 그럴 수는 없었다. 없을 리는 없는데 정 까다로운 사람에게만 맞추어주는 모양이었다.

와이셔츠와 교복을 사 들고 집으로 돌아왔다.

아들은 새로 사온 교복을 아침까지 버려둘 리가 없었다. 마루에 올라서기가 무섭게 입어보는 것이었다. 그건 잘한 일이었다.

입었다가 벗을 때는 단추가 술술 떨어지는 것이었다.

"무에 이따위야!"

아이는 투덜댔다.

그런데 그것은 와이셔츠도 일반이었다. 입어보기를 잘했다. 집에서 단추를 다시 달아야 했으니 말이다.

굴뚝 소제부의 세상사

쨍, 쨍, 쨍……

아궁이 쑤시는 사람이다.

골목을 지나갈 때마다 저 사람이나 불러서 아궁이를 한번 쑤셔볼까 하고 생각했었다.

우리 살림은 해마다 방을 뜯고 방돌을 다시 놓아야만 불이 잘 들어서 방이 고루고루 더웁다는 것인데, 이건 환도 후 한 번도 해본 일이 없었기 때문에 방에 장작을 때건 연탄을 피우건 방이 더웁지 않았다.

방을 뜯으면 사날 일이 될 것이요, 집안이 뒤숭숭하기도 하고, 돈도 만 환이 훨씬 더 들 모양이었다.

아궁이와 굴뚝이나 쑤셔보면 좀 낫을까 생각한 것이다.

돈 천 환이나 쓸 수 있는 날, 벼르고 벼르던 굴뚝 쑤시는 사람을 불러 들였다.
"이 방 하나 쑤시는 데 얼마나 합니까?"
"두 간 방에 합실이군입쇼. 팔백 환인뎁쇼!"
"팔백 환? 그렇게나 해요? 왕대로 잠깐 쑤시는데……"
"잠깐이 무업쇼? 아궁이도 쑤시고, 굴뚝도 쑤시고, 쉬운 일이 아닌뎁쇼. 잘해드립죠!"
"그렇게는 돈이 없어서…… 저 방도 쑤셨으면 하는데……"
"저기는 한 간 방이군입쇼…… 잘해드립죠!"
"방 하나 쑤시는 데 팔백 환이면 거 돈 많이 버시겠구려. 열 군데만 해도 하루 팔천 환……"
"웬걸입쇼! 지금이 벌써 오정인데 아직 개시도 못한 걸입쇼. 하루에 한두 집인뎁쇼……"
"하루 종일 뚜드리고 한두 집야요? 아니, 그렇다면 애초에 값을 싸게 해서 여러 집 쑤셔주면 좋지 않아요?"
"그렇게 안 되는 걸입쇼! 두 방 쑤실갑쇼? 잘해서……"
"잘해서라니 얼마란 말요? 한 오백 환?"
"원 아저씨두! 그럼 모처럼 말씀하시니 백 환 한 장만 더해서 육백 환만 줍쇼. 두 방 다 깨끗이 해드립죠!"
어이가 없었다. 방 둘을 육백 환으로 쑤셔줄 것을 왜 방 하나에 팔백 환이라는 엄청난 값을 불렀는지 알 수 없는 일이었다.
"애초에 그렇게 말했드면 기분 좋게 해달라고 했을 텐데……"
했더니,

"하하, 어디 세상 일이 그런갑쇼!"
하고 웃으며 왕대를 끄르는 것이었다.

(『사조』 1958년 10월)

생활과 사색

치마를 밟힌 여인

바로 어제 일이다.

버스를 타고 충무로 입구까지 갔을 때였다.

오후 두 시가 지났을 것이다. 그래서 그랬는지 버스도 콩나물시루 속 같지는 않았다. 그렇다고 외국의 버스와 같이 모두 걸터앉아서 신문이나 잡지를 읽고 가게까지는 못 되고, 그저 빽빽이 들어서 있는 버스였다.

빽빽이 들어서 있기는 하지만 콩나물시루 속 같지가 않았기 때문에 정류장마다 버스를 세워놓고 '서울역, 흑석동 가요……'를 외치며 더 탈 사람을 기다리는 일 따위는 문제가 아니었다.

손녀들도 그저 '엥, 엥' 하거나 잔기침을 할 정도로 별로 말이 없었다. 말한댔자 귓등으로도 들어주지 않으니 말이다. 아주 만성이 되었다고나 할까.

그래서 자연 시무룩한 분위기였다.

그런데 종로4가에서 웬 꼬부랑 할머니가 어린애를 등에 업고 올라오는 것이었다.

올라타기도 힘이 들어 보였다.

그러자 걸터앉아 오던 국민학교 5학년쯤이나 되는 여학생이 무거운 가방을 집어 들고 날름 일어서더니,
"이리 앉으세요! 여기 앉으세요!"
할머니는 선뜻 자리에 앉을 줄 알았더니, 여학생을 보고는,
"애야! 너나 앉거라!"
하는 것이었다.
그렇게 되니 여학생은 무안할 수밖에. 그렇지만 바로 옆에 앉았던 신사가 일어서면서 여학생에게 그 자리에 앉으라고 손짓을 하는 것이었다.
그러니 할머니도 앉고 할머니 옆에 그 학생도 앉게 되었다. 여학생은 무안해서 창밖만 내다보고 있고……
그저 당장에 버스 속 기분이 홱 돌아 명랑해지는 것이었다. 시무룩하던 손님들이 모두 웃음을 띤 얼굴이 되는 것이었다.
그런데 미도파 앞에서 젊은 여인이 내릴 때였다.
나일론도 벨벳도 아닌 옛날 숙수치마 같아 보였다. 아주 낡은 것인데 물감을 곱게 잘 들이고 다리미질을 해서 방금 입고 나온 것 같았다. 그러니 시체 넉넉한 집안 여자는 아니요, 살림이 얌전하고 알뜰한 여인이었을 것이다.
그 뒤에는 투박한 군화를 신은 사람이 뒤따라 내리려는 것이었다.
'아이구, 어쩌나! 저 치맛자락을 밟지 않아야 하겠는데……'
나는 순간 그렇게 생각했다.
그 생각이 먼저였는지, '부지직!' 소리를 듣고 그렇게 생각했는지 분간이 없다.

길에 내려선 여인은 다섯 치나 찢어진 치맛자락을 보고 거의 울상이 되었고, 밟은 남자는 어이가 없어 디딤판에 멍청히 서 있기만 하고, 아무도 말이 없었다.

젊은 여인이 발악을 하겠지 생각했더니 그 여자는 아무 말 없이 치맛자락을 쥐어 잡고 가는 것이었다.

고맙기도 하고 안되었다는 생각에 가슴이 뭉클했다.

적극적·소극적

"여보! 아니 여보!"

말투가 벌써 다르다.

"……그래 이게 한 달 월급이란 말요? 이걸 가지고 어느 코에 바르란 말요? 온, 여보!"

아내의 바가지가 또 시작이다.

남편은 할 말이 없다. 적은 줄도 알지만, 월급을 줄 때마다 아내라는 사람이 한번은 꼭 들었다 놓고야 마는 성미인 것을 잘 알기 때문이다.

잠자코 있어야, 그래도 아내의 말씨가 좀 순해질 것이다.

"글쎄 다만 몇 포기라도 김장도 해야죠…… 연탄도 이 겨울 쓸 것을 쌓아 두지는 못하더라도 다만 몇 개라도 사야죠……"

남편이 숨을 죽이고 있으니 아내의 언성은 고개를 숙인다. 목소리를 낮추어서 아주 타이르듯이 말하는 것이다.

"당신도 좀 적극적으로 살 생각을 해요! 아이들도 커가고 하니……"

남편은 귀가 번쩍 띈다.

'적극적이라! 웬 문자를 쓴다……'

"아, 적극적이라니?"

남편은 되묻는다.

"당신은 너무 소극적이야요. 주는 월급만 감지덕지해서 그저 그 자리를 지킬 줄밖에 모르지 무어야요? 좀 적극적으로 살아요! 당신이 남만 못한 게 무어요? 코가 잘못 달렸소? 눈이 잘못 달렸소? 잘났다는 것들보다 어디로 보나 당신이 제일 잘난 것 같은데, 왜 남만 못하게 살아야 할 게 무어란 말요? 남과 같이 뻐젓한 양옥집에서 자가용차 가지고 살 수도 있지 않아요? 할 생각만 있으면."

"난 또 무슨 말이라고! 적극적이란 게 그런 건가?"

"그럼 잘사는 게 적극적이지 소극적이야요? 말은 바른대로……"

"난 당신이나 내나 자식들을 위해서 옳은 인생을 살고 있는 거야! 나 자신을 위해서 말이지. 옳은 집안에 복이 있는 거야! 당신이 말하는 적극적이란 거…… 몇 달이나 몇 해 동안 떵떵거릴는지는 모르지, 그렇지만 집안에 걱정이 끊일 날이 없을 거요. 마음은 불안하고…… 그래도 우리야 굶지는 않고, 아이들 모두 건강하고, 마음 편하고…… 제일이지 뭐요……"

"에그그! 그게 소극적야요! 나는 마음 편하지 않아요! 아이들이 건강한 건 고마운 일이지만……"

말이 많으면

이(李)가 한강을 건너서 시내에 들어오는 일은 일주일에 한 번쯤이었다.

대개는 버스를 이용했는데, 좀 급히 볼 일이 있을 때나 시내에서 술을 좀 지나치게 한 날은 합승을 타는 일도 간혹 있다는 것이었다.

그런데 어느 날의 일이라고 이야기하는 것이었다.

종점에서 합승을 타니 아주 화려한 몸치장을 한 젊은 부인과 좀 늙수레한 부인이 먼저 타고 있었다.

만원이 되어 떠나니 두 부인의 주고받는 이야기가 장관이었다.

"하필이면 이런 차를 탔어?"

"이렇게 헌 차는 참 처음인걸……"

"이건 너무해요! 삼십 년은 부려먹은 자동찬가 봐."

"이런 것도 합승을 허가하나?"

"합승은 '윌·쓰'쯤이면 괜찮아…… 깨끗한 거면…… 포드니 쉐보레는 참 못 타겠어!"

"58년 형도 미끈한 차가 있는데……"

'이건 좀 지나치구나……' 이는 생각했다는 것이다.

58년 형 새 차도 서울 장안에 들어와 있기는 하지만, 58년 형 새 자동차가 합승으로 나왔을 리는 없을 것이라고 생각한 때문이다. 또 포드나 쉐보레도 새 것이면야 아주 미끈한 것들이니 말이다.

"그래도 백 환이면 싸지 뭐야요?"

"아 그럼! 싸구말구!"

모두 들을 수 있는 큰소리로 주고받고 그치지를 않는 것이었다. 수다스런 부인네들이라고 모두들 생각한 모양이었다. 아무도 아무 소리 없이 두 부인네의 수다에 귀를 기울이고 있는 것이었다.

그러자 한참 동안은 말이 없더니, 문득 늙수레한 부인이 이런 말을 하는 것이었다.

"아무래도 날마다 합승 타고 다니기도 무엇 하니 아주 돈암동 쪽으로 얻어라!"

그 말이 떨어지자 화려한 차림새의 젊은 부인의 얼굴은 갑자기 홍당무가 되고 두 눈이 곤두서더라는 것이었다.

늙수레한 부인은 어머니였던 모양. 옆구리만 꾹 찌른 모양이었다. 아무 소리가 없었다.

이는 속으로 어떻게 우습던지 혼이 났다는 것이었다. 그리고 이렇게 말하는 것이었다.

"'얻어라' 한마디가 사고였지 뭐야요! 말이 많아서는 안 되겠드군!"

남학생 · 여학생

서울 시내 어느 중고등학교에서는 무슨 기념이라는 체육대회가 열렸었다.

학생도 많고 구경 온 학생도 많고, 학부형도 많고 구경 온 손님도 많아서, 넓은 운동장은 그야말로 입추의 여지가 없는 대성황을 이루었다.

그 중고등학교는 남자 중고등학교였다. 그런데 웬 여학생이 그렇게 많은지. 그야말로 관객석은 여자 중고등학생으로 꽃밭을 이루었다고 말할 수 있을 지경이었다.

전교 학생의 국민보건체조로 시작해서 100미터 경주 200미터 경주…… 그리고 엎드린 뒤에 또 엎드리고 또 엎드리는 '피라미드 탑'이니, 어깨 위에 올라서고 그 어깨 위에 또 올라서고 또 그 어깨 위에 올라서는 '삼층무선탑'이니, 대한 남아의 씩씩한 모습을 여지없이 보여주어서 보는 사람으로 하여금 흐뭇하고 듬직한 느낌을 주는 것이 많았다.

오후에 들어서는 손님이 같이 뛰는 경주가 있었다. 고등학교 3년생인 모양이었다. 굵직굵직한 학생들이 뛰어나오더니 봉투를 하나씩 뜯어보고는 냅다 소리를 지르는 것이었다.

"선생님! 선생님! 아무라도 나와주셔요! 빨리빨리……"

본부 앞 그러니 학교 교직원이 많이 있는 곳을 바라보며 소리 지르기도 하고,

"신사! 신사!"

관객석으로 소리를 지르기도 하고,

"군인! 군인!"

각기 봉투에 적힌 대로 같이 뛸 사람을 부르는 것이었다. 학교 선생님도 선뜻 뛰어나오고 신사도 뛰어나오고, 군인도 뛰어나오고 나이 지긋한 부인도 나와서 학생과 같이 뛰는 것이었다.

"여학생! 여학생! 누구 나와주어요."

여학생을 부르는 학생이 있었다. 그러자 크고 작은 웬 여학생이 그리도 많이 뛰어나오는지. 여학생이 뛰어나오는 것을 보자 마음이 급한 남학생은 그대로 뛰어가고, 여학생은 그 뒤를 따라가더니 웬걸, 여학생이 앞질러 뛰어가며 연방 뒤를 돌아보고 짝을 재촉하는 것이었다.

박수와 웃음이 튀어나오는 것이었다.

같이 뛰는 남학생이 누군지, 여학생이 누군지, 어느 학교인지 알 바 없다. 빨리 뛰어서 상을 타고 싶을 뿐이리라.

아무도 남학생과 여학생이 짝을 지어 같이 뛴다고 풍기(風紀)가 어떻다는 말을 하는 사람은 없었다. 웃음이 운동장을 뒤흔들 뿐이었다.

남학생과 여학생이 천진난만하게 같이 뛰고 놀고 웃을 수 있는 기회가 많이 있어야 할 것이라고 생각했다.

친구와 도둑

금년에 대학에 들어간 아들을 찾아온 대학생은 큼직해서 일견 신사 같았다.

"야! 이게 참 오래간만이구나! 오 년 만인가? 그래, 어디 다니니?"

"S대학!"

아들은 반가이 제 방으로 데리고 들어가더니 들락날락 어머니에게 "대구 연합 중학 때 친구야요! 참 친했는데, 오래간만이야요! 사과도 좀 사 주고 과자도 좀…… 달걀이라도 사다가……" 어쩌고저쩌고 서두르기에 가난한 주머니를 털어서 대접을 하고 달걀 두 개를 사다가 저녁도 해주었다.

그런데 이튿날 아침.

"앗! 내 교복이 어디 갔어? 앗! 바지도 둘 다 없다."

눈이 둥그래서 이불 밑까지 들추고 안방으로 뛰어와서 샅샅이 찾는 것이었다.

어머니는 어이가 없었다. 문득 생각나는 일이 있었다.

"달걀 사다 대접한 도둑놈 아냐?"

대번에 그런 말이 나왔다.

그런데 아들은,

"아냐요! 걔는 그럴 애가 아냐요! 도둑이 들어왔지……"

하고 어디까지나 그 대학생은 아니라고 울상이 되어서 변명하는 것이었다.

더 말을 했다가는 정말 울음을 터뜨릴 것만 같아서 말없이 학교에 보내고 생각해보는 것이었다.

'그 학생이 틀림없다! 돈을 좀 꾸어달라고 왔었는지도 모르지! 말이 나오지 않았는지도 모르지…… 돈은 급하고…… 달걀 두 개 사오는 것을 보니 여유는 없는 모양이고…… 방 안에 별로 돈 될 만한 것은 없고…… 그러나 아무러니 교복을 팔아버리지야 않겠지! 잠깐 돌려 쓰고…… 돌려 쓴 다음 돌려 올는지도 모르지!'

그런 생각을 하는 것이었다.

그래서 아들의 방에 들어가서 밖으로 난 유리창을 빠끔히 열어 두었다.

가져간 학생이 혹시 돌려주려고 들고 온다면 넌지시 던지고 갈 수 있게 해주기 위해서였다.

하루, 이틀, 사흘, 나흘……

'에이, 고얀 놈이로군!'

아버지도 그렇게 생각한 다음 날이었다. 학교에서 돌아온 아들이,

"앗! 이거 누가 가져왔어요? 아아! 신난다! 그러면 그렇지!"

방 안에는 잃어버렸던 교복이 가지런히 놓여 있었던 것이다.

유리창으로 던지고 간 것에 틀림없었다.

(『사조』 1958년 12월)

해설

간명함의 미학과 산문의 가능성

이광호(문학평론가)

　작가 마해송은 1920년대에 발표한 창작동화들을 통해 한국아동문학의 근대성을 확립하는 데 기념비적인 성취를 이루었다. 1923년에 발표한 「바위나리와 아기별」의 문학사적인 무게에 대해서는 더 말할 필요가 없을 것이다. 식민지 시대 이후 엄혹한 사회 현실 안에서 창작 동화의 환상적인 미학에 풍자적이고 저항적인 맥락을 부여하여, 미적인 성취와 함께 창작 동화의 정치·윤리적인 맥락을 만들어내었다. 그의 우의적인 글쓰기는 자기가 살고 있는 시대에 대한 비판적인 관심을 포함하는 것이었다.

　마해송의 산문들은 그의 창작동화의 탁월한 문학사적 성취에 가려져 있어 많은 주목을 받지는 못했지만 중요한 문학적 의미를 갖고 있다. 그는 열 권에 달하는 적지 않은 분량의 산문들을 남겼고, 그의 산문들은 그의 글쓰기의 중요한 미학적인 국면을 보여준다. 그의 산문들은 동화작가로서의 어린이를 사랑하는 마음과 함께 식민지와 전쟁을 거치면서 궁핍과 비참을 피할 수 없었던 이 민족의 삶에 대한 따뜻한 시선이 드러나 있다. 그의 산문이 주목되어야 하는 또 다른 이유는, 자신이 통과한 시대의 세부에 대한 증언이라는 측면에서 중요한 가치를 갖고 있기 때문이다. 그는 언론인과 편집자로서의 오랜 삶을 살았다. 오랜 기간 일본에서 『모던니혼』이라는 잡지를 이끌었고 해방 이후에는 자유신문사 객원편집인, 국방부 한국문화 연구소장, 공군 종군문인단장 등을 맡으며 종군체험을 글로 남기기도 했다.

1953년에 발표된 그의 수필집 『전진(戰塵)과 인생』은 그의 전쟁체험이 고스란히 나타나 있다. 『전진과 인생』의 후기에 시인 박두진은 "『전진과 인생』의 저자 마 선생은 이제 그 이마가 차츰 더 빛나게 벗어져 가시고 장년기를 지날 고비에 어쩌면 노대인(老大人)으로 자처, 자적(自適)하려 하실 연갑(年甲)이신데도 오히려 새파랗게 젊은 사람들이 무색해질 정도로 왕성한 투지와 불굴의 투혼으로 오직 있어야 할 내일에의 원망(願望)을 신념으로 꾸준하고도 건전, 예리한 필봉을 휘두르며 우리 싸우는 문화진(文化陣)의 한 선두를 가며 있으십니다"라고 밝히고 있다. 또한 마해송의 산문들이 전후의 "회의적이고 부정적이고 소극, 무위, 퇴폐, 무진취의 위험"(226쪽)으로부터 떨어져 있음을 지적하고 있다. 그의 이러한 태도는 동화작가 특유의 삶과 시대에 대한 긍정적인 시선과 연관된다고 우선 말할 수 있을 것이다.

전쟁 이후의 마해송의 산문들이 갖는 의미는 여기에 한정되지 않는다. 그의 산문들은 거대 서사로 기록된 역사가 간과하고 있는 한 개인의 삶의 구체적인 국면들을 생생하게 드러내준다. 거대 서사로서의 역사가 신화화되고 상징화된 것으로서의 시간을 이념화하는 것이라면, 삶의 사소한 장면들 속에서의 개인의 기록과 증언들은 미시적인 역사의 실재를 대면하게 해준다. 그의 산문들은 한 동화작가의 경험과 감각과 내면이 마주한 한 시대의 미세한 이미지들을 보여주는 것들이다. 그의 종군기가 생생하게 드러난 '종군초', 요양원 체험을 다룬 '새너토리엄', 음식의 이미지들로 한 시대의 경험을 증언하는 '식도락근처' 같은 글들은, 거대 역사가 드러내지 못하는 한 시대의 정밀한 벽화이며 섬세한 초상이라고 할 수 있다.

하지만 그의 산문들이 단순히 한 시대의 미시적인 증언이라는 자료적인 가치로만 평가될 수 있는 것은 아니다. 마해송 산문들의 궁극적인 문학적 가치는 그의 산문들의 글쓰기 주체의 위치와 문체와 형식이 만들어내는 예기치 않는 담론적인 성격이다. 기록과 증언의 글쓰기에서 중요한 것은 기록자와 증언자라는 주체의 위치이며, 그 위치가 만들어내는 문체의 특이성이다. 이 점과 관련하여 '편편상' 시리즈로 대표되는 그의 짧은 산문들은 마해송의 산문들이 이루어낸 미학적 특이성의 정점에 서 있다고 할 수 있다. 그 '편편상' 시리즈에 대한 박두진의 평가는 다음과 같다.

이 저서의 주 내용인 '편편상(片片想)'의 각 편은 멀리 1923년으로부터 시작해 내려온 마 선생의 독특한 스타일로서 이미 간행된 제1집, 제2집에 이어 이미 삼십 년의 연력을 거쳐 연마(鍊磨), 원숙(圓熟)되어 온 작품들입니다.

아무런 과장과 수식이 없는 간명(簡明), 직재(直載)한 세련된 필치로 느닷없이 그 대상을 도려내는 이 몇 줄식(式)의 단시감(短時感)은 어디까지나 리얼하고 평역(平易)하고 단편적이면서도 풍부한 함축성과 예리한 비판과 매움한 풍자미(諷刺味)를 가지고 있습니다.

세태, 풍습, 인정에서 혹은 아동 교육, 사회 후생, 전시 행정, 군사, 문화 또는 정치 문제 등의 광범위한 분야에 그 주제가 미쳐 있는 이 단문(短文)들은 그것이 우리네 일상생활의 주위에서 빚어지는 극히 지엽적이고 범연(凡然)한 문제들 같으면서도 한번 선생의 특유한 센스에 포착(捕捉) 관조(觀照) 묘파(描破)되면 이 지엽과 속성 같은 편편들은 능히 그 대상 관련되는 문제의 본질과 핵심으로 육박하고 근원으로 진동되어 섬뜩섬뜩 읽는 사람의 마음을 찌르고 울리는 동시에 어떤 인간악(人間惡), 사회악(社會惡), 시대악(時代惡)에 대한 의분을 일으키고 뜨거운 정의에의 의지를 고무시켜주기까지 합니다. 뿐만 아니라 이 저자 마 선생이 지닌 따뜻한 인간성과 넘치는 인간미는 도처에서 읽는 이의 마음에 미소를 자아내고 따뜻하고 매운 눈물이 맑은 거울에 흐르듯이 지배(紙背)에 어른거림을 느끼게 합니다. (226~27쪽)

'편편상' 시리즈의 글쓰기는 마해송의 창작동화가 시작된 시점부터 시작된 것이다. '편편상' 형식은 마해송 글쓰기의 출발지점에서 그의 창작 동화와 함께 글쓰기의 한 기원을 이루는 스타일이라고 볼 수 있다. "아무런 과장과 수식이 없는 간명(簡明), 직재(直載)한 세련된 필치로 느닷없이 그 대상을 도려내는 이 몇 줄식(式)의 단시감(短時感)"과 "리얼하고 평역(平易)하고 단편적이면서도 풍부한 함축성과 예리한 비판과 매움한 풍자미(諷刺味)"는 '편편상' 형식에 대한 적절한 미학적인 분석이라고 할 수 있다. 여기서 더욱 문제화할 수 있는 것은 "지엽적이고 범연(凡然)한 문제들"을 "특유한 센스에 포착(捕捉) 관조(觀照) 묘파(描破)"하는 마해송의 글쓰기가 갖는 담론적인 성격이다. 그것은 수필이라는 장르의 제도적 관습으로 환원되지 않고, 근대 이후 산문의 다른 가능성과 미학적 잠재성에 육박하고 있다.

몽테뉴의 『수상록(隨想錄)』(1580)이 '에세(*Les Essais*)'라는 제목을 붙인 이래, '수필'은 통상적으로 어떤 계획과 목적이 없이 양식에 구애받지 않고 자기의 정서와 느낌을 표현하는 산문 양식으로 일컬어졌다. 짧고 개인적인 특성과 무형식(無形式)의 형식이라는 스타일은 수필이라는 장르에 대한 일반적인 개념에 해당한다. 일기·서간·감상문·기행문 등의 주관적이고 단편적이고 감성적인 미셀러니(miscellany)와 논리적·객관적 성격을 지니는 에세이(essay)를 구분하는 방식도 있지만, 수필이라는 장르의 핵심을 이루는 것은 '1인칭 개인적인 글쓰기의 진정성'이라는 것과 '자유로운 형식'이라는 두 가지 조건이라고 할 수 있다. 흥미로운 것은 수필이라는 장르의 자유로움이 1인칭 자기동일성의 글쓰기라는 수필의 기본적인 조건마저 흔들어버리는 사례들이다. 여기서 수필은 또 다른 글쓰기의 가능성으로 나아간다. 마해송의 '편편상'의 글들은 이렇게 수필의 또 다른 미학적 확장성을 보여준다.

> 가엾은 그 학생은 문패가 있는데도 그 집을 찾지 못했다.
> ─「문맹과 중학생」 전문

지게꾼이 커단 관(棺)을 짊어지고 지나간다. 어린아이가 뛰어나왔다.
"아이갸! 아저씨야! 거 무어꼬?"
아저씨는 힐끗 돌아다보고 툭 쏘았다.
"니 알 거 아이다."

*

오빠는 마당에 떨어진 새파란 감을 주워서 한입 먹었다. 어린 동생이 그것을 보았다.
"오빠! 거 무어꼬?"
오빠는 돌아서며 말했다.
"니 알 거 아이다."

*

니 알 거 아이다.

— 「관과 어린이」 전문

위의 두 편의 글은 '편편상' 형식의 미학적 특이성을 잘 드러내준다. 앞의 글 「문맹과 중학생」은 단 한 줄로 구성된 산문으로 시적인 수준의 함축성을 보여준다. 이 경우 1인칭 서술자의 개인적인 신변잡기로서의 수필이라는 장르의 개념은 의미가 없으며, 위트와 시적인 간결함에 육박하게 된다. 이런 사례에서 1인칭 서술자의 인격적 동일성이나 주관적인 감성은 드러날 기회가 없으며, 오히려 어떤 '익명성'을 갖게 된다. 중학생인데도 문맹이라는 모순은 전후의 사회현실에 대한 어떤 우의적인 암시를 포함할 수 있다. 「관과 어린이」의 경우 역시 간명한 문장들의 위트가 돋보인다. 지게꾼이 지고 가는 관(棺)과 마당에 떨어진 설익은 감에 대한 어린이의 호기심은 동류의 것이다. 이 두 가지에 대한 호기심은 전후의 시대적인 분위기, 즉 죽음과 굶주림이 넘쳐나는 시대에 대한 어린이의 시선을 함축한다. "니 알 거 아니다"라는 문장은 그 호기심에 대한 어른의 응답 혹은 이 세계의 응답이다. 그것은 한 시대의 비참을 보여주는 것이며, 호기심에 응답하지 않는 세계의 닫힘을 상징적으로 드러내주는 것이기도 하다.

『평화신문』은 서울서 발행하고 나는 대구에서 '편편상(片片想)'을 써서 기차 편으로 보낸다. 게재지(揭載紙)를 구하기 위해서는 가두판매하는 아이에게 사야 한다. 아이는 낯이 익어서 내 사무실로 『평화신문』을 가지고 온다. 나는 내 '편편상'이 실려 있을 때만 산다. 하루는 내가 외출한 사이에 신문을 두고 갔는데, 그 신문에는 컷이 '편편상'과 비슷하지만 실려 있지 않은 것이었다.
　오후에 그 아이가 왔을 때에 나는, "이건 아니야" 했다.
　그 아이는 선뜻, "그래요, 그럼 주세요" 하고 도로 가지고 나가는 것이었다. 아주 어린아이다. 헛수고해준 것이 안된 것 같아서 나는 책상 서랍에 있는 백 원 두 장을 꺼내 주었다.
　"아냐, 싫어요" 하는 것을 굳이 주어 보냈다.
　그러고는 그 아이는 영영 신문을 가지고 오지 않는다.
　나는 꼭 구해 두어야 할 게재지를 구할 도리가 없어졌다.
　십여 일이 지나서야 내가 실수한 것을 깨닫고 놀래는 것이었다.

'신문을 팔고 댕길지언정 거지는 아니다. 돈을 그저 받으라는 것은 거지로 생각하는 것이 아니냐?'

그런 생각으로 영영 발을 끊은 것만 같다. 열 살짜리 어린이에게 이 불굴의 민족혼이 있음을 깨닫고 놀래는 것이었다.

―「불굴혼」 전문

'편편상' 시리즈를 포함한 그의 산문에서 돋보이는 것 중의 하나는 전후의 궁핍한 사회현실 속에서 자신의 자존을 유지하려는 사람들의 눈에 보이지 않는 고투이다. 자신의 글이 실려 있는 신문을 한 소년에게서 샀던 이 글의 서술자는 신문을 잘못 가져온 소년에게 동정을 베풀려 하다가 그 소년의 자존감을 다치게 한다. 그 이후 소년은 다시 찾아오지 않는다. 이런 소년에 대한 연민과 죄의식을 담백한 문체로 그려내면서 "불굴의 민족혼"이라는 무거운 이념이 등장하기도 하지만, 그 소년이 갖고 있는 자신에 대한 깊고 단단한 자존감이 한 시대를 지탱하는 윤리적인 힘이었다는 것을 이 글은 충분하게 설득시킨다. 짧은 글을 통해 한 인간의 성격과 그의 삶이 처해 있는 운명의 그림자를 요약해내는 글쓰기는 마해송 산문의 또 다른 성취라고 할 수 있다.

그 기자의 집은 시내에서 십오 리나 떨어져 있는 칠성동(七星洞)이었다.

아침저녁 양갈보촌을 지나다닌다.

밤새도록 먹어 대취한 그는 넌여를 두고 무관심하고 전연 딴 세상으로만 생각하던 그 동리(洞里) 불 밝은 집에 발을 들여놓았다.

어리둥절하던 여자는 차차 반가워하며 아주 사람 아닌 것같이 모두들 거들떠보지도 않는데 사람대접을 해주니 고맙다 하고, "무엇이 좋으리까? 동포 동족이 좋지!" 하고 감격하는 바람에 젊은 기자도 감격하고 딴 족속같이 생각하던 과거를 뉘우치는 마음조차 있어서 헤어질 때에 "오늘 밤에 또 오지" 하니, 오늘 밤은 좀 상치되는 일이 있으니 내일 만나자 하기에, 문득 오늘 밤에 무엇이 벌어지나 정찰을 해볼 생각이 났다.

친구들과 밤중까지 먹고 자정이 가까워 그 하꼬방 앞까지 온 그 기자는, 기웃하자 전신(全身) 전율(戰慄)을 느끼고 소스라쳤다.

밤, 대추 늘어놓고 메 한 그릇 떠놓고 소복(素服)한 그 여자가 엎드려 일어날 줄 모르고 흐느껴 울고 있더라는 것이다.

— 「인생표리(人生表裏)」 전문

앞의 글이 작가의 1인칭 개인적인 관점이 드러나 있다면, 위의 글은 다른 측면에서 이야기 전달자로서의 서술자의 익명적이고 중립적인 관점이 돋보인다. '양갈보촌'을 지나치는 기자가 '양갈보'의 집에 우연히 들렀던 짧은 에피소드를 소묘한다. 그 소묘는 양갈보를 "아주 사람 아닌 것 같이" 타자화하는 시선에 대한 반성을 포함하지만, 한 인간의 다른 측면을 발견한 것에 대한 '전율'을 포함하는 것이기도 하다. 이 '전율'은 개인을 타자화하는 온갖 폭력적인 시선에 대한 근원적인 윤리적 각성을 포함하는 것이기도 하다.

오늘 아침이다. 세수를 하고 나서 담배를 피워 문 '양말 선생'이 이렇게 말했다.

"어제는 이런 일이 있었습니다. 칠십쯤 된 여인이 남루한 옷에, 군대 그릇에, 밥은 그득이 있드군요, 피란민인지 누구를 찾아가는 길인지 기진맥진해서 저 담 밑에 앉아 있는데, 나에게 술 한잔을 사달래요. 그 손이 벌벌 떨어요. 그래서 막걸리 한 사발을 받아서 그릇에 담아 주었더니 먹지는 않아요. 왜 안 자시냐고 했더니 말을 못해요. 그리고 두어 시간 후입니다. 아이들의 떠드는 소리가 죽었다느니 송장이니 하기에, 벌떡 일어나서 나가 보니 정말 그 노파가 운명을 했어요."

"네?" 하고 '노래 한마디 선생'이 벌떡 일어났다.

"바로 저 담 밑입니다. 아마 지금도 있을 것입니다. 운명을 알고 평생 즐기던 술 한잔을 하려 했는지 죽어가도 술 한잔 따라 줄 사람 없으리라고 생각해서인지……"

'양말 선생'의 눈에는 눈물이 어리고, "그래서 어젯밤에는 거기 가서 명복을 빌었습니다. 나무아미타불……"

다시 누운 '노래 한마디 선생'은 잠꼬대인지 이렇게 중얼거렸다. "쥐기일 놈!"

— 「동숙인전(同宿人傳)」 부분

'편편상' 시리즈가 아니더라도 자신이 경험한 인물의 특성을 함축적으로 그려내는 작가 특유의 글쓰기는 이런 글에서도 잘 발휘되고 있다. 함께 생활하는 '동숙인'들을 '양말 선생'과 '노래 한마디 선생'으로 요약하는 솜씨 역시 흥미를 더하지만, 이런 글쓰기가 개인의 고통과 운명을 둘러싼 인간의 다른 잠재성을 드러낸다는 점이다. 길거리에서 죽어가는 노파가 마지막으로 술 한잔을 구걸하는 장면은 전후의 처참한 사회 현실을 드러내는 것이지만, 한편으로는 '인간이란 무엇인가'에 대한 질문을 확장하는 것이기도 하다. '노래 한마디 선생'이 습관처럼 말하는 "쥐기일 놈"은 일종의 감탄사이면서 자신과 한 시대에 대한 자탄과 비명일 수도 있다. 궁핍한 시대에 다른 개인들과 '동숙'한다는 것은 그들의 개별성과 특이성을 경험하고 받아들이는 과정이라고 할 수 있다.

　　차체 저쪽에 피투성이 되어 누워 있는 운전수와 그 위에 엉거주춤 서 있는 C 문관의 피투성이 된 손팔을 보았다.
　　여기 한 생명이 갔다는 엄숙한 생각이 떠올랐다. 후회가 없느냐? 반성이 없느냐? 없다! 하였다. 논두렁 잔디밭에는 K 소령이 맥 못 쓰는 양 자빠져 있고 C 문관마저 주저앉았다. 차체 이쪽에 있는 나는 넉넉히 건너뛸 수 있는 논두렁을 도저히 건너뛸 수 없어서 역시 주저앉았다. 온몸에 동통(疼痛)을 느끼었다. 정강이에는 피가 흘렀다. 내의 속 여기저기서 피가 흐를 것만 같았다.
　　하늘은 맑게 개고 멀리 보이는 몇 집 농가는 그림 같고, 물이 그득한 이곳 수전(水田)은 풍양(豊穰)을 기약하는 것 같았다. 지나가는 사람도 차도 없다.
　　두 사람이 누워 있고 한 사람이 피투성이로 절명하고.
　　나도 몸을 내어던졌다. 하늘이 온 안계(眼界)를 점령하였다.
　　아까 차가 다시 한 번 뒤집히기 직전에 왜 내 생각이 나의 가족에 대한 것뿐이었을까? 하고 슬그머니 부끄러운 생각이 떠올랐다.

애국한다는 대장부의 최후 순간의 상념이 이다지도 졸렬할 수가 있을까? 하는 원망스러운 마음까지 떠올랐다.

그러나 대답은 간단하였다. '좋지, 좋아.'

후회함이 없었다. 졸장부의 이름을 받기를 부끄럽지 않다 하였다.

―「생사(生死)」 부분

작가 마해송이 살았던 시기는 식민지와 전쟁의 시대였다. 그의 동경 체험보다 전쟁기의 체험이 주로 그려진 이 산문들 속에서 작가는 수많은 죽음을 목격하고 전해 듣는다. 그 죽음들은 곧 자신의 죽음이 될 수 있다는 가능성을 마주하고 있다. 종군기의 자동차 사고 역시 그런 체험의 일부였을 것이다. 차가 여러 번 구르는 동안 작가는 "일본만 갔더면 이런 일도 없고 가족도 남부럽지 않게 잘 살 수 있지 않았느냐? 무엇이 잘났다고 세 번 네 번 갈 기회를 포기하고 애국한답시고 스스로 택한 길이 겨우 이 꼴이냐?" 같은 후회와 가족에 대한 미안함이 떠오르기도 하지만, "좋지! 후회 없다." "또 한 번 굴러라!"(41쪽)와 같은 과장된 투지가 솟구치기도 한다. 함께 차에 있었던 사람이 죽는 것을 목격하고, 자신의 생존이 확인된 뒤에는, 죽음의 순간에 가족 생각만 했던 자신의 '졸렬함'을 반성한다. 하지만 이 참담한 죽음의 시대에 궁극적으로 작가를 지탱하고 있는 건 "좋지, 좋아"라는 태도이다. 이 태도는 단순히 한 시대의 궁핍과 비참, 자신의 약함을 긍정하는 것이 아닐 것이다. 이 글쓰기의 주체는 '애국'이라는 명분과 가족에 대한 책임과 자신의 약함 사이에서, 어떤 자기 모순을 견뎌야 한다.

산문이 주는 감동이 있다면, 그것은 하나의 일관되고 완전한 이념과 의지를 가진 인간의 강인함에 대한 경외심이 아니라, 개인의 약함이 타자의 고통에 대한 감수성과 뒤섞이는 지점이다. 전쟁기의 수많은 죽음과 궁핍과 인간의 비참을 목도하면서 작가 마해송의 글쓰기가 가닿은 곳은 창작가와 사상가의 권위와 확고한 신념이 아니라, 인간의 약함이라는 경계에서 문학적인 것과 윤리적인 것이 만나는 산문의 장소이다.